紀念羅君惕先生

——語言文字學術研討會論文集

史佩信 主編
余穎 副主編

上海教育出版社

主　編　史佩信

副主編　余　穎

編　委　陳五雲　黃衛星　劉民鋼

羅君惕先生與夫人張雯岫在上海家中（二十世紀七十年代）

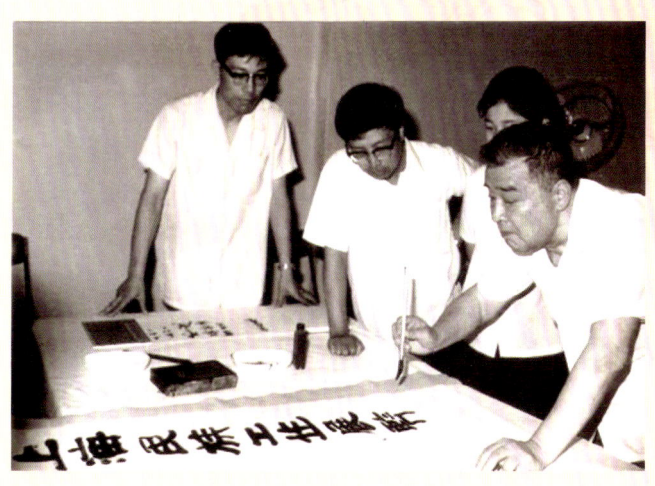

羅君惕先生爲上海民族工業展覽會題字

羅先生與部分學生合影（後排左起陳健兒、陳五雲，前排左起達世平、錢漢東、沈光海，前二排左起洪本健）

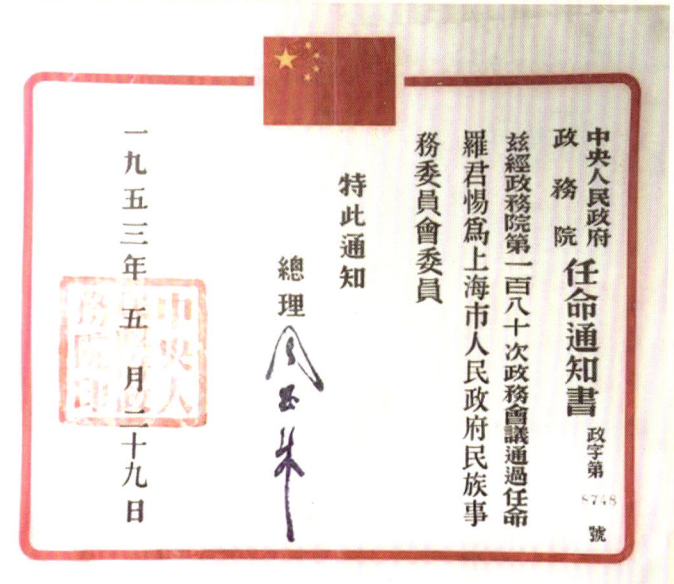

周恩來總理親筆簽署的政務院任命通知書。任命羅君惕爲上海民委委員

羅君惕先生山水畫

羅君惕先生篆書書法

我與謫仙有同好
一生好入名山游
乘車夜上牿牛嶺
誰傳平生宿願酬
教學卅年豈有功
兩周休養感殊榮
我雖垂老身猶健
願爲人民盡己忠

憶羅君惕師

（代序）

史佩信

前些天，滬上知名文化學者錢漢東先生來電告知，先師羅公君惕的著作《說文解字探原》已由中華書局出版發行。今年適逢我校建校六十周年大慶，總共230萬字的煌煌巨著，可以說是凝聚先師畢生心血的《說文解字探原》一書的問世，無疑給校慶獻上了一份隆重的厚禮。

羅師仙逝已有整整三十年了。那是1984年春節過後不久的一個寒夜，距他招收的最後一屆研究生進校才剛剛半年。其實，那時他已經年屆八十，完全可以不用再爲教學工作操心，完全可以居家頤養天年，安享清福了。然而當時"文革"結束不久，人才緊缺。羅師不顧年邁體弱，不僅熱情帶教研究生，而且還乘坐公共汽車來校爲77級和78級本科生開設"古文字學"選修課。因爲選修的人多，選修課就放在可以坐一百多個學生的大教室裏。我們完全可以想象一位八十歲的老人在這樣一個大教室裏講課所要付出的精力。對於培養後一代的教育事業來說，羅師是真正做到了"鞠躬盡瘁，死而後已"的。

羅君惕師（1905—1984）是蒙古族人，本姓那，出生於江蘇鎮江。8歲起從父讀書寫字，進而學金石古籀篆隸，又學舊體詩與山水畫，從小打下深厚的國學根底。長大後又結識了吳昌碩、潘天壽等南北書畫名家與文字學家，並潛心研究石鼓文，新中國成立前就撰寫出版了《秦刻十碣考釋》一書。後歷任上海交通大學、上海美術專科學校、華東師範大學、上海師範學院（上海師範大學前身）等院校教授，還曾當選爲上海市政協常委和上海市民族事務委員會副主任。

230萬字的《説文解字探原》，分爲十大冊，花費了羅師四十餘年的精力，是他一生的代表作。這本書用甲骨文梳理了《説文》的源頭，糾正了許慎《説文》一書不少錯誤的解釋，在古文字學和《説文》學領域占有極其重要的地位。這次中華書局出版《説文解字探原》一書，對我們上師大、人文學院和中文系的學術研究和發展來説，是一件值得慶賀的大喜事。

我讀本科時選修了一個學期羅師的"古文字學"，讀研時又聆聽了羅師一個學期的"説文解字"教學，和羅師接觸的時間其實並不算很久。不過，羅師對我的影響卻是難以估量的。羅師不僅向我們傳授專業知識，更注重培養我們治學態度和方法。羅師有一句話使我終身受益，那就是"讀書得間"四個字。

人生一輩子，直接從老師那兒得到的知識畢竟是有限的，主要還是靠自學，靠自己讀書。"讀書得間"，這個"得間"，就是指發現問題，就是説，讀書要讀出問題來，才算有效果。有些人讀書，讀了半天，什麽問題都没有，好像什麽都懂了，其實他是根本没讀進去。祇有鑽研進去了，才會發現問題。根據我的體會，這個"得間"大致可以分爲兩類：一類是發現自己的問題，書本没有錯，這裡所謂的"問題"，是自身的問題，是自己的不足；另一類則是發現書本的問題，確實是前人説錯了。不管哪一種"得間"，對讀書的人來説，都是一種進步，一種自身素養的提高。而隨著學術的積累，後一類"得間"就會逐漸增加，這樣就有可能在學術上有所創新。

　　師大建校六十年來，湧現了許多像羅師這樣富有人格魅力的老師。這些老師也許性格脾氣迥异，學術造詣不等，但是在他們身上卻有著一個相同的地方，那就是對教育事業的摯愛和對後輩學生的關懷。數十年漫長歲月的流逝，可以侵蝕掉世上許許多多的東西。但是這些老師的人格魅力以及對自己事業的執著的熱愛，在學生的記憶中是永遠不會磨滅的，並且一代一代薪火相傳，進而成爲我們師大的一種優良的傳統。

原載《上海師大報》358期（2014年3月30日）

目　　錄

高山景行

羅君惕自傳 …………………………………… 羅君惕　3
漢太尉祭酒許慎記 ……………………………… 羅君惕　11
天干地支之起源與作用 ………………………… 羅君惕　14
我對改革漢字的意見 …………………………… 羅君惕　32
回憶父親羅君惕 ………………………………… 羅胤生　39
羅君惕與《説文解字探原》 …………………… 錢漢東　42
《説文解字探原》出版始末 …………………… 朱兆虎　46

箕裘相繼

《説文解字》部首系聯的種類及原則 ………… 左思民　53
"亞"字研究 …………………………………… 劉民鋼　61
先秦出土文獻語料分析研究的意義價值 ……… 劉志基　68
《説文解字》中含"竹"部件字的研究 ……… 金玲利　84
由"歎"而發
　　——淺析"蓲"作偏旁構形的省聲字 …… 李　燕　96
文獻用字層面的秦楚簡文構形差異比較研究 … 樓　蘭　104
試論"魚鼎匕"及其銘文的若干問題 ………… 沈之傑　114
釋北洞山西漢楚王墓出土陶文"容"字與説古文字中
　　的"公"字及相關之字 …………………… 謝明文　131
魏晉南北朝石刻新造字研究 …………………… 郭　瑞　146

宋刻本《晦庵先生朱文公語録》用字考 …… 徐時儀 潘牧天 157
類型學視野中的自源文字研究芻議 ……………… 朱建軍 185
論漢字繁化現象的文字學意義 …………………… 楊 旎 194
成語"飛蛾撲火"的語源和流變 ………… 陳秀蘭 朱慶之 211
柱斧爲儀仗器考
　　——兼論"宋揮玉斧"與"斧聲燭影" …………… 胡紹文 226
《燕山外史》文本中"字形表意"與"字形對稱"現象初探
　　——兼談《燕山外史》繁簡轉化中應該注意的一類
　　問題 …………………………………… 周黎敏 王莉瑞 238
《燕山外史》兩個簡體字版的校對 ……… 趙姚娜 石小瑋 258
《左傳》揚晉文抑齊桓析 …………………………… 翁其斌 282
《容齋隨筆》詞語考釋 ……………………………… 凌 英 294
《賓退録》在語詞訓詁方面的價值 ………………… 朱春雨 307
談"差點兒(没)VP"句式的缺位問題
　　——兼論判別預設與斷言的方法 ……………… 史佩信 321
《戰國策》中假設連詞"今"淺析 …………………… 余 穎 340

後記 ………………………………………………… 史佩信 352

高山景行

探原索引盡移山精力結成民族交融瑰寶
鈎玄發微傾畢生心血催開漢字文化奇葩

這一部分呈現的是羅君惕先生與他的《説文解字探原》。

首先是羅先生於1980年撰寫的自傳和三篇遺文。前兩篇是羅先生當年講課的講稿內容。兩年前,羅先生次子羅胤生先生向上海師範大學人文與傳播學院捐贈了一批羅先生的紀念物,我們從其中的鉛印講義中選取了兩篇未公開發表的文章,錄入電腦,收入論文集。第一篇《漢太尉祭酒許慎記》著重於注釋。第二篇《天干地支之起源與作用》是羅先生對10個天干字和12個地支字的完整梳理。第三篇《我對改革漢字的意見》是陳五雲教授根據羅君惕先生早年的手稿照片整理而成,主要內容是羅先生對文字改革的一些看法,反映了那個時代的學者對文字改革的普遍思考。這部分照片共36張,由羅胤生於2017年4月提供。

其次是羅先生親屬和學生撰寫的紀念文章,分別講述了兒子眼中的父親和學生眼中的先生。

最後是中華書局的編輯,也是《説文解字探原》的責任編輯撰寫的出版始末,介紹了《説文解字探原》書稿的發現和出版過程中遇到的各種問題,以及相關的對策和解決方案。

羅君惕自傳

羅君惕,別號艮厂,蒙古族,屬巴岳特部鑲黃旗,本姓那。於前清光緒三十一年三月(1905年4月),生於江蘇省鎮江市。祖父名惠元,字子籛,爲京口駐防軍左翼協領兼護理都統。辛亥革命時,祖父弃官避難泰州市,改姓羅。父名承謨,字紹籛,爲秀才,善書法。我自八歲起,即從父讀書寫字,依次臨摹顏真卿、柳公權、蘇軾諸大家之字帖。年十五,入泰州淮東中學肄業,進而學金石古籀篆隸,又學爲舊體詩與山水畫,頗得老輩稱許。年十九,入吳淞中國公學大學部商科肄業,課餘仍自學金石詩詞書畫。其時,由友介紹從江陰曾家達先生學詩詞,又由曾先生介紹得見金石書畫大家吳昌碩先生。大學畢業,獲商學士學位,失業家居。年二十一,娶妻張雯岫,爲大姑母之長女,亦蒙古族,屬札魯特部。

年二十五,前中國公學教授黎照寰先生任上海交通大學副校長,召我爲文書主任,凡十二年。其時,先後加入上海中國畫會與北京考古學社,遂得交南北書畫家與文字學家。中國公學董事有梁啓超、蔡元培、于右任諸氏,而于氏以書法名海內,我曾以所書鐘鼎文請教於于氏,于氏掀髯點首言:"近二十年來無此作也。"(二十年指中華民國成立二十年)上海書畫家馬公愚嘗遺書與我,謂:"公之書温穆雅馴,弟傾服已久矣。"其後曾以書畫各一幅,參加日本東京書畫展覽會。我於大篆,頗喜秦刻十碣文。十碣文舊稱石鼓文,向來皆斷爲周宣王大蒐岐陽之文字。自宋代起,始有謂秦代刻石者,如鄭樵謂在秦惠文之後,始皇之前;鞏豐謂在秦獻公之前,襄公之後;震鈞、馬叙倫均謂在秦文公之時;郭沫若謂在秦襄公之時;馬衡謂在秦穆公之時。我則同於鄭氏之説。曾以十碣文與籀文、大篆(即詛楚文、盄和鐘、秦公簋)、小篆(即秦始皇、二世之刻石如嶧山碑、會稽刻石、琅琊刻石,權量詔書及《説文解字》)比較,其結體與籀文同者八十三,與大篆、秦刻石同者六十一,與許書同者則有一百一,但其文之字體圓扁,與籀文、小篆迥異,而與大篆則全同;其文之結體比較簡易,與籀文多異,與大篆、小篆則多同。詛楚文、盄和鐘、秦公篋皆秦惠文以後,始皇以前之物,是以知之。若其詩則佚詩也,因此曾撰《秦刻十碣考釋》一稿,曾將《時代考》一篇於1935年刊登於《考古》期刊第三期(容庚主編)。任職餘暇,除撰述外,仍自修舊業,又閲讀五經諸子。於是發生兩個問題,即:自古文、籀文而至行書、草書,字體迥殊,此何由而變?字書所載字義與諸家所注經子,其解釋亦有不同,又何由而變?我百思不得其解,而欲問亦無從。最後以爲非研究文字學不得解決。此我從事文字學之動機也。

欲知字體字義之變,當研究文字學,然欲研究文字學,又當讀何書乎?曾讀《隋書·經籍志》,彼謂文字學當包括形體、意義、聲音三方面是也。今所存最古之字書而包括此三方面者,惟東漢許慎所撰之《説文解字》而已,乃取而讀之。初並句讀亦有不知,疑惑更多不解。於是又取段玉裁之《説文解字注》、桂馥之《説文義證》、朱駿聲之《説文通訓定聲》、王筠之《説文句讀》而讀之,後又泛覽各家之書,有必要則記之。其所記者有五:一,許氏説解之謬誤者;二,我所不知而各家均未論及仍不能解決者;三,各家有獨到之見解者;四,各家所説不同而未能斷其是非者;五,自己之心得體會。如此者四年,所獲較多,始有撰稿之意,但其書名與體例均未能定也。凡四易稿,始定名爲《説文解字探原》(以下簡稱《探原》),而其體例則悉依《説文解字》,首列字形,次釋字義,次定字音。故《探原》亦首以其所列篆書與古代文字如甲骨文、鐘鼎文、大篆以至隸書等相比較,而分出正字、或體、譌字與简字;次以正字與字書、詞書、韻書以及經籍、子史、文集等等注釋相比較,而分出本義與後起之義或誤解等;次以本義與字書、詞書、韻書、毛詩、《楚辭》以及漢魏晋時代之韻文所注之音相比較,説明其字從某字得聲之理由,而分出古音、近音或誤讀。凡關於字體者,以甲骨文爲第一類,金文屬第二類,石文爲第三類,餘者爲第四類;凡詞於字義、字音者,以字書、詞書、韻書爲第一類,五經爲第二類,諸子爲第三類,群史爲第四類,各家文集爲第五類,餘者爲第六類。後人著作,各以類從。文史兩類,苟非必需,皆斷自漢代。此外,凡形聲、表聲之字必兼表意,故許慎有"亦聲"之解,宋朝王聖美有"右文"之說,鄭樵亦有"聲兼義"之論,但均未悉言之。此稿則詳加稽詮,務儘獲其兼義。

1937年"七七事變"爆發,其後四年,此稿方撰至"言"部,我被迫內遷。乃自上海至金華,在日寇轟炸之下,隨東南聯合大學籌備委員會西至福建建陽。彼會主任何炳松聘我爲秘書兼先修班國文教員。越年,又聘我兼任暨南大學中文系副教授,遂獲交大畫家潘天壽,常合作書畫,均爲同事奪去,而著作之事乃暫停。1942年8月,我又調任浙江英士大學國文教授兼校長室秘書。英士大學設在泰順,有美術科,潘天壽教國畫,我教詩詞書法。1946年11月,我復員回上海交通大學,力辭其他職務,專任國文教授,兼任上海美術專科學校、立信會計專科學校國文教授,餘暇仍繼續撰述。1949年5月,上海解放,我不教國文一科,改教新文學。1951年實行院系調整。交通大學廢除語文課,我被調任上海華東師範大學中國語文系教授。1953年4月,由政務院任命爲上海市民族事務委員會委員。

1954年7月,當選爲上海市第一屆人大代表。同年10月,又調任上海師範學院中文系教授,以迄於今。1955年5月兼任中國人民政治協商會議上海市第一屆委員會委員。10月,被選爲全國文字改革會議代表,與復旦大學校長陳望道、教授吳文祺同赴北京出席。其後,在院外則經常參加政治學習與政治活動;在院內,我雖無課可開,亦須每日到院上班,於是撰述之事祇能於假日從事。1956年7月,被選赴東北參觀,先至北京,曾獲毛主席接見。9月,當選爲上海語文學會理事。1958年8月,講授古漢語語法與文字學基本知識。但至1959年,掀起教學改革高潮,兩課又告停止。1961年,加入上海中國書法篆刻研究會,展覽時,馬公愚與諸老書畫家均謂:"篆書當讓老羅。"是年9月,被選赴北京參加國慶典禮,又獲毛主席接見,人以爲榮。

教學改革高潮過後,又重開文字學。在講授後,漢語教研組同事要求我將所講之內容寫成一部講義。所謂內容,即文字學之基本知識。因此,遂又抽出時間編著,閱二年而成,名爲《中國漢文字和漢文字學的源流》(以下簡稱《源流》)。此稿首先討論五大問題:一爲先期文字發展至正式文字之幾個階段;二爲文字創造之人,在原始社會時爲勞動人民,在階級社會時爲知識分子;三爲文字產生之時代當在原始社會後期;四爲文字發展規律,即從表形而至表意、表聲;五爲文字構造方法,即古之"六書",其名稱與次序當爲象形、指事、會意、假借、形聲、轉注。所謂轉注,實與形聲相同,但形聲之形旁不省,聲旁則或省或不省;而轉注之形旁必省,聲旁亦或省或不省耳。以下則先述先期文字之結繩、八卦(按照《周易·繫辭》與孔安國《尚書序》所言,應爲結繩在先,八卦在後;許慎《説文解字叙》則以八卦在先,結繩在後,實誤),以至正式文字之古文(甲骨文)、籀文(鐘鼎文)、大篆、小篆、隸書、楷書、行書、草書各種字體與古籀篆隸楷之簡體及象形、指事、會意字之聲符,然後再述歷代字書、詞書、韻書以及研究各種字體之專著,除扼要介紹外,更指出其得失之所在。全稿約二十萬字,分兩大冊完成後,曾與上海出版社聯繫,以其不在出版範圍內,謝不接受,遂束之高閣,仍繼續撰述《探原》。

1966年5月,所謂"文化大革命"開始,各高等院校學生均組織紅衛兵。其時,我院學生有三千餘人,中文系最多,有一千餘人。其中有八百餘人組織紅衛兵,屬上海紅衛兵高等院校革命委員會。此會對老年教師之無政治、歷史問題者,皆認爲有思想意識問題,俟日後進行批判,故我未被揪鬥,更未入"牛棚",人以爲奇跡。我輩每日上午到校學習文件,若無其他集會,即各自回家。於是我每日下午至晚間,可撰述八小時,可探討八個字,工作極爲迅速,越一年餘,張春橋已奪得上海領導權,開始向老年教師進攻。先迫令我輩將所謂"黑稿"(即各人之著作稿本)交出,幸管理之人皆我教過之學生,未加毀損。我雖爲漏網之魚,然亦在排斥之列。自此每日到校上班,非學習文件,即開會討論或批判所謂"走資派",而撰述時間,又祇有晚間與假日矣。至1969年10月,上海各高等院校之師生員工均下鄉勞動,我院派在松江佘山公社。每日或學習文件,或開會批判,或參加勞動。我時已六十餘歲,夏則烈日灼膚,冬則寒風刺骨,亦不得免。惟每兩星期可返滬一次,休息二日,我僅有此時從事撰述。至1970年7月,始全部撤回各院校。或勸我上課,我謝絕。1971年2月,我被派去參加標點《宋史》,其中最難之《禮志》《樂志》《律曆志》等篇均由我任之。但主其事者乃一不學無術之徒,不明古文之義,不知標點用法,妄自改易,錯誤百出。我力爭不得,乃憤而告退,又不許。此正"四人幫"勢盛之時,無可如何也。

其時,餘暇較多,撰述之時亦多,而中文系落實政策,乃將我之兩稿發還,我大喜過望,如死者之復活也。不久,我已患冠心病而不自知。至1973年3月,《探原》全部脫稿,約二百三十萬字,引用書籍凡八百二十種,共七十五大冊,重四十斤,歷時凡四十年。我即向中文系黨支部書記報告,請予指示,但久未得覆。同年4月,由上海出版社之編輯介紹於北京出版社,旋得彼社負責人覆函云,兩稿正是中華書局之分工範圍,並囑酌寄數冊審閱,因將兩稿寄去六冊,後接彼社負責人來函略謂:"羅先生的《源流》一稿,已由有關編輯同志看過,他們認爲羅先生經過多年研究,寫成此書,足見功夫很深,很有成就。但是作爲第一批讀者,他們建議將講音韻的一部分刪去。"此議,我院教研組同事並不同意。惟我急欲出版,祇有遷就照辦,再函詢彼社要否寄去,迄未得信。至《探原》一稿已隔兩年,彼社亦未作出決定,其時謠傳備戰甚急,我恐原稿散佚,不得已去函索回。遂又將原稿再校對修改一次,並編檢字與引用書目錄各一冊。1975年9月，我又調任編纂《漢語大詞典》工作。1976年9月18日，上海市舉行追悼毛主席大會，我曾作古體詩一首，長四百餘字，張貼院內，觀者無不稱許。同年10月，我患大便大量出血，幾殆。是月，"四人幫"之首惡被逮捕，舉國歡騰，我輩遂獲二次解放。1977年11月，曾由老友吳文祺同志將兩稿介紹與上海古籍出版社，至1978年6月，彼社覆函："尊稿功力極深，至爲欽佩，但以其中死字、僻字過多（按：函中所謂死字、僻字，都是最古的文字，拙稿旨在探原，自不得不研究之），甲骨文、金文更難描摹，從目前印刷條件來講，難以解決。現將原稿挂號寄上，請查收。"此兩稿在南北兩大文化中心之出版社均無能爲力，其他可知矣。1977年12月，我當選爲中國人民政治協商會議上海市委員會常務委員與主席團成員。1978年3月，日本東京都書道教員訪華團前來上海師範大學開交流會，我曾參加接待。席上我先以籀文寫"百花齊放、推陳出新"八個大字，復又以隸書寫詩一首，詩用魯迅贈日本友人新居詩原韻，其句爲："一衣帶水望蓬萊，今日歌吟更勿哀。放眼縱觀新世界，五洲動蕩激風雷。"次年4月，上海與大阪舉辦書法交流會，先在上海，次在大阪，我曾以小篆寫毛主席詞句"神女應無恙，當驚世界殊"十字，參加展覽。1979年9月，我被任爲上海市民族事務委員會副主任。

先是"四人幫"之首惡被逮捕後，來從我習文字學者有十餘人，其中有報刊編輯、大中學教師與業餘愛好者，奚柳芳即其一也。我之教文字學也，先講文字學之基本知識，講義以許慎之《說文解字叙》與五百四十部首爲主，而以我所作之《說文解字探原自序》（以下簡稱《自序》）、《六書說》爲輔。又以我所注之《說文解字叙》爲參考資料。許叙先述我國之先期文字以八卦列結繩之先，講至此則以《自序》據《周易·繫辭》與孔安國《尚書序》所言，當以結繩列八卦之先。許叙次述文字製造之人爲倉頡，講至此，又以《自序》據所分析古代文字之結構而言，則斷定我國文字產生之時當在原始社會末期；創造文字之人乃勞動人民，至階級社會，才是知識分子。許叙次述六書之次序與意義,以"指事"列於首,又以"會意"列"形聲"之後,"假借"列"轉注"之後,講至此,則以《六書說》據文字發展規律而言,"指事"當列"象形"之後,"會意"當列"指事"之後,"假借"當列"會意"之後。許叙次述周、秦、漢之字體,常將古文、籀書、大篆混而爲一,講至此,則以《自序》據考證現存各種字體之同异,當以商之甲骨文爲古文,周之鐘鼎文爲籀文,秦惠文後之詛楚文、盦和鐘、秦公簋、獵碣文(舊稱石鼓文)爲大篆,秦始皇統一文字後之石刻、權量、詔版與許慎之《說文解字》均爲小篆。許叙次則批評當時之荒謬言論,講至此,則述《自序》評議清代文字學家之得失及近代學人之奇談怪論,以便對照。至1979年,我院决定由我帶古文字學研究生兩名,9月上課。除研究生外,尚有各級選讀生五十餘人,大中學校教師與外地來滬進修之教師四十餘人,共九十餘人,前所未有也。第一學年我所講授者同上。第二學年,除繼續講授外,並指導研究生學習古代文字學專著與編寫《漢字源流》一書。第三學年,則以指導研究生撰寫論文矣。1980年8月,國家民族事務委員會組織各省市各民族參觀團,上海市任我爲上海參觀團團長,先赴内蒙古、東北參觀,後赴北京參加國慶活動,10月14日返上海。

總我之一生,幼年即學書法,讀"四書"。稍長入中學,學英語及其他新學種。此外,又學金石詩詞繪畫。入大學後,又學商科等各項學科。此外,仍繼續自修舊日所學之文藝。少時即喜飲酒,愛古代音樂、昆曲,又好圍棋與内家拳術,所交遊者,皆海上名師也。又好遊歷名山大川,在大學時,曾往遊南京、蘇杭與普陀山;在就業後,曾往遊泰山、曲阜、故都(編者案:即北平);在抗日戰爭時,曾往遊武夷、雁蕩;新中國成立後,曾往參觀安徽佛子嶺水庫,又隨各民族參觀團參觀北京、東北、湖北、河南各大城市之工廠、礦山、公社與水利建設。1978年5月,又往韶山、廬山、井岡山參觀學習;最近又往内蒙古、東北參觀,所獲甚多。我有三子,長慶生,次胤生,皆工程師;次拯生,攝影師。有二女,長勵生,工程師;次敏生,中學語文教師。有四孫，長允和，復旦大學新聞系學生；次允平，技工，次允年、允高，尚在學。又有孫女允豐，亦技工。我生平頗尊孔子，但對彼之言行亦未曾儘以爲然。自學習馬克思、列寧文選與《毛澤東選集》後，始篤信唯物主義與共產主義。我爲少數民族，因政府貫徹民族政策，我受黨的培養教育、關懷照顧，嘗謂："我有生之年，皆報黨之日也。"今雖已七十又六，仍不敢偷安。在當初撰述《探原》之時，本擬二十年完成，再以二十年時間注釋《周易》《尚書》。不意《探原》已費四十年，而今餘年日促，精力日衰，不能如願矣。

今我最憂慮者有二：一，《探原》與《源流》兩稿，北京、上海兩地之出版社既不能出版，我即向上海之主管機構與有關機構陳述，或無答覆，或雖答覆而不能解決問題；嗣又向北京之主管機構與有關機構陳述，亦或無答覆，或雖答覆而不能解決問題。據我所聞，老教授、老專家之著作，未能出版者甚多，將如何處之？二，我院文字學之繼承人，前既未曾培養，今雖在培養，仍恐青黃不接。十年內亂，青年對祖國之古代文化遺產，茫然不知。欲於二三年間完成文字學之學習研究，實不可能；而中年者雖較有基礎，但對古代遺留之專著與有關之古籍亦未曾涉獵。我院有一名畢業生，年近六十，已是工人業餘大學教師，好文字學，肄業時既聽我課，畢業後亦常來問業。去歲我上課時，彼皆來聽課，意欲繼承我職。越二月，彼忽告我："本欲繼承師職，今知其不能。"我問彼："照我之講義講述，當有何無？"彼答："照講義講述不難，但難在學生提問時，須當場答覆而又引經據典以證之，此則我所不能也。"試問，有相當基礎者尚如此，而相當基礎亦無者，義將如何處之？凡此二事，願能引起有關部門重視。

1980 年 12 月 10 日

漢太尉祭酒許慎記

宋右散騎常侍徐鉉等校定　　羅君惕注釋

　　叙曰：此十四篇，五百四十部。九千三百五十三文，重文一千一百六十三[1]，解説凡十三万三千四百十一字[2]。其建首也，立一爲耑。方以類聚，物以群分。同條牽屬，共理相貫。"雜而不越"[3]，據形系聯[4]。引而申之，以究萬原。畢終于亥，"知化窮冥"[5]。于時大漢，聖德熙明，承天稽唐[6]，敷崇殷中。遐邇被澤，渥衍沛滂[7]，廣業甄[8]微，學士知方。探嘖[9]索引，厥誼可傳。粤[10]在永元，困頓[11]之季[12]。孟陬[13]之月，朔日甲申。曾曾[14]小子，祖自炎神[15]。縉雲相黃[16]，共承高辛[17]。太岳佐夏[18]，呂叔作藩[19]。俾矦于許，世祚[20]遺靈。自彼徂召[21]，宅此汝瀕[22]。竊卬景行[23]，敢涉聖門[24]。其弘如何，節彼南山[25]。欲罷不能[26]，既竭愚才。惜道之味，聞疑載疑。演贊其志[27]，次列微辭[28]。知此者稀，儻昭所尤[29]，庶有達者，理而董[30]之。

1. 此由歷代有添注者，今難識别。
2. 段説本，凡十二萬二千六百九十九，少一萬七百四十一字，可證歷代妄删字、奪去字如此之多。
3. 見《周易・繫辭下》。越，逾越也。
4. 小徐本作"聯系"，言五百四十部，依次據形，皆有聯繫。
5. 《周易・繫辭下》，窮神知化，德之盛之，窮冥猶窮神也。
6. 唐謂唐堯。
7. 渥，露也。厚也。遠大也。滂，沛也。沛，大也。
8. 甄，察也。廣异義也。
9. 見上叙，出《周易・繫辭上》。

10. 或作聿,發語詞。
11. 《爾雅‧釋天》:"太歲在庚曰上章,太歲在子曰困敦。"
12. 徐鍇曰:"漢和帝永元十二季歲在庚子也。"
13. 《釋天》"正月爲諏"。《離騷》:"攝提貞于孟陬兮。"攝提,歲星之稱。
14. 段説,曾曾猶層層也,曾之言重也。
15. 炎神謂炎帝神農,彼姓姜,許國亦姓姜。
16. 縉雲,黃帝時官名,亦姓。
17. 共謂共工,諸侯,炎帝之後,帝嚳高辛,黃帝之曾孫也。
18. 許,太岳之胤,太岳,神農之後,堯四岳(即堯時方伯)共工從孫爲四岳之官,掌帥諸侯助禹治水。
19. 姜太公先祖封于吕,與齊同姓。周武王封其苗裔文叔于許(即今許昌),藩亦作蕃,謂屏蕃。
20. 世祚猶世禄。靈,善也。
21. 謂自許遷于汝南郡召陵。
22. 汝水之濱。
23. 卬,假借爲仰。景行,大道也。見《小雅‧車舝》。
24. 謂創六藝之聖賢。
25. 《小雅‧節南山》節,高峻皃,此假借爲岊也。
26. 見《論語‧子罕》。
27. 演,推廣之義。贊,假借爲讚,解也。志,識也。
28. 微辭,意有所托(借)而辭不顯。
29. 尤,假借爲訧,罪也。
30. 董,正也。

　　召陵萬歲里公乘[1]艸莽臣沖稽首再拜,上書皇帝陛下。臣伏見陛下,神明盛德,承遵聖業。上考度于天,下流化于民。"先天而天不違,後天而奉天時"[2]。萬國咸寧,神人以和。猶復深惟[3]五經之妙,皆爲[4]漢制。博採幽遠,窮理盡性,以至于命。先帝[5]詔侍中騎都尉賈逵,修理舊文,殊藝異術,王教一耑,苟有可以加于國者,靡不悉集。《易》曰:"窮神知化,德之盛也。"[6]《書》曰[7]:"人之有能有爲,使羞其行而國其昌。"臣父故太尉南閤祭酒慎,本從逵受古學,蓋聖人不空作，皆有依據。令五經之道，昭炳光明，而文字者其本所由生[8]。自《周禮》《漢律》，皆當學六書，貫通其意，恐巧說衺辭使學者疑，慎博問通人，考之于逵，作《說文解字》。六藝[9]群書之詁，皆訓[10]其意，而天地鬼神、山川艸木、鳥獸蚰蟲、雜物奇怪、王制禮儀、世間人事，莫不畢載。凡十五卷[11]，十三萬三千四百四十一字。慎前以詔書挍書[12]東觀，教小黃門孟生、李喜等，以文字未定未奏上。今慎已病，遣臣齎詣闕。慎又學《孝經》孔氏古文說。古文《孝經》者，孝昭帝時魯國三老所獻，建武時給事中議郎衛宏所挍，皆口傳，官無其說，謹撰具一篇并上。臣沖誠惶誠恐，頓首頓首，死皋死皋。臣稽首再拜，以聞皇帝陛下。建光[13]元年九月己亥朔二十日戊午上。

1. 《漢書・百官公卿表上》："爵一級曰公士，……八（級曰）公乘。"顏師古注："言其得乘公家之車也。"
2. 見《周易・乾・文言》。
3. 惟，凡思也。
4. 爲，讀去聲。
5. 先帝，漢和帝。
6. 見《周易・繫辭下》。
7. 見《洪範》文，原文"國"作"邦"。《尚書》孔傳："功能有爲之士，使進其所行，而國其昌。羞，進也。"
8. 段說，有文字而後有五經，故曰"本立而道生"。
9. 六藝理六經。
10. 段說，訓考，"順其理而說之也"。
11. 連許叙言共十五卷。
12. 挍，別本與小徐本均作"校"，下同，此通用也。
13. 建光末漢安帝即位之十五年，甲骨文有"八日辛亥"一語，與此書法正同，可知由來已久。

天干地支之起源與作用

羅君惕

引　言

天干地支本名干支,又加天地二字者,《皇極經世書·觀物外篇》云:"十干,天也;十二支,地也;支干配天地之用也。"所謂天干有十,即甲乙丙丁戊己庚辛壬癸也;所謂地支有十二,即子丑寅卯辰巳午未申酉戌亥也。干支亦作幹枝、榦枝。《皇極經世書》同篇又云:"干者,幹之義,陽也;支者,枝之義,陰也。"《廣雅·釋天》云:"甲乙爲榦,榦者,日之神也;寅卯爲枝,枝者,月之靈也。"此即《大戴禮記·曾子天圓》所謂"陽之精氣曰神,陰之精氣曰靈"也。《淮南子·天文訓》云:"凡日,甲剛乙柔,丙剛丁柔,以至於癸。"案天干有十,因我國記數之法,以十爲成數(其他各國亦然),滿十則進位。故自古以來,即定天干爲十,以之記數排行,而最先用爲人名,即其一例。夏代禹王之十二世孫名孔甲,十五世孫桀王名癸,而商代二十八王均以天干爲名,皆見於《史記·夏本紀》與《殷本紀》。此猶後世之用伯仲叔季與大二三四也(老大、老二等)。地支有十二,因歲星(木星,亦名太歲)每繞日一周,約需十二年,又因我國所制日曆,每年均爲十二月,每日爲十二辰。故自古以來,即定地支爲十二,以之記月、記時。故《周禮·春官·馮相氏》云:"掌十有二歲,十有二月,十有二辰,十日。"疏云:"十有二辰謂子丑寅卯之等也,十日者,謂甲乙丙丁之等也。"最先以之記年者,如《爾雅·釋天》所言皆是,引見以下各條。以之記月者,如《史記·曆書》云:"昔自在古曆,建正作於孟春。"又云:"夏正以正月,殷正以十二月,周正以十一月。"索隱云:"案古曆者,謂黃帝調曆以前,有《上元》《太初》等,皆以建寅爲正,謂之孟春也。及顓頊、夏禹亦以建寅爲正,惟黃帝及殷、周、魯並建子爲正。而秦正建亥,漢初因之。……"此即以子名十一月,以寅名正月,以亥名十月也。

但天干僅十字,地支僅十二字,爲數甚少,作用亦小。在未有文字時,先有陰陽兩爻,即"—""--"兩畫,以象徵陰陽兩氣。再以兩爻相配,合成八卦,以象徵自然界之八種物體,其數亦少,作用亦不大。後以八卦相配,合成六十四卦,以象徵自然界與人類社會之六十四種事物。其數大增,其作用遂加廣。故以天干地支依此相配,而合成甲子,乃得六十對,其數亦大增,其作用亦加廣矣。

甲子創于何人,傳說不一。《通鑑外紀》以爲天皇氏所創,他書多以爲大撓所創,如《呂氏春秋·孟夏紀·尊師篇》云:"黃帝師大撓。"又《審分覽·勿躬篇》云:"大撓作甲子。"《史記·五帝本紀》云:"(黃帝)迎日推策。"正義云:"黃帝受神策,命大撓作甲子、容成造曆,是也。"《後漢書·律曆志》云:"記稱大撓作甲子。"劉注云:"《月令章句》:'大撓探五行之情與斗綱所建,於是始作甲乙以名日,謂之幹;作子丑以爲辰,謂之枝。枝幹相配,以成六旬。'"皆是也。所謂甲子者,甲居十干之首,子居十二支之首,干支相配,即甲子、乙丑、丙寅之類,其數六十,而以首二字爲名,故稱甲子。東漢以前,祇用以紀日;建武以後,又用以紀年、月、時。凡此均見於《竹書紀年》《穆天子傳》《大戴禮記·夏小正》《禮記·月令》《呂氏春秋》孟春至季冬十二紀,《淮南子》天文與時則兩訓,《史記·律書》與《曆書》《漢書·律曆志》《後漢書·律曆志》,以迄於今。然所謂天干之十字與所謂地支之十二字,皆各有本義,非特爲天干地支而制之專名也。爰將《說文解字》與其他各書所載此二十二字之本義及其引申假借之義逐一列舉如下,從而可知天干地支之起源與作用焉。

天　　干

甲,《說文解字》(以下稱"同書")作甲,云:"位東方之孟,陽氣萌動。从木戴孚甲之象。……"

案甲，古文、籀文作│（卜文）、✦（盂鼎等）、✦（史獸鼎等）、✝（齊鎛等），或作✚（卜文、頌鼎等）、⊕（卜文、甲鼎等），篆文與之均异，乃譌字也。《釋名‧釋天》云："甲，孚甲也。萬物解孚甲而生也。"孚假借爲稃，《玉篇‧禾部》云："稃，甲也。"《周易‧解‧象》云："雷雨作而百果草木皆甲坼。"注云："皮曰甲。"此本義也。《爾雅‧釋天》云："大歲在甲曰閼逢。"又云："月在甲曰畢。"《尚書‧胤征》序云："廢時亂日。"傳云："廢天時，亂甲乙。"疏云："日以甲乙爲紀。"《禮記‧月令》云："孟春之月，其日甲乙。"注："春，東從青道，發生萬物，月爲之佐。時萬物皆解孚甲，自抽軋而出，因以爲日名焉。"《史記‧律書》云："甲者，言萬物剖符甲而出也。"索隱云："符甲猶孚甲也。"

古文之│，籀文之✦，皆象草木初生之苗充盈欲出之狀。（卜文以刀刻但作│以示意耳。）│譌而爲✦、✝，又譌爲✚，加口則爲⊕。（與 ⺼、⺆、⺋ 之加 [ ] 同例。）羅振玉云："……小篆後改作甲者，初以✚嫌于數名之十而加口作⊕，既又嫌于田疇之田而譌◯爲◯，譌十爲丁作甲，而初形全失，反不如隸書尚存古文面目也。"

乙，同書作乁，云："象春草木冤屈而出，陰氣尚彊，其出乙乙也。與│同意。……"

案乙，古文作乁、ʃ（均卜文），籀文作乁（父乙鼎等）、乁（散盤等）或作ʃ、ʃ（均卜文），篆文與之均异，乃譌字也。《釋名‧釋天》云："乙，軋也，自抽軋而出也。"《白虎通義‧五行》云："乙者，物蕃屈有節欲出。"又《爾雅‧釋天》云："大歲在乙曰旃蒙。"又："月在乙曰橘。"《禮記‧月令》云："孟春之月，其日甲乙。"注云："乙之言軋也,時萬物皆解孚甲,自抽軋而出,因以爲日名焉。"《史記·律書》云:"乙者,言萬物生軋軋也。"《文選·文賦》:"思乙乙其若抽。"注云:"乙,抽也。乙,難出之貌。"又《周易·泰》云:"帝乙歸妹。"《左傳·哀公九年》云:"微子啓,帝乙之元子也。"案商湯名天乙,其後有祖乙,小乙,武乙,此託名也。字之古、籀皆象物體屈曲之形。其或作 ◯、◯ 者,與甲之或作 ◯ 同例。説解云"與丨同意"者,徐鍇云:"丨音徹。"王筠云:"則是許説當作'與中同意',丨則壞字也。"(《説文句讀》,下同)二説并是。

丙,同書作 ◯,云:"位南方。萬物成,炳然,陰氣初起,陽氣將虧。从一入门,一者,陽也。……"

案丙,古文作 ◯、◯、◯、◯、◯、◯(均卜文),籀文作 ◯(◯父丙鼎)、◯(丙足迹形貞蓋)、◯(◯父丙觶)、◯(陳且丙觶)、◯(天君鼎等),大篆作 ◯(獵碣),或作 ◯、◯(卜文),小篆與大篆相近,亦譌字也。《爾雅·釋天》云:"大歲在丙曰柔兆。"又:"月在丙曰修。"《釋名·釋天》云:"丙,炳也。物生炳然皆著見也。"《白虎通義·五行》云:"丙者,其物炳明。"《禮記·月令》云:"孟夏之月,其日丙丁。"注云:"丙之言炳也。日之行夏,南從赤道,長育萬物,月爲之佐,時萬物皆炳然著見而強大,又因以爲日名焉。"《史記·律書》云:"丙者,言陽道著明,故曰丙。"《漢書·律曆志上》云:"明炳于丙。"字之古、籀本象燭檠之座之形。(燭檠,俗名蠟燭台,其下有座,丙字似之。)燭有火光,能照明,故訓爲炳明。著見之義,此外皆荒謬之説也。字或作 ◯、◯,與甲乙之或作 ◯、◯、◯ 同例。

丁,同書作 ◯,云:"夏時萬物皆丁實,象形。……"

案丁,古文作 ◯、◯(均卜文),籀文作 ●(父丁鼎等)、

■（國差𪉷）、■（陳肪殷），或作▨、▨（均卜文），篆文與之均異，乃訛字也。《爾雅·釋天》云："太歲在丁曰強圉。"又："月在丁曰圉。"《禮記·月令》云："孟夏之月，其日丙丁。"《史記·律書》云："丁者，言萬物之丁壯也，故曰丁。"《漢書·律曆志上》云："大盛于丁。"又《廣雅·釋詁四》云："丁，強也。"《白虎通義·五行》云："丁者，強也。"又《急就篇》云："長樂無極老復丁。"注云："家有高年，則蠲其子孫免賦役也。"《漢書·主父偃傳》云："然後發天下丁男以守北河。"《文選·李少卿答蘇武書》云："丁年奉使。"注云："丁年謂丁壯之年也。"此皆引申之義也。朱駿聲云："丁，鑽也。象形。今俗以釘爲之，其質用金或竹若木。"又云："以丁入物亦曰丁，故《說文》作朾，'撞也'。"（《說文通訓定聲》，下同）徐灝云："疑丁即今之釘字，象鐵弋形。鐘鼎古文作●，象其鋪首，↑則下垂之形也。丁之垂尾作↑，自其顛渾而視之則爲●。"（《說文段注箋》，下同）二說并是。自其假借爲丙丁之丁，遂又加金作釘以別之耳。陰陽五行家以丙丁爲南方，爲夏時，皆陽氣最旺盛者，故引申之訓強也；壯年亦陽氣最旺盛，體力最堅強之時，故又訓爲丁男也。字或作▨、▨，與乙丙之或作▨、▨、▨、▨同例。

戊，同書作▨，云："中宮也。象六甲五龍相拘絞也。……"

案戊，古文作▨、▨、▨、▨（均卜文），籀文作▨（▨且戊卣）、▨（且戊鼎）、▨（人卣）、▨（木工鼎等）、▨（癸▨爵）、▨（趞殷），篆文與其中之一相同，亦正字也。《爾雅·釋天》云："大歲在戊曰著雍。"又："月在戊曰厲。"《釋名·釋天》云："戊，茂也，物皆茂盛也。"《白虎通義·五行》云："戊者，茂也。"《毛詩·小雅·吉日》云："吉日維戊。"箋云："戊，剛日也。"《禮記·月令》云："中央土，其日戊己。"注云："戊之言茂也。日之行四時之間，從黃道，月爲之佐，至此，萬物皆枝葉茂盛，故因以爲日名焉。"《漢書·律曆志上》云："豐楙于戊。"此皆引申之義也。説解云"中宫也"者,即《月令》所謂"中央土,其日戊己"也。又云"象六甲五龍"者,嚴章福云:"六甲謂甲子、甲戌、甲申、甲午、甲辰、甲寅也。五龍即五辰,謂戊辰、庚辰、壬辰、甲辰、丙辰也。甲子至癸亥凡六甲五辰,此但言辰者,辰爲龍。六甲五龍謂六甲中之五龍,非謂六甲與五龍也。"(《説文校議議》,下同)張文虎云:"五龍者,甲辰爲青龍,丙辰爲赤龍,戊辰謂黄龍,庚辰爲白龍,壬辰爲黑龍。戊在其中,故曰中宫。"(《舒藝室隨筆》,下同)此就陰陽五行言之,其説最爲正確。籀文戊與戌均作𢦧,殆本爲一字。戊爲鉞之古字,又爲越之假借字,有超越之義,轉而爲茂盛之義。四時之中與四方之中均爲日光與陽氣最盛之時、之處,故以戊爲中央之名而有茂盛之義也。

己,同書作𠃊,云:"中宫也。象萬物辟藏,詘形也。……"

案己,古文作𠃊、𠄌、𠄎(均卜文),籀文作𠃊(虘鐘等)、𠄌(紀侯𣪘)、𠃊(鐘伯鼎)、𠃊(宴𣪘),篆文與籀文之一相同,亦正字也。《廣雅·釋言》云:"己,紀也。"《釋名·釋天》云:"己,紀也,皆有定形可紀識也。"《漢書·律曆志上》云:"理紀于己。"又《爾雅·釋天》云:"大歲在己曰屠維。"又:"月在己曰則。"《禮記·月令》云:"中央土,其日戊己。"注云:"己之言起也,其含秀者抑屈而起,故因以爲日名焉。"《白虎通義·五行》云:"己,抑屈起。"朱駿聲云:"己即紀之本字,古文象別絲之形。"案象絲旋繞之形。自其假借爲戊己、自己之己,遂又加系作紀以別之耳。説解云"象萬物辟藏,詘形也"者,段玉裁云:"盤辟收斂,字像其佶詘之形也。"(《説文解字注》,下同)案原文"詘"上蓋脱"詰"字,或其下脱"曲"字。

庚,同書作𩇫,云:"位西方,象秋時萬物庚庚有實也。……"

案庚，古文作🈚、🈚、🈚、🈚（均卜文），籀文作🈚（史父庚鼎等）、🈚（、庚爵）、🈚（羊父庚鼎），篆文雖與之略异，然未失原意，亦正字也。《爾雅·釋天》云："大歲在庚曰上章。"又："月在庚曰窒。"《釋名·釋天》云："庚猶更也。庚，堅强貌也。"《周易·巽》云："先庚三日，後庚三日。"《禮記·月令》云："孟秋之月，其日庚辛。"注云："庚之言更也。日之行秋，西從白道，成熟萬物，月爲之佐，萬物皆肅然改更，又因以爲日名焉。"《史記·律書》云："庚者，言陰氣庚萬物。"下庚應讀作更。《漢書·律曆志上》云："斂更於庚。"《白虎通義·五行》云："庚者，物更也。"又《毛詩·小雅·大東》云："西有長庚。"傳云："庚，續也。"此皆一義之引申也。字从収（廾）从干，干假借爲秆，秆或作秖，《禾部》云："秖，禾莖也。"故从収、从干者，謂以兩手共持禾莖也。會意，干亦聲，干、庚雙聲。此農民束禾脱粒之事。故訓爲秋時萬物有實也。

辛，同書作🈚，云："秋時萬物成而熟，金剛味辛，辛痛即泣出。从一从𢆉，辛，辠也。……"

案辛，籀文作🈚（父辛鼎等）、🈚（趞鼎等），篆文與之有异，乃訛字也。《爾雅·釋天》云："大歲在辛曰重光。"又："月在辛曰塞。"《釋名·釋天》云："辛，新也，物初新者皆收成也。"《禮記·月令》云："孟秋之月，其日庚辛。"注云："辛之言新也。日之行秋，西從白道，成熟萬物，秀實新成，又因以爲日名焉。"《史記·律書》云："辛者，言萬物之辛生，故曰辛。"下辛均假借爲新。《漢書·律曆志上》云："悉新于辛。"

壬，同書作🈚，云："位北方也。陰極陽生，故《易》曰'龍戰于野'。戰者，接也。象人裹妊之形。承亥壬以子，生之叙也。與巫同意。……"

案壬,古文作■(卜文),籀文作■(木父壬鼎等)、■(吕鼎等),篆文與之有异,乃譌字也。《爾雅·釋詁》云:"壬,大也。"《毛詩·小雅·賓之初筵》云:"有壬,有林。"傳云:"壬,大。"箋云:"壬,任也。"又《釋詁》云:"壬,佞也。"《尚書·皋陶謨》云:"巧言令色,孔壬。"傳訓爲甚佞。又《釋天》云:"大歲在壬曰玄黓。"又:"月在壬曰終。"《釋名·釋天》云:"壬,妊也,陰陽交,物懷妊也,至于而萌也。"《禮記·月令》云:"孟冬之月,其日壬癸。"注云:"壬之言任也,日之行冬,北從黑道,閉藏萬物,月爲之佐,時萬物懷任于下,又因以爲日名焉。"《史記·律書》云:"壬之言任也,言陽氣任養萬物于下也。"《漢書·律曆志上》云:"懷任于壬。"《白虎通義·五行》云:"壬者,陰始任。"説解云"承亥壬以子"者,當作"壬承辛以子"。徐鍇云:"辛,陰氣成就,乃能承陽以有生也,故曰'承辛生子也'。"壬爲任之古字,又爲妊之假借字。《國語·魯語上》云:"家欲任兩國。"注云:"任,負荷也。"壬之古文作■,从丨,从一(上之古文),从一(下之古文)與■之从丨从二从一同意,疑即■字而假借爲壬字。■爲柱之古文乃以一木支上抵下之意(説詳拙著《説文解字探原·示部》),柱上負棟梁之重,故訓爲負荷也。婦人懷孕曰身重,身重(平聲,編者案讀 chóng)則重(去聲,編者案讀 zhòng),故又假借爲妊者,謂由彼任其重也。籀文从■、从●,●爲標志,所以指示此爲懷妊之妊也。指事。

癸,同書作■,云:"冬時水土平可揆度也。象水从四方流入地中之形。……"

案癸,古文作■、■(均卜文),籀文作■(■叔殷等)、■(史獸鼎等)、■(癸山殷等)亦作■(癸作父乙鼎)、■(向作父癸簋),篆文與籀文之一相同,亦正字也。《爾雅·釋天》云:"大歲在癸曰昭陽。"又:"月在癸曰極。"《釋名·釋天》云:"癸,揆也,揆度而生乃出土也。"《禮記·月令》云:"孟冬之月,其日壬癸。"注云:"癸之言揆也,時萬物懷任于下,揆然萌牙,又因以爲日名焉。"《史記·律書》云:"癸之爲言揆也,言萬物可揆度,故曰癸。"《漢書·律曆志上》云:"陳揆于癸。"戴侗云:"癸鼎文作✦,《書》云:'一人冕執戣。殆似三歧矛,借爲壬癸之癸。'"(《六書故》,下同)此説是也。當以✦爲正字,从囗又,又即又字,手也。上古無尺寸,以手度量之,《大戴禮記·主言篇》所謂"布指知寸,布手知尺,舒肘知尋"者,是也。故从囗又者謂以手度量四方也。會意。✦一訛而爲✦,再訛而爲✦,再訛而爲✦矣。

總之:甲象植物萌芽之形,乙象其芽屈曲而出之形,此春日之象,故三春之日曰甲乙;東方爲日初之處,故亦以甲乙名之。丙爲陽氣甚盛之義,丁有强壯之義,亦象果實之形,此夏日之象,(夏日瓜果菽麥均熟。)故三夏之日曰丙丁;南方爲陽氣最盛之處,故亦以丙丁名之。戊爲枝葉茂盛之義,己爲治理之義,此中央之象。蓋四時之中與四方之中爲日光與陽氣最盛之時、之處,亦植物最暢茂之時、之處,故其日曰戊己也。庚爲雙手持秆以脱粒之意,辛則假借爲新,爲五穀新收之義。此秋日之象,故三秋之日曰庚辛。秋日陽氣漸衰、陰氣漸盛,而西方爲日落之處,其象亦如此,故亦以庚辛名之。壬爲懷妊之義,引申爲結子之義,癸爲揆度之義,此冬日之象。蓋冬日爲儲備種子,籌備播種之時,故其日曰壬癸也。冬日陰氣最盛,陽氣最衰,而北方爲背日之處,其象亦如此,故亦以壬癸名之。由此而言,甲乙丙丁午己庚辛壬癸十字皆所以表示五穀逐漸生長之狀况也。其用爲十干之名者,亦依四時之次序而排列之耳。自後陰陽五行家造爲玄虛荒誕之説,失其本旨矣。

地　支

子,同書作✦,云:"十一月陽氣動,萬物滋,入以爲偁。象形。……"（李陽冰曰："子在繦緥中，足併也。"）

案子，古文作🙎（卜文），籀文作🙎（毛公鼎等）、🙎（太保殷等）、🙎（子爵）、🙎（父子觚）、🙎（父乙殷）、🙎（子立刀形觶）、🙎（父丁觶等）、🙎（子孫角等）、🙎（子執旂且乙卣），篆文與古、籀之一相同，亦正字也。《廣雅·釋親》云："子，孜也。"孜本假借爲孳。《釋名·釋親》云："子，孳也，相生蕃孳也。"《大戴禮記·本命》云："子者，孳也。"《白虎通義·爵》云："子者，孳也，孳孳無已也。"《禮記·哀公問》云："子也者，親之後也。"又《曲禮下》"子于父母"注云："言子者，通男女。"《毛詩·大雅·大明》云："長子維行。"傳云："長子，長女也。"此本義也。説解"入以爲偶"之入，段玉裁改作人，是也。《爾雅·釋天》云："大歲在于子曰困敦。"此假借爲十二支之名。《釋名·釋天》云："子，孳也，陽氣始萌，孳生于下也。"《史記·律書》云："子者，滋也；滋者，言萬物滋于下也。"《漢書·律曆志上》云："孳萌于子。"滋亦作兹，《淮南子·天文訓》云："子者，兹也。"《史記·三代世表》褚先生曰："子者，兹，兹，益大也。"此皆説明其命名之義也。字之古、籀、篆均爲象形，其作🙎者，象嬰兒有兩手，兩足也；其作🙎、🙎者，象胎兒兩手上舉，兩脛合并而屈曲也，🙎則略簡耳。

丑，同書作丑，云："紐也。十二月萬物動，用事，象手之形，時加丑，亦舉手時也。……"

案丑，古文作🙎、🙎、🙎（均卜文），籀文🙎（拍敦蓋等）、🙎（同殷等）、🙎（鄀公殷），篆文與之迥异，乃訛字也。《爾雅·釋天》云："大歲在丑曰赤奮若。"漢揚統碑云："建寧元年三月癸丑。"此假借爲干支之名，用以紀年、紀日、紀時也。《釋名·釋天》云："丑，紐也,寒氣自屈紐也。"《淮南子·天文訓》云:"丑者,紐也。"《史記·律書》云:"丑者,紐也,言陽氣在上未降,萬物厄紐未敢出。"《漢書·律曆志上》云:"紐牙于丑。"説皆費解。《糸部》云:"紐,系也。一曰:'結而可解。'"段玉裁云:"十二月陰氣之固結已漸解,故曰紐也。"其説蓋是。丑爲扭之古字,古、籀皆象手指屈而扭物之形。説解云"時加丑"者,徐鍇云:"昧爽爲丑,人皆起有爲也。"案《吴越春秋·王僚使公子光傳》云:"今日甲子,時加于巳。"與此同例。

寅,同書作寅,云:"髕也。正月,陽氣動,去黄泉欲上出,陰尚彊。……"

案寅,古文作 ◎、◎、◎、◎、◎（均卜文）,籀文作 ◎（克鐘等）、◎（遇鼎等）、◎（豆閉毁）、◎（師奎父鼎）,篆文與之有异,乃譌字也。《爾雅·釋詁》云:"寅,進也。"《禮記·月令》疏云:"寅,引也。"此本義也。《爾雅·釋天》云:"大歲在寅曰攝提格。"《楚辭·離騷》云:"惟庚寅吾以降。"注云:"庚寅,日也。"此皆假借爲十二支之名,用以紀年、紀日、紀時也。《廣雅·釋言》云:"寅,演也。"《白虎通義·五行》云:"寅者,演也。"《釋名·釋天》云:"寅,演生物也。"《淮南子·天文訓》云:"指寅則萬物螾螾也。"注云:"動生貌。"《史記·律書》云:"寅,言萬物始生螾然也。"《漢書·律曆志上》云:"引達于寅。"此皆説明其命名之義也。字本即作矢,見卜文。此假借也。字之古、籀文从曰、从矢,謂以手持弓引矢而射也,會意。矢射出則向前進,故訓爲進也。籀文作 ◎、◎,篆文之 ◎,皆 ◎、◎ 之譌也。説解云"正月"者,《禮記·月令》云:"孟春之月,天氣下降,地氣上騰,天地和同,草木萌動。"注云:"此陽氣蒸達,可耕之候也。"即此意。其餘皆謬。

卯，同書作𩇽，云："冒也。二月萬物冒地而出，象開門之形。故二月爲天門。……"

案卯，古文作𩇽、𩇽（均卜文），籀文作𩇽（旂鼎等），篆文與之迴異，乃後出之或體也。《爾雅‧釋天》云："大歲在卯曰單閼。"《儀禮‧士喪禮》云："不辟子、卯。"注云："子、卯，桀紂亡日。"《禮記‧檀弓下》云："子、卯不樂。"注云："紂以甲子死，桀以乙卯亡。"此假借爲十二支之名也。《淮南子‧天文訓》云："卯則茂茂然。"《白虎通義‧五行》云："卯者茂也。"《史記‧律書》云："卯之爲言茂也，言萬物茂也。"《晉書‧樂志上》云："二月之辰名爲卯，卯者，茂也，言陽氣生而孳茂也。"此皆說明其命名之義也。說解云"冒也"者，《釋名‧釋天》云："卯，冒也，載冒土而出也。"《漢書‧律曆志上》："冒茆于卯。"又云："象開門之形。"《周易‧繫辭上》云："闢戶謂之乾。"疏云："闢戶，謂吐生萬物也，若室之開闢其戶。"《鬼谷子‧捭闔篇》云："觀陰陽之開闔以命物。"注云："陽開以生物，陰闔以成物。"又云"故二月爲天門"者，《老子》云："天門開闔。"注云："天門謂天下之所由從也。"《史記‧天官書》云："蒼帝行德，天門爲之開。"索隱云："天門即左右角間也。"正義云："春，萬物開發，東作起，則天發其德化，天門爲之開也。"此皆以字形與名義說明二月之氣候。《古今韻會舉要‧十八巧》云："毛氏曰：'卯從兩戶相背，日出于卯，闢戶之時也。'"朱駿聲云："門，兩扉開也。从二戶，象開闢之形。門从二戶相向，卯从二戶相背。"徐灝曰："門字象闔門，闢之則成卯，其體轉如開門也。"三說并是。

辰，同書作𠨷，云："震也，三月陽氣動，雷電振，民農時也。物皆生。从乙，匕，象芒達，厂聲也。辰，房星，天時也。从二，二，古文上字。……"

案辰，古文作⿰、⿰、⿰、⿰、⿰（均卜文），籀文作⿰（盂鼎等）、⿰（散盤等）、⿰（伯中父𣪘）、⿰（伯晨鼎）、⿰（旂鼎），篆文與之迥异，乃譌字也。《爾雅·釋天》云："大歲在辰曰執徐。"又《逸周書·小開武解》："一辰以紀日。"《周禮·秋官·硩蔟氏》云："十有二辰之號。"注云："辰謂從子至亥。"《儀禮·士冠禮》云："吉月令辰。"注云："辰，子丑也。"《禮記·月令》云："孟春之月，乃擇元辰。"注云："元辰，蓋郊後吉亥也。"疏云："子、丑、寅、卯之等謂之爲辰。"《左傳·成公九年》云："浹辰之間。"注云："浹辰，十二日也。"疏云："從子至亥爲十二辰。"又《毛詩·小雅·小弁》云："我辰安在？"《大雅·桑柔》云："我生不辰。"傳、箋并云："辰，時也。"此假借爲十二支之名也。《廣雅·釋言》云："辰，振也。"《淮南子·天文訓》云："指辰，辰則振之也。"《史記·律書》云："辰者，言萬物之蜄也。"《漢書·律曆志上》云："振美于辰。"《白虎通義·五行》云："辰，震也。"又《釋名·釋天》云："辰，伸也，物皆伸舒而出也。"此皆説明其命名之義也。説解云"房星"者，此假借爲晨之義也。又云"从乙、匕，象芒達"者，語謬不可通。辰爲振之古字，古文本从上，从⿰，从又。《石部》磬之古文作⿰、⿰，爲敲擊懸崖下鳴石之意。《又部》反之古文本作⿰，爲以手扳岩石而上之意。以此例之，則辰之古文本从上，从⿰，从又者，蓋謂以手扳懸崖而上也。會意。扳懸崖而上者，必振奮其身，故訓爲振作也。

巳，同書作⿰，云："巳也。四月，陽氣已出，陰氣已藏，萬物見，成文章，故巳爲蛇。象形。……"

案巳，古文作⿰、⿰、⿰、⿰（均卜文），籀文作⿰（盂鼎）、⿰（毛公鼎），篆文與之相同，亦正字也。《爾雅·釋天》云："大歲在巳曰大荒落。"《儀禮·少牢饋食禮》云："日用丁巳。"此假借爲十二支之名也。《釋名·釋天》云:"巳,已也,陽氣畢布已也。"《淮南子·天文訓》云:"巳則生巳,定也。"《史記·律書》云:"巳者,言陽氣之已盡也。"《漢書·律曆志上》云:"巳盛于巳。"又《白虎通義·五行》云:"巳者,物必起。"此皆説明其命名之義也。字亦作子,卜文中己巳、辛巳之巳皆作子,金文中之乙巳、丁巳、辛巳、癸巳之巳亦皆作子,此假借也。已與巳本爲一字。李陽冰云:"辰巳之巳,借爲已止之已。"是也。《廣雅·釋言》云:"子,巳,似也。"《毛詩·周頌·維天之命》云:"于穆不已。"疏云:"《譜》云:'子思論《詩》"于穆不已",仲子曰:"于穆不似。"'"《小雅·斯干》云:"似續妣祖。"傳云:"似,嗣也。"箋云:"讀如已午之已,'巳續妣祖'者,謂已成其宫廟也。"疏云:"巳與午比辰,故連言之。直讀爲己,不云字誤,則古者似、己字同。"吴棫《韻補·上聲四紙》云:"古己午之己,亦讀如已矣之已。"《漢書·律曆志上》:"'振美于辰,已盛于巳。'《史記》:'巳者,言陽氣之已盡也。'鄭玄夢孔子告之曰:'起,起,今年歲在辰,明年歲在巳。'"《容齋三筆》卷一〇云:"《律書》釋十母、十二子之義,大略與今所言同。惟至四月云:'其于十二子爲巳,巳者,言陽氣之已盡也。'據此,則辰巳之巳爲已音。"其後顧炎武又補充之,詳見《日知録》卷三二己字條。《包部》云:"包,象人裹妊,巳在中,象子未成形也。"故子之方爲去,未生在腹中爲巳。字之古、籀、篆文皆上象其頭、下象其體屈曲之形,説解云"故巳爲蛇"者,《虫部》云:"虫,一名蝮。"古文本作𢙇,與巳之古文本作𢍰相似,且同爲屈曲之形,故又以巳爲蛇。蛇入冬則眠,故引申之訓爲已止之已;驚蟄則出,故又引申之訓起也。

午,同書作午,云:"啎也。五月陰氣午逆陽冒地而出。此予矢同意。(案徐鍇本'予'作'與'。)……"

案午,古文作 ↓、↓、↓(均卜文),籀文作 ↑(召鼎)、↑(伯晨鼎等）、🔲（弔朕簠）、🔲（天君鼎），篆文與之均异，乃訛字也。《爾雅·釋天》云："大歲在午曰敦牂。"《左傳·昭公三十一年》云："庚午之日。"此假借爲十二支之名也。《廣雅·釋言》云："午，仵也。"《釋名·釋天》云："午，仵也，陰氣從下上，與陽相仵逆也。"（仵爲牾之俗字。）《淮南子·天文訓》云："午者，忤也。"（忤與牾實爲一字。）《史記·律書》云："午者，陰陽交，故曰午。"《漢書·律曆志上》云："咢布于午。"此皆説明其命名之義也。午爲杵之古字。周伯琦云："斷木爲午。"戴侗云："午象植幹、樸首、腰鍵形。"是也。故舂、秦二字皆本从🔲。杵可以舂米，又可以搗衣，舂米則杵與米抵觸，搗衣則杵與衣抵觸，故引申之爲交午（猶交錯）之義，又假借爲牾逆之字。

未，同書作🔲，云："味也，六月滋味也，五行木老于未。象木重枝葉也。……"

案未，古文作🔲、🔲、🔲（均卜文），籀文作🔲（史獸鼎等），篆文與之相同，亦正字也。《爾雅·釋天》云："大歲在未曰協洽。"此假借爲十二支之名也。《白虎通義·五行》云："未，味也。"《史記·律書》云："未者，言萬物皆成，有滋味也。"有《釋名·釋天》云："未，昧也，日中則昃向幽昧也。"《淮南子·天文訓》云："未，昧也。"《漢書·律曆志上》云："昧薆于未。"此皆説明其命名之義也。字之古、籀、篆文皆象樹木枝葉重叠之形。

申，同書作🔲，云："神也。七月陰氣成，體自申束。从臼，自持也。……"

案申，古文作🔲、🔲、🔲、🔲、🔲（均卜文），籀文作🔲（丙申角等)、🅰(不嬰毁)、🅱(簠鼎),大篆作🅲(獵碣),小篆與之均异,乃 讹字也。《爾雅·釋天》云:"大歲在申曰涒灘。"此假借爲十二支 之名也。《淮南子·天文訓》云:"申者,申之也。"《史記·律書》 云:"申者,言明用事,申賊萬物,故曰申。"《漢書·律曆志上》云: "申堅于申。"此皆説明其命名之義也。説解云:"體自申束者,謂 重文🅳字本从臼从丨,乃以手持繩約束之之意也。"字之古、籀皆 象閃電之形,《雨部》云:"電,陰陽激燿也。"故引申爲伸展之義,又 引申爲重叠之義;電有光,故又引申爲明白之義。上古之人不知雷 電之所起而以爲神,故訓爲神也。

酉,同書作🅴,云:"就也,八月黍成,可爲酎酒。象古文酉之 形。……"

案酉,古文作🅵、🅶、🅷、🅸、🅹(均卜文),籀文作🅺(酉卣 等)、🅻(師遽毁等)、🅼(師酉毁),篆文與之有异,乃讹字也。《爾 雅·釋天》云:"大歲在酉曰作噩。"此假借爲十二支之名也。《釋 名·釋天》云:"酉,秀也;秀者,物皆成也。"《淮南子·天文訓》云: "酉者,飽也。"《史記·律書》云:"酉者,萬物之老也,故曰酉。"《漢 書·律曆志上》云:"留孰(熟)于酉。"《白虎通義·五行》云:"酉者, 老物收斂。"《太玄·玄數》云:"辰、申、酉。"注云:"酉,取畢成可留聚 也。"此皆説明其命名之義也。戴侗云:"酉,醴之通名也,象酒在缸 瓮中,借爲卯酉之酉。借義擅之,故又加水作酒。醪醴之類無不從 酉,此爲明徵。"周伯琦亦謂酉即酒字。皆是。字之古、籀皆象酒瓮 之形。説解云"八月黍成"者,《儀禮·聘禮》云:"醙、黍、清皆兩壺。" 注云:"凡酒,稻爲上,黍次之,粱次之。"《明堂月令》云:"孟秋,天子飲 酎。"《漢舊儀》云:"皇帝唯八月飲酎。"《西京雜記》卷一云:"漢制,宗 廟八月飲酎。"《漢書音義》云:"正月旦作酒,八月成,名曰酎。"于此益 足證明酉之本爲酒也。又云"象古文酉之形"者,謂象古文酒之形也。

戌，同書作戌，云："滅也，九月陽氣微，萬物畢成，陽下入地也。五行土生于戊，盛于戌。从戊含一。……"

案戌，古文作⼽、⼽（均卜文），籀文作戌（窒弔𣪘）、戌（吕鼎）、戌（頌鼎等），篆文與之均异，乃譌字也。《釋名·釋天》："戌亦言脱也、落也。"又《爾雅·釋天》云："大歲在戌曰閹茂。"又卜文有丙戌、庚戌、甲戌，金文有甲戌（見頌鼎）。《後漢書·郎顗傳》注云："戌亥之間爲天門也。"此假借爲十二支之名也。《淮南子·天文訓》云："戌者，滅也。"《白虎通義·五行》云："戌者，滅也。"《史記·律書》云："戌者，言萬物盡滅，故曰戌。"《漢書·律曆志上》云："畢入于戌。"《晋書·樂志上》云："戌者，滅也，謂時物皆衰滅也。"此皆説明其命名之義也。戌與戊本爲一字，而戊爲鉞之象形字。《禮記·王制》云："諸侯，賜鐵鉞然後殺。"鐵鉞所以殺戮，故又滅絶之義；天時至季秋則陽氣絶而草木昆蟲之類皆脱落、衰滅，故假借爲戌亥之戌耳。

亥，同書作亥，云："荄也。十月微陽起，接盛陰。从二，二，古文上字；一人男，一人女也；从乙，象褱子咳咳之形。……"

案亥，古文作𠀀、𠃉、𠀀、𠀀、𠀀（均卜文），籀文作亥（乙亥鼎等）、亥（利鼎等）、亥（簠鼎）、亥（陳侯鼎等），篆文與籀文之後者相同，亦譌字也。《釋名·釋天》云："亥，核也。亦言物成堅核也。"又《爾雅·釋天》云："大歲在亥曰大淵獻。"又卜文有乙亥、丁亥、己亥、辛亥、癸亥，金文有乙亥。《後漢書·郎顗傳》注云："戌亥之間爲天門。"此假借爲十二支之名也。《淮南子·天文訓》云："亥者，閡也。"《白虎通義·五行》云："亥者，侅也。"《史記·律書》云："亥者，該也，言陽氣藏于下，故該也。"《漢書·律曆志上》

云:"該閡于亥。"《史記》正義云:"孟康云:'閡,藏塞也。陰雜陽,氣藏塞,爲萬物作種也。'"此皆説明其命名之義也。今以古、籀亥字之正體證之,其説信然。豕與亥之別,在豕之古、籀專象其大腹,而亥之古、籀則專象其首足與尾耳。豕生子多,故訓爲核、荄,而假借爲亥、荄,以果核與根荄均能生子也。其又假借爲十二支之名者,則以十月爲果核堅實之時也。説解全誤。

總之:子象嬰兒之形,引申爲孳生之義。其假借爲十一月與子時之名者,以其時陽氣已動而萬物孳生也。丑爲扭之古字,本假借爲紐,有解結之義。其假借爲十二月與丑時之名者,以其時陰氣雖漸解而手指猶屈曲未伸也。寅爲引矢而射之意,引申爲進義。其假借爲正月與寅時之名者,以其時陽氣已動而欲上進也。卯象開門之形,引申爲開發之義。其假借爲二月與卯時之名者,以其時陽氣開發而萬物冒出也。辰爲扳懸崖而上之意,引申爲振作之義。其假借爲三月與辰時之名者,以其時陽氣振動而人民已操作也。巳亦象蛇屈曲之形,引申爲止義、起義,其假借爲四月與巳時之名者,以其時陽氣已出而陰氣已藏也。午象舂杵之形,引申爲交錯之義。其假借爲五月與午時之名者,以其時陰陽兩氣相交午也。未象枝葉重叠之形。其假借爲六月與未時之名者,以其時草木最茂盛也。申象閃電之形,引申爲申展之義。其假借爲七月與申時之名者,以其時陰氣已申展也。酉象酒瓮之形,又爲酒成熟之義,引申爲凡物成就之義。其假借爲八月與酉時之名者,以其時各事皆有成就也。戌象斧鉞之形,引申爲滅絕之義。其假借爲九月與戌時之名者,以其時草木、昆蟲皆衰滅也。亥象豕形,亥生多子,故假借爲果核、根荄之字。其又假借爲十月與亥時之名者,以其時果核皆堅實也。故甲子等字,或表達植物生長之狀況,或説明陰陽消長之狀況,而用爲干支之名者,所以使人能適應時序,從事生產勞動而已。此我國農民所以至今猶沿用不廢也。

我對改革漢字的意見

羅君惕

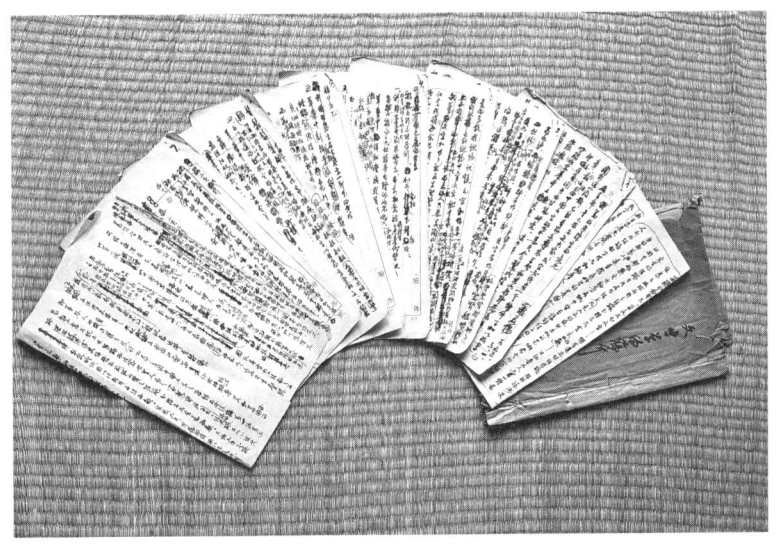

作者手稿

毛主席早已指示過我們:"文字必須在一定條件下加以改革。"①後來又指示過我們:"文字必須改革,要走向世界文字共同的拼音化方向,形式應該是民族的,字母和方案要根據現有的漢字來製定。"②所以現今在我國文字的討論研究方面,都著重在漢字

---

① 毛澤東.新民主主義論[N].中國文化,1940.
② 漢字簡化方案草案説明[N].新華月報,1955(3): 178.

如何改革的問題，拼音字母和方案如何製定的問題，以及實行拼音字的困難如何克服的問題。關於這一問題，已經有好多專家學者和語文教師發表過不少的文章，最近並以由中國文字改革委員會製成漢字簡化方案草案印交各有關方面討論研究。這個草案共有七百九十八個簡化字，這次簡化字基本上就是采用現在社會上所通行的簡體字，很現實也很通俗。但是其中有些字還不夠統一，有些字還不夠簡單。它的理由，雖然已經有了說明，但是還可以提出討論的。不夠簡單的，如："癰"可省作"疖"，"節"可省作"卩"，"範"可省作"范"或"范"。不夠統一的，如："亂""適"的聲字，都改從"舌"，"儘""戲""勸""權""歡""觀""漢""艱""難""趙""鄧""鷄"諸字的聲字都改從"又"字，"擅""檀""運""醖"四字的聲字都改從"云"，"歲""羅"兩字的聲字都改從"夕"，"襯""過"兩字的聲字都改從"寸"，"選""鏇"兩字的聲字都改從"先"，"囗""陰"兩字的聲字都改從"月"。此外，如："嶼"字省作"屿"，而"舉""譽""興"三字卻省作"举""誉""兴"，"獎""槳"兩字省作"奖""桨"，而"漿"字卻省作"浆"；"盧"字省作"卢"，故"瀘"字省作"泸"，但"廬""蘆""爐""驢"卻省作"庐""芦""炉""驴"；"臣"字省作"卝"，故"堅""緊""腎""艦""覽"諸字均省作"坚""紧""肾""舰"、"览"，但"臨"字從"臣"卻省作"临"，"師""帥"兩字從"𠂤"，也省作"卝"，這些當然爲了它們是已經通行簡體字，所以成爲改革過程中不可避免的現象，不過如果我們不單從這些已經通行的簡體字考慮問題，更從久已通行的用字和造字方法來考慮問題，這種不夠統一現象是可以避免的，至少可以減少的。已經通行的簡體字祇對現在識字的人有相當作用，但對現在不識字的和將來要識字的人，並沒有多大關係。因爲改革漢字固然爲了現在識字的和不識字的人，更是爲了將來要識字的專門研究古典文藝和文字學的著想。不識字的人對已經通行的簡體字和改革過的簡體字都是陌生的。現在要求改革漢字要有統一的形式和體系的人士，照我所知道的不一定都是爲了再學習繁體字，也不一定都是爲了要保存形聲字的聲符，卻是爲了現在認識繁體字的人對那些从又从云等等的簡體字容易弄不清楚，這是一種意見，以爲約定俗成的字。

我國自周秦以至唐宋，文字系統每代都有改革，就是由甲骨文演變鐘鼎文、篆書、隸書、楷書、行書、草書。在那些不同時代和區域裏，改革的時候，的確有些已經傳統的形式和體系，但在同一個時代裏，那些改革的文字形式和改革的體系是統一的，要統一的目的，就是爲了整齊，就是爲了便於認識、記憶、書寫和作進一步的研究。這進一步的研究恐怕要有很大的困難的。我們現在還能認識甲骨文字，就全靠有固定的統一形式和體系。所以現在從事改革似乎應該多想想辦法，爲今人和後人減少些麻煩混亂。既然還有這兩種意見，所以我再提出來，請各方面的人士討論研究。如果不要系統規律，不然的話，那末爲什麼哩？將來一般人祇要學習簡化字，如果他們要學習古代文字和文藝等等，就要學習繁體字。這樣，拿上面例子來說，他會把"權"字念作"梢"，或者念作"橙"，"歡"字會念作"欵"，"漢"字念作"灌"，或者念作"溪"，"趙"字念作"趙"。

我現在所要談的是漢字如何改革的問題。我的意見與各家有的相同，有的相異。我以爲：要改革漢字，先要確定改革的原則，然後再定改革的方法，才是正當的途徑。我反對沒有理論根據、不用科學方法去濫造無組織無條件，亂造人所不能辨別人所不能理解的漢字。我所定的改革漢字的原則如下：

一、先要知道：改革漢字，不是即行廢除漢字。改是把繁難、複雜的（漢字）加以改造；革是把繁難、複雜的（漢字）加以革除。

二、漢字在創造的時候，是有它的結構規律的。自甲骨文至宋體字在從秦到宋實行改革的時候，也有它的統一的方法。我們現在實行改革，一定要遵守它的結構規律，還要有個統一的方法。

三、改革後的漢字，要使不識字的人容易認識、記憶、書寫；要使識字的人也容易理解、捉摸，不要把識字的人變成不識字的人。

四、筆畫少的字,能够省掉一筆也好;筆畫多的字,省得越多越好。

五、在必要的時候,可以用已廢的古字來代替通行的字,或用古代造字的方法來改革舊字或創造新字。要用一定的字代替一定的字。

根據上面的五個原則,我所定的改革漢字的方法如下:

一、儘量利用筆畫簡單的古字、本字或變體字來代替現代通行而筆畫繁複的字,但離奇古怪的也不收入。

二、適當地利用古今通行的簡體字,凡粗製濫造的符化字和複音字也不收入。

三、古代造字的六種方法,如指事、象形、會意、假借、形聲、轉注之類,都可以利用為改革文字的方法。這又可分為幾種:

(一)凡指事、象形、會意三類筆畫多的字,不論它是不是古字、本字、變體字或通行的字,都可以加以減省或局部地改造或整體地改造。

(二)凡古代筆畫很少的字現已不用,而它的意義可以與現代筆畫很多的字相通的,就用以來代替。但要每個字祇許代替一定的字,不可漫無限制。

(三)凡用兩個字或幾個字組合而成的字,就用上面一、二兩項和(一)(二)兩項的簡體字重行組合。

(四)凡形聲字,如果它的聲字筆畫多,就用減省聲字的方法;如果它的形字筆畫多,就用減省形字的方法;如果它的形字和聲字筆畫俱多,就兼用減省形字和聲字的方法。(最後兩項都是轉注的方法。)

現在再依著上面的三項方法,就中央教育部公布的二千個常用字來舉例說明如後:

一、利用筆畫簡單的古體字、本字或變體字。有人以為這是復古。我說這不是復古,而是廢物利用。我們如果要把現在通行的字一律不用,改用它們的古字或本字,那才是復古。現在祇把一部分簡單的古字或本字來代替繁難複雜的通行字，便利人民大衆，如上、下、乃、五、化、主、示、包、羊、冰、没、私、汽、表、雨、兩、其、呼、肯、長、刺、居、岸、併、糾、垂、昏、帝、度、既、建、界、保、風、挖、降、冒、泉、屍、流、旁、原、退、草、荒、悟、容、倉、采、教、基、陸、處、假、得、從、終、貨、參、啟、健、貧、陷、崗、貫、窗、插、雲、圍、復、集、衆、然、無、筆、幾、援、週、滅、與、號、腦、慌、違、麗、龜、繼、微、齊、漏、漆、端、網、審、撤、遷、歷、謀、辨、禮、隱、礦、豐等字，寫成上、丁、了、乂、匕、亍、丌、勺、牛、攵、夊、厶、气、羊、兩、兩、田、乎、冃、旡、束、尻、厈、并、丩、艸、耳、帝、庀、旡、辶、介、禾、凧、乞、夆、冃、袁、尸、元、宀、廌、昊、艸、氿、臿、宀、仐、采、效、丌、坴、処、叚、寻、从、灾、百、垩、启、㣟、穷、臽、岡、册、囪、舌、云、囗、亰、人、众、肰、旡、聿、叜、爱、周、戌、与、号、酱、慌、韋、丽、龜、辶、散、厽、扁、桼、尚、网、宋、丿、抳、秝、旵、釆、礼、乚、卄、丰等形。就是不讓它們在字典裏睡覺，而把它們喚醒起來爲人民大衆服務。這是廢物利用。

二、適當地利用古今簡體字。如世、肉、面、甚、個、掛、麥、莊、郵、條、第、執、飛、堂、桿、備、進、萬、勢、歲、亂、會、畫、稱、墊、屢、適、敵、樓、價、廟、撲、擔、學、壓、聲、點、雖、優、類、寶、礙、黨、體、鹽、辭、雙、響、麵、屬、獻等字就寫世、月、🅾、匹、个、挂、麦、庄、郵、条、弟、执、🅾、坐、杆、备、込、万、势、岁、乱、会、画、称、垫、屡、适、敌、楼、价、庙、扑、担、🅾(㲋)、压、声、点、虽、优、类、宝、碍、党、体、塩、辞(辝)、双、响、面、属、献，這些有的是合理的，有的是約定俗成的字，不必再改絃易轍了。

古字、本字或變體字可以減省的，再加以減省，如比、羽、悟、崗、扁、散、絕、齒、㸒諸字，寫作匕、习、忄、冈、扃、🅾、🅾、屾、🅾諸形，這是精益求精。

三、用已廢的古字代替通行的今字，如丿、亅、乙、凵、乂、厶、丂、厂、夬、丏、占、艮、犮、卬、虫、串、未、异、丹、叔、癶、匋、範、𥁕、豈、𧘇、离、蔓等字可以用來代替撇、勾(鈎)、鳥、缶、義、私、即、巧、危、快、麵、占、服、拔、留、蠱、刷、叔、异、骨、爽、發、轟、範、縣(懸)、樹、聯、罹、獲等字,這也是假借的方法。

四、指事、象形、會意、形聲四類的字可以減省的就把它減省。如比、广、羽、坐、系、頁、魚、寒、裁、散、傘、愛、塞、解、算、斷等字,可以減省爲匕、广、习、⿱人仌、糸、自、⿱勹⺀、⿱穴⺀、⿰衤⺀、故、⿱人干、愛、⿱穴午、⿱午⺀、⿱䇞丶、丝等形;可以改造的就把它改造,如米、言、含、梳、栽、進、起、越、趁、趕、運、農、葬、斷等字,可以改造爲出、占、囙、栍、圭、达、延、迎、迄、迁、运、杲、䒑、丝等形。

五、形聲字減省聲字筆畫的有兩種方法。其一這個形字的古字、本字、變體字代替,即用這個形聲字的古字、本字、變體字,代替字、減省字或改造字。其二這個形字是没有古字、本字,就要做聲字時減省它的一部分,比如从安的字可減省从宀,从各的字都減省从夂,从寺的字都減从屮,从足的字都減从止,从岡的都減从冏,从罔的、从肖的字都減从小,从尚的字都減从⺌,卷、皆、疏、磘、專、舄、堯、夆、蜀、恩、蘿、戀,都減从巳、比、正、⿱⺈厶、更、句、垚、丰、虫、囟、⿱⺈十、𢖩。

研究文字學的固然應該把每一個字的字形字音字義的來源,以及歷史的演變原原本本地搞清楚。但是要把這些搞清楚的最後目的就是在文字。遇到問題時能夠掌握這個字結構的規律和它的演變的法則來解決問題。

有人說,這是有正統或傳統觀念。我說這不是什麼正統或傳統觀念而是要有理論根據。毛主席說:"馬克思主義的哲學辯證唯物主義論有兩個最顯著的特點:一個是它的階級性,公然申明辯證唯物論是爲無産階級服務的;再一個是實踐性,强調理論對于實踐的依賴關係。理論的基礎是實踐,又轉過來爲實踐服務。"[1]又說斯大林說得好,"離開實踐的理論是空洞的理論,離開理論的實踐是盲目的實踐"[2]。現在粗製濫造的新字正是離開理論的實踐,

---

[1] 毛澤東.實踐論[C]//毛澤東選集(第一卷),北京:人民出版社,1991:273.
[2] 斯大林.斯大林選集(上卷)[M].北京:人民出版社,1979:199-200.

是盲目的實踐。

所以要聲明這並不是強調改革漢字非用古代造字的不可,不過在沒有更好的方法的時候,這是一個比較妥當的办法。用這個方法可以達到下列三點:一、符合五個原則。二、可以把廿幾畫的字減少到十幾畫甚至七畫。三、最低限度不致使改革後的漢字陷於混亂的狀態。

我這些意見當然還未成熟,也許有些偏差或所減的筆畫等不够簡單。不過我總相信祇要我們確定原則,再根據所定的原則制定方法,那末改革漢字不是怎樣困難的事,也不需要怎樣長久的時間的。讓我們在毛主席的指示下來完成這項歷史的任務吧。

1955 年 6 月 1 日

回憶父親羅君惕

羅胤生

　　時光飛逝,父親離開我們已三十多年了,但他的音容笑貌常出現在我的腦海中。

　　童年時代,父親就受到嚴格的家教。在他五歲時,祖父教他練書法。那時家境貧寒,買不起紙墨,於是找了一塊鋪地用的大地磚,放在小桌上當作紙,桌旁放一碗清水當作墨水,父親就拿筆蘸水寫在磚上,等水乾了後再寫別的字。有的字經常反復寫,一碗水寫完了才吃飯。無論是三伏酷暑,還是數九嚴寒,每天都這樣苦練不停。他的書法就是這樣苦練出來的。

　　父親在泰州讀完中學後,就到上海讀書。大學畢業後,未能找到工作,祇得先返回泰州等待。不久,時任國民政府鐵道部次長黎照寰先生,當時兼任交通大學副校長,即召我父親到校任校辦公室文書部主任,我伯父羅君蔚任注冊組長。在這期間,父親對往來的書信、檔、文稿等資料全用楷書書寫。那時住房緊張,我家先暫住交大女生宿舍,後搬至廣元路鴻裕里,又搬到對面的四維村。不久抗日戰爭全面爆發,父親隨校内遷,内遷的學校合并爲東南聯大。

　　1945年抗戰勝利後,父親返回交通大學,住在容閎堂三樓辦公室内。白天辦公,晚上我們一家人就在裡面睡覺。父親除教授古漢語外,其餘一切空餘時間都用來撰寫《說文解字探原》初稿,每寫完一冊後就親手裝訂,每冊書的書底裡面,都有記錄寫作完成時間和因故停寫的原因。從現存的資料來看,《說文解字探原》的書寫量約是五百萬字左右,這些都是利用業餘的時間,在燈下奮筆疾書寫出來的。

　　上海解放後,我和堂姐以及一些同學不約而同地一起考進華東軍大。離家前,父親對我說:"你到學校後,要虛心學習,記住'學無止境'的古訓,要能做到'不恥下問',好好努力學習。"他的教誨我終身不忘。

　　剛剛解放的新中國,滿目瘡痍,百廢待興。在這一窮二白的基礎上,國家啟動了國民經濟建設的第一個五年計劃。當時面臨科技落後、人才缺乏的情況,更嚴重的是各行各業都有不少的文盲。為了加快國民經濟建設步伐,國家開展全國掃除文盲運動。要讓廣大群眾更方便地掌握文化,就要對一些書寫繁難的漢字進行簡化。中央政府抽調了各地一批對中國漢字有研究的人員,組成漢字簡化改革委員會,父親就是其中一員。有一次在家中,父親說起漢字中的簡化字問題,他告訴我們說:"現在漢字裡的簡化字,祇要稍微注意一下,很多就是從甲骨文、石鼓文、鐘鼎文等文字中取來的。"這就是中國漢字的魅力和生命力。

　　我父親對漢字的文字學研究有很深的造詣,給學生講課也非常嚴謹。他能旁徵博引,把難懂的古文字講得生動有趣。不僅在大學裡講課,還去立信會計學校講古文。在1948年,交通大學開辦了文治中學,父親也被聘為高中班語文教員。可惜我當時在讀初中,無緣聽到他的講課。那時教授們來文治中學講課,大都是盡義務的,我父親不僅熱心參與,而且一絲不苟,深得學生好評。

　　父親生前興趣廣泛,交友很廣,如崑曲泰斗俞振飛,畫家潘天壽,數學家蘇步青,歌唱家才旦卓瑪等,都是我父親的好友。他們之間互相交流,互相影響,因為他們高深的才學,都與中國的文化有密不可分的聯繫。此外,父親對中國民族音樂特別鍾愛,如名曲《春江花月夜》《梅花三弄》《夜深沉》《十面埋伏》等。這些音樂,有的像漫步在春天裡輕歌曼舞使人欲醉,有的像軍鼓震天催人奮勇向前。工作之餘,父親常常陶醉在這些樂曲中。

　　晚年,父親得了眼疾,眼睛的倒睫毛折磨得他眼球通紅。不過他仍然在晚上長時間奮筆疾書。1981年，母親因肺癌晚期擴散去世，這無疑對父親是一個沉重打擊。我對父親講："請你到鎮江住幾天好嗎？"他深沉地歎了口氣，說："鎮江、西安的碑林，我很想再去看看。可是稿子沒結束，手上的工作沒做完。再說鎮江的親友已沒有人了，你的住房又太小，以後再說吧。"說完，父親又拿起筆繼續寫稿子。他就是這樣一直頑强地工作。1984年元旦我到上海去看父親，我講："我和孩子們準備春節到上海來過年，好嗎？"父親笑著說："學校準備給我過生日，那時你們來上海不是更好嗎？"誰知這次竟成永訣！不久上海來信告知："父病危，速來滬。"我趕到上海時，父親已住進華東醫院，喉管因排痰被切開，人已進入昏迷狀態，不久就去世了。

父親生前曾擔心《說文解字探原》書稿難以出版，現在經過多方努力，已由中華書局在2013年10月1日出版了。中國文化傳承後繼有人。莘莘學子正沿著前輩所創道路，不畏艱辛，大步向前！

謹以此短文告慰父親在天之靈！

2015年10月25日

羅君惕與《説文解字探原》

中國文物保護基金會錢漢東考古文化研究所所長　錢漢東

日前,上海師範大學人文學院院長蘇智良教授來電云：羅君惕教授花40餘年時間撰寫的《説文解字探原》已由中華書局正式影印出版,學校擬爲這部230餘萬字的巨著舉辦學術研討會,並以此爲建校六十年校慶拉開序幕。聽聞消息,我欣喜萬分。羅先生今年應有109歲了,他實在是不該遺忘的大學問家。羅先生的巨著歷經坎坷終於問世,我們也可以告慰羅先生在天之靈了。

我認識羅先生是1975年冬天,那是動亂的年代,我用幫圖書館出大批判專欄,換得在教師閲覽室看書的資格。一天,我在教師閲覽室看書,窗外漫天飛雪,寒氣逼人。教師閲覽室空蕩蕩的,祇有三個人,有點清冷之感。讀書時我遇到問題便向管理員老師請教。管理員老師看後,指著靠窗的一位長者道："他是你們中文系的羅教授,可以去問他。"我仔細打量這位長者,他穿一件黑色長大衣,花白的頭髮有點散亂,低著頭在查閲古籍,不時做著摘抄。我走上前去輕輕地叫了一聲"羅先生",與他面對面坐了下來。想不到羅先生非常熱情,與我談了整整一下午,或許出於做教師傳道授業解惑的本能,或許那時鮮有學生向他請教。從此,我們經常往來,成了忘年交。

粉碎"四人幫"後,羅先生擔任了上海市政協常委、市民委副主任,還帶起了研究生,他很希望我去讀他的研究生,但我所在的單位不放。羅先生的書齋,兩側整整齊齊地叠放一部二十四史綫裝書,書裏夾著他的題簽。中間放一張古銅色圓桌,上置一隻清代景泰藍花瓶,花瓶裏插著塑料牡丹花。靠窗是一隻老式寫字臺。窗外的花園裏,綠樹成蔭,鳥語花香,充滿生機,每日清晨,他在這裏舞劍健身。我就坐在這張古銅色桌前聽了兩年研究生課程。他講課時談笑風生,不時向我們發問,經常糾正郭沫若等人的一些認識不足。他的國學根底之深厚,學識之淵博,讓我們敬佩無比,得益匪淺。閑暇時,我在這裏同羅先生品茗論道,請教學問。由於經常去羅先生家,所以看到過《説文解字探原》這部書的珍貴手稿,它是用蠅頭小楷在毛邊紙上寫成的,堆起來就像一座小山。在這座小山中,埋藏著怎樣的艱辛?四十多年的冷板凳先生是怎麼坐下來的?當時的我,受到了強烈的震撼。

我問羅先生,你是怎麼想到寫這部書的?他輕輕地翻開書稿對我説:年輕時喜好秦刻十碣文。有人告訴他要想知道字體字義的變化,應該研究文字學,而研究文字學,惟東漢許慎所撰《説文解字》,於是他取來閱讀。讀後發現許氏説解謬誤不少;自己不知道的各家均未論及;各家有獨到之見解者或不同見解而未能斷其是非者;在學習過程中自己有了心得體會,遂產生了撰稿的想法。

許慎寫《説文解字》時還沒有見到甲骨文,對漢字的起源認識難免偏差,不足爲奇。羅先生傾其畢生精力研究漢字音、形、義的訓詁工作,古音如何讀,形怎麼構成,義怎樣發展……,他對中國第一部字典東漢許慎的《説文解字》進行了全面勘誤,對方塊漢字的來龍去脉、前因後果一一回答,學術價值相當高。1980年完稿後,羅先生十分興奮,專門設宴請吳文祺、張斌等老友以示慶賀,諸老友閱後評價極高,認爲這是前無古人的創舉。

爾後,羅先生一直爲此書的出版奔走呼喊,但始終沒有結果。爲此事,我還給《解放日報》寫了内參加以反映,後引起胡喬木同志的關注,作出批示。1984年春天,羅先生帶著遺憾離世,巨著無法問世,實爲可惜。人類對未知世界,對自己的過去和歷史,有著天生的好奇心。千百年來,"我從哪裏來"困擾著每一個人,祇是程度不同而已。我們使用了幾千年的方塊漢字究竟從哪來的,到底要表達怎樣的理念，也應是中國人所關注的。

在羅先生百年華誕時，我再次在報上撰文呼籲，終於引起中華書局編輯的注意，幾經周折，《說文解字探原》終於出版。當我翻閱著沉甸甸的一箱10卷影印本時，激動得流出了熱淚。我想，羅先生如果在世，他也一定會老淚縱橫、興奮异常吧！

羅君惕是蒙古族人，本姓那，辛亥革命時改姓。解放前，羅先生已是交大的知名教授。新中國成立初，高校院系調整，他到師大工作，那時，才40歲出頭，大家尊稱其爲"羅公"，可見其聲望之高了。他先後兩度被選赴北京參加國慶典禮，且均獲毛主席接見。羅先生還是書畫名家，馬公愚曾給他寫信："公之書溫穆雅馴，弟傾服已久矣。"1961年，羅先生加入上海中國書法篆刻研究會，書作展覽時，沈尹默、馬公愚等均稱："篆書當讓老羅。"羅先生寫的篆書古樸、渾厚、遒勁，無人可比，這是已故著名書法家任政親口告訴我的。有一年我去給羅先生拜年，他還爲我題寫了一幅篆書："鍥而不捨，金石可鏤。漢東賢契囑　君惕時年七十又七"。這幅字至今仍平整地放在寒舍書桌的玻璃板下，激勵我發奮讀書，自强不息，有所作爲。

影印本《說文解字探原》還收錄了我提供的羅先生的舊畫，他的長孫羅永和看了也很羨慕，說他家也沒有。這幅山水畫已在我家挂了三十多年，全家人都很喜歡，畫面上遠山起伏，草木茂盛，古松挺拔，枝葉茂密，江面寬闊，風帆點點，驛亭小巧，意境高雅古樸。畫左上方落款云："余性喜山水，亦嘗學山水畫，但已擱筆十餘年矣，一九七七年夏六月漢東堅請作一橫幅，不得已信手塗之，豈足云畫，聊作紀念而已。艮厂那君惕，時七十又三。"這是羅先生謙虛了。抗戰之初，羅先生在暨南大學中文系教書，潘天壽教國畫，他教詩詞書法。閑暇時常與潘天壽合作書畫，那些書畫均爲同事奪去。羅先生的國畫，工而不死，在傳統筆墨的變化之中顯得靈動而富有生機，筆力遒勁，古意盎然，有著自己獨特的風格。

羅先生在1980年12月10日寫的自傳中如是說："總我之一

生,幼年即學書法,讀'四書'。稍長入中學,學英語及其他新學種。此外,又學金石詩詞繪畫。入大學後,又學商科等各項學科。此外,仍繼續自修舊日所學之文藝。少時即喜飲酒,愛古代音樂、崑曲,又好圍棋與內家拳術,所交遊者,皆海上名師也。又好遊歷名山大川,在大學時,曾往遊南京、蘇杭與普陀山;在就業後,曾往遊泰山、曲阜、故都;在抗日戰爭時,曾往遊武夷、雁蕩;新中國成立後,曾往參觀安徽佛子嶺水庫,又隨各民族參觀團參觀北京、東北、湖北、河南各大城市之工廠、礦山、公社與水利建設。1978年5月,又往韶山、廬山、井岡山參觀學習;最近又往內蒙古、東北參觀,所獲甚多……"

今天,有些人詩詞書畫都拿不起,却號稱國學大師。羅君惕先生乃真正的國學大師,詩詞書畫皆精妙,可惜今人知道他的不多了。歷史的腳步越走越快,回味一番過去的人生滋味,審視一下自己的生存狀態,是"文化的人"的一種基本需要。在燦爛的中華文化長河中,一批又一批情操高尚的文化人,默默地奉獻著自己的光和熱,羅君惕先生即是其中一顆閃亮的明星。

寫於2014年9月30日凌晨
原載《新民晚報》2014年10月11日

《説文解字探原》出版始末

中華書局古籍整理出版中心　朱兆虎

羅君惕先生《説文解字探原》的出版，是藴蓄已久的籌劃，也是一個無意中的發現。

我一直留意搜羅民國以來學人的佚著遺作，尤其是歷經戰火、浩劫，尚存人間的書稿的下落，盡我綿力，促成出版，償老輩之夙願，傳一代之文獻。這是我個人的出版理想，也是百年中華書局建局以來自覺承擔的社會責任。近幾年來，書局整理出版的有《顧頡剛全集》《陳夢家著作集》、王國維之子王仲聞的《全宋詞審稿筆記》、章太炎弟子馬宗霍的《毛詩集釋》，等等。

而《説文解字探原》却是一個無意的發現。2012年夏天的一個晚上，我瀏覽網頁時，偶然拜閱了錢漢東先生2008年發表在《文匯讀書周報》上的《國學大師羅君惕》，文中説羅先生用40餘年時間寫了這部230萬字的巨著，并説曾親見手稿。我看後興奮不已，第二天馬上輾轉問到錢先生電話，錢先生向我介紹了書稿情况，并介紹到羅先生長孫羅允和先生處。我向羅允和先生要了前言、凡例、正文的相關照片，好瞭解書稿具體内容，并查閲了《世紀學人自述》收録的《羅君惕自述》，以及羅先生已出版發表的《漢文字學要籍概述》《秦刻十碣考釋》《我怎樣研究〈説文解字〉》《正段》等論著，以求儘量瞭解其人其學。

後又得知原來幾年前上海市出版局有關領導也曾向書局推薦過此書，我的編輯室主任俞國林先生很快與羅允和先生取得聯繫，但由於家屬間的版權問題無奈擱置，這算是本書出版經歷的第三次曲折。前兩次是書稿寫定後,羅先生曾先後寄付中華書局和上海古籍出版社,限于當時出版條件,皆未能出版。有感於此,俞國林主任指導我擬定手稿影印、原汁原味呈現老輩學人學問書法的出版方案,會同局内法律事務顧問,研商版權細節,在羅允和先生的大力支持下,拿出了一個可行的解決方案,訂立了出版合同。

合同簽署後,羅允和先生很快寄來手稿的掃描件光盤。羅老師是出版界前輩,對書稿的呵護令人感佩,爲了避免書稿多次翻檢造成損傷,75大冊7000多頁的書稿,一頁頁高清彩色掃描,逐冊逐頁編號,井然不紊,也極大地方便了出版。其中第16至20冊手稿修改較多,較爲雜亂,往往逸出版心寫在左右兩邊,羅老師采用割裱的方式,使版面緊湊整齊,閱讀通暢,實有整理之功。當然,排版時由於割裱的棱邊產生了許多長短不等的綫條陰影,與羅先生修改所標的指引綫極易混淆,我同書局編校部同事對照原圖一條條删除,呈現在書中的就成了現在比較整潔清爽的版面。

編輯過程中遇到一個難點,就是如何處理羅先生手訂的索引。《探原》完稿于1973年,凡73冊,索引兩冊是1975年編製的,索引下小字注曰:"圓點以上爲冊數,下爲頁數。"即被檢字下方用該字所在的手稿分冊和分冊頁碼指示,每個筒子頁爲一頁。索引編製得很有學術含量,凡重文、异文、互見之字,都相互注明,非深於《説文解字》者不能辦,不僅極便檢索,并且使索引本身成爲一部可讀性很强的簡明字典。但是羅老師掃描的時候没有把分冊頁碼掃進去,不過掃進去也用不上,因爲每冊所標位置不一,不便讀者查檢,版面也不美觀。而且即使有了分冊頁碼,每頁上也没有分冊數,分冊數祇在每冊封皮上寫明,如果單頁書眉排爲"説文解字探原卷幾",雙頁書眉排爲"説文解字探原第幾冊",顯得體例駁雜不純;如果連同封皮也收入正文,依然不便尋檢,同時破壞了《説文解字》的連貫性和卷次。并且如果補掃分冊頁碼,會極大地增加羅老師的工作量。如果在索引中被檢字下逐一排録新頁碼,一來部分被檢字下没有空間,二來破壞了羅先生的書法。(不過現在成書的索引第一部分《部首總目》，爲了方便讀者查檢，每一部首下都排錄了該部首所在後文的總頁碼，因這部分手稿齊整，空間寬闊，版面美觀。）

如何將索引和正文有機關聯起來，權衡再三，靈光一閃，采取雙重頁碼。即在總頁碼上方，依仿羅先生編製頁碼的格式，排錄分冊數與分冊頁碼，用一個特殊符號與總頁碼間開，醒目美觀。如此正文頁碼同索引頁碼完全對應，爲讀者查檢提供了極大方便；也使《探原》手稿版面整一，體例秩然。當然編輯工作量也隨之增加，前後核對，自是分内之事。雙重頁碼的編製，是影印古籍時既存原書卷次、頁碼又有新書頁碼的演繹，在古籍整理圖書中似少見先例。因書制宜，宜爲每本書設計最適合其自身的出版形式。

本書出版，也很榮幸獲得了國家古籍整理出版專項資金資助，真可謂是天時地利人和。2013 年 10 月，《説文解字探原》由中華書局正式出版。著書難，傳書不易，所以每本書出版之後，都是感慨系之。

羅先生生前一直憂慮的是，"老教授、老專家之著作，未能出版者甚多，將如何處之？"1983 年 8 月，時任復旦大學名譽校長的蘇步青先生，獲知《探原》相關情況後，也致信羅先生説："各出版社印刷確有困難。這類所謂'Life work'（專著？）是'陽春白雪'，閱者稀少，出版社得不到利潤。"接著說到要出版老教授、老專家畢生心血的結晶，須向國家領導部門建議立項支持。（中華書局點校本二十四史即是國家意志與全國學術界、出版界協同才完成的成果。）所幸現在有國家的各項支持，印刷技術進步，出版方式多樣，"野無遺文"，出版人的畢生夢想，或許可以勉力去實現。

然而文獻的保存者與學者、出版者的信息有時并不對稱，這是一份需要細心搜求、耐心守候、終身以之的事業。清代曹溶有感於藏書家因過于護惜藏書，秘不示人，致使有些孤本不慎亡佚，作《古書流通約》倡導刻書，與并世藏書家約曰："節宴游玩好諸費，可以成就古人，與之續命，出未經刊布者，壽之棗梨。始小本，訖鉅編，漸次恢擴，四方必有聞風接響，以表章散帙爲身任者。盛明之代，宜有此禎祥。"前賢寶籍，亟待整理；老輩遺稿，更須護惜。今亦值此盛明之代，出版有術，發潛闡幽，弘揚傳統，發現、整理前輩遺書，付之出版，庶使學林受惠，文明永傳，今亦與學界、出版界同人及天下同好共約之。

箕裘相繼

這一部分收錄的是科研文章,涉及文字、訓詁、語法等語言學諸多方面。

其中大部分文章與古文字研究相關。有由當年得到羅先生稱贊的學生作業修改而成的文章,也有當下文字學學術前沿的探討。文章作者既有卓然已成一家的名家,也有初出茅廬的新手。其中不少作者都是羅先生的弟子和再傳弟子。

羅先生的學問和爲人,如高山如景行,令人仰止、嚮往。堪爲後輩學人之楷模。

後輩學人在語言文字研究的道路上孜孜以求,箕裘相繼是對羅先生的告慰和致敬,也是向文字學研究敬獻自己的綿薄之力。

《説文解字》部首系聯的種類及原則*

高麗大學中文系/華東師範大學中文系　左思民

內容提要： 本文參考先賢的研究成果，并主要通過對《説文解字》一書中五百四十個部首的系聯方式的考察，主張把這些部首的系聯方式分爲六種，即：形同系聯、形近系聯、變位系聯、變形系聯、義近系聯、虛假系聯。在這六種中，形同系聯等前四種屬於據形系聯，占據大半比例，義近系聯有一百個左右，此外還有少量的虛假系聯。文中還進一步提出：《説文解字》的部首之間除了直接系聯的途徑之外，還有兩種系聯方法，即間接系聯和轉接系聯。依據這些觀點，本文對段玉裁有關《説文解字》部首系聯的若干解釋提出了批評。文章最後對《説文解字》的系聯原則作了正反兩方面的評論。

關鍵詞： 説文解字　部首　系聯

許慎《説文解字・後叙》曰："此十四篇，五百四十部，九千三百五十三文，重一千一百六十三，解説凡十三萬三千四百四十一字。其建首也，立一爲耑（端）。方以類聚，物以群分。同牽條屬，共理相貫。雜而不越，據形系聯。引而申之，以究萬原。畢

---

* 本文原稿是當年聆聽羅君惕先生"《説文解字》部首"課程後提交的作業，雖然淺陋，卻得到過先生的稱贊。轉眼時光流逝三十多年，先生早已仙去，筆者也過耳順之年了。撫今思昔，感慨良多。謹以這篇舊作紀念羅先生，并感謝先生當年的教誨。本文在原稿基礎上對少數詞句有所修改或者增删，并在每個小篆文字後添寫了楷書文字，在部分小篆文字後添加了《説文解字》的有關釋語，以便讀者閱讀。特此説明。

終於亥,知化窮冥。"後世遂據此稱《說文解字》部首以形相連。如周祖謨《許慎及其說文解字》道:"《說文》的部次是據形系聯的,即便有時把意義相近的排列在一起,也還是形體相近的。"清人段玉裁在《說文解字注》中曾對《說文解字》每一部首加以注釋(有時是集數個部首爲一類而注),說明它們相承時的有蒙與無蒙,亦主要從"據形系聯"上著眼。近人黃侃的觀點有所不同,他在《說文略說》中寫道:"許書列部之次弟,據其自序,謂據形系聯;徐鍇因之以作部叙。大抵以形相近爲次,如一、丄、三、王、玉、玨相次是也。亦有以義爲次者,如齒牙相次是也。亦有無所蒙者,菁之後次以么,予之後次以放,是也。必以爲皆有意,斯誣矣。"

細考《說文解字》五百四十部首的系聯情況,可知黃侃之說較確。今試分析劃類,可得六種性質的系聯:一爲形同系聯,二爲形近系聯,三爲變位系聯,四爲變形系聯,五爲義近系聯,六爲虛假系聯。兹列述如下:

(1) 形同系聯。比如𠑹(儿。《說文解字》:"仁,人也。古文奇字'人'也。象形。孔子曰:在人下,故詰屈。")爲第三百十一部之部首,其後順次爲𠑶(兄)、𠑻(先)、𠑽(兒)等部。此類系聯的特點是各部系聯諸字中存有一字,其形體與另外各部之首字的形體的一部分相同。因而這一個字可謂是"種"字,其他各字便是包含種字的"孳生字"。

(2) 形近系聯。這種系聯的先後諸字形體近似。如𦰩(筋)、𠚣(刀)前後相連,兩字形體不同,意義不同,但𦰩中之𠚣(力)和𠚣(刀)形體相似,所以系聯。又如𡨗(宁。《說文解字》:"辨積物也。象形。")後接𣝤(叕),亦屬形近系聯。

(3) 變位系聯。這種系聯由兩字組成一對,它們的形體結構相反對應。比如𠂇(𠂇)和𠂆(𠂆。《說文解字》:"引也。從反𠂇。"),𦣻(身)和𦣼(月),后(后)與司(司)各字。

(4) 變形系聯。這種系聯僅限於字之增形或減形之微者,不同於種字和孳生字的關係。比如𡕒（夂。《說文解字》："從後至也。象人兩脛後有致之者。"）和𠂆（久。《說文解字》："以後灸之，象人兩脛後有距也。"），𠂆爲𡕒之減形。又如彳（彳）和廴（廴），廴爲彳之增形。

以上四種系聯，均爲據形系聯，且（1）之形同系聯，（3）之變位系聯，（4）之變形系聯，各所系聯之字在意義上也有較近的關係。

（5）義近系聯。這種系聯中的諸字，其表示的物件同屬一個事類但形體不同不似。如月（月）在晶（晶）後，《說文解字》釋"晶"爲"精光也，從三日"，釋"月"爲"闕也，大陰之精。象形"。段注："月者，日之類也，故次之。""晶"字與"月"字之間形體上並無相同或相近部分，它們能先後系聯，理由在於所表對象同屬星耀天體之類。

（6）虛假系聯。這一類實際上無論從形從義兩方面看都不是系聯。說它們系聯，一是因爲這些字前後相挨，二是爲與前幾種系聯並稱，便於論述。段玉裁曾指出竹（竹）在角（角）後爲"不蒙上"，箕（箕。《說文解字》："箕屬，所以推棄之器也。象形。"）居烏（烏）後爲"形無所蒙"便是。此外，戶（戶）居鹽（鹽）後，戈（戈）在氏（氏）後等都是虛假系聯。《說文解字》一書中，虛假系聯不管論形，還是論義，都無充分的系聯理由可言。

上述不同性質的系聯又常可交織在一起，比如㲋（㲋）、兔（兔）相連，既是形似，又是義近。段注僅說"兔字形似㲋而次之"，可是此二字意義上關係也很密切。《說文解字》釋"㲋"爲"獸也，似兔，青色而大。象形。頭與兔同，足與鹿同"，釋"兔"爲"獸名，象踞後其尾形。兔頭與㲋頭同"。許氏認爲這兩種動物是很相近的，故㲋、兔二字系聯。

進一步辨析，《說文解字》部首系聯中又有三種情況：第一種是間接系聯，表現爲兩字分明屬形同系聯，可是中間又夾有他類字，使兩者的聯繫疏遠了。比如豕（豕）、希（希。《說文解字》："修豪獸，一曰河内名豕也。從互，下象毛足。"）、彑（彑）、豚（豚）四字,其中"豕"與"豚"屬形同系聯,可是被"互"等隔開("希"與"豕""豚"有密切關係)。一般説來,間接系聯適用於聯接形同之字,間或用於聯接形近之字、義近之字。第二種是直接系聯。比如艸(艸)居屮(中)後就是直接系聯。形聯、義聯都可采用直接系聯的方式。第三種是轉接系聯。如半(半)從)((八)從屮(牛),"半"前蒙"八"並後接"牛"("八"和"半"之間還有一個部首采(采))。"八"與"牛"本來形、義全然不同,通過"半"而系聯,因此"半"實爲樞紐之字。凡樞紐之字,必須既能與其前之字形同系聯,又能與其後之字形同系聯。

按上文所論,對照段玉裁《説文解字注》中對五百四十部首之注,覺得段注某些地方不盡恰當,下文略舉幾例。

(1)《説文解字》第二十六部走(走)中段注"有形不相蒙者此是也"。其實走字所含之夭(夭)與第二十五部哭(哭)所含之犬(犬)形近,故蒙。實則段氏也知道有形近相蒙之法。他在第一百零三部自(自)後注"字形略與目字形相似故次之"。查《説文解字》,第一百零二部爲盾(盾),"盾"字中有目(目),"自"因與"盾"所含"目"形近而次之。

(2)《説文解字》第一百五十二部乃(乃)後接第一百五十三部丂(丂),段注"與乃略相似故次也"。對這兩個字,《説文解字》分别釋爲"乃,曳詞之難也。象氣之出難","丂,氣欲舒出,与上礙於一也"。可見這二字能够系聯,不僅因爲形似,而且意義十分相近,應屬形、義皆近而聯。

(3)《説文解字》第一百五十九部喜(喜),段注"不蒙上"。其實該字近蒙第一百五十六部号(号)所含之凵(口)。《説文解字》曰:"号,痛聲也。从口,在丂上。""喜,樂也。从壴从口。"

(4)《説文解字》第二百十部叒(叒),第二百十一部之(之)兩字,段注都爲"不蒙上"。查《説文解字》,釋"叒"爲"日初出東方湯谷,所登榑桑叒木也。象形",又釋"之,出也。象艸過中,枝莖益大有所之。一者地也"。叮知此二字同爲草木之屬,故能互相系聯。不僅如此,它們還接於第二百零九部才(才)後,"才"字《說文解字》釋爲"艸木之初也"。可知此三字乃爲據義系聯。

(5)《說文解字》第二百十三部出(出)在第二百十一部之(之)後,段注"出"爲"形近之而次之"。案《說文解字》釋"出"爲"進也。象艸木益滋上出達也"。可見許慎以爲"出"象草木生長之狀,與"之"義相近,故次之。這種關係應屬形、義皆近。

(6)《說文解字》第二百十四部木(木),段注"不蒙上",其後之第二百十五部生(生)、第二百十六部乇(乇)、第二百十七部采(采)三字均無段注,想必亦"不蒙上"。實則"木""生""乇""采"四字之義分別爲"艸木盛木木然。象形","象艸木生,出土上,""艸葉也","艸木華葉采。象形"。它們同屬艸木一類,故均列於"出"後,亦屬義近系聯。

(7)《說文解字》第二百五十三部禾(禾),段注"不蒙上"。案《說文解字》釋"禾""嘉穀也",應屬遠蒙第二百零六部木(木)、第二百二十部禾(禾)之類。段氏曾於第二百二十部禾(禾)後注:"仍蒙木而次之"。"禾"字《說文解字》釋爲"木之曲頭,止不能上也"。若依段注,則"禾"可蒙"木","禾"反不能蒙"木",豈非自相矛盾? 細加分析,則"禾"應遠蒙"木",而又近蒙"禾"。"禾""禾"屬變位系聯,"禾"和"木"、"禾"和"木"各自屬變形系聯。這三個字形、義均近。

(8)《說文解字》第二百六十一部朮(朮)、第二百六十四部朮(朮)、第二百六十五部𣏟(𣏟)、第二百六十六部韭(韭)、第二百六十七部瓜(瓜),段注均爲"不蒙上"。此五字,《說文解字》分別釋爲"朮,分枲莖皮也"(《說文解字》釋"枲"爲"麻也"),"朮,豆也","𣏟,物初生之題也。上象生形,下象其根也","韭,菜名","瓜,𤓰也。象形"。可知以上諸字均表農業生產中與作物有關的名稱,它們之間爲義近系聯。"朮"字又與其前第二百五十七部米(米)(《說文解字》釋爲"粟實也。象禾實之形")、第二百五十八部

(毂)(《説文解字》釋爲"米一斛,舂爲八斗也")、第二百五十九部曰(臼)(《説文解字》釋爲"舂也。古者掘地爲臼,其後穿木石。象形。中,米也")等一樣,都與農業生産關係密切,亦屬義近系聯。

段注中類似的不嚴謹説法,還有他例,茲不再引。僅看以上八例,其中三例爲義近系聯,而段氏認爲無所蒙;兩例爲兼屬形、義系聯,段氏祇注以形系聯,不注其意義上有何關聯。究其原委,大概是爲盡力維持許慎"據形系聯"之説,避免從意義角度解釋諸字系聯。實際上段氏並非不知《説文解字》包含意義系聯。如《説文解字》第二百五十一部亯(克)(《説文解字》釋爲"肩也。象屋下刻木之形")、第二百五十二部彔(录)(《説文解字》釋爲"刻木录录也。象形"),段氏注"录"爲"克之類也,故次之",即是指出二字以義近系聯。可惜此種義近系聯之釋法,段氏不能處處貫徹之。

根據初步統計,《説文解字》五百四十部首,有一百個左右是義近系聯的,這還未把形、義皆近的計算在内,比例不可謂小。況且剩下的幾百個部首,也不都是以形系聯的,還包括少量的虚假系聯。由此看來,若稱《説文解字》部首以據形系聯爲主較爲合乎實情,但不能因此忽略義近系聯亦爲一重要方法,否則不免失之偏頗。

《説文解字·後叙》中説:"黄帝之史倉頡見鳥獸蹄迒之跡,知分理之可相別異也,初造書契","倉頡之初作書,蓋依類象形,故謂之文。"可知許慎以爲在本原上文字是事物的描摹符號,文字的意義産生於字形對客觀事物行跡的模仿。這就是許慎對漢字形、義相關性的認識,從而爲以形入手研究字義建立了他的理論基礎。

周祖謨指出:"五百四十部的次序是始'一'終'亥',始'一'終'亥'是有意義的,因爲漢代陰陽五行學家言萬物生於'一',畢終於'亥'。"根據此説,《説文解字》一書的部首排列總綱在陰陽五行學説的影響下擬定。陰陽五行學説是探求、解釋萬物分類以及互相聯繫和轉化關係的理論,惟世間萬物都有類有序,"據形系聯"才有依據、事理可言。因此,事理是根本,字形是外表,皮之不存,毛將焉附?部首系聯,其實是對客觀萬物之間互相聯繫的模仿,這就是"據形系聯"的理論根據。明辨此理,就豁然開朗:所謂的"方以類聚,物以群分"(語出《周易》),是各部首在始"一"終"亥"排列大綱指導下形成的次一級的排列規則,其具體表現爲:① "同牽條屬,共理相貫",即事理關係近的諸字歸爲同類;② "雜而不越,據形系聯",即形同形近之字集爲一群。

然而,在實際排列時,並非所有部首都能滿足"據形系聯"的要求。遇到義聯形不聯的情形時,許慎祇能放棄據形系聯的做法,然而,此時放棄的僅是字形上的聯繫,事理上的聯繫猶存。由此而言,《説文解字》雖是字書,以形爲綱,卻不以形爲本,義系而形聯,因形而求義,方爲其部首系聯之神髓。

許慎此書當中,大部分地方做到了據形系聯或以義系聯,可是也有一些漏洞,譬如虛假系聯就是。另外,還有一些不如人意之處,比如部首排列不當,茲舉兩例:① 第三百三十四部髟(髟)、第三百三十五部后(后)系聯,但這兩個字的形體不同不似,意義差別也很大。請看《説文解字》注釋:"髟,長髮猋猋也。从長从彡。""后,繼體君也。象人之形,施令以告四方。故厂之,从一口,發號者君后也。"若據形聯、義聯之法,則"后"應放在"口"後,或放在"人"後,而不宜放在"髟"後。② "儿、兄、先、兒"之類似不應居於"方"後,而以居於"人"後爲妥,若能這樣,則形、義兩面皆説得通。又比如所謂"據形系聯",有時講不出足以服人的道理,這一點在形近系聯之字上表現得尤爲明顯,"王"前"玉"後相聯即是一例,這兩字雖然形近,但意義上沒有密切的關係。

在今人看來,《説文解字》用始"一"終"亥"原則來指導部首的系聯未免顯得可笑,許慎企圖以字形的系聯來模仿世間萬物的類別和聯繫,也是不科學的。此外,許慎以爲文字在本原上是事物的描摹符號,因而未能正確闡釋形、音、義之間的關係,可説很有偏頗。但是作爲我國第一部字書所用的部首系聯方法和原則,它對後代又有相當的啟發性和參考價值。就《説文解字》一書中的許多部首系聯片段來看,能夠做到類聚較爲合理,因而便於讀者查閱和記憶,這給後來的字書、辭書編寫者提供了寶貴的經驗。就整體來看,始"一"終"亥"反映了構造一個分類合理、能夠反映相互關係的部首系統的企求,二千多年前的古人就有這種系統性思考,那是相當可貴和先進的。就總體而言,許慎以形系聯的做法,和《說文解字》中的"形訓"實例一樣,推動了後人從字形上對漢字、漢語進行深入研究,其貢獻是不可抹殺的。

參考文獻

段玉裁.説文解字注[M].上海:上海古籍出版社,1981.
黄侃.説文略説[C]//黄侃論學雜著,北京:中華書局,1964.
王筠.説文句讀[M].上海:上海古籍書店,1983.
許慎.説文解字[M].北京:中華書局,1963.
周祖謨.許慎及其説文解字[C]//問學集(下),北京:中華書局,1966.

"亞"字研究

上海師範大學圖書館　劉民鋼

内容提要：本文認爲"亞"字的字形來源於古代的墓葬的形制，"亞"字中間或前後文字所代表的是已故祖先之名。其中或其前後的文字和所謂的族徽没有關係。

關鍵詞："亚"字　甲骨文　金文

甲骨文和金文中有一個字頗受研究者的關注，即本文題目所説之"亞"字。它之所以受到重視，不衹是因爲"亞"字在甲骨文或金文中出現次數很多，前後出現的時代很長，而且因爲其不僅單獨出現，還常常作爲某些比較獨特的象形字的外框出現在商代青銅器的銘文裏，這是一個比較特殊的現象。

一　甲金文中所見之"亞"字

"亞"字在甲骨文中多次出現，主要字形有：

🕂殷墟書契前編7.39.2　🕂殷墟文字甲編3942

在金文中出現次數更多，在商周青銅器的銘文中出現的次數在400次以上，其常見的字形如：

🕂亞又方彝　🕂豚鼎

此外，還有"亞"字與其他文字(多爲通常所説的族徽文字)的合文，如：

🕂亞夒鼎　🕂父丁斝

二 "亞"字的研究概況

關於"亞"字的解釋,可謂是衆説紛紜,莫衷一是。下面我們將各家説解,分爲傳統的研究(即基於《説文解字》的研究)和現代的專字研究,羅列於此并略加評述。

比較傳統的研究,多以《説文解字》"亞"字的解説爲出發點。《説文》:"亞,醜也。象人局背之形。賈侍中説:以爲次弟也。凡亞之屬皆从亞。"研究者有仍延許説者,認爲《説文》是用具體的"人局背之形"來表示抽象的"醜陋"(馬叙倫《説文解字六書疏證》卷二八);或釋爲建築,有認爲是"庌"字古文,廡也(林義光《文源》卷一);有認爲其本義爲房屋建築,後由此引出其他義項(陳獨秀《小學識字教本》上篇);有認爲"象大室四隅有夾室之區畫也"(高田忠周《古籀篇一》);或謂象原始社會室内祀火之火塘(朱芳圃《殷周文字釋叢》卷上)。

近年來對"亞"字專門研究的結果,其結論也很不一致。或認爲"亞"原本象龜腹甲之形,最初表示"大地",引申爲"次第",并用來指次於王的侯爵官職[1];或認爲祇是一個裝飾性的邊欄[2];或認爲是一種準族徽文字[3]。以上各家説法,大多就字形論字義,或就字形連帶述及上下文以討論字義。董艷艷(2005)則主要從上下文意來討論"亞"字字義,文章通過羅列《金文引得·殷商西周卷》所載商周418件青銅器(其中商器308件)銘文中所見之"亞"字,推斷其字義有三類,一是表示官名或人名,二是表示先祖位次,三是"亞"字與上下文無關,或和一個族徽文字連用,或和兩個族徽文字連用,或和多個意義不明文字連用。作者通過統計發現,"亞"字的第三類用法最多,在所統計的308件帶"亞"字的商代銘

---

[1] 賴炳偉."亞"框尋踪——兼釋"亞"字[J].尋根,1997(5):22-23.
[2] 李日,郭春香.青銅器上的"亞"字考[J].古漢語研究,2000(1):86-89.
[3] 張懋鎔.試論商周青銅器族徽文字獨特的表現形式[J].文物,2000(9):46-51.

器中,第三類用法有303例,占98%;西周帶"亞"字的銘器中,第三類用法有99例,占88%。① 在董之前,已有學者發現,"亞"字絕大部分與其他族徽文字連綴使用。② 董(2005)的研究結果應該說最具價值和啟發意義,在商周代銘器中,"亞"族徽文字連用的情況最多,應該是我們研究和解釋"亞"字的主要工作方向。但是董(2005)的研究對"亞"字第三類用法僅指出其為一種家族顯赫的標志字,對"亞"字在這種狀況下的具體字義,未作深入探討。

三 "亞"字的重新解釋

我們認爲以上各家所説"亞"字的解釋,都有未盡妥帖之處。古文字的研究有兩種方法:一是以字形的解釋來説解字義,二是以使用的實例來説明字義。如果兩種解釋能夠合拍,則應是最好的解釋。

我們準備以下列步驟來探討"亞"字的解釋,即以字形為出發點,然後推測字義,再然後揆諸文例,最後探尋字體的流變。

(一)"亞"字所象之形

很早就有學者注意到"亞"字字形與古代墓葬之間的聯繫。徐中舒説:"文字中的亞字,就象墓穴四面有臺階之形。"③如果我們比較"亞"字與殷商大墓的形制,兩者的相似度確實很高。

目前發現的商朝王陵主要集中在河南安陽的侯家莊一帶。從20世紀30年代以來,共發現13座大墓。13座大墓中,除一座因未竣工而未埋入外,其餘12座都有墓道、墓室和槨室。其中8座爲墓室四邊各出一條墓道的墓,整個墓呈"亞"字形。3座爲南北各出一條墓道的墓,墓呈"中"字形。1座祇有南墓道,墓平面作"甲"字形。可見"亞"字形大墓是商王王陵的典型形制。

---

① 董艷艷.金文中的"亞"字考[J].大理學院學報,2005(2):41-43.
② 張懋鎔.試論商周青銅器族徽文字獨特的表現形式[J].文物,2000(9):46-51.
③ 見《中國文化研究彙刊》第九卷,轉引自《古文字詁林》第十册,868頁。

圖一　安陽侯家莊商代王陵區衛星照片

（轉引自 http://blog.sina.com.cn/s/blog_9c1eca2d0102v6py.html）

這種形制一直到戰國時期也還能看到，如湖北隨州亞字形戰國大墓（參看《湖北隨州發現"亞"字形戰國大墓》，http://pic.cnhubei.com/sp.php? do = album&id = 57409&theme = 1）。

從圖上看，大型的王陵爲中間方形，四周四條墓道。而四周的中型墓則爲兩條墓道。我們猜測，早期的商王墓應爲兩條墓道，和中型墓近似。但不論中型墓還是大型墓，和"亞"字的形狀都很相似。因此，我們認爲"亞"字即爲王陵墓制和墓室之所像，是"亞"字形大墓的描繪。

（二）"亞"字的字義

"亞"的字義雖然有多種猜測，但是，我們認爲揆諸上下文，多不夠妥帖。特別是對絶大多數的"亞"字和其他族徽文字合文的字的解釋。我們覺得認爲把"亞"字看作族徽之標識，其中或其後之字爲族徽文字，雖然看似有理，但這個猜想不能接受。因爲在商代歷史文獻中我們很少看到關於族徽的記載，如果商朝存在這樣一種習俗，而且一直到春秋時代的文字裏還有孑遺，則何以文獻從未見過記載？而且出土的商代實物中也從未見過所謂族徽。因此，我們認爲把"亞"字後面的文字看作族徽是很可疑的。

本文對"亞"字字義的推斷之一如下。"亞"字在商代銘文中，可能有多個詞義。但是在金文的多數銘文中，即與所謂族徽文字連寫的"亞"字，應與墓葬有直接的關係。

推斷之二，因爲它經常與所謂的"族徽符號"合用或連用，所以應該與家族或家族的成員有關。同時，由於其所代表的是一種非常高規格的葬制，所以也隱含著這個家族或家族成員是一個地位很高的貴族。我們在這裡之所以給"族徽符號"加上引號，是因爲我們認爲，這並不是一個族徽，而很可能代表的是一個人名。

推斷之三，如果"亞"字之中不是一個族徽，而是人名，那麽這個人應該是一個已經逝去的貴族或者王族的成員。甲骨文中有一字形：囚，通常釋爲"死"字，表示人躺在墓穴中。同理，我們猜想，"亞"字應該也是用相同的方法表達同樣的意思，即把一個貴族的成員放在墓坑中，代表一個去世的祖先甚至國王。

下面我們對上述推斷加以證明。

在人名加"亞"框的文字中，有一個字很值得注意，即 囗 字。

 亞夒鼎，《殷周金文集成》3卷310頁（1415器）

此字見於金文，也見於甲骨文。甲文作 囗，"亞"框中的" 囗 "（ 囗 字，也作 囗，但以身後多一尾巴爲常見），王國維《殷卜辭中所見先公先王考》釋爲"夒"。據王國維考定，卜辭中稱夒爲"高祖 囗 "，當即《史記·五帝本紀》索隱引皇甫謐的"帝嚳名夋"的"夋"，也即殷商高祖帝嚳。嚳是殷之始祖，吞玄鳥之卵而生契的簡狄的丈夫，契的父親。在商代的譜系中，自然排在高祖的位置。無論是甲骨文時代，或是有可能更早的商代金文中，都是遙遠時代已經逝去的祖先，出現在亞字之內，是理所當然的。《史記·五帝本紀》索隱引皇甫謐說:"帝嚳名夋。"《初學記》卷九引《帝王世紀》:"(帝嚳)生而神異,自言其名曰夋。"(參王國維《殷卜辭中所見先公先王考》,《觀堂集林》卷九,河北教育出版社2001年版上冊,261頁)卜辭中有一條:

① 甲辰卜……貞亞畯保王亡不若,一月(庫方二氏藏甲骨卜辭1028)

疑"亞畯"即夋,亦即商之始祖夒之名。(王國維疑夋爲夒之形譌,或非。)卜辭中之若即順,其意蓋曰:亡先祖夋保佑王無不順。

從這條卜辭可知,"亞"字中祖先之名,也可以寫在"亞"字之後。同類的例子還有:

② ……隹亞且乙它王(殷墟卜辭253)

亞且乙即亡祖乙。一般認爲亞祖乙指小乙,前任國王盤庚和小辛之弟。但是我們很懷疑亞祖乙不是小乙而是大乙,即高祖大乙,卜辭凡祖乙合文多指大乙。它,甲文作"🐍",隸定當作"上止下它",有蛇噬足,意爲作祟、爲禍。全句意思當是亡祖大乙作祟於王。但是,亞字之後跟廟號的并不常見,常見的還是前跟或後跟國王的名字。特別是没有廟號的國王的先祖,更可能是名字。仍以夒字爲例。《説文·夂部》有"夒"字:"貪獸也。一曰母猴,似人。从頁,巳、止、夂,其手足。奴刀切。臣鉉等曰:巳、止,皆象形也。"清段玉裁《説文解字注》:"……母猴與沐猴、獼猴,一語之轉。母非父母字。《詩·小雅》作猱。毛曰:猱,猨屬。《樂記》作獿,隸之變。鄭曰:獿,獼矦也。侣人,似人面手足。从頁,勾。巳止夂,其手足。巳止象其似人手。夂象其足。"根據段玉裁的說法,帝嚳名字的字義就是"獼猴"。這似乎代表了當時取名的一種文化。這也讓我們比較容易理解,爲什麼出現在"亞"字中或前後的人名往往會是動物的名稱或是一些奇怪的文字。

此外也可以把國王的名字放在"亞"字前面。我們可以看下面的例子：

③ 壬申卜貞亞雀古丙乙亡禍

④ 壬午卜貞雀亞涉正(征)夕月一(《殷墟書契前編》7.9.3)

"雀亞"和"亞雀"互見。"雀"字也當爲先祖之名。

因此，我們可以進一步推斷，過去所説的"亞"字中或"亞"字後所見的所謂"族徽文字"，當爲殷商祖先或作器者祖先之名，跟族徽無涉。

"亞"字的另一種寫法：中，當是爲方便書寫而形成的異體。

總結起來説，我們認爲"亞"字的字形來源於古代的墓葬的形制，其意義是表示"亞"字中間或前後文字所代表的是已故祖先之名。其中或其前後的文字和所謂的族徽没有關係。

先秦出土文獻語料分析研究的意義價值

華東師範大學中國文字研究與應用中心　劉志基

内容提要：本文討論了先秦出土文獻語料分析研究的意義：1. 爲出土文獻語料的分類和價值的定位探索了一種可行性方式；2. 有助於出土文獻語料屬性特點的認定；3. 有助於立足文獻話語熱點程度爲相關研究合理定位；4. 有助於斷代出土文獻語言的内部差异分析以及資源優化整合。

關鍵詞：出土文獻　語料分析　先秦

先秦出土文獻語言究竟是什麼性質的書面語言？它能否反映對應時代的實際語言面貌？關於此，目前有些學者的意見很難令人滿意。比如甲骨文，有的學者認爲"由於卜辭内容和書寫形式的限制，卜辭未能反映殷商時代漢語基本詞彙的全貌，但從中仍然可以看到早期漢語基本詞彙的情况"[①]。這不能不令人産生疑惑：從"非全貌"中如何能看到"大致情况"？有的學者則更大膽："殷商的書面語多半是記録當時占卜的卜辭，那些卜辭距我們已幾千年，但讀起來并不難懂，同現代漢語的差距也不如我們想象的那麼大，從這一點也可以推想到，它們是比較忠實地記録了當時的口語。

---

* 基金項目：教育部重點研究基地重大項目，"系列古文字專題數據庫建設"。
① 徐朝華.上古漢語詞彙史[M].北京：商務印書館，2003.

即是説,商代的書面語同官方口語大致是一致的。"①因爲"讀起來并不難懂"就推定甲骨文"比較忠實地記録了當時的口語",似乎更難使人信服。那麽,在先秦出土文獻語料屬性的判斷上,能否用實證來代替推測呢? 2013年,筆者提出一個新的思路,其大體思路爲:在對相關文獻進行逐字意義認定描述後,將其納入一個能够全面反映語言交際内容各個方面的意義分類框架,進而凸顯相關文獻語言的話題熱點、話題邊緣乃至話題盲區所在,對於其話語熱點的部分,才認定具有反映相應斷代真實語言狀況的可能。② 近兩年來,我們根據上述思路對若干上古出土文獻材料進行了專題討論③,基於這些成果,目前可以對這種研究的意義價值作一個初步歸納。

一 爲出土文獻語料分類價值定位 探索了一種可行的方式

中國人有對文獻進行分類的傳統,從西漢劉向、劉歆父子先後主持編纂的《七略》,到晋至隋逐步定型的"經、史、子、集",以及各個時期出現的各種類書,都體現了人們在文獻分類方面的努力。對於古文字材料,人們亦多采用分類形式來著録,如《甲骨文合集》,以"卜法、方域、貢納、官吏、鬼神崇拜、吉凶夢幻、疾病、祭祀、建築、軍隊、刑罰、監獄、農業、奴隸和平民、奴隸主貴族、商業、交

---

① 吴進.論雅言的形成[J].東南大學學報(哲學社會科學版),2005(6).
② 詳見:劉志基:《先秦出土文獻語言的話題類型》,華東師範大學終身教授報告會第28場,2013年12月23日。
③ 這些專題研究成果是:劉志基:《基於文獻用字分類的甲骨卜辭話題類型簡説——以〈小屯南地甲骨〉爲例》([韓國]《漢字研究》第9輯)。劉志基:《基於簡文逐字意義歸類的〈郭店楚簡〉語料價值分析》(《古文字研究》30輯,中華書局2014年9月)。劉志基:《特有字義類分析與楚簡文獻語料價值認定》(《中國文字研究》第20輯,上海書店出版社2014年)。羅曼《用字義類分析視角的楚簡古書文獻語料性質認定及相關研究》(筆者所指導華東師範大學2014年博士學位論文)。王蘇《楚簡應用類文獻語義分類研究》(筆者所指導華東師範大學2014年碩士學位論文)。劉志基:《中國文字發展史: 殷商文字卷》(華東師範大學出版社2015年)之第四篇《類型篇》。

通、生育、手工業、天文、曆法、文字、漁獵、畜牧、戰爭、其他"等内容分類;《殷周金文集成》則以"樂器：鐘、鎛、鐸、鉦、句鑃等；酒器：爵、觶、壺、尊、罍、盉、鑐、勺、缶、杯、盞等；食器：鼎、鬲、簋、甗、盨、簠、豆、盆、盂等；水器：盤、匜、鑒、罐等；兵器：戈、戟、矛、刀、劍、鉞、鏦、殳、鈹、鏃等；還有：斧、鏟、鐮、錘、鎬、鑿、鐝、衡量器、鈚、車馬器、箕、燈、鈎、鏡、瓶、符節、雜兵器、异形器、動物形器、雜器等"分類著錄。近年來，又有學者針對出土古文獻進行了一種新的文獻分類：一是"作爲文字的'書'"，主要是紀念性的銘刻類"金石"文獻；二是"作爲檔案的'書'"，主要是簡牘類官私文書；三是"作爲典籍的'書'"，主要是私人著述。并就各類"書"的不同文獻價值進行了分析討論。①

然而，上述種種分類，都是對文獻語言文字所記述内容的分類，而并非是對文獻語言文字本身的分類，所以，這種分類衹是"史料"的分類，而不是"語料"的分類，因而從漢語史研究的角度來看，此種分類并無太多實際價值。

當然，出土古文獻也并非從無語料分類，如趙誠就將甲骨卜辭字詞按 26 個類别彙集②：

1. 上帝和自然神
2. 先公和祭祀對象
3. 先王
4. 舊臣
5. 祖・父・兄・弟・子
6. 妣・母・女・婦
7. 配偶之稱謂
8. 侯・伯・職官
9. 軍隊

---

① 參見：李零.簡帛古書與學術源流[M].上海：三聯書店,2004.
② 趙誠.甲骨文簡明詞典——卜辭分類讀本[M].北京：中華書局,1988.

10. 地名
11. 方國
12. 疾病・人體的各部位
13. 平民・奴隸・戰俘及其他
14. 人名
15. 天象・自然
16. 動物
17. 植物・糧食
18. 建築物
19. 器物・用器
20. 祭祀
21. 數詞・量詞
22. 時間
23. 空間・方位
24. 形容詞・吉凶用語・成語
25. 虚詞
26. 動詞

另外,漢語詞彙史研究也會對出土文獻字詞進行分類,如徐朝華就依據甲骨文,將殷商時代漢語的基本詞彙分爲"有關天象、地理的""有關方位、時間的""有關生産的""有關等級、職官、軍事、刑罰等方面的""有關人體的""有關稱謂的""有關物質文化生活的""有關祭祀迷信方面的""有關動作行爲的""表示狀態性質的""其他"等11類①。

然而,這種語言單位的分類有一個顯而易見的不足,這就是祇涉及語言單位本身的數量,并没有涉及這些單位在文獻語言中實際使用的數量。毫無疑問,這種缺失了頻率要素的分類,對語料分類的認識價值而言,是一種極大的缺失。平心而論,在傳統紙筆操作型文字處

---

① 徐朝華.上古漢語詞彙史[M].北京:商務印書館,2003:15-36.

理方式的條件下,要完成前文言及的文獻用字意義逐字分析整理歸納的工作,因爲工作量的巨大無比,祇存在理論上的可行性,而數字化文字處理手段的出現,特別是當數字化處理延伸到古文字文獻的研究中以後,這種理論上的可行性才得以轉化爲現實的可能性。從這個角度説,本研究在方式上的突破,得益於我們古文字數字化的成績。

二　有助於出土文獻語料屬性特點的認定

或許是由於上古時代文獻缺乏,人們在相關斷代語言研究中,很容易將某時代的某特定類型出土文獻語言與某時代的語言材料等量齊觀,比如前文言及的上古漢語詞彙研究,研究者雖然注意到"由於卜辭内容和書寫形式的限制,卜辭未能反映殷商時代漢語基本詞彙的全貌",但是終於還是將甲骨文的 11 類詞彙表述爲殷商時代的 11 類基本詞彙。由於真正可靠的殷商文獻除了甲骨文以外罕見,故甲骨文語言能不能代表殷商語言其實誰也没有判斷所需的切實材料依據。但是,從戰國時代的出土文獻語言狀況來看,等量齊觀的判斷是很難成立的。

調查表明,郭店簡和包山簡,雖然同爲戰國楚簡,但兩種文獻的語言狀況却大相徑庭:作爲郭店簡話語熱點的"性質狀態"(郭店用字 1 259①,包山用字 212)、"心理活動"(郭店用字 620,包山用字 51)、"文化教育"(郭店用字 251,包山用字 1)、"規約"(郭店用字 378,包山用字 2)、"能願動作"(郭店用字 235,包山用字 5)等義類語言内容,正是包山簡文獻語言的忽略點甚至是盲點;而作爲包山簡話語熱點的"卜筮類"(包山用字 136,郭店用字 6)、"祭祀類"(包山用字 241,郭店用字 10)、"刑事訴訟類"(包山用字 403,郭店用字 41)、"家居用品類"(包山用字 115,郭店用字 4)等

---

① 本文涉及的各種統計數據,均可通過劉志基著《中國文字發展史:殷商文字卷》(華東師範大學出版社 2015 年)所附電子附録查驗具體出處。後文同類情況不再一一説明。

義類語言内容,則正是郭店簡文獻語言的忽略點甚至是盲點。值得注意的是,郭店簡和包山簡的文獻語言差異,并不僅僅表現在一般概念範疇的語言内容互有异同,還表現爲基本話語表達方式也有明顯差異。比如副詞的使用,功能是在句子中起各種修飾説明作用,與語言表達的精密化相聯繫,作爲同一斷代同一地域的文獻語言,按常理推斷似乎不應有大的差異,但實際情况是:包山簡副詞用字366個,占文獻總用字義類頻次數的2.83%,53個用字義類;而郭店副詞用字1 109個,占文獻總用字義類頻次數的9.14%,138個用字義類。連詞,在語言表達中通過連接來明確語言單位邏輯關係,同樣是語言表達的精確化相聯繫的,而包山簡與郭店簡的連詞使用差异更大:包山連詞用字138個,占文獻總用字義類頻次數的1.07%,10個用字義類。而郭店連詞用字813個,占文獻總用字義類頻次數的6.73%,58個用字義類。語氣詞的使用,更是一種語言的基本表達方式的體現,而包山語氣詞用字僅1個,郭店用字達745個,占文獻總用字義類頻次數的6.18%,36個用字義類。由此可見,同一斷代的不同文獻語言是完全有可能存在較大差異的。

甲骨卜辭與包山楚簡,雖然均屬具有特定使用目的的文獻,但相對而言,甲骨卜辭的實用性更受限定,故可徑稱卜辭;而包山簡用途的限定性較小,與甲骨文同類的卜筮類簡文祇是包山簡三大文獻類别中的一種。從這個意義上説,包山簡相對甲骨卜辭應該涉及更多方面的語言内容。以此推論,包山簡文獻語言相對戰國真實語言系統的局限,應該小於甲骨卜辭相對殷商時代真實語言系統的局限。如果以上推斷不錯,則徑將甲骨文語言視爲殷商語言的做法顯然是存在極大風險的。

當然,這種風險不僅存在於如何看待甲骨文這個問題上,由此引申開去,我們不難獲得這樣一些更具普遍意義的認識:不顧文獻的話題類型特點而將相同或相近時代的文獻語言視爲同類語料資源而等量齊觀往往會導致錯誤的判斷;一種斷代文獻語言中,真正能有效反映斷代屬性的語料,祇可能是其言語熱點的部分;因而辨明其熱點與非熱點,乃至言語交際盲區語言內容,應該是漢語史研究中看待歷史文獻語言資源的基本原則。

三　有助於立足文獻話語熱點程度
　　爲相關研究合理定位

語言熱點的呈現,實際上也就是完成了各種文獻語言材料的研究價值所在,對於以這些文獻語言爲材料對象的各種研究而言,猶如獲得了 GPS 定位系統,便於鎖定最值得關注的問題,及其最佳研究方案,確保相關研究的科學性。關於此種鎖定,前文的討論中多有具體確認,不暇一一詳述,僅以先秦出土文獻之"信"爲個案略加討論,以爲發凡示例。

"信",無疑是漢語文字,乃至中國傳統文化觀念中極其重要的一個單位。然而,依據現有文獻材料,這個單位却相對後起。這種反差,顯然是值得探究的。而這種探究如果能夠置於相關文獻話語熱點分析的關照下來進行,結論當更有説服力。

在本研究確定的分類系統中,"信"歸屬於"性質狀態"類。該義類在我們所調查的先秦出土文獻中的語言文字表達,僅見於戰國楚簡和秦簡,其中以郭店楚簡最爲集中,在"性質狀態"類用字中僅居於"仁""聖""智"後,排序高頻第四。很顯然,對於這種調查結果,人們很容易産生的疑問就是:"信"的發生時間真的如此偏後嗎？從前文揭示的出土文獻話語熱點分布不平衡狀况來看,"信"在戰國以前文獻中未見,也有可能是相關文獻恰好對"性質狀態"義類有所忽略而造成的。當然,是否真的如此,需要具體分析,而分析的方式,還是需要沿用文獻語言話語熱點分析的模式。

本研究的調查表明,"信"歸屬的"性質狀態"類,同樣是西周金文的熱點,而西周金文存在這一話語熱點,是完全符合邏輯的。西周金文尤多嘏辭,而嘏辭所注重的就是對人品行道德的稱頌,關於這一點,衹要梳理一下西周金文"性質狀態"類中的相關用字義類單位便可了然:

美善類：
霝_美也、善也，典籍或作"靈""令"；
善_用如本義，嘉也、美也；
懿_美也，善也；
魯_用爲"嘉"，美也、善也，用作動詞；
盄_讀"淑"，美好也，善也；
嫩_美也，典籍作"媺"；
休_美也、善也；此爲完美之義；
叚_用爲"嘏"，美也、善也，或作"魯"；
光_形容詞，榮耀，顯赫。
恭敬類：
敬_慎重，嚴肅；
穆_穆穆，嚴肅恭敬；
虔_恭敬；
義_合乎禮儀規範；
龏_敬也，恭敬，典籍作"恭"；
异_敬，恭敬，典籍作"翼"；
各_用爲"恪"，表恭敬；
夒_讀"虔"，敬也，恭敬；
襄_讀"讓"，謙讓；
堇_讀"謹"，謹慎、慎重；
靜_假爲"敬"，恭敬；
廷_讀"侹"，敬也。
明智類：
明_形容詞，明智，賢明；
通_通達，窮通，顯達；
敏_捷疾也，敏捷；
聖_聖通，聖明，乃由聰聽引申爲思慮叡智，多用於頌詞；
慎_聖明，明智，賢明；此作動詞；

粦_粦明,耳目聰明,賢能精幹之義；
智_名詞,智慧,智謀,謀略；
哲_聖明,明智,賢明；
慎_假爲"哲",聖明,明智,賢明；
齊_敏也,聰敏；
盟_假爲"明",明智,賢明,此用作動詞；
明_璋明,即粦明,耳目聰明,賢能精幹之義；
趮_假爲"爽",明也,明智,賢明；
甬_讀爲通,通達。

修養類：
淵_淵克,指德性修養；
舒_讀"舒遲",安適閑雅；
淵_睿哲；
惠_順也；康惠,安樂撫順；
瞖_讀"肆",直也,正直；不肆,即丕肆,偉大正直,美譽之詞；
正_正直,正當,不違常法,合於準則。

威武類：
剛_剛强,堅毅；
威_合乎禮儀規範；
武_威武,武勇也；壯武；
邌_剛强；
䎽_猛强勇武之意。

顯而易見,在如此强調人之品性道德評價的語境中,"信"這樣的關鍵詞如果確已存在却不出現,無疑是不可思議的。唯一合理的解釋秖能是它并不存在於西周斷代語言中。當然,我們調查的是一個抽樣的材料,"信"會不會是因爲抽樣而被抽掉了呢？爲此,我們查找了目前已公布的所有西周青銅器銘文,發現僅有一器有被釋爲"信"的銘文用字,這就是1973年在陝西藍田縣草坪出土的"訣叔鼎"(《殷周金文集成》05冊02767號器),其辭曰:

隹(唯)正月旅(初)吉乙丑。憙(訣)

弔(叔)仞(信)旼(姬)乍(作)寶鼎。甘(其)用髙(享)

于文且(祖)考。憙(訣)

弔(叔)眔仞(信)旼(姬)

甘(其)易(賜)邑(壽)尭(考)多宗永令(命)。憙(訣)弔(叔)

仞(信)旼(姬)甘(其)邁(萬)年子子孫永寶。

值得注意的是,銘中被釋爲"信"的字從"人"從"口",雖與《說文》古文同構,但却與先秦語境完整的簡帛文中習見的"信"字各種形體并不相合。更爲重要的是,此字在銘中祇是個人名用字,令人難以將其視同爲一般意義的"信"。總而言之,西周金文中的這個"仞",與可歸於"性質狀態"的關乎道德價值判斷的"信"并無關係。也就是說,西周金文確實無"信"。

與西周金文一樣,甲骨文亦未見"信"字,值得注意的是,這種缺失按《左傳》的文化邏輯有其不合理之處。卜辭中有一個熱點的義類——祭祀,而祭祀亦是與"信"這個範疇相聯繫的。《左傳·莊公十年》記:齊師伐魯而齊強魯弱,曹劌問魯莊公"何以戰",魯莊公列舉了三個克敵制勝的法寶,其中之一就是"犧牲玉帛,弗敢加也,必以信"。很顯然,這裏說到的"信",是對需要享用"犧牲玉帛"的鬼神而言的。這也就是說,與誠信相關的還有一個是否真誠對待鬼神的問題,鬼神不能說話,所以人們對他們的奉獻之物很有可能被虛報(即"加"),因而對鬼神也講誠信便尤其被魯莊公這樣的有識者所關注。然而,《左傳》傳達出來的這種觀念,我們并未在卜辭中感受到,在甲骨文的祭祀語境中確實沒有"信",或與之同義的字。

綜上,可以認定"信"字確實是一個未見於殷商和西周而後起於戰國的文字,當然,它在戰國時代興起并繁榮不會是沒有原因的。追究這種歷史因由，才有可能觸摸到戰國出土文獻，特別是郭店楚簡"信"字頻見的歷史底蘊。不妨聯繫《左傳》來作這種解讀。

《左傳》所記史實爲春秋時代，成書時間爲戰國初年，在時間上與"信"字生成環境的醞釀造成相吻合；另外，與同時代其他文獻相比，《左傳》屬史書類，反映史實更加全面充分，且篇幅最大。因此，從《左傳》中探求"信"字發生之際相關歷史成因是恰當的選擇。首先可以確定的是，我們的確可以很容易地在其中找到很多注重誠信的歷史事件，限於篇幅，僅舉三例如次。

第一例，是《隱公元年》記載的一個國君挖隧道見母親的故事：鄭武公之妻姜氏生頭胎時難産，因而就很不喜歡這個老大（即後來的鄭莊公），而偏愛小兒子共叔段，最終發展到夥同共叔段謀反試圖取代鄭莊公。事情敗露以後，鄭莊公把姜氏流放到邊遠地區，并對她發誓説："不及黄泉，無相見也。"然而，事情過去以後，鄭莊公又後悔從此不能見母親了。一個叫穎考叔的屬臣聽到這個消息，便費了很多心思去見到莊公，給他出了個主意："君何患焉？若闕地及泉，隧而相見，其誰曰不然？"莊公聞言大喜，馬上依計行事，終於高高興興地和姜氏在"黄泉"裏見了個面。

筆者按：貴爲國君，且欲行孝道，竟也不能違背誓言，可見"人言爲信"在當時確有強大的制約力量。

第二例，是《宣公二年》記載的一個殺手自殺的故事：晉靈公不行君道，胡作非爲。趙盾等臣屬反復進諫，試圖加以阻止。晉靈公厭惡之極，派武士去行刺趙盾。這個叫鉏麑的殺手在天還未亮的時候來到趙盾的住所，試圖借黎明前的黑暗的掩護來行凶。然而，映入眼中的情景却讓殺手大受感動：祇見趙盾在這麽早的時間便做好了上朝議政的一切準備，"盛服將朝，坐而假寐"。面對如此忠臣，鉏麑不忍下手，于是乎"嘆而言曰：'不忘恭敬，民之主也。賊民之主，不忠；弃君之命，不信。有一於此，不如死也。'觸槐而死"。

筆者按：爲了堅守"人言爲信"的原則，不惜付出生命的代價，可見在當時的人（哪怕是個殺手）看來，丢命事小，失信事大。

第三例，是《成公十六年》所記述的成語"好整以暇"的出典：這個故事，源自晋、楚兩個軍事大國的高級將領間的一次鬥嘴。欒鍼是一個歷史留名的晋國莽將，有一次他出使楚國時被楚國令尹子重問了一個頗具挑釁性的問題：都説晋軍號稱勇武，到底是如何"勇武"呢？ 欒鍼當然不會示弱，昂首答曰"好以衆整"（即越是軍陣人多越是軍容整飭）、"好以暇"（即面臨大事而從容不迫）。後來有一次，欒鍼在與楚軍對壘的戰場上發現對面陣中的子重，對手相見，欒鍼却似乎并没有關心如何克敵制勝，却惦記起原先説過的大話如何兑現，最後終於想出一個匪夷所思的法子："攝飲"於敵手，即請求晋侯派一名使者去敵陣中給子重送一壇酒，并强調非如此就"不可謂信"（即體現晋軍的"好以衆整"和"好以暇"）。而晋侯也居然應允照辦。

筆者按：將軍本應以戰場上克敵制勝爲終極目標，而欒鍼們爲了證明自己的大話并不虚妄，居然在短兵相接的戰場上不惜給敵人送去"舌頭"（這很可能會給本方帶來不利），足見那時的將軍認爲説話算數比打贏敵人更加重要。

類似記載，我們在《左傳》中找到24條，這些記載，從不同視角證明"人言爲信"確爲《左傳》時代得到普遍認同的觀念意識。這也可以用以解釋這樣一個顯見的事實：儘管早期"信"字結構林林總總，但最終還是統一爲後世通行的"人""言"組合的構形，在戰國中晚期的主要出土文字材料中，"人言"組合的"信"已成爲絶對主流的構形，如《郭店楚簡》共見54個"信"，《包山楚簡》共見6個"信"，《睡虎地秦簡》共見2個"信"，均由"人""言"構成。這顯然正是文字書寫人群集體無意識地完成的一種有理性選擇。

當然，作爲支持"信"字發生的誠信觀念，也不會是憑空産生的，梳理《左傳》，不難發現林林總總支撑著誠信觀念的社會現實。《桓公十二年》記君子言"苟信不繼，盟無益也"，《哀公十二年》記子貢"盟所以周信也"等。這裏所謂"盟"，就是有關各方的宣誓締約互有承諾的行爲。在《左傳》記載的二百五十四年中,關於盟誓的記錄幾近二百次,這當然僅僅是被史官認爲值得記於史册的重大盟誓活動。盟誓雖然僅行於貴族階層,但相關的各方,有諸多層次級别,或是"國國之盟",參盟各方爲諸侯國。又有"國内之盟",即國家集團内部成員互相盟誓,參盟主體是比國更小的宗族、氏族集團中的代表。甚至還不乏卿大夫及家臣參盟。20世紀60年代在山西"侯馬晉國遺址"出土的"侯馬盟書",數量多達五千餘件,而如此衆多的盟誓記錄,又僅僅是晉國春秋晚期的遺物,可見當時盟誓風氣之盛。不難想象,動輒盟誓的社會環境,不能不極大激發"信"意識的發生發展。

在《左傳》中,我們可以發現"信"有一個頗爲奇特的同義字。《襄公九年》:"要盟無質,神弗臨也。"所謂"要盟",即强迫訂立的盟約,而"要盟無質"之"質",與"誠信"之"信"同義。然而,"質"在《左傳》中更多的還是表示"人質"。《隱公三年》:"故周鄭交質。"《昭公二十年》:"以三公子爲質。"以人爲質的社會風尚,當然是爲確保國與國、族與族,甚至君與臣之間某種約定的信用,值得注意的是,當時作爲信用憑證的人質與後世一般概念上的人質有著顯而易見的差别,《昭公二十年》記:宋元公與宋國大族華氏爭權,各以其子爲質,"華亥與其妻必盟而食所質公子者而後食"。足見這種人質是受到充分禮遇的。這也表明,以人爲質而確保信用,在當時屬一種國家間、集團間的正常交往,因而具有普遍性、經常性的特徵。正由於這種經常性、普遍性的存在,"質"字也發生了相應的意義引申——可表"誠信"。毫無疑問,此種社會現實,亦將促發誠信觀念意識的明晰。

一個發人深省的問題是,如此重要的"信"字,爲什麽在更早的出土文字材料中了無踪影? 在"鷄犬之聲相聞,民至老死不相往來"的"小國寡民"時代,人們的生存方式極其質樸簡單,人群之間的交往也極爲罕見,因此,人與人、人群與人群之間的語言承諾也極少有發生的可能。隨著生産的發展,社會的進步,在國家形成并獲得越來越大的權力和權威的情況下，人類社會的秩序及人們的生存境況也不會對誠信產生多大的依賴，因此當時的人們并不注重或根本沒有"信"這個概念也在情理之中。然而到了春秋戰國時代，周室衰微，禮崩樂壞，諸侯紛爭，群雄逐鹿，在這個社會轉型期，原來靠周王絕對權威維持的社會秩序不復存在，隨著集權壟斷的謝幕，自由競爭、開放交流成爲社會發展的主旋律，生存發展便不能不更多地依靠誠信來維持。

《左傳》中很多記載都表明，信用在當時并不僅僅被歸屬於道德範疇，而且實實在在與人們生存境況息息相關。《桓公十二年》記君子把"亂是用長"歸因於人們"無信"，可見信用被視爲"和平""秩序"的維持因素；《成公六年》記伯宗勸阻欲背信偷襲衛國的夏說曰："雖多衛俘，而晉無信，何以求諸侯？"則分明顯示作爲盟主的晉國，也必須靠信用來贏得諸侯的擁戴；《成公十六年》申叔時把"信"作爲"戰之器"之一，進而強調其"守物"功能，又把信用視爲保有一切的屏障；《襄公二十七年》記伯州犁預言不守信用的令尹子木"將死矣，不及三年"；《昭公元年》記趙文子"能信不爲人下"之語，則將信用視爲立身保障；《昭公十一年》言克蔡的楚國"不信以幸，不可再也"，又表明不講信用終將遭受禍殃的意識；《定公十四年》記"民保於信"的民諺，所揭示的是大多數人的生存對"信"的依賴；《哀公七年》記魯大夫把禹時萬國僅存數十歸因於"大不字小，小不事大"，而所謂"小不事大"即"不信"，則將"信"置於小國自保的首要因素。

上述關於"信"的討論，祇是一個示例的個案，用以證明文獻話語熱點分析對於漢語史研究所能起到的"定位"作用。當然，這種"定位"作用絕不是一個"信"字的討論所能概括的。

四　有助於斷代出土文獻語言的内部差异分析以及資源優化整合

還是以文獻類型較爲豐富的戰國出土文獻爲例來論說文獻語

言熱點分析在這個方面的認識價值。關於戰國楚簡內部差異的研究近年來亦多爲學者關注,但目前此類研究主要局限於字形及用字,研究的層次和方面有待拓展。而郭店簡作爲楚簡"古書類"代表,包山簡作爲楚簡"文書類"代表,其話語熱點狀況揭示,可在相對宏觀的層面上凸現兩種楚簡材料語言內容的明顯差异,無疑有助於這種拓展的推進。由此又很自然會發現這樣一種很容易被忽略的道理:祇有將兩種材料各自的話語熱點內容互補組合,才能更完整地呈現楚簡的語料資源價值。比如要利用楚簡這種戰國文獻材料,如果祇注重郭店簡,則祇能在"性質狀態""生活工作""心理活動""抽象行爲動作""文化教育""規約""能願動作"等類別中獲得較爲可靠的戰國語料;而若祇注重包山簡,則祇能獲得"卜筮類""祭祀類""刑事訴訟類""家居用品類"等類別的可靠戰國語料。但是如果將郭店簡和包山簡整合起來,便可以獲得上述兩組類別之和的可靠戰國語料。

當然,以上言及楚簡的內部差异分析及優化整合處理,完全可以推及到其他斷代出土文獻,比如殷商甲骨卜辭可以按村南、村北,或按不同組類細分,西周金文可按"記事""冊命""訓誥""追孝""約劑"等類別細分,來進一步分析各自話語熱點特徵及優化組合方略,這無疑可以進一步提升這些文獻語言材料的利用價值。

特別需要指出的是,在目前地下出土文獻資料不斷達到發現,陸續公布於世的條件下,這種對不同類別斷代出土文獻材料的內部差异分析及優化整合處理,將有著越來越大的應用空間。

參考文獻

李零.簡帛古書與學術源流[M].上海:三聯書店,2004.

趙超.簡牘帛書發現與研究[M].福州:福建人民出版社,2004.

羅曼.面向出土文獻語言單位的分類構想[C]//第三屆中日韓(CJK)漢字文化國際論壇論文集.上海:上海人民出版社,2012.

劉志基.基於文獻用字分類的甲骨卜辭話題類型簡説——以《小屯南地甲骨》爲例[J].【韓國】漢字研究,2013(9).

劉志基.基於簡文逐字意義歸類的《郭店楚簡》語料價值分析[J].古文字研究,2014(30).

劉志基.特有字義類分析與楚簡文獻語料價值認定[J].中國文字研究,2014(20).

羅曼.用字義類分析視角的楚簡古書文獻語料性質認定及相關研究[D].上海:華東師範大學,2014.

王蘇.楚簡應用類文獻語義分類研究[D].上海:華東師範大學,2014.

《說文解字》中含"竹"部件字的研究

上海金匯高級中學 金玲利

內容提要：本文對《說文解字》"竹"部外的其他部首中的含"竹"部件字進行了釋例分析。文章從"竹"或"竹"部字爲義符例、"竹"或"竹"部字爲聲符例、字形誤從"竹"例三個角度對32個含"竹"部件字進行具體闡述。並進一步探討含"竹"部件之字歸入其他部類的原因，如：部分含"竹"部件的字爲後起字，有象形或會意的本字，則作爲重文歸入本字部首；意義與竹子相關，既可歸入"竹"部也可歸入其他部類的，按照字形、字義和540部編排需要歸入他部；由字形隸定或書寫和傳抄之誤造成的含"竹"部件字，作爲重文列於正字之後等。

關鍵詞：說文解字 含竹部件字 類型 原因

《說文解字》（下文簡稱《說文》）是我國語言學史上第一部較爲系統完備的字典，也是我國第一部按部首編排的字典。它首次從漢字系統中歸納出540部首，並創立了按部首排列的漢字字典編纂法。衆所周知，540部首根據《周易》"始一終亥"的思想前後宏觀布序，相鄰部首之間"據形系聯"；不同部首再按照"群分"的原則分立；同一部首內部按照"類聚"原則編次，依照意義相近先後爲序排列，基本上遵從"據義系聯"的原則，上下邏輯體系基本清晰。所以《說文》"竹"部下所收的字，其意義都與竹子相關。而本文主要的研究範圍是《說文》中除"竹"部外，其他部首中含有"竹"部件的字。此處的"竹"部件就是如今所說的竹字頭。

這些散落於其他部首中的含"竹"部件字,從字形上看,它們均以"竹"或"竹"部字爲字的一個構件。從字義上看,它們有些爲竹製品,與竹密切相關,極少數與竹毫無關係。從字音上看,它們中的一部分字以"竹"或"竹"部字爲聲符。研究《説文》中其他部首中含"竹"部件字有助於研究"竹"與其他部類的音義聯繫,更好地瞭解先民對竹的使用情況以及《説文》的編排體例。

下文對含"竹"部件字的類型和歸入其他部類的原因作具體闡釋。

一 含"竹"部件字的類型

《説文》中有爲數不少的含"竹"部件字,它們與竹有一定的關聯。其他部首中含"竹"部件的字或其重文從"竹"的字大致有:冊部・冊(篇),先部・簪,凵部・凵(笘),箕部・箕、簸,聿部・筆,丌部・典(簨),又部・彗(篲、篟),筋部・筋、笏、笏,匚部・匡(筐)、医(篋)、匯,龠部・龢(簏),革部・鞠(鞠),句部・笱,馬部・篤,二部・竺,言部・箸,木部・築(簗),幸部・籋(靲),米部・鞠,鳥部・鵤,厶部・篡,手部・籍,心部・懲、簡,頁部・籲,糸部・纂,車部・輦、範,食部・饕,黑部・黱,皮部・皮(箥),蚰部・蠡(篝)等①。下文從"竹"或"竹"部字爲義符例、"竹"或"竹"部字爲聲符例、字形誤從"竹"例三個角度對32個含"竹"部件字進行具體闡述。

(一)"竹"或"竹"部字爲義符例

本小節所析之字是"竹"部件爲義符的字例。冊、先、凵爲象形字,它們多用竹子製成,因而有含"竹"部件之重文;"箕"原有象形的本字"其","筆"原有象形的本字"聿",戰國和秦以後始加竹作"箕"和"筆",本字則作他義使用。"典"與"彗"爲會意字,因爲

---

① 本文體例:部首・部首收字(重文),如:匚部・匡(筐)指"匚"部下的"匡"字有"筐"的重文。

其材質常用竹子，所以有含"竹"部件之重文。筋、笏、籂三字從"竹"或"竹"部字，主要是因爲古人心中認爲竹是多筋多節之物。匡、医、匯從匚（象盛物的器皿之形），但常用竹子編成，因而匡、医有筐、篋的重文。笱、鱥皆是竹器。簸和鞠在字義上也與竹子相關。

册部·册（篇）《説文·册部·册》："符命也。諸侯進受於王者也。"册，符信教命，諸侯進朝接受於王者的簡策。《釋文》："筴本又作册。亦作策。或作篇。"《段注·册部·册》："古文册，从竹。篇者，册之古文也。"册，甲骨文作"〓"，金文師西毁作"〓"，商承祚認爲像簡與筆相間。而書册、簡册古時多用竹子製成，故古文從竹，也説得通。

先部·先（簪）《説文·先部·先》："首笄也。从人，匕象簪形。凡先之屬皆从先①。簪，俗先，从竹从暜。側岑切。"先，《説文》小篆作"〓"，爲象形字。《段注·先部·先》："篆右象其叉。左象其所抵以固弁者。"簪爲先的俗字，從竹從暜，暜聲，爲形聲字。簪、笄早先多爲竹制。

凵部·凵（筥）《説文·凵部·凵》："凵盧，飯器，以柳爲之。象形。凡凵之屬皆从凵。筥，或从竹，去聲。去魚切。"《廣韻》："筥，飯器。"凵是用柳條編織的盛食器，也可用竹編製，所以有從竹的重文"筥"。凵與匚均像盛物器之形，祇是所看的角度不同。"去"甲骨文作"〓"，小篆作"〓"，從大凵聲。凵爲容器之形，大爲蓋形。據羅君惕《説文解字探原》所説，"去"的本義爲將器皿上的蓋子移去。裘錫圭《説文小記》認爲小篆"去（〓）"乃是"盍"的初文。盍，小篆作"〓"，《説文》："盍，覆也。从血大。"徐鉉："大，象蓋覆之形。"〓象物在皿中，〓象蓋形。再如：壺，甲骨文作"〓"，字上的〓也是蓋子。

---

① 《説文》行文中的"从"某某聲的"从"均用"从"字而不用"從"字，與許慎重視用本字的習慣有關。其他均用"從"，特此説明。

箕部·箕　《說文·箕部·箕》："簸也。从竹𠀠象形,下其丌也。凡箕之屬皆从箕。𠀠,古文箕省。㫙,亦古文箕。𢍚,亦古文箕。𠥍,籒文箕。𠥓,籒文箕。居之切。"箕本作其,甲骨文字形作𠔻,至戰國之後才逐漸加以竹,演變成箕。

聿部·筆　《說文·聿部·筆》："秦謂之筆。从聿从竹。鄙密切。"徐鍇注："筆尚便逮,故从聿。"《說文·聿部·聿》："所以書也。楚謂之聿,吳謂之不律,燕謂之弗。从聿一聲。凡聿之屬皆从聿。餘律切。"聿,甲骨文作"𦘒",本義是毛筆,象人手握筆書寫之形。很多地方都稱之爲"不律",即筆（bǐ）的合音。因爲筆用竹子製成,秦以後始加竹作"筆",後又出現從竹從毛的俗字"笔"。

丌部·典（𠕋）　《說文·丌部·典》："五帝之書也。从冊在丌上,尊閣之也。莊都說:'典,大冊也。'𠕋,古文典从竹。"《爾雅·釋言》："典,經也。"三皇五帝賴以成功治國的書籍。字形采用"冊、丌"作邊旁,表示"冊"在"丌"架上,尊敬地擱置重要冊子。且古時的經典、典籍大多被置於樓閣之上。《說文·丌》："下基也。薦物之丌。象形。凡丌之屬皆从丌。"丌象墊物的器具或底座。但是據甲骨文前7·6典字作𠔽,象用𠬞（雙手）恭敬地捧著𠕋（冊,代表權威古籍）,表示雙手奉持權威古籍。有的金文如召伯簋作"𤰜",將甲骨文的雙手𠬞寫成𠀠。篆文𣍘承續金文字形𤰜。隸書典將篆文的"冊"𠕋寫成𢌳。《說文》認爲"典"從冊在丌上,可能是一種誤解,但此解釋亦可通。典是典籍、書冊,古時多用竹子製成,故古文從竹,後簡省作"典"。

又部·彗（篲、𥱒）　《說文·又部·彗》："掃竹也。从又持㞢。篲,古文彗,从竹从習。𥱒,彗或从竹。"彗,《說文》小篆作𥱒。《段注·又部·彗》："㞢,衆生並立之貌。从㞢者,取排比之意。凡帚,柔者用苕。施於淨處。剛者用竹。施於薉處。"掃帚經常用竹子製成,所以有從竹之重文"篲"。彗又有從竹從習之重文"𥱒"。《說文·習部·習》："數飛也。从羽从白。"指鳥類頻頻拍動翅膀試飛。掃帚清掃地面如鳥類試飛一樣,不斷地來回清掃。

筋部·筋 《説文·筋部·筋》:"筋,肉之力也。从力从肉从竹。竹,物之多筋者。凡筋之屬皆从筋。居銀切。"

筋部·笏 《説文·筋部·笏》:"笏,筋之本也。从筋,从夗省聲。腱,笏或从肉建。渠建切。"王逸注《招魂》曰:"腱,筋頭也。"

筋部·䈥 《説文·筋部·䈥》:"手足指節鳴也。从筋省,勺聲。肑,䈥或省竹。北角切。"手足骨節可以發出"膊膊"的響聲。

筋部字意義都與竹相關,古人認爲竹是物之多筋多節者,且竹很堅韌,所以筋部字都從竹。

匚部·匡(筐) 《説文·匚部·匡》:"飲器,筥也。从匚㞷聲。筐,匡或从竹。去王切。"《段注》作"飯器"。《説文·匚部·匚》字下注:"匚,受物之器,象形。"匡象盛飯的器皿之形。因爲常用竹製成,所以有重文"筐"。《詩·小雅·楚茨》:"既齊既稷,既匡既勑。"但匡並不專指盛飯之器。《段注》:"匡之引申假借爲匡正。"《小雅》:"王於出征,以匡王國。"傳曰:"匡,正也。"糾正不正的就是匡正。所以"匡"有糾正、匡正之義。此外,"匡"還有拯救、幫助之義。《左傳·成公十八年》:"匡乏困,救災患。"匡,拯救。《三國志》:"上匡天子。"匡,幫助、輔佐。現代漢語中,"匡"的"容器名"之義主要由"筐"字承擔。

匚部·匧(箧) 《説文·匚部·匧》:"藏也,从匚夾聲。箧,匧或从竹。"即箱箧。因爲常用竹製成,所以有"箧"之重文。此例與筐同。

匚部·匴 《説文·匚部·匴》:"渌米籔也。从匚算聲。蘇管切。"《段注》:"籔者,箕也。箕者,漉米籔也。然則匴與箕二字一物也。"一種廚房内用來漉米或盛東西的竹器。雖然匴旨在描繪器皿之形,從匚不從竹,卻是竹器。

句部·筍 《説文·句部·筍》:"筍,曲竹捕魚筍也。从竹从句,句亦聲。"指安放在堰口的竹製捕魚器,大腹、大口小頸,頸部裝有倒鬚,魚入而不能出。《説文・句部・句》:"曲也。从口丩聲。凡句之屬皆从句。"《段注・句部・句》:"凡曲折之物,侈爲倨,斂爲句。"器物彎曲的形狀。曲度較小的叫倨,大的叫句。許慎將笱列入句部,側重言其曲形。按所用材質來説,列入"竹"部器皿類更好。

龠部・䶏(籈) 《説文・龠部・䶏》:"管樂也。从龠虒聲。籈,䶏或从竹。"《段注・龠部・䶏》:"管樂也。管猶箎也。故龠簫皆曰管樂。"《説文・龠部・龠》:"樂之竹管,三孔,以和衆聲也。"龠是古老的吹奏樂器,形制如笛,豎吹。龠部字多與樂器或聲響有關。䶏,从龠虒聲,側重言其物爲樂器,作籈側重描寫材質,二者造字意圖不同。

箕部・簸 《説文・箕部・簸》:"簸,揚米去糠也。从箕皮聲。"用簸箕盛糧食等上下顛動,揚去糠粃和塵土等物。也指揚糠除穢、清理垃圾的竹制器具。

革部・鞠(籟) 《説文・革部・鞠》:"鞠,蹋鞠也。从革匊聲。籟,或从竹。居六切。"《方言》:"挽革爲鞠。"《史記・衛將軍傳》:"穿域蹋鞠。"《史記》索隱:"鞠戲以皮爲之,中實以毛,蹴蹋爲戲也。"鞠指古時的蹴鞠,一種用來踢打玩耍的皮球,被認爲是最早的足球。多用皮、革製成,早先也有用竹編製,所以有從竹之重文"籟"。

(二)"竹"或"竹"部字爲聲符例

此小節所析之字爲"竹"或"竹"部字爲聲符的字例。篤、竺、管、籟(簌)均是以竹爲聲符之字;籲、籲、築(筑)、簠都是以"竹"部字爲聲符的字;鞠、箝、簡、範、簒等字的聲符爲"竹"部字之省聲。

馬部・篤 《説文・馬部・篤》:"馬行頓遲。从馬竹聲。冬毒切。"《段注・馬部・篤》:"古假借篤爲竺字。以皆竹聲也。二部曰:竺,厚也。篤行而竺廢矣。"《釋詁》:"篤,固也。"又曰:"篤,厚也。"篤,从馬竹聲,竹爲聲符。《説文》540部首的編排體現據形系聯、以類相從的原則。部首的編排既要考慮字形,又要考慮字義,把形體相近、意義相關的漢字歸爲一部。"篤"本義是形容馬行動遲緩,所以歸入馬部,"竹"僅爲聲符。

二部·竺 《説文·二部·竺》:"竺,厚也。从二竹聲。冬毒切。"《段注·二部·竺》:"从二,加厚之意。"竺是厚的意思,竹爲聲符。

㐭部·簹 《説文·㐭部·簹》:"厚也。从㐭竹聲,讀若篤。冬毒切。"《段注·㐭部·簹》:"簹、篤亦古今字。簹與二部竺音義皆同。今字篤行而簹、竺廢矣。""竺""簹"就是"篤"。"竹"爲聲符。

幸部·鞫(鞫) 《説文·幸部·鞫》:"窮理罪人也。从幸从人从言,竹聲。鞫,或省言。居六切。"鞫指古代審訊罪人。"竹"爲聲符。

頁部·籲 《説文·頁部·籲》:"呼也。从頁龠聲。讀與籥同。"《商書》:"率籲衆戚。"《尚書·立政》:"籲俊尊上帝。"小篆字形作"籲",從頁龠聲,龠常假借爲"龠",指古管樂器。且從龠之字多與聲響有關。籲是呼喊的意思。從頭部發聲爲呼,許慎將其歸入頁部是按意義進行分類。此字楷化之後寫成竹字頭下一個"顲",容易讓人誤解它原來就是竹部字,其實不然。

鳥部·鶌 《説文·鳥部·鶌》:"秸鶌,屍鳩。从鳥匊聲。居六切。"徐鉉等注曰:"匊,居六切。與鞫同。"鶌是鳥類的一種,與竹無關,聲符"匊"與竹相關。

木部·築(篁) 《説文·木部·築》:"擣也。从木筑聲。篁,古文。陟玉切。"築也指擣土用的杵。《左傳·宣公十一年》:"稱畚築,程土物。"孔穎達疏:"畚者,盛土之器;築者,築土之杵。"築的聲符"筑"爲竹部字。

心部·懤 《説文·心部·懤》:"懤箸也。从心籌聲。直由切。"《段注·心部·懤》:"疑當作足部之躊。懤躊猶今人所用躊躇也。皆裹回(徘徊)不決之貌。故從心。"懤,從心籌聲,聲符

"籌"爲竹部字。

米部·籟　《說文·米部·籟》:"酒母也。从米,鞠省聲。鞠,籟或从麥,鞠省聲。馳六切。"籟爲酒母,主要用米(或麥、麯)製成,故從米。其聲符爲鞠。《說文·㚔部·鞠》:"窮理罪人也。从㚔从人从言,竹聲。"鞠,從竹得聲。

手部·籍　《說文·手部·籍》:"刺也。从手,籍省聲。士革切。"《周禮》:"籍魚鼈。"籍指用叉刺取(魚鼈等)。籍並非從竹,而是從手、籍省聲。聲符"籍"爲竹部字。

心部·𥳑　《說文·心部·𥳑》:"存也。从心,簡省聲,讀若簡。古限切。"《釋訓》:"存存,𥳑𥳑,在也。"𥳑有存在之義,本義大概是形容心裡銘記或心中有事,又假借爲慰藉之義。𥳑並非從竹,而是從心,簡省聲。聲符"簡"爲竹部字。

車部·範　《說文·車部·範》:"範軷也。从車,笵省聲。讀與犯同。音犯。"

厶部·篡　《說文·厶部·篡》:"篡,屰而奪取曰篡。从厶算聲。初官切。"《段注·厶部·篡》:"從厶,奸謀也。算聲,初宦切。"篡並非從竹而是從厶算聲,聲符"算"爲竹部字。與"篡"字相似,變形後的"算"經常作爲其他字的聲符,如:糸部·纂,《說文·糸部·纂》:"似組而赤。从糸算聲。作管切。"食部·籑,《說文·食部·籑》:"具食也。从食算聲。饌,籑或从巽。士戀切。"黑部·黧,《說文·黑部·黧》:"黃黑而白也。从黑算聲。"此三字均是其聲符"算"發生變形。此類字並不是竹部字,但是因爲其聲旁"算"字從竹,容易讓人產生誤解,此類字還是應從形、音、義各方面入手,才能更好地加以區別。

(三) 字形誤從"竹"例

《說文》中還有若干由於隸定等失誤導致字形誤從竹的字例。如:"皮"和"蠹",它們有含"竹"部件的重文"筬"和"𥴦"。

皮部·皮(筬)　《說文·皮部·皮》:"皮,剝取獸革者謂之皮。从又,爲省聲。筬,古文皮。𠕛,籀文皮。"《說文·皮部》的

"筦"爲古文"👁"的隸定,很明顯,隸定者將👁的上部視爲"⺮"了,這可能是一個錯誤。馬叙倫《說文解字六書疏證》卷六:"觀古文👁有角形亦可知爲象形。……鈕樹玉曰:《繫傳》《韻會》作👁。(馬叙)倫按此亦從羊省而變譌者也。"馬先生認爲 🔺🔺 象羊角之形。且羊的甲骨文作 🐏、🐏 等形,確實相像。此外,《周禮·天官》:"掌皮掌秋斂皮,冬斂革,春獻之。"注:"有毛爲皮,去毛爲革。"皮爲有毛之物,👁也可能是爲突顯獸皮上的毛髮。🔺🔺 也像獸皮之上紛披的毛髮之形。古文中確實經常會將竹字頭寫成🔺🔺。如:《古文四聲韻》一書中"籀"作"👁","管"王惟恭《黄庭經》作"👁","笑"立籀韻作"👁","箕"《道德經》作"👁"。但是不可認爲"🔺🔺"就是"竹",皮與竹並無内在聯繫。段玉裁云:"從竹者,蓋用竹以離之。"此解釋未免有些牽强。

蜘部·蠢(矞) 《說文·蜘部·蠢》:"蟲蠢木中也。从蜘象聲。矞,古文。"蜘,《說文》篆文寫作👁,爲蟲之總名之義。甲骨文作👁、👁、👁等形,魚顛匕的金文作👁,蜘字的甲骨文、金文與竹(👁、👁)字形有相近之處。然而,蠢(矞)這個字應該從蜘,而非從竹,這個隸定字顯然是從《說文》蠢字古文👁來的,是一種錯誤的隸定結果。相似的隸定字還有莽,把古文"蜘"隸定作"卄"了。

二 含"竹"部件之字歸入其他部類的原因

由上文可知,《說文》除了"竹"部的部内字,在其他部首中也有很多含"竹"部件之字。許慎並未將這些含有"竹"部件的字歸入"竹"部之中,而是分列於其他部類之中,大概有以下幾點原因:

1.《說文》全書部首與部首、字與字之間采取"據形系聯""共理相貫"的方法將 9 353 字分組系聯後分別歸入 540 部。540 部首根據《周易》"始一終亥"的思想前後宏觀布序,相鄰部首之間"據形系聯";不同部首再按照"群分"的原則分立;同一部首内部按照

"類聚"原則編次,依照意義相近先後爲序排列,基本上遵從"據義系聯"的原則,上下邏輯體系基本清晰。許慎將這些含"竹"部件字歸入其他部類,多是因爲它們與該部類的字形體和意義相關,遵從"據形系聯"和"據義系聯"的原則。

2. 含"竹"部件之字中有少數爲其所在部類的部首字,如:冊、先、凵等,且這幾個字均爲象形字,因其器具常用竹子製成,所以也有含"竹"部件的字形。象形字爲本字,而加竹後的形聲字爲後起字。因此不應歸入竹部之中,含"竹"部件的後起字作爲重文歸入本字部首中。

3. 在"竹"部件爲義符例中,該字在意義上與竹子相關。匡(筐),匧(篋),筆、筍、龤(箎),兂(簪),彗(篲、篣)等字所指的名物往往是由竹子製成。筐、篋、筍是由竹子編織的盛物器,筆爲竹制書寫工具,箎爲竹制樂器,簪爲竹制頭飾,篲、篣爲竹制清掃用具。筋、笏、箹爲與竹意念上相關之字。筋、笏、箹,從竹是因爲古人認爲竹爲物之多筋者。以上各字在意義上均與竹子相關。匡(從匚㞷聲)、匧(從匚夾聲)爲一次形聲字,筐(從竹匡聲)、篋(從竹匧聲)爲二次形聲字①。匡、匧爲其本字,應歸入匚部。彗(從又持甡)是會意字,篲(從竹彗聲)爲二次形聲字,彗是本字,應歸入又部。筆爲聿部字,該部共四字;筍爲句部字,該部共五字;龤爲龠部字,該部共五字;兂爲兂部字,該部共三字;筋、笏、箹爲筋部字,該部共三字;箕、簸爲箕部字,該部共兩字。從意義和造字方法來看,這些字既可歸入竹部也可歸入其他部類之中,但是根據字形、字義和 540 部首編排體例歸入他部之中。

4. 在"竹"或"竹"部字爲聲符例中,該字在聲音上與"竹"或"竹"部字相關。篤、竺、管、籔(簌)均是以"竹"爲聲符之字。很多

---

① 此處采用數學用語。一次形聲字爲文字産生之初所使用的造字方法,二次形聲字是一個更爲複雜的形聲字,以形聲字、會意字、象形字、指事字爲其形符或聲符的後起形聲字。

字在字形上與"竹"部字無異。但將其歸入其他部類之中，是因爲"竹"部字僅是其聲符。籲、鸞、築、憲、篡依次爲從頁龠聲、從鳥竹聲、從木筑聲、從心籌聲、從厶算聲的形聲字，其聲符均爲"竹"部字。而籟、範、簡、籍依次爲從米籟省聲、從車范省聲、從心簡省聲、從手籍省聲的形聲字，其聲符爲"竹"部字籟、范、簡、籍之省聲。此類字衹是聲音上與"竹"或"竹"部字相關，不符合許慎"據形系聯""據義系聯""共理相貫"的編排原則，所以不適合歸入《説文》竹部中。

5. 字形誤從竹的例子很少，且往往是由字形隸定或書寫和傳抄之誤造成的。這些誤從竹之字，其部件的某一部分在字形上與竹相像。如𠂉𠂉、蚰、艸等字形與竹相像，容易造成書寫上的混淆與失誤。許慎將這些錯誤的隸定字作爲重文列於正字之後，不僅保留了文字的原貌，而且有助於探究古文字形體的發展演變，也爲識别其他古字和辨别字義提供思路。

三 小 結

從共時層面來説，秦漢時期存在很多與竹相關的异體字，即重文。《説文》對這些字予以整理和歸類，將俗字作爲重文歸入正字之後。如："籭"有重文"篩"；"簋"有重文"匦""匭""朹"；"簾"有重文"䉬"；"箟"有重文"菉"等，這些字由於造字方法、造字理念的不同，它們并存且爲當時人所使用。再者，也會發生群體性的演變，如到漢代爲書寫快捷，很多從竹之字簡寫成從艸之字，將竹字頭寫成艸字頭，如"等"寫成"苐"，出現了大量的竹、艸混用字。從歷時層面來説，《説文》收錄了很多字的本字及其後起字，往往將其後起字收錄到本字之後，以重文的形式呈現。如：其、冊、先、凵爲象形本字，而箕、篰、簪、筊爲後起字。匡、㔽爲本字，筐、簟爲後起字。

本文對《説文》中除竹部外，其他部首中的 32 個含有"竹"部件的字進行了分析研究。此方面的研究目前鮮有人涉及，該研究對瞭解"竹"與其他部類的音義聯繫,先民對竹的使用情況以及《説文》的編排體例都有一定的價值和意義。祇是限於本人的學識尚淺,文章難免有紕漏之處,還望方家批評指正。

參考文獻

陳彭年等.宋本廣韻[M].上海:中國書店,1982.
段玉裁.説文解字注[M].上海:上海古籍出版社,1981.
《十三經注疏》整理委員會整理.十三經注疏[M].北京:北京大學出版社,1999.
徐鍇.説文解字繫傳[M].北京:中華書局,1987.
許慎.説文解字[M].北京:中華書局,1963.
李圃等.古文字詁林[M].上海:上海教育出版社,2004.
張福存.説文解字·艸部"類聚"的寬與嚴[J].許昌學院學報,2011(4).

由"歎"而發
——淺析"蓳"作偏旁構形的省聲字

上海市閔行四中　李　燕

内容提要："歎"與"嘆"實爲异體,今簡化字皆作"叹",《説文解字》義略有不同。二字皆爲省聲字,"歎"從"鸛"省聲,"嘆"從"歎"省聲,聲符偏旁構形相同而聲符原字所取不同,實爲怪哉!更奇怪的是,《説文解字》取"蓳"作偏旁構形的字有直接充當聲符的,也有來自省聲變化的,且省聲所取原字都不盡相同。針對這一現象,本文從古文字學角度考察其字形演變,探究其語源發展,以求弄清這組以"蓳"作偏旁構形的字的内在關聯。

關鍵詞：歎　省聲字　説文解字

"歎"是一個形聲字,又是一個省聲字,二者並不矛盾,省聲體例是許慎於六書體例之外的一個創新。《説文解字(下稱《説文》)·欠部》："𪅂,吟也,从欠鸛省聲;𩑾,籒文歎不省。"這也是《説文》從蓳作偏旁構形的省聲字中唯一有不省之重文的一個字,其他如"嘆""熯""漢""難"皆無不省之形。許慎釋這五個省聲字省聲不盡相同,除了"鸛省聲",還有"歎省聲""漢省聲""難省聲",因此引來不少學者的質疑和爭議。不僅如此,《説文》中很多取"蓳"作偏旁構形的字,還可以直接充當義符和聲符,如艱(從蓳艮聲)、鸛(從鳥蓳聲)、暵(從日蓳聲)、瑾(從玉蓳聲)、謹(從言蓳聲)、饉(從食蓳聲)、覲(從見蓳聲)等,作聲符字遠遠多於作義符

由"歎"而發

字。針對這紛亂複雜的現象，筆者拋磚引玉試作探討。

歎《說文·欠部》："🈳，吟也，从欠䔖省聲；🈳，籀文歎不省。"

嘆《說文·口部》："🈳，吞歎也，从口歎省聲，一曰：太息也。"

熯《說文·火部》："🈳，乾貌，从火漢省聲。《詩》曰：我孔熯矣。"

漢《說文·火部》："🈳，漾也，東爲滄浪水，从水難省聲。"

䰠《說文·火部》："🈳，見鬼驚詞，从鬼難省聲，讀若《詩》受福不儺。"

依據許慎所說，這五個省聲字實際上讀音相同，皆爲從"難"得聲（按：䔖與難實同），但聲符原字的選擇卻參差不齊，因此引來不少學者的質疑和爭議。如谷衍奎在其編著的《漢字源流字典》中提出，"歎"字"䔖省聲"應爲菫聲，因爲"䔖"字從菫取聲，故從"歎省聲"的"嘆"字也應改爲菫聲。董蓮池認爲，"熯"甲骨文從火、從莫，"莫"古音爲文部見紐，"熯"古音爲元部匣紐，文元旁轉，見匣旁紐，"莫"與"熯"古音極近，且甲骨文不見"漢"字，故"熯"應從"莫"聲，此云"漢省聲"不確。徐鉉認爲，"漢"從難省當作菫。段玉裁亦提出："按䔖、難、嘆字從菫聲，則漢下亦云菫聲是矣，難省聲蓋爲前人所改，不知文殷元寒合韻之理也。"依據上述，這五個省聲字似乎都可以統一爲菫聲。

菫《說文·菫部》："🈳，黏土也，从土从黄省，🈳、🈳，皆古文菫。"甲骨文作 🈳（一期.乙7124）、🈳（二期.後下181）、🈳（存二155），金文作 🈳（默鐘）、🈳（帥隹鼎）、🈳（洹子孟姜壺）。徐中舒《甲骨文字典》分析道："🈳象兩臂交縛之人形，爲獻祭之人牲，🈳象焚🈳以祭之形，皆爲熯之原字，蓋甲骨文偏旁每可增省。🈳本從 🈳（火），可隸定爲菫，後 🈳 漸譌爲土，如金文初作 🈳（召伯簋），後漸譌爲菫（默鐘）、菫（齊侯壺），小篆作 🈳，故菫菫初爲一字，而古從菫之字，《說文》篆文悉變從堇。又從蒸得聲之字或入真韻,且蒸隸作堇,如謹、瑾、蓳、饉、僅、勤等字;或入元韻,且蒸隸作莫,如嘆、歎、難、漢等字。真元相近,故音得相轉。"《甲骨文字典》"熯"字條下云:"從莫從火,象投人牲於火上之形,爲熯之原字,古有焚人牲求雨之俗。《呂氏春秋・順民》:'昔者湯克夏而正天下,天大旱,五年不收,湯乃以身禱於桑林,……於是剪其髮,𨽍其手,以身爲犧牲,用祈福於上帝。'𨽍者,櫪之假借字,謂以木枅十指而縛之也。莫象正面人形,與大（大）、交（交）等正面人形不同者,殆象以木枅其頸,而縛之也。或省火而作莫,同。"徐先生所説很有道理,因此從字形演變來看,篆文"堇"實爲"蒸"(即莫)之譌體,"蒸"爲"莫"的增旁繁化字,或"莫"爲"蒸"的簡化字,皆爲"熯"之初文,本義爲以人牲火祭求雨。因此,學者多認爲許慎"从土从黃省"之説不可從,如徐中舒按:"甲骨文黃字作㡀、㡀等形,與莫形迥異;金文從黃、蒸形雖近黃,實莫之形譌,故《説文》謂堇從黃省不確。"

"堇"作爲《説文》部首,部下祇有一字"艱",《説文》:"艱,土難治也,从堇艮聲。囏,籀文艱,从喜。"甲骨文作:㠯（鐵272.2）、㠯（前7.18.3）、㠯（甲2125）、㠯（前5.41.2）,郭沫若、唐蘭認爲,甲骨初文從卩（或女）守壴（鼓）,會守鼓報艱之意,這應該與古時外敵入侵則點烽火、擊鼓吹號傳訊有關。《史記・周本紀》:"幽王爲烽燧、大鼓,有寇至,則舉燧火。"其後改義符卩、女爲莫,大概都表示人形,故可替換。西周金文作㠯（毛公鼎）,壴形加口、莫下加火而繁化,爲《説文》籀文囏所從,東漢改作艮聲,如㠯（石門頌）、㠯（祀三公山碑）。"莫"爲"熯"之初文,故"艱"本義與"土難治"無關,許慎不知"堇"乃"熯"之初文譌體,故作此訓。唐蘭云:"莫者,嘆也,難也,饉也。"《爾雅・釋詁下》:"艱,難也。"因此,"艱"的本義當爲艱難,禍患。如《詩·邶風·北門》:"終窶且貧,莫知我艱。"《詩·豳風·七月序》:"陳王業也,周公遭變,故陳后稷先公風化之所由,致王業之艱難也。"《楚辭·離騷》:"長太息以掩涕兮,哀民生之多艱。"《國語·魯語上》:"固國之艱急是爲。"

"堇"多作聲符,小篆"堇"(或𦰩)隸變後楷書寫作"堇"和"𦰩"二形,"𦰩"來源於甲骨文🦴,據筆者考察,從堇之字多爲真韻和欣韻,如瑾、饉、覲、僅、謹、勤等,從𦰩之字多爲寒韻,如歎、嘆、漢、熯、暵、難等,真寒相近,故音可相轉,這樣以不同字形反映字音變化,以示區別。但《說文》無"𦰩"字①,許慎爲了區別這兩種情況,便將從寒韻之字多用省聲體例來表示,而真韻字皆爲堇聲。聲符的選擇本來就具有任意性和約定性,因此許慎的省聲體例沒有一定的標準和規則,很多擁有同一偏旁的字往往省聲所取原字不盡相同,但一旦爲人們約定俗成後就會固定下來成爲共識。

歎,古爲元部透母寒韻,故許慎采用省聲體例,取"鸛省聲",非堇聲,由不省之籀文🦴可知之。《說文·鳥部》:"鸛,鳥也,從鳥堇聲。䧿,鸛或從隹;雗,古文鸛;𩀱,古文鸛;雚,古文鸛。"鸛字金文作:🦴(西周晚期㚔季良父壺)、🦴(春秋歸父盤)、🦴(晉中山王鼎),從隹𦰩聲,楚文字或從堇聲,如🦴(包山楚簡2.236),與《說文》或體同,漢隸以下多從𦰩聲,如🦴(馬王堆·春秋事語56)、🦴(馬.老子乙前146下)、🦴(馬.孫臏4)、🦴(東漢.趙君碑),隸定即爲"難",而《說文》所承則爲

---

① 《說文》無"𦰩"字,凡從"𦰩"之字,其旁皆作"堇(堇)",因而一般視"堇、𦰩"爲同字。但在小篆之先的古文字中,並無作"堇"字者。因疑"𦰩"在小篆中譌變爲"堇(堇)"。在被釋爲"堇"或從"堇"得聲之字的金文中,如🦴(善夫山鼎)、🦴(釋瑾,頌鼎),與甲骨文🦴、🦴,金文🦴(默鐘)、🦴(帥佳鼎)、🦴(洹子孟姜壺)等顯系一脈相承,沒有理由視爲不同的字。因而隸書將"堇、𦰩"加以區別,是由於同一符號表示不同聲符而造成糾纏因而在字形上作出的分化。這種分化很有趣,正好與許慎用"省聲"的方式區別"堇聲"相一致。可見許慎是看到了當時隸書和篆書之間在符號標音上的纏夾的。

堇聲,是因爲許慎不知"堇"乃"熯"之初文之譌。《説文》小篆從鳥,但古文字所見都從隹,羅振玉以爲:"卜辭中隹與鳥不分,故隹字多作鳥形,許慎隹部諸字,亦多云籀文從鳥,蓋隹鳥本一字,筆畫有繁簡耳。"據統計,隹部下 38 個字,其中籀文從鳥 6 例,或體從鳥 2 例,而鳥部下或體從隹有 4 例,羅先生所説不誤。隹字甲骨文作:🐦(一期.鐵92.3)、🐦(乙 6549)、🐦(二期.前 3.24.7)、🐦(三期.後下 3.10)、🐦(五期.後上 18.6),徐中舒認爲:"甲骨文象鳥形,隹鳥本爲一字,古文字從隹與從鳥實同。"鳥字甲骨文作:🐦(乙 6664)、🐦(甲 2904)、🐦(前 4.42.5),徐中舒云:"象鳥形,與隹形有别,但實爲一字,僅爲繁簡之异。"徐先生的觀點與羅先生不謀而合,因此隹即鳥之象形文,後來由於字形繁化,形成各種形態的鳥形,"鳥"字大概就是這樣慢慢形成的。隹鳥一字,古文字早期多見從隹的字,罕見從鳥的字,到了西周早期,鳥字的使用漸漸地比較普遍,可能是因爲隹字後來多用作語氣詞"唯",典籍作惟、維,所以鳥字的使用頻率才漸漸地高起來。如此,"鸛"與"難"實際上是一字二體,音義皆同但形體不同而已。古字多見從隹莫聲,説明"難"字在當時使用已較爲普遍,但《説文》無"莫"字,許慎不知"堇"乃"熯"之初文之譌,而取"堇"作《説文》部首和偏旁,加上後來鳥字使用頻率頻繁,故取"鸛"作爲正體,"難"便淪爲俗體,兩字同時存在於漢代。因此,"鸛省聲"與"難省聲"實同。

根據"從隹莫聲"的俗體"難"字可知,"鸛"實非堇聲,應爲莫聲,許慎一定見過這些俗體,也一定知道此字當時爲寒韻,但爲了保證《説文》系統的統一性,在找不到其他字讀莫聲而無法采用省聲體例的情况下,纔不得不取堇聲。這就是"鸛"取堇聲(實讀莫聲),而從"鸛省聲"的"欺"許慎不取堇聲的緣故,其籀文"🐦"從欠鸛(難)聲,從形體上也充分證明了這一點。因此,後來一些寒韻字都取"鸛"或"難"作聲符,如灘(從水鸛聲)、儺(從人難聲)、攤(從手難聲)、漢(難省聲)和艱(難省聲)。

由"歎"而發

歎,"吟也",謂情有所悦,吟歎而歌詠;嘆,"吞歎也",謂吞歎悲聲,與哀怒爲類。二字《説文》异訓,今簡化字皆作"叹",段玉裁曰:"歎嘆二字今人通用,《毛詩》中兩體錯出,依《説文》則義别,歎近於喜,嘆近於哀,故嘆訓吞歎,吞其歎而不能發。"故知"嘆"取"歎省聲"應是從音兼義的角度所作的選擇,從這一層面來説有其合理性。但事實上"歎"不僅表喜樂之情,也表哀傷之情。如《詩·大雅·公劉》:"既順乃宣,而無永歎。"毛傳:"民無長歎,猶文王之無悔也。"這裡的"永歎"是長久嘆息之意,原句是説天下民心歸順,百姓没有長久嘆息的,而是心情順暢,從而反映了文王仁慈忠厚,治國有方。《禮記·坊記》:"閨門之内,戲而不歎。"鄭玄注:"歎,謂有憂戚之聲也。"《楚辭·九歎序》:"歎者,傷也,息也。"可見,許慎釋義並非權威。"嘆"實爲"歎"字异體,因爲"欠"與"口"意義實相同,"欠"本爲人張口,古文字"![]"(甲3729)、"![]"(明1880),從人,上像張口形,段注謂"打呵欠",後來字形隨著筆勢的變化,《説文》將口形譌爲三曲筆,釋爲"張口氣悟也"。因而,二字通用,如《詩·大雅·公劉》:"既順乃宣,而無永歎。"陸德明《經典釋文》:"歎,他安反,字或作嘆。"《詩·王風》:"嘅其嘆矣,遇人之艱難矣。"《釋文》:"嘆,本亦作歎。"《墨子·備梯》:"禽子(禽滑厘)再拜而嘆。"孫詒讓《論語間詁》:"嘆,吴鈔本作歎。"從文獻實際考察來看,"嘆"應從"歎"取"鶾省聲",更爲合理。

"漢"難省聲,無不省之重文,《説文·水部》另有一個"灘"字,意爲"水濡而乾也",從水鶾聲,小篆作![],俗體從佳作![],隸定爲"灘"。從形體上看,![]即爲不省之"漢",且二字字音完全相同,因此筆者以爲"灘"與"漢"本爲同一個字。"漢",水名,《詩·小雅·四月》:"滔滔江漢。"江漢指長江、漢水。王維《漢江臨眺》趙殿成箋注:"漢江,其水因地而名,曰漾,曰沔,曰漢,曰滄浪。蓋總名爲漢江,别言之則有四耳。"此義應是假借,後便爲假借義所專用,"漢"的本字應爲"灘",本義爲缺水乾涸。"灘"後來又引申爲河道中水淺流急多沙石的地方,即水灘、河灘、沙石灘等,讀音可能由急流的"湍"發生音轉,聲母變成了透母。由於從鸛(難)得聲的"灘"爲"漢"之本字,故"漢"亦從難得聲,依其篆形則爲"難省聲";同時,灘之俗體▨爲其不省之重文,證明漢字繁簡兩體共時平行存在即漢字平行性規律的真實性和可靠性。

"魑"與"儺"音同義近,很可能也是同源關係。《說文·人部》:"▨,行人節也,從人難聲,《詩》曰:'佩玉之儺。'"段玉裁按:行有節,此字之本義;假借爲驅疫字,驅疫字本作難。如《禮記·月令》:"季春命國難,九門磔攘,以畢春氣。仲秋天子乃難,以達秋氣。季冬命有司大難,旁磔出土牛,以送寒氣。"《注》:"難與儺通。"季春即農曆三月,春季最後一個月,此時天子命令下官分裂牲體以祭神,驅逐春季的癘疫之氣;仲秋即秋季的第二個月,天子命人祭神以驅除秋日淒清、肅殺之氣;季冬即冬季最後一個月,天子命有司分裂土牛以祭神,驅除寒氣。此處"難"同"儺",驅除疫鬼,以求安寧和諧,"儺"之本義漸漸湮沒。《論語·鄉黨》:"鄉人儺,朝服而立於阼階。"何晏集解引孔安國曰:"儺,驅逐疫鬼也。"朱熹集注:"儺,所以逐疫也。"而朱駿聲《說文通訓定聲》曰:"魑,此驅逐疫鬼正字。擊鼓大呼,似見鬼而逐之,故曰魑。經傳皆以儺爲止。"因此,"儺"與從鬼的"魑"應是同源字,"儺"從"難"得聲,則"魑"也應從"難"得聲,依其篆形則爲"難省聲"。

前面已經論證過,"熯"字表示天旱火祭人牲以求雨之意,爲《說文》"堇"之初文,後來由於堇字作了偏旁,於是加義符"火"寫作"熯"專門表示本義。天旱則焚人求雨,故天旱亦稱"熯";而天旱又與日曬的時長和強度有關,故又加義符"日"寫作"暵",《說文》:"乾也,耕暴田曰暵。"如《詩·王風·中谷有蓷》:"暵其乾矣。"馬瑞辰《傳箋通釋》:"其實暵義止爲暵燥,即乾貌耳。"段玉裁以爲從火猶從日,"熯"與"暵"同音同義,是也。如果說,天旱是起因,加義符"日"作"暵",火祭人牲是方式,加義符"火"作"熯",那麼求雨是目的，便加義符"水"寫作"漢"。而"漢"之本字爲"灘"，"灘"俗體作"灘"，即"漢"不省之重文，故本義爲"水濡而乾也"，水名或地名當爲假借義。因此，熯、暵、漢三字很可能是從三個不同角度分述了同一個造字意圖，實爲一組同源字。如《易·說卦》："燥萬物者，莫熯乎火。"陸德明《經典釋文》："徐本作暵，云熱暵也。"李富孫《七經异文釋》："莫熯乎火，《說文·日部》引作'莫暵與離'。案：《說文》暵、熯皆云乾也，音義並同。"《詩·王風·中穀有蓷》："暵其乾矣。"王先謙《詩三家義集疏》："三家暵作灘。"陸德明《經典釋文》："字作灘，又作灘。"李富孫《七經异文釋》："《說文·水部》引作'灘其乾矣'，云水濡而乾也，俗作灘。"灘(灘)爲漢之本字，故"熯"取"漢省聲"，這是許慎從音兼義角度考慮的結果，但許慎言"暵"從日堇聲，有誤，因此徐鉉以爲當從"漢省聲"，筆者亦以爲是。

綜合上述，歎"鸛省聲"、嘆"歎省聲"、熯"漢省聲"、漢"難省聲"和魗"難省聲"，都有其合理存在性，儘管許慎沒有見過多少古文字，某些字的形義界定時有偏頗，但依然能看出許慎縝密的思維和寬闊的眼界。

參考文獻

許慎.說文解字[M].北京：中華書局,1963.
段玉裁.說文解字注[M].上海：上海古籍出版社,1988.
季旭昇.說文新證[M].福州：福建人民出版社,2010.
湯可敬.說文解字今釋[M].長沙：嶽麓書社,2001.
谷衍奎編.漢字源流字典[M].北京：華夏出版社,2003.
董蓮池.說文部首形義新證[M].北京：作家出版社,2007.
徐中舒主編.甲骨文字典[Z].成都：四川辭書出版社,2006.
宗福邦,陳世鐃,蕭海波主編.故訓匯纂[M].北京：商務印書館,2004.

文獻用字層面的秦楚簡文構形差异比較研究*

上海海洋大學海洋文化與法律學院　樓　蘭

内容提要：戰國時代秦、楚簡文構形比較是古文字研究中的重要課題。本文以秦、楚簡文直接構件作爲考察範圍，整理出二者相對特異者。在此基礎上，完成這些特異構件實際參與構字的精確計量，并從文獻用字層面來完成兩者差異的量化評估，從而揭示出二者在此層次上的構形差異。研究結果表明，在文獻用字層面，秦、楚特異構件在系統中的影響力都不大，秦、楚文字系統的差異度很小。

關鍵詞：秦簡牘文　楚簡帛文　特異構件　比較

在漢字發展演變的歷程中，戰國文字是一個重要的發展階段，文字异形嚴重是該時段文字的鮮明特點。許慎在《説文解字·叙》中就曾指出過這一點，戰國時代"分爲七國，田疇异畝，車塗异軌，律令异法，衣冠异制，言語异聲，文字异形"。因此，分域研究一直是研究戰國文字的基礎性工作之一。20世紀70年代以來，大批秦、楚兩國簡牘文字資料的發掘出土爲戰國文字分域研究提供了有利的條件。因此，將秦、楚兩類文字進行比較研究，特

---

*　基金項目：上海市哲社規劃青年課題"戰國秦楚文字構形差异定量研究"（2012EYY002）。教育部人文社科研究青年項目"戰國秦楚簡文構件系統比較研究"（15YJC740050）。

別是深入到構件層次,對於發現這兩類文字形體的聯繫和差異,反映兩者不同的發展趨向,以及描述戰國文字全貌,具有不可或缺的意義。

對於秦、楚簡文的構形差異比較,諸多學者在較早的時候就有所關注。王國維在《戰國時秦用籀文六國用古文說》中,就指出了秦國文字和東方六國文字的差異。之後唐蘭、裘錫圭和何琳儀等諸位先生在各自通論性的著作中都對該理論進行了補充和完善。而隨著秦、楚簡的大量出土,在專門以秦、楚簡文爲研究對象的著作中,此類研究也屢見不鮮。但遺憾的是,由於受到各種條件和因素(主要是材料和各種文字斷代研究程度)的限制,或僅停留在一些理論上的闡釋,或祇采取"枚舉法",選擇部分代表性的秦、楚簡帛材料進行文字形體比較,或兩種文字比較的層次不清晰。李運富在《從楚文字的構形系統看戰國文字在漢字發展史上的地位》一文中就表現出對這一問題的無奈,"秦系文字的構形系統還有待進一步分析和描述,目前尚無全面而確切的數據可供利用",所以祇能"在全面分析和測查楚文字構形系統的基礎上,用同樣的方法對其他國家的幾批文字材料(中山王墓各器、侯馬盟書、睡虎地秦簡)作大致的分析和抽查"。① 因此,更加全面系統地從構件角度開展秦簡牘文、楚簡帛文的形體比較研究仍相當薄弱。

基於此,本文在華東師範大學中國文字研究與應用中心"古文字屬性庫及先秦漢字發展定量研究"課題組研製的《睡虎地秦簡文字語料庫》《楚簡帛文字語料庫》的支持下,嘗試從構件的角度來進行系統定量的比較。具體比較思路是:以秦簡牘文和楚簡帛文直接構件作爲考察範圍,整理出二者相對特異者。在此基礎上,完成這些特異構件實際參與構字的精確計量,并從文獻用字層面來完成二者差異的量化評估,從而揭示出二者在此層次上的構形差異。

---

① 李運富.從楚文字的構形系統看戰國文字在漢字發展史上的地位[J].徐州師範大學學報(哲社版),1997(3):38.

這裏要説明的有兩點：第一，所謂二者相對特異的直接構件（我們稱之爲特異構件），是指某種文字類型相較另一種文字類型，形體結構不同的直接構件。而由書寫或形體演變造成的差異（比如在筆勢、筆畫數量等方面），不屬特異構件。比如構件"水"，楚簡中作"水"形，秦簡中或作"氵"形，前者承襲商周文字形體，而後者因隸變所致，儘管形體上存在差異，但二者提示的義類相同，因此不作爲特異構件。根據這一原則，通過分别對1 758個秦簡牘字形和5 650個楚簡帛字形進行拆分、歸納和比較，共得到秦簡牘文特異構件96個、楚簡帛文特異構件311個。[①]

第二，構件本身可以從各個不同角度進行分類，而每種類别作爲構形差異描述的一個層次，所體現的意義又各不相同。之所以選取文獻用字爲統計層面，是因爲相對於以不重複字形爲基數的觀察評估[②]來説，從實際文獻用字的角度來對文字構形要素進行數量評估則具有更大難度，因爲這必須將對構形要素的屬性把握從靜態的單個字形擴展到它動態的在記録文獻語言中的實際使用。由於存在這樣的難度，這個角度的觀察評估是既往研究中很少看到的。與其較高的操作難度相聯繫，這種觀察的結果無疑是具有更加重要的認識價值，相對靜態的不重複字形而言，這些字形在被投入實際使用中的動態狀況，無疑可以更加真實全面地反映這個文字構形系統的實際狀況。

一　文獻用字層面的秦楚簡文總構件頻率概説

（一）文獻用字層面的秦簡牘文總構件頻率概説

根據構形學理論，我們通過對1 758個秦簡牘字形進行拆分和歸納，共得到843個直接構件。它們在23 715個秦簡牘文用字總

[①] 具體數據見：樓蘭.構件視角的秦簡牘文和楚簡帛文構形差異比較研究[D].上海：華東師範大學，2009.另，下文所涉及的全部具體數據也詳參此。

[②] 具體數據見：樓蘭.不重複字形層面的秦楚簡文構形差異比較研究[J].平頂山學院學報，2010(6)：113－116.

量中，共出現 37 465 次，其平均構件頻率是 44.44 次。我們把高於平均構件頻率的構件稱爲高頻構件，反之則稱爲低頻構件。根據統計，有 169 個構件爲高頻構件，674 個構件爲低頻構件。

169 個高頻構件，占構件總數的 20.05%，構件頻率達 31 337 次，占總構件頻率的 83.64%，平均構件頻率爲 185.43 次。比如（以"/"分隔各構件，前爲構件，構件後的數字爲該構件的頻率）：

人 2 074/又 1 061/口 1 015/日 852/目 670/宀 620/之 566/土 562/月 560/不 556/曰 515/肉 510/一 488/子 407/田 384/言 363/八 333/丂 328/女 312/彳 305/止 301/尚 235/乙 230/目 229/入 227/牛 226/夕 214/戈 208/仌 207/辵 201/心 185/皀 111/广 93/司 91/羊 90/來 90/百 85/聿 84/犬 84/邑 84/于 83/勿 81/侖 79/今 70/广 69/主 69/方 69/中 69/合 68/寅 59/父 59/馬 58/下 56/豖 56/冬 47/巾 45

674 個低頻構件，占構件總數的 79.95%，構件頻率僅爲 6 128 次，占總構件頻率的 16.36%，平均構件頻率爲 9.09 次。其中，構件頻率僅 1 次的最低頻構件達 137 個，占構件總數的 16.25%。10 次以上者比如：

台 44/穴 43/凶 43/小 42/斗 41/欠 41/爿 40/甘 40/午 39/高 38/於 37/交 37/壬 36/用 35/网 34/玄 34/爪 34/乚 34/舁 34/寺 33/井 33/隹 32/牙 32/久 32/知 28/弓 28/门 28/青 27/母 23/干 23/黑 23/易 23/奈 22/隶 22/食 22/亞 21/令 21/立 21/尺 20/丮 18/首 13/鷹 13/夆 13/虎 13/夅 13/白 13/及 11/品 11/死 10/召 10/𢍑 10/齊 10/某 10/兌 10

10 次以下者比如：

9 次：僉單兩薄卧/8 次：出兩矛祇敗臤多/7 次：是世禺春徹/6 次：采里丹彡冊翏祭赤鹿爾卑/5 次：學成亢丮舀音票尚弟吾朩蒦/4 次：桀折兆哥岡亯血萬敖叕索开辡刃害/3 次：有所義叚役要秀囟奚武無/2 次：叀制矢龠爰曳右尤覝/1 次：坐羍壯莊州爭丈众雥與亞埶夜肴旻肴劦

（二）文獻用字層面的楚簡帛文總構件頻率概說

根據構形學理論，我們通過對 5 650 個楚簡帛字形進行拆分和歸納，共得到 1 443 個直接構件。它們在 55 622 個楚簡帛文用字總量中，共出現 90 007 次，其平均構件頻率是 62.38 次。根據統計，有 268 個構件爲高頻構件，1 175 個構件爲低頻構件。

268 個高頻構件，占構件總數的 18.57%，構件頻率達 77 053 次，占總構件頻率的 85.61%，平均構件頻率爲 287.51 次。比如：

口 3 998／之 3 616／人 2 307／又 1 800／土 1 563／心 1 488／日 1 331／辵 1 266／止 1 021／乙 1 004／糸 968／丌 966／言 951／攴 896／曰 881／宀 869／目 862／邑 846／子 844／爪 780／示 734／而 711／戈 708／尹 683／女 667／木 618／者 554／八 547／二 540／大 527／十 371／車 370／艸 363／王 344／羊 337／馬 336／矢 329／廾 306／行 299／禾 293／西 278／隹 265／且 93／雨 92／刃 91／昔 84／臼 83／夅 82／辰 81／言 79／州 74／彳 64／冬 63

1 175 個低頻構件，占構件總數的 81.43%，構件頻率僅爲 12 954 次，占總構件頻率的 14.39%，平均構件頻率爲 11.02 次。其中，構件頻率僅 1 次的最低頻構件達 341 個，占構件總數的 23.63%。10 次以上者比如：

兆 62／虫 62／童 62／帚 62／平 62／家 61／門 61／甬 61／山 61／里 60／壬 59／召 57／谷 55／癹 55／虘 54／句 52／泉 52／易 49／予 49／卒 48／齊 47／戕 47／果 47／蓳 46／千 39／矛 39／缶 39／禹 38／陽 38／穴 37／晏 37／兄 24／蟲 24／圭 22／弁 22／芧 20／尚 20／太 20／戔 19／舌 17／佘 16／本 15／枭 12／絲 11／巽 10

10 次以下者比如：

9 次：狄穆思疌利昆外癹辛麗面广奉／8 次：泉剌离敢畢雀義蟲／7 次：寿紀斬柞卵夘夆因胃／6 次：有叕寀琪卧兹夹䢔矢是冒／5 次：僉齒幵尞宏甸荀裹龠天／4 次：喬尻弄鼠巢毳／3 次：甬肥啇靜芥句員卉晋／2 次：貞艮髟爾攴否后冢史鹵／1 次：吹敃苾敝晶兀爽尺亟棗愁忘右福牢麻豐

二 文獻用字層面的秦簡牘文特異構件頻率統計及影響力量化評估

（一）文獻用字層面的秦簡牘文特異構件頻率統計

在文獻用字層面，96個秦簡牘文特異構件的總構件頻率爲808次，占全部構件總頻率的2.16%，平均構件頻率爲8.42次。比如（數字是構件頻率；冒號前爲構件，冒號後爲該構件具體出處，包括所構字形及其文獻分布單位，文獻分布單位表示法是著録名+篇名+圖版號+字序；若相同頻率，則以"；"分隔不同構件）：

299次㫃[1]：者（睡／法／63／174）者（睡／封／69／195）者（睡／封／75／155）者（睡／秦十八／15／152）者（睡／秦十八／23／266）者（睡／秦杂／43／321）者（睡／秦杂／46／45）者（睡／日甲／112／360）者（睡／日甲／114／210）者（睡／日乙／137／19）者（睡／日乙／135／269）

131次寸：寸（睡／法／56／69）耐（睡／法／65／266）將（睡／法／62／202）叔（睡／法／61／222）將（睡／秦十八／24／199）寺（睡／秦十八／30／46）辱（睡／日甲／102／307）尊（睡／日甲／108／99）辱（睡／日乙／135／126）尌（睡／日乙／129／125）

32次久：久（睡／法／61／26）久（睡／秦十八／23／160）欤（睡／秦十八／18／46）久（睡／日甲／92／205）久（睡／日乙／124／49）久（睡／为／82／148）

14次耤：籍（睡／封／70／39）籍（睡／秦十八／24／112）籍（睡／秦杂／43／151）籍（睡／效／37／213）籍（睡／语／12／43）

9次襾：賈（睡／法／64／75）賈（睡／秦十八／26／166）賈（睡／日甲／104／102）賈（睡／日乙／127／156）賈（睡／效／36／16）

8次敫：徼（睡／法／52／308）徼（睡／日甲／100／333）徼（睡／日乙／121／70）

5次垂：錘（睡／秦十八／25／300）郵（睡／秦十八／15／72）誰

---

[1] 限於篇幅，以下僅列出該構件的部分具體出處。下同。

（睡／日甲／109／342）筓（睡／日甲／107／397）郵（睡／语／11／326）

4 次哥：歌（睡／日甲／109／117）歌（睡／日甲／105／234）歌（睡／日甲／91／248）歌（睡／日乙／129／214）

3 次叔：尗（睡／法／51／110）尗（睡／封／75／154）俶（睡／日甲／112／96）

2 次包：苞（睡／日甲／107／507）抱（睡／日甲／106／447）

1 次負：完：院（睡／法／64／137）

從平均構件頻率來看，特異構件均屬低頻構件。從單個構件的構件頻率來看，超過平均構件頻率 44.44 次的高頻特異構件僅 2 個，占特異構件總數的 2.08%，它們是"𡗗"和"寸"，構件頻率分別是 299 次和 131 次，而構件頻率僅爲 1 次的特異構件有 32 個，占特異構件總數的 33.33%。

（二）文獻用字層面的秦簡牘文特異構件影響力評估

在文獻用字層面，秦簡牘文特異構件在整個系統中的影響力很小。就整體而言，特異構件的總構件頻率僅占全部構件總頻率的 2% 左右；從平均構件頻率來看，它們都屬低頻構件，而且約 1/3 的特異構件僅出現 1 次。當然，也有個別特異構件的影響力稍大些，如"𡗗"等，它們在文字系統中屬高頻構件，在文獻用字層面出現多次。

三 文獻用字層面的楚簡帛文特異構件頻率統計及影響力量化評估

（一）文獻用字層面的楚簡帛文特異構件頻率統計

在文獻用字層面，311 個楚簡帛文特異構件的總構件頻率爲 2 665 次，占全部構件總頻率的 2.96%，平均構件頻率爲 8.57 次。比如：

401 次鼎：鼎（包／文／129／40）鼎（包／遣／254／14）員（郭／緇／9／12）員（郭／緇／9／27）員（郭／緇／45／4）員（郭／緇／26／5）員（郭／緇／33／22）真（曾／124／52）真（曾／122／16）真（曾／122／4）鼎（汇／

信二遣/23/8)員(汇/信一文/10/2)

165次卣：弁(包/文/138/29)贵(包/遣/265/21)弁(包/卜/245/57)贵(包/文/192/32)妻(包/文/97/27)贵(包/文/25/10)弁(包/文/159/7)贵(郭/老甲/38/23)史(郭/六/14/14)妻(郭/六/29/16)贵(郭/语一/18/7)妻(郭/语一/34/2)史(上五/季/14/15)贵(上五/鬼/1/36)弁(上五/三/5/24)贵(上五/弟/6/15)贵(上五/君/9/20)贵(上五/姑/3/38)弁(上五/季/15/15)弁(上五/鲍/7/32)

37次申：婁(包/文/74/39)婁(包/遣/259/41)婁(郭/成/5/21)婁(郭/语一/90/1)婁(郭/语二/44/2)婁(上二/容/2/37)婁(新/甲三：294、零：334/14)

15次羕：漾(包/文/126/26)漾(包/文/13/17)漾(包/文/13/6)漾(包/文/12/44)

9次穆：穆(包/文/187/65)穆(包/文/49/24)穆(郭/穷/7/20)穆(郭/鲁/1/2)

6次甾：畁(郭/成/29/2)畁(郭/成/22/9)畁(郭/缁/36/23)

2次烕：憨(包/文/194/14)憨(包/文/15反/28)

1次晉：蠿(上四/采/3/11)

從平均構件頻率來看，特異構件均屬低頻構件。從單個構件的構件頻率來看，超過平均構件頻率62.38次的高頻特異構件僅6個，占特異構件總數的1.93%，比如"鼎""卣""申"等。然而，構件頻率僅爲1次的特異構件達118個，占特异構件總數的37.94%。

（二）文獻用字層面的楚簡帛文特異構件影響力評估

在文獻用字層面，楚簡帛文特異構件在整個系統中的影響力很小。就整體而言，特異構件的總構件頻率僅占全部構件總頻率的3%左右；從平均構件頻率來看，它們都屬低頻構件，而且約2/5的特異構件僅出現1次。當然，也有個別特異構件的影響力稍大些，如"卣"等，它們在文字系統中屬高頻構件，在文獻用字層面出現多次。

四　文獻用字層面的秦楚簡文特異構件
　　影響力比較及二者構形差异程度描述

（一）文獻用字層面的秦、楚特異構件頻率比較

綜合以上關於文獻用字層面的秦簡牘文、楚簡帛文特異構件影響力的量化數據，我們可以得出如下結論：

第一，就二者在各自系統中所占的比重而言，秦、楚特異構件在文獻用字層面的影響力都很小。如前所述，二者特異構件的構件頻率分別約占系統的2%和3%。

第二，楚簡帛文特異構件在文獻用字層面的影響力略强於秦簡牘文。就整體而言，楚簡帛文中特異構件的構件頻率所占系統的比重，略高於秦簡牘文，前者是2.96%，後者是2.16%。而且，從平均構件頻率來看，楚簡帛文特異構件的平均構件頻率略高於秦簡牘文，前者是8.57次，後者是8.42次。

（二）文獻用字層面的秦、楚簡文字構形差异程度描述

以秦簡牘文爲對象，其與楚簡帛文相異的構件占整個系統的1/10，它們在文獻用字層面僅造成約2%的差异；以楚簡帛文爲對象，差异度略大些，其與秦簡牘文相異的構件占整個系統的1/5，它們在文獻用字層面僅造成不到3%的差异。

如果從特異構件來看還不能完全説明該問題的話，那從秦、楚簡文二者共有的構件來看，也是如此。如前統計，秦簡牘文共有843個構件，楚簡帛文共有1 443個構件。二者在直接構件的數量方面相差比較大，這一方面是由於二者在字量上有差异，秦簡牘文23 715個，楚簡帛文55 622個；另一方面還受其他因素的影響。因此，要找出二者相同的構件，需要排除一些因素的干擾。排除在非直接構件層面出現的以及在非簡牘材料中出現的直接構件，秦、楚簡文共有的直接構件共計694個。無論是從構件數量上還是從構字能力、實際使用頻率上來看，這些構件都占據主導地位。從構件數量上看，694個共有構件，分別占秦、楚簡文直接構件總數的4/5

和3/5;在文獻用字層面,694個共有構件在秦簡牘文中共出現36 048次,占該系統總構件頻率的96.22%,在楚簡帛文中共出現83 677次,占該系統總構件頻率的92.97%。

如果要量化秦簡牘文和楚簡牘文二者構形的相同度,我們可以綜合上述的統計數據進行大體描述。以秦簡牘文爲對象,其與楚簡帛文相同的部分占據整個系統的4/5,在文獻用字層面相同度達96%。以楚簡帛文爲對象,相同度略微小些,其與秦簡牘文相同的部分占據整個系統的3/5,在文獻用字層面相同度達92%。

綜上所述,秦簡牘文和楚簡帛文直接構件相差不大,其中相同的構件在系統中具有重要地位,特異構件的數量雖然不少,但它們的構字能力很弱,實際使用次數也很少。雖然漢字在戰國時期走上了地域性的分化道路,但變异并未走到底。秦、楚文字間共同存在著一批穩定的構件,在文字系統中扮演著重要的角色,它們通過相互間層層組合的方式構成新字,實現以有限的原料無限增殖漢字的目的,從而成爲漢字發展的主流,保持了漢字的穩定性和交際性。

參考文獻

裘錫圭.文字學概要[M].北京:商務印書館,1988.
王寧.漢字構形學講座[M].上海:上海教育出版社,2002.
何琳儀.戰國文字通論(訂補)[M].南京:江蘇教育出版社,2003.
劉釗.古文字構形學[M].福州:福建人民出版社,2006.
李運富.楚國簡帛文字構形系統研究[M].長沙:嶽麓書社,1997.

試論"魚鼎匕"及其銘文的若干問題*

上海師範大學對外漢語學院　沈之傑

内容提要：目前所見"魚鼎匕"共有三件，器形銘文基本相同，最後一件真偽有待核實。新蔡楚簡文字爲匕銘"延"釋"延"讀爲"誕"提供了新的佐證。"蚯匕"應是自名，蚯指一種水中的動物。匕由器形類似此種動物得名。"蕩"應讀爲濡。銘文大致的邏輯是，蚯是"水蟲"，像蚯一樣的匕從羹湯中撈出魚頭進獻，就像"水蟲"從水裡游出來。撈魚進獻不帶敬意，就要儆戒，下民無知更需要儆戒。匕銘就用蚩尤被投入作羹，濡入濡出的命運儆戒下民。

關鍵詞：蚯匕　水中動物　延　濡

目前所見"魚鼎匕"共有三件[①]。

第一件是羅振玉舊藏，現藏遼寧省博物館，學界至今均認爲器物、銘文都是真品、真跡無疑。羅振玉在1930年出版的《貞松堂集古遺文》"卷十一雜器"中首次正式公布羅福頤所作的摹本[②]（即

＊ 本文是國家社科基金青年項目"戰國晉系文字整理與研究"（10CYY026）階段性成果。

① 爲了稱説方便，本文一開始仍沿用這種較爲普遍的器名舊稱。在後面的論述中將對器名作新的詮釋。

② 羅振玉在《〈貞松堂集古遺文〉序》中説："乃以一歲之力課兒子福頤、長孫繼祖，助予摹寫成《貞松堂集古遺文》十六卷。"參羅振玉.貞松堂集古遺文（上）［M］.北京：北京圖書館出版社，2003：1－2.

（轉下頁）

《殷周金文集成》980B，圖一），並附考釋，其中說到"此匕數年前出山西"①。單育辰、李松儒②進一步揭示羅振玉《丁戊稿·魚匕跋》說"此匕數年前出山西渾源州"③。1937年羅振玉印行《三代吉金文存》，首次正式公布羅福頤所作的摹刻本④（圖二 1。《殷周金文集成》980C，即圖二 2，爲考古所藏羅氏摹刻本，與《三代》著錄的摹刻本幾乎無別）。《殷周金文集成》出版以前，其他各家著錄或考釋依據的均系羅福頤的摹本或摹刻本，未見有拓本著錄⑤。

"魚鼎匕"的黑白照片（圖三），單育辰、李松儒⑥指出，是在1935年印行的《貞松堂吉金圖》首次公布的⑦。容庚《商周彝器考》裡的不夠清楚⑧，容庚、張維持《殷周青銅器通論》中的圖版⑨可能就是從《貞松堂吉金圖》裡複製的。《中國青銅器全集》第8卷中則有正面全形彩照⑩（圖四）。

（接上頁）又羅福頤《〈三代吉金文存釋文〉序》言："頤昔居遼侍先公編《貞松堂集古遺文》，初命頤取家藏金文墨本擇前人未曾著錄者手摹其文，先後成三編。"參羅福頤.三代吉金文存釋文[M].香港：問學社，1983.

馬國權在同書序中説："1930年出版的《貞松堂集古遺文》，及後來的補遺、續編的兩千餘器的摹錄，全出其[引者按：指羅福頤]手。"或即本羅福頤序。參羅福頤.三代吉金文存釋文[M].香港：問學社，1983.

① 羅振玉.貞松堂集古遺文（下）[M].北京：北京圖書館出版社，2003：20－23.
②⑥ 單育辰，李松儒.談羅振玉舊藏的一件羹匕[C]//"《羅振玉學術論著集》出版座談會"（長春）論文集.上海：上海古籍出版社，2011.
③ 羅振玉.丁戊稿·魚匕跋[M].民國鉛印本：21－22.
④ 據摹刻本旁邊所鈐"羅福頤手摹金石文字"白文印可知。參：羅振玉.三代吉金文存（下）[M].北京：中華書局，1983：1887.
⑤ 《殷周金文集成釋文》即言"過去未見拓本著錄"。參：中國社會科學院考古研究所.殷周金文集成釋文（第一卷）[M].香港：香港中文大學出版社，2001：600.
⑦ 羅振玉.貞松堂吉金圖（卷中）[M].大連：墨緣堂，1935：42.
⑧ 容庚.商周彝器通考[M].上海：上海人民出版社，2008：620，圖四一四.（據1941年哈佛燕京學社原本重排）
⑨ 容庚，張維持.殷周青銅器通論[M].北京：文物出版社，1984；圖版肆柒92.
⑩ 中國青銅器全集編輯委員會.中國青銅器全集·圖集8·東周2[M].北京：文物出版社，1995：137.

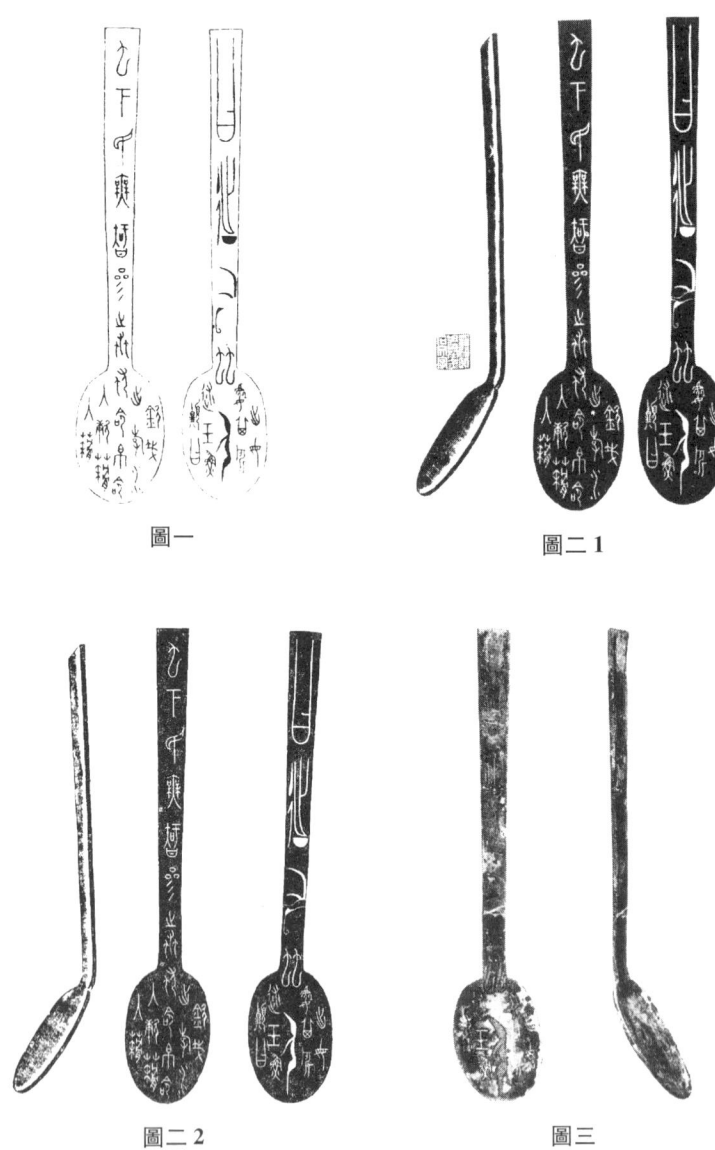

圖一

圖二 1

圖二 2

圖三

對此匕銘文作過較有影響或另闢新解的考釋的,略按成說早晚排列大致有王國維①、羅振玉②、于省吾③、郭沫若④、羅福頤⑤、容庚⑥、李零⑦、中國社會科學院考古研究所⑧、張亞初⑨、詹鄞鑫⑩、史克禮⑪、臧克和⑫、何琳儀⑬、董蓮池⑭等。可惜的是羅福頤摹寫

圖四

---

① 王國維.魚匕跋[M]//觀堂別集(觀堂集林(附別集)(下)).北京:中華書局,1959:1210-1211.
② 羅振玉.貞松堂集古遺文(下)[M].北京:北京圖書館出版社,2003:20-23.
③ 于省吾.雙劍誃吉金文選[M].北京:中華書局,1998:227-228.(據北平大業印刷局1932年版影印)
④ 郭沫若.金文韻讀補遺·魚鼎匕[M]//金文叢考.北京:人民出版社,1954:156正反.
⑤ 羅福頤.三代吉金文存釋文[M].香港:問學社,1983:844.
⑥ 容庚.商周彝器通考[M].上海:上海人民出版社,2008:286.(據1941年哈佛燕京學社原本重排)
容庚,張維持.殷周青銅器通論[M].北京:文物出版社,1984:42.
⑦ 李零.戰國鳥書箴銘帶鉤考釋[M]//李零自選集.桂林:廣西師範大學出版社,1998:277注③.原載:中華書局編輯部.古文字研究(第八輯),1983.
李零.考古發現與神話傳說[M]//李零自選集.桂林:廣西師範大學出版社,1998:78.原載:學人(第5輯),1994.
⑧ 中國社會科學院考古研究所.殷周金文集成釋文(第一卷)[M].香港:香港中文大學出版社,2001:600.
中國社會科學院考古研究所.殷周金文集成(修訂增補本)(第一冊)[M].北京:中華書局,2007:761-762.
⑨ 張亞初.殷周金文集成引得[M].北京:中華書局,2001:26.
⑩ 詹鄞鑫.《魚鼎匕》考釋[J].華東師範大學中國文字研究與應用中心.中國文字研究(第二輯),2001:175-179.
⑪ [德]史克禮.《魚鼎匕》銘文性質及"下民無智"的有關問題[J].華東師範大學中國文字研究與應用中心.中國文字研究(第四輯),2003:130-134.
⑫ 臧克和.《魚鼎匕》銘文有關器名性質新釋[J].考古與文物,2004(5):93-94.
⑬ 何琳儀.魚顛匕補釋——兼說昆夷[J].中國史研究,2007(1):29-39.
⑭ 董蓮池.說山西渾源所出魚顛匕銘文中的"顛"字[J].山西大學學報(哲學社會科學版),2012(1):26-29.

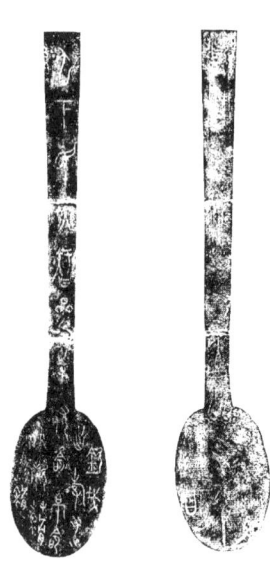

圖五

和摹刻的首句大字銘文並不準確,以上考釋大多誤信羅摹以譌傳譌,以致影響整篇銘文的考釋。《殷周金文集成》出版以後,撰寫考釋討論該器的諸家中仔細觀察過《集成》980A(圖五)著錄的考古所拓本的學者大概祇有詹鄞鑫一人[①],但其觀察結果仍有偏頗。

本文成於2008年的初稿則指出前人考釋均未涉及的三個重要問題:

1. 匕銘"蚰"形部件上面還有一個極明顯的"土"形部件,《貞松堂集古遺文》所收錄的摹本和《三代吉金文存》收錄的摹刻本皆漏摹。但從《殷周金文集成》所收錄的拓本(980A)及《中國青銅器全集》第8卷(圖四)所收的彩照來看,"土"形部件十分明顯。

2. 舊釋的"又蚰"兩字應改釋爲"蠡",不過前提是匕柄在此處(即"蠡"字處)完整無損或者雖然斷裂但不缺損。

3. 或者此處前後竟非連續的兩段,而是後經拼接連在一起的,當中可能有脫文。

2012年杜小鈺根據《中國青銅器全集》第8卷和《中國美術全集》第5卷也發現了"土"形構件[②]。

關於此匕器物是否完整,王國維最先指出此匕"柄端折去寸許"[③],但是否因此造成銘文缺失,學者們的意見一直分爲兩派。

---

① 詹鄞鑫.《魚鼎匕》考釋[J].華東師範大學中國文字研究與應用中心.中國文字研究(第二輯),2001:176.
② 杜小鈺."蚰尤匕"試讀[J].學行堂語言文字論叢(第二輯),2012:125.
③ 王國維.魚匕跋[M]//觀堂別集(觀堂集林(附別集)(下)).北京:中華書局,1959:1210.

主有缺文的如王國維説:"匕面柄上折處,當闕一字(引者按:即"曰"上缺一字),匕背當闕二字(引者按:即"虫"上缺二字)。匕背所闕,或是'中有'二字。"①郭沫若也認爲匕柄端正面折處即"曰"上當缺一字,但指出匕背所缺"當是'中之',以文乃呼格也"②。羅振玉③、羅福頤④、容庚⑤、中國社會科學院考古研究所⑥、何琳儀也認同匕端折去造成缺文,何文更直指"曰"上缺一字爲"王"⑦。于省吾則持相反的意見,認爲"此銘欽哉系嘆詞,餘皆四言似無闕文"⑧。李零⑨、張亞初⑩、詹鄞鑫⑪、史克禮⑫、臧克和⑬也不同意有缺文存在。

---

① 王國維.魚匕跋[M]//觀堂別集(觀堂集林(附別集)(下)).北京:中華書局,1959:1210.
② 郭沫若.金文韻讀補遺·魚鼎匕.金文叢考[M].北京:人民出版社,1954:156反.
③ 羅振玉.貞松堂集古遺文(下)[M].北京:北京圖書館出版社,2003:22.
④ 羅福頤.三代吉金文存釋文[M].香港:問學社,1983:844.
⑤ 容庚.商周彝器通考[M].上海:上海人民出版社,2008:286.(據1941年哈佛燕京學社原本重排)
容庚,張維持.殷周青銅器通論[M].北京:文物出版社,1984:42.
⑥ 中國社會科學院考古研究所.殷周金文集成釋文(第一卷)[M].香港:香港中文大學出版社,2001:600.
中國社會科學院考古研究所.殷周金文集成(修訂增補本)(第一冊)[M].北京:中華書局,2007:762及書後該器説明.
⑦ 何琳儀.魚顛匕補釋——兼説昆夷[J].中國史研究,2007(1):30.
⑧ 于省吾.雙劍誃吉金文選[M].北京:中華書局,1998:228.(據北平大業印刷局1932年版影印)
⑨ 李零.戰國鳥書箴銘帶鉤考釋[M]//李零自選集.桂林:廣西師範大學出版社,1998:277注③.原載:中華書局編輯部.古文字研究(第八輯),1983.
李零.考古發現與神話傳説[M]//李零自選集.桂林:廣西師範大學出版社,1998:78.原載:學人(第5輯),1994.
⑩ 張亞初.殷周金文集成引得[M].北京:中華書局,2001:26.
⑪ 詹鄞鑫.《魚鼎匕》考釋[J].華東師範大學中國文字研究與應用中心.中國文字研究(第二輯),2001:176.
⑫ [德]史克禮.《魚鼎匕》銘文性質及"下民無智"的有關問題[J].華東師範大學中國文字研究與應用中心.中國文字研究(第四輯),2003:130.
⑬ 臧克和.《魚鼎匕》銘文有關器名性質新釋[J].考古與文物,2004(5):93.

單育辰、李松儒在看到本文初稿後進一步覆核原器，就器物及銘文是否完整提出兩個重要看法①：

1. 匕最上端，實無殘損跡象。
2. 本文初稿上述第三條猜測成立。

也就是說，匕上端完整，無銘文殘損；匕的正面"土"形部件上，相應的反面"參"字下有斷裂造成銘文缺損，本文初稿上述第二條則隨之被推翻。

至此關於此匕首句大字銘文乃至全篇的考釋陷入瓶頸。

2010年盛世收藏論壇公布了另一件"魚鼎匕"②。吳鎮烽獲悉爲同年於山西出土，目驗原器後認爲，是真品，而且器物雖在匕的正面銘文其釋爲"又"字下，相應的反面"目"字下斷成兩截，但器形完整，銘文無缺，與上述第一件"魚鼎匕"器形銘文完全相同，因而第一件缺文當據第二件補全，並且公布新器照片（圖六）及摹本（圖七），合觀兩器，重加考釋③，並在所編《商周青銅器銘文暨圖像集成》著録爲06320號。之後王寧④和吳雪飛⑤也信從吳鎮烽的真僞判斷，又對該器銘文作了進一步考釋。

---

① 單育辰，李松儒.談羅振玉舊藏的一件羹匕[C]//"《羅振玉學術論著集》出版座談會"（長春）論文集.上海：上海古籍出版社，2011.又參吳鎮烽."魚鼎匕"新釋[EB/OL].復旦大學出土文獻與古文字研究中心網站（http://www.gwz.fudan.edu.cn/SrcShow.asp？Src_ID=2384），2014-11-24下ee（即單育辰）評論。

② 金鱗軒.《品藏2009》——魚鼎匕[EB/OL].盛世收藏論壇（http://bbs.sssc.cn/viewthread.php？tid=768806），2010-1-18.

③ 吳鎮烽."魚鼎匕"新釋[EB/OL].復旦大學出土文獻與古文字研究中心網站（http://www.gwz.fudan.edu.cn/SrcShow.asp？Src_ID=2384），2014-11-24.

又吳鎮烽."魚鼎匕"新釋[J].考古與文物，2015（2）：54-57.

④ 王寧.新出魚鼎匕銘文再釋[EB/OL].簡帛網（http://www.bsm.org.cn/show_article.php？id=2113），2014-12-19.

⑤ 吳雪飛.新見魚顛匕通讀[J].中國文字（新四十二期），2016：227-237.本文寫作時，祇見此書訊，未見原書。蒙吳雪飛先生惠賜電子版，謹致謝忱。以下徵引討論，暫以電子版爲准。

試論"魚鼎匕"及其銘文的若干問題

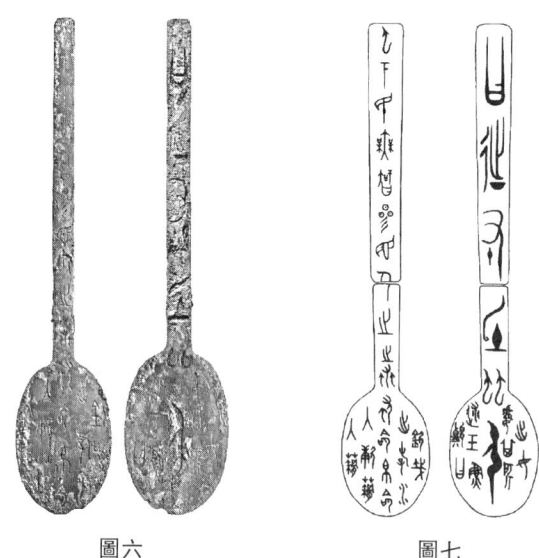

圖六　　　　　圖七

第三件"魚鼎匕"至今没有專家學者公開判斷過真僞。其部分信息見於網友"正月初吉"在復旦大學出土文獻與古文字研究中心網站論壇中的帖子"'魚鼎匕'補識"①。帖子中説："'魚鼎匕'見有兩把。……吴鎮烽先生著録的'魚鼎匕'",本人上過手,斷修殘字(民間高手修理的,後補刻加字)。遼寧省博物館藏的也是斷修,殘字。去年,本人有幸上手了第三把'魚鼎匕'。三把'魚鼎匕'銘文相同。由於前兩把都是斷修,一些關鍵字也已缺失。由於藏者不願全部公開,現將關鍵部位予以公布(圖

圖八

---

① 正月初吉."魚鼎匕"補識[EB/OL].復旦大學出土文獻與古文字研究中心網站論壇(http：//www. gwz. fudan. edu. cn/forum/forum. php? mod = viewthread&tid = 7806&extra = page% 3D2% 26filter% 3Dauthor% 26orderby% 3Ddateline% 26orderby% 3Ddateline),2016 - 3 - 14.

八）。……修理人由於不懂，將'取'字改爲'人'字。"

網友"正月初吉"的意思很清楚，即第二件"魚鼎匕"反面銘文"目"字下斷裂，斷裂處恰是一"取"字，"修理人由於不懂，將'取'字改爲'人'字"，因此誤導了吴鎮烽的考釋。而第三件没有斷裂，從圖八中可以明顯看到完整的"取"字。

結合帖子中的銘文釋文看，第三件"魚鼎匕"銘文與第二件的差异也就祇在"取"字和所謂"人"字的不同，網友"正月初吉"也未就匕銘的完整性提出异議。

以下先結合各家考釋和我們的理解對這三件同銘魚鼎匕的釋文寫定如下，再縷述己見：

曰：延（延—誕）肘（鑄）䖵（蚔）匕，迷（遂）玉魚顛。曰：欽弐（哉）！出斿（游）水虫。下民無智（知），參（参）目人（?）/取（?）之蠱（蚩）蚘（尤）命，帛（薄）命入欼（美），藞（濡）入藞（濡）出，毋魟（處）其所。

銘文首爲"曰"字無疑。後一字原形作 ，羅振玉①、于省吾②、羅福頤③、容庚④、郭沫若⑤、李零⑥、《殷周金文集成》（增訂本）⑦均隸定爲㠯，郭沫若⑧、《殷周金文集成》（增訂本）⑨繼而讀爲誕；李

---

① 羅振玉.貞松堂集古遺文（下）[M].北京：北京圖書館出版社，2003：21.
② 于省吾.雙劍誃吉金文選[M].北京：中華書局，1998：227.（據北平大業印刷局1932年版影印）
③ 羅福頤.三代吉金文存釋文[M].香港：問學社，1983：844.
④ 容庚.商周彝器通考[M].上海：上海人民出版社，2008：286.（據1941年哈佛燕京學社原本重排）
　容庚，張維持.殷周青銅器通論[M].北京：文物出版社，1984：42.
⑤⑧ 郭沫若.金文韻讀補遺·魚鼎匕.金文叢考[M].北京：人民出版社，1954：156反.
⑥ 李零.戰國鳥書箴銘帶鈎考釋[M]//李零自選集.桂林：廣西師範大學出版社，1998：277注③.原載：中華書局編輯部.古文字研究（第八輯），1983.
⑦⑨ 中國社會科學院考古研究所.殷周金文集成（修訂增補本）（第一册）[M].北京：中華書局，2007：761.

零先讀爲"往"①,後又直接釋作誕②;其餘諸家無説。《殷周金文集成釋文》則直接釋爲"誕"③。張亞初隸定爲"祉",也讀爲"誕"④。容庚的《金文編》考釋該字則有一個過程,在1959年版中把它歸入徣⑤字之下,在1985年版中則改歸延字,謂"與延爲一字,孳乳爲誕"⑥。

李孝定在《甲骨文字集釋》中又將 ▨ 字與甲骨文、金文中的一些字聯繫在了一起。殷商甲骨文有字作 ▨(▨)(《乙》8505。引者按:即《合集》20472)、▨(▨)(《甲》3003。引者按:即《合集》20731),或從"行"作 ▨(▨⑦)(《甲》241。引者按:即《合集》20276)。《甲骨文字集釋》隸定爲 ▨,引述"董彦堂先生釋出,見《寫本後記》十四頁"後考釋道:"從彳(或從行)⑧從出,《説文》所無,貞人名。金文作 ▨(矢簋)、▨(郭伯馭簋)、▨(魚鼎匕)、▨(臣辰卣)。"⑨《甲骨文字詁林》則將從彳字隸定爲徣,姚孝遂按語説:"字乃從'祉'從口,釋'出'不可據。卜辭爲人名或貞人名。"⑩

甲骨文中的 ▨ 字無論釋爲從彳從出,還是從祉從口,其右下部爲口,將之隸定爲"徣"都没有問題。金文中也確有可以隸定成徣

---

① 李零.戰國鳥書箴銘帶鉤考釋[M]//李零自選集.桂林:廣西師範大學出版社,1998:277 注③.
② 李零.考古發現與神話傳説[M]//李零自選集.桂林:廣西師範大學出版社,1998:78.原載:學人(第5輯),1994.
③ 中國社會科學院考古研究所.殷周金文集成釋文(第一卷)[M].香港:香港中文大學出版社,2001:600.
④ 張亞初.殷周金文集成引得[M].北京:中華書局,2001:26.
⑤ 容庚.金文[M].北京:科學出版社,1959:91.
⑥ 容庚.金文編[M].張振林,馬國權摹補.北京:中華書局,1985:119-120.
⑦ 以上三字摹本見李孝定.甲骨文字集釋(第二册)[M].臺北:中研院歷史語言研究所,1960:597.(中國大陸翻印本)
⑧ 原爲雙行小注,現改爲單行,放在括弧裡,下同。
⑨ 李孝定.甲骨文字集釋(第二册)[M].臺北:中研院歷史語言研究所,1960:597.
⑩ 于省吾(主編).甲骨文字詁林(第三册)[M].北京:中華書局,1996:2237.

的字，上引《甲骨文字集釋》和容庚1959年版的《金文編》祉字條下①均已列出部分。後者祉字條下又收錄了若干可以隸定爲徣的字，馬承源在《釋徣》中認爲徣中告上部的止是由屮變來的②，應作出，"是岜的本字，也就是《説文》的岀"③。陳劍又重釋爲造④，王寧繼而從陳説，將⿱釋爲造，讀爲肇⑤。

然而⿱字雖從彳、從止，可右下部卻並不從口，與甲骨金文中的祉字毫無關係。馬承源又説："魚鼎匕祉字的岀旁實在也是屮（引者按：即之字的隸古定）字，因爲它和鳥尊銘'子之弄鳥'的之字作⿱是相同的。"⑥陳劍評論詹鄞鑫釋⿱字右半從"之"時，除也認爲"按子之弄鳥尊（11.5761）'之'字作⿱，確與此字右半形近"之外，還指出"又王子適（？）匜用爲'之'的字作⿱（此字也許就是'蚩尤'之'蚩'字的異體），其上半所從'之'形亦可爲參考。並且這三篇銘文字體都具有美術化的風格。"⑦

彳字在殷商甲骨文中即有，作⿱（⿱⑧）（《甲》1380=《合集》31876），因卜辭殘缺，具體用法不得而知。但⿱右半個部件與銘文"蠹"中"之"部件和第二件銘文中未殘的"之"字的寫法有著明顯

---

① 容庚.金文編[M].北京：科學出版社，1959：91.
② 馬承源.釋徣[M]//陳佩芬，陳識吾.馬承源文博論集.上海：上海古籍出版社，2007：135.原載：陝西省考古研究所，中國古文字研究會，中華書局編輯部.古文字研究（第十五輯），1986.
③⑥ 馬承源.釋徣[M]//陳佩芬，陳識吾.馬承源文博論集.上海：上海古籍出版社，2007：136.
④ 陳劍.釋造[J].復旦大學出土文獻與古文字研究中心.出土文獻與古文字研究（第一輯），2006：90注㉚.
⑤ 王寧.新出魚鼎匕銘文再釋[EB/OL].簡帛網（http://www.bsm.org.cn/show_article.php？id=2113），2014-12-19.
⑦ 陳劍.釋造[J].復旦大學出土文獻與古文字研究中心.出土文獻與古文字研究（第一輯），2006：90注㉚.
⑧ 摹本見中國社會科學院考古研究所.甲骨文編[M].北京：中華書局，1965：80.

試論"魚鼎匕"及其銘文的若干問題

的差別。

容庚的《金文編》1985年版中釋⚫爲"延",謂"與延爲一字,孳乳爲誕"①。應該是正確的。《新蔡葛陵楚簡》甲三:136"脡"作⚫,其部件"延"即延,衹是不從彳而從辵,徐在國、宋華强均有論證②。⚫字右半個部件與脡中部件"延"所從基本一致,⚫字當即是延即延字,讀爲誕,在銘文中應釋爲句首助詞。

"延"下一字作⚫,單育辰首先指出吳鎮烽仍釋"又","可能不確,此字應是'寸'字,即三晉常見的從'金'從'寸'的省文,應讀爲'鑄'"③。王寧進一步評論單育辰的上述意見説:"此字讀爲'鑄'正確,然非'寸'字。字形是在手的寸口部位加'十',是'肘'之初文。"④釋讀更爲準確,該字即"肘"的初文,讀爲鑄。

"肘"字下面吳鎮烽釋"氏蚔"二字實爲"蝨(蚳)"字,王寧已明辨無疑,但認爲古書中"蚳醢"之"蚳"不從古注釋爲"蟻子"而當爲水産貝類"餘貾(蚳)"⑤——類似的論證早在《四庫全書》所收類書明唐順之編《荆川稗集》卷二一引宋熊朋來的《邇寶豆寶》中就可以看到——進而結合傳抄古文認爲匕銘中的蚳也是"餘貾(蚳)",我們認爲並不正確。

首先,王寧引《周禮·天官·醢人》句,王文錦、陳文霞在孫詒讓《周禮正義》整理本中標點得更清楚:"葵菹、蠃醢、脾析、蠯醢,蜃、蚳醢、豚拍、魚醢。"⑥基本都是某種食物配某種醬,其原則當如

---

① 容庚.金文編[M].張振林,馬國權摹補.北京:中華書局,1985:119-120.
② 徐在國.從新蔡葛陵楚簡中的"延"字談起[J].簡帛(第一輯),2006:199-201. 宋華强.葛陵簡"延"字及從"延"之字辨析[M]//蔡葛陵楚簡初探.武漢:武漢大學出版社,2010:347-357.
③ 吳鎮烽."魚鼎匕"新釋[EB/OL].復旦大學出土文獻與古文字研究中心網站(http://www.gwz.fudan.edu.cn/SrcShow.asp? Src_ID=2384),2014-11-24下ee(即單育辰)評論.
④⑤ 王寧.新出魚鼎匕銘文再釋[EB/OL].簡帛網(http://www.bsm.org.cn/show_article.php? id=2113),2014-12-19.
⑥ 孫詒讓.周禮正義[M].北京:中華書局.1987:401.

《周禮·天官·醢人》鄭玄注所説"凡醯醢皆以氣味相成"。"葵菹、蠃醢"是醃菜配水產醬,"脾析、蠯醢","豚拍、魚醢"是牲畜的內臟和肉配水產醬。而如果照王寧的看法,"蜃、蚳醢"則成爲一種水產貝類配另一種水產貝類醬,幾乎就是一種食物,無"氣味相成"可言。而且《周禮·天官·鱉人》言鱉人"共蠯、蠃、蚳,以授醢人",蠯、蠃、蚳也可以從廣義的蟲類上歸爲一類,未必要都歸於水產貝類。

又《大戴禮記·夏小正》:"昆小蟲,抵蚳。……抵,猶推也。蚳,蟻卵也,爲祭醢也。取之則必推之,推之不必取之,取必推而不言取。"《國語·魯語上》"鳥翼鷇卵,蟲舍蚳蝝"是"宣公夏濫於泗淵,里革斷其罟而弃之"後里革進一步勸諫的話,韋昭注:"蚳,蟻子也,可以爲醢。"更可見上古是有蚳醢即蟻卵醬的,後世可能因爲道德觀念的變化而不再製作。

實際上此醬後世也有遺存。宋陸游《老學庵筆記》卷六説:"《北戶錄》云:'廣人於山間掘取大蟻卵爲醬,名蟻子醬。'按此即《禮》所謂'蚳醢'也,三代以前固以爲食矣。"[①]

況且貝類"餘貾","貾"雖可作"蚳",但"餘貾"能否單稱"貾(蚳)",文獻中似無明確的例證。

至於王寧字形上的證據,《説文》引古文"蚳"作"䖵",《汗簡》引《説文》作"䖵",結合《説文》籀文作"䖵"、匕銘作"䖵"看,其中"辰"和"土"這兩部分很可能是氏字的分解譌變。王寧將此二字分析爲"從土蜃聲",是不對的。

蚳下字原形爲匕當釋爲匕,吳雪飛已綜述臧克和、王寧的看法,説得很清楚[②],但釋蚳匕爲"匙匕"顯然有問題。傳世文獻中匕或單稱;或因匕柄有刻飾稱爲"疏匕",或因其功能稱爲"桃匕"(《儀禮·有司徹》鄭玄注)。出土文獻中,除單稱匕外,或因質地稱爲

---

① [宋]陸游.老學庵筆記[M].北京:中華書局,1979:81.
② 吳雪飛.新見魚顛匕通讀[J].中國文字(新四十二期),2016:227-237.電子版:5.

"金匕"(《望山楚簡》2－47)或"金比"(《包山楚簡》253、254),或因其形態、性狀及功能稱爲"鈊朼"(《信陽》2－27)①或"埮匕"(《望山楚簡》2－56)即"桃匕"。匕銘"鑄蚝匕","蚝"字是匕的自名應無問題,將匕銘的蚝字理解爲蟻卵,確與器形和銘文整體不合。

唐蘇鶚《蘇氏演義》中說:"蚩者,海獸也。漢武帝作柏梁殿,有上疏者云:'蚩尾,水之精,能辟火災,可置之堂殿。'今人多作鴟字,見其吻如鴟鳶,遂呼之爲鴟吻。顔之推亦作此鴟,劉孝孫《事始》作此蚩。蚩尾既是水獸,作蚩尤之蚩是也。蚩尤銅頭鐵額,牛角牛耳,獸之形也。作鴟鳶字,即少意義(案漢以宮殿多災,術者言天上有魚,號鴟星,宜爲其像,冠於屋以禳之。唐以來寺觀殿宇,尚有爲魚形尾指上者,不知何時易名鴟吻,狀亦不類魚尾。見張師政《倦遊雜録》)。"②鴟尾,即蚩尾傳到日本後,日本漢字記作"鯱",其形象爲魚形海獸,比較接近中國的古意。

蚩上古是昌母之部平聲字,鴟是昌母脂部平聲字,二字中古音的差别也衹在韻部之、脂的差异。二字讀音十分接近,是《蘇氏演義》中漢代"蚩尾"之"蚩"後人"多作鴟字"在字音上的基礎。

匕銘"蚝"和"鴟"一樣從氏得聲,蚝可能就是"蚩者,海獸也";或是"蚩尾"即"水之精";或叫"鴟星",是魚的形象。這與匕銘下文"出斿(游)水虫"可相照應。匕銘"蚝匕"應是匕的自名,蚝是一種水中的動物,可能和器形有關。

銘文"述玉魚顛",何琳儀釋"玉"當從容庚《金文編》,並從銘文形體上深化認識③都十分正確。其釋"顛"爲頭,得到董蓮池的進一步佐證④。但何琳儀認爲"玉魚乃明器的代名詞"⑤是不對的。

---

① 朱德熙,裘錫圭.信陽楚簡考釋(五篇)[J].考古學報,1973(1):121－122.
② [唐]蘇鶚等.蘇氏演義(外三種)[M].北京:中華書局,2012:39.
③ 何琳儀.魚顛匕補釋——兼說昆夷[J].中國史研究,2007(1):32－33.
④ 董蓮池.說山西渾源所出魚**顛**匕銘文中的"**顛**"字[J].山西大學學報(哲學社會科學版),2012(1):26－29.
⑤ 何琳儀.魚顛匕補釋——兼說昆夷[J].中國史研究,2007(1):33.

銘文中的"玉"當是精美珍貴義。《尚書·洪範》:"惟辟玉食。"玉食,陸德明釋文引張晏注《漢書》云:"珍食也。"又引韋昭云:"諸侯備珍异之食。"俞樾《群經評議·爾雅》說:"古人之詞,凡所甚美者,則以玉言之。《尚書》之'玉食',《禮記》之'玉女',《儀禮》之'玉錦',皆是也。"①"玉魚顚"應連讀,"述"則當從董蓮池釋爲登進義的"遂"②,整句意思是進獻精美珍貴的魚頭。

銘文第二個"曰"字以下是告誡之辭。李零已指出此器銘文屬於箴銘性質③。

"欽哉,出斿(游)水虫","欽哉"前人理解大同小异,吴雪飛正確歸納爲儆戒之義④。"出斿(游)水虫"當依于省吾説⑤理解爲"水蟲",我們認爲應指向匕,因爲這是匕銘,應和匕的器形與功能有關,而不是指匕所撈取的物件"魚"。其中包含這樣一個比喻,即蚳是"水蟲",像蚳一樣的匕從羹湯中撈出魚頭進獻,就像"水蟲"從水裡游出來。撈魚進獻不帶敬意,就要儆戒。"下民無智(知)"——即下民百姓愚蠢無知,史克禮有深入的分析⑥——更需要儆戒,匕銘以下就用蚩尤的命運儆戒下民。爲什麼以蚩尤爲例呢?很可能因爲在有的傳說中蚩尤也是"水蟲"。南朝梁任昉《述异記》就説:"漢武時,太原有蚩尤神晝見,龜足蛇首。"⑦

匕銘"參(參)目取(?)之蠚(蚩)蚘(尤)命","蠚(蚩)尤

---

① [清]俞樾.群經評議[M].上海:上海古籍出版社,2002:571.
② 董蓮池.說山西渾源所出魚顚匕銘文中的"顚"字[J].山西大學學報(哲學社會科學版),2012(1):28.
③ 李零.考古發現與神話傳說[M]//李零自選集.桂林:廣西師範大學出版社,1998:78.
④ 吴雪飛.新見魚顚匕通讀[J].中國文字(新四十二期),2016:227-237.電子版:6.
⑤ 于省吾.雙劍誃吉金文選[M].北京:中華書局,1998:227.(據北平大業印刷局1932年版影印)
⑥ [德]史克禮.《魚鼎匕》銘文性質及"下民無智"的有關問題[J].華東師範大學中國文字研究與應用中心.中國文字研究(第四輯),2003:132-134.
⑦ [梁]任昉.述异記[M].中華書局據漢魏叢書排印本:2.

(蚘)"爲于省吾釋出①。"帛(薄)命入欼(羹),藉(濡)入藉(濡)出"説的就是蚩尤的命運。于省吾把"欼"讀爲"羹"②,李零進一步發現匕銘中蚩尤的命運是被投入羹,可以和馬王堆漢墓帛書《十六經·正亂》中説黄帝抓到蚩尤後把他的骨肉投入苦醢相聯繫,同時帛書"視之(蚩)尤"明顯是以儆效尤的宣示,李零認爲匕銘"參蚩尤命"也是同樣的意思③。所以"曑"即參,應從李零④、王寧⑤釋爲審視、參驗義。"目"字形體奇特,其表示眼珠的筆畫突出在表示下眼眶的筆畫外很多,結合帛書文義看,可能是"視"的省體,"參視"即是參看。"取"若依網友"正月初吉"前揭照片,"參目取之蚩尤命"意思是,參看取走蚩尤的命,亦即李零所説"看蚩尤的下場"⑥。

蚩尤入羹,下場悲慘,李零將"帛"讀爲"薄",説他"薄命"⑦,可從。"藉入藉出",藉當如何琳儀釋從柔得聲⑧,我們在《古璽考釋二則》中對該字的相關問題作了進一步討論⑨,但何琳儀認爲通"揉"或"濡"都説得通,並且選擇了通"揉"的可能⑩,值得商榷。鄭玄《禮記·内則》注:"凡濡,謂亨之以汁和也。"匕銘説蚩尤入羹,烹調時一定是要攪拌,蚩尤骨肉在其中上下翻騰,説是"濡入濡出"可能更恰當。

"毋觑(處)其所。"諸家釋字没有异議。但從文義上看,應該理解爲承接上文的警告語氣,即告誡下民要警惕,不要處在和蚩尤

---

①② 于省吾.雙劍誃吉金文選[M].北京:中華書局,1998:227.(據北平大業印刷局1932年版影印)

③ 李零.考古發現與神話傳説[M]//李零自選集.桂林:廣西師範大學出版社,1998:76-79.

④⑥⑦ 李零.考古發現與神話傳説[M]//李零自選集.桂林:廣西師範大學出版社,1998:79.

⑤ 王寧.新出魚鼎匕銘文再釋[EB/OL].簡帛網(http://www.bsm.org.cn/show_article.php? id=2113),2014-12-19.

⑧⑩ 何琳儀.魚顛匕補釋——兼説昆夷[J].中國史研究,2007(1):35.

⑨ 沈之傑.古璽考釋二則[J].教育部人文社會科學重點研究基地華東師範大學中國文字研究與應用中心,華東師範大學語言文字工作委員會編.中國文字研究(第19輯),2014:85-89.

同樣的下場。

　　總的來説,這三件匕的名稱應改爲蚍匕,銘文大意是:

　　説:鑄造蚍匕,用來進獻珍貴精美的魚頭。説:儆戒啊,游出水的水蟲。下層的民衆愚蠢無知,參看奪取蚩尤的性命,他命運不好被投入一起作了肉羹,上下攪拌,你們這些民衆不要和他一個下場啊!

釋北洞山西漢楚王墓出土陶文"睿"字與說古文字中的"谷"字及相關之字[*]

復旦大學出土文獻與古文字研究中心　謝明文

内容提要：一、北洞山西漢楚王墓出土的陶甕中"▨"應釋作"容（睿）"而讀作"容"。當然這也可能是因"睿""容"形近，兩者易相混，故陶甕中"容"可作"容（睿）"。二、甲骨文▨是在▨（叡）的基礎上加注了虫（虺）聲，這可證把"叡（叡）"釋作"濬"字初文從語音方面看是非常合適的。三、在較早階段，"八""谷"兩形可能既是"谷"字，又是"谷"字，一形兼爲二用。四、"叡""叡""叡"等字所從的"八""谷"分別是"谷""谷"的初文，"谷""谷"是异體關係。古文字中有一部分"谷"類形應看作"谷"字异體，與山谷之谷無關，兩者衹是共用字形而已。五、"衮"最初從"谷"聲而非從"公"聲，從"公"乃是後出變體。六、《曹沫之陳》、周家台《醫方》《晏子春秋·内篇諫上》中所謂"欲"字可能並非"嗜欲"之"欲"，兩者衹是同形字而已。前者所從之"谷"亦可能即"谷"字异體，它可能應讀作"歠/啜"或本即"歠/啜"字异體。七、《上博簡（三）·周易》中"谷"也是"谷"字异體，它與馬王堆本、雙古堆本"薰"、

---

[*] 本文受到國家社科基金青年項目"商代金文的全面整理與研究及資料庫建設"（項目編號 16CYY031）的資助。

今本"熏"應是通假關係。

關鍵詞：古文字　容　合

徐州北洞山西漢楚王墓出土的陶甕中，其中有一件（標本1040）肩部有豎刻銘文"▲百□斗"，其中"▲"原作"▨"，整理者釋作"容"①。此字左上斜出的那一部分明顯非筆畫，而是泐痕所致，它原應作"▨（容）"。此字釋作"容"於文義甚合，但於字形卻稍有不合。因爲其上部正中是一豎筆，豎筆右邊還有一短橫，由此可知此字上部明顯不從"宀"，它應非"容"字。從字形來看，我們認爲它應釋作《說文·二上·口部》"合"字古文"睿"。林義光指出"合"字古文"睿"與《說文》"濬"的正篆"睿"係同字②。鄔可晶先生補充說："馬王堆漢墓帛書《戰國縱橫家書》192行'叡'字，已把'歺'的下面一横省掉；漢碑'叡'字也有省掉'歺'下橫筆的寫法。（漢語大字典字形組《秦漢魏晉篆隸字形表》，成都：四川辭書出版社，1985年8月，258頁）'睿'即省'睿'所從'歺'下一橫而成，林說甚是。"③林、鄔之說皆可從。跟"容（睿）"關係密切的元部字，如"璿""合"等，都屬於元部合口，又"合"聲母屬於余母。容，余母東部字。東部和一部分元部合口上古關係比較密切，兩者有相通之例④。又

---

① 徐州博物館，南京大學歷史學系考古專業.徐州北洞山西漢楚王墓[M].北京：文物出版社，2003：51，54.
② 林義光.文源[M].上海：中西書局，2012：361.
③ 鄔可晶.說金文"餐"及相關之字[J].出土文獻與古文字研究（第5輯），2013：219.注6.下引鄔可晶先生說，皆出自此文，如無特別需要不再另出注.
④ 張富海.毛公鼎銘文補釋一則[J].中國典籍與文化，2011（2）：152－154.《上海博物館藏戰國楚竹書（二）·民之父母》："無服之喪，内恕叱悲."其中"叱"字，研究者有不同的讀法（參看劉洪濤.上博竹書《民之父母》研究 [D].北京：北京大學，2008：23.）.傳世文獻中與此字對應之字作"孔"."叱"，崇母元部，中古屬於合口二等；"孔"，溪母東部，中古屬於合口一等.牙音、齒音偶可通（《清華簡（壹）·祭公之顧命》"捷"用作"祭"，"捷"可分析爲從聿聲從古文捷省聲.聿，見母月部，祭，莊母月部，捷，從母葉部，這是牙音、齒音交涉之例.又如巨聲字與且聲字通假，張儒，劉毓慶.漢字通用聲素研究[M].太原：山西古籍出版社，2002：384.），又據東部和一部分元部合口上古關係比較密切，頗疑"叱"或可徑讀作"孔"。

睿聲字與睿聲字所從聲符相同,且兩者常有相通之例①。《尚書·洪範》:"思曰睿。睿作聖。""睿",《尚書大傳》作"容"。《尚書·立政》:"率惟謀從容德,以並受此丕丕基。""容",吴汝綸《尚書故》:"讀爲睿。鄭五行傳注:'容當爲睿。'是其證。"②因此我們認爲陶甕中"▲"應釋作"睿(睿)"而讀作"容"③。當然這也可能兼因"睿""睿"形近,兩者易相混,故陶甕中"容"可作"睿(睿)"。

《説文》認爲"睿"是"叡"字古文,下面我們則準備重點談談古文字中"叡"字的異體及相關之字。

殷墟甲骨文中有"⿱八𠙶",又有"八"形,前者一般釋作"谷",但它在卜辭中基本用作地名,而非"山谷"之類的通名。後者一般也用作地名(參看《殷墟甲骨刻辭類纂》第1280頁)。劉桓先生認爲它"應爲谷字所從",其形象"兩山間流水之道";又説:"甲文中有些字加'口'不加'口'字,均作同一個字來用,……八很可能就是谷字初文。"④

李孝定先生分析"谷"字"本從八口會意,兩山分處是爲谷矣,口則象谷口也"⑤。何琳儀先生認爲"八"即《説文·二上·八部》訓"分也。从重八。八,分别也,亦聲"的"八","谷"字"會山谷兩分如口之意。口亦聲"⑥。鄔可晶先生認爲從"八"的"谷"古有"阬坎""高岸爲谷"等義,"八"似象開豁的阬谷、溝壑之形。

從"八""⿱八𠙶"皆爲商王室的田獵地來看,它們很可能是指同一

---

① 張儒,劉毓慶.漢字通用聲素研究[M].太原:山西古籍出版社,2002:955.

② 轉引自:屈萬里.尚書集釋[M].臺北:聯經出版事業有限公司,2005:228.此說未必正確,《管子·勢》:"中静不留,裕德無求。"《清華簡(壹)·耆夜》:"寢(謐/謐)情(精/静)思(謀)猷,裒(裕)悳(德)乃救(求/就)。"《尚書·立政》"容德"也可能讀爲"裕德"。

③ 據此,我們懷疑叙年伯簋(《集成》03807)"[字]"很可能是"疏叙(濬)"之"叙"的異體。

④ 劉桓.甲骨文字考釋(四則)[J].古文字研究,2000,22:46.

⑤ 于省吾.甲骨文字詁林[M].北京:中華書局,1996:3360.

⑥ 何琳儀.戰國古文字典[M].北京:中華書局,1998:346.

地方。我們贊成甲骨文中"𧆞"是"谷"的初文,認爲"𧆞"既可以看作"象開豁的阬谷",是"谷"的初文①。但聯繫甲骨文"叡""𡉣"等形來看,認爲它也可以看作"合"字的初文。"𧆞"是"谷""合"兩字共同的表意初文,一形兼爲二用。相應地,"谷"既可能是"谷"字,也可能是"合"字異體。從西周金文資料看,可知作"谷"形的"谷"字的出現應不晚於西周早期②,甲骨文中有的"谷"完全可能就是"谷"字。不過從殷墟甲骨文中所謂"谷"字在卜辭中基本用作一般地名而非"山谷"之類的通名來看,似乎沒有確鑿證據證明卜辭中的"谷""𧆞"一定要釋作"谷",然而聯繫相關資料卻能證明至少有一部分"谷""𧆞"形可釋作"合"。

鄔可晶先生根據"叡""𡉣"等字的古文字形,指出它們所從的"叡"(簡體作"𡉣")③,其字象手("又")持鏟耒之類的工具("㚻")疏鑿阬谷、溝壑("𧆞"),當是疏濬之"濬"的表意初文,我們認爲從字形看是非常有道理的。此外,甲骨文中另有綫索證明從語音方面看把"叡"("𡉣")釋作疏濬之"濬"的表意初文也是很合適的。

甲骨文中有如下卜辭:

(1A)癸丑[卜],[在]洛貞,王[旬]無憂。

(1B)癸亥卜,在▨(𡉣)師貞,王旬無憂。《殷虛文字綴合》

---

① 《郭店簡·語叢二》"𢜔(欲)"字凡六見,皆作"𧆞"類形,一般認爲從"谷"省,我們認爲這也可能是"𧆞"乃"谷"字初文的遺跡。

② 參看:董蓮池.新金文編(中册)[M].北京:作家出版社,2011:1544.

③ 《說文·四下·奴部》有一個"从奴、从井,井亦聲"的"叡"字,其本義爲"坑也",錢大昕、朱駿聲以爲就是陷阱之"阱"的別體(錢大昕.潛研堂集[M].上海:上海古籍出版社,1989:168;朱駿聲.說文通訓定聲[M].武漢:武漢古籍書店,1983:851.),可信。傳抄古文中,"叡"就用作陷阱之"阱"的別體"𡉣"(《汗簡》2.20、《古文四聲韻》3.26)。《屯》2408"▨"(𡉣)字,應即"叡"字異體,其省"又"與"叡"省"又"作"𡉣"同例。

331=《合補》11283

(2A) 癸丑[王卜]，在洛師貞，[旬無]憂。王占曰：吉。

(2B) 癸亥王卜，在▢貞，旬無憂。王占曰：吉。

《合》36960+《合》36941①+《輯佚》681②

2B 中"▢"形，舊或作爲一不識字處理③。《甲骨文校釋總集》《甲骨文字編》等釋作"它"④。孫亞冰女士把此字摹作"▢"，認爲："'▢' 當讀爲方位詞'陽'，'㝢▢'即'㝢'地之陽。與'▢'寫法類似的還有師組卜辭《合集》20974+《外》211（蔣玉斌綴）中的'▢'、賓組卜辭《合集》13159 中的'▢'。"⑤林宏明先生認爲"㝢下有似虫或它的形體"，他在提及上引孫亞冰女士的意見時説："'山'南'水'北爲陽，㝢作爲地名，是否也因其地有山或水，而可以加陽組成'㝢陽'，待考。"⑥

例 1 與例 2 是同文卜辭，又 2A 中"洛師"在 1A 中可省作"洛"，據此我們認爲 2B 的"▢"即 1B"▢（㝢）師"之省。▢與（㝢）相當，兩者當是异體或通用關係，前者下部的"▢"並不能單獨作爲一字來處理。仔細辨別，此形頭部中間部分是"十"字形筆畫，祇是橫畫特短而已，孫亞冰女士所摹似有誤。比較"傷害"之"害"的本字，《合》22246 作"▢"、《合》22247 作"▢""▢"，

---

① 孫亞冰.《合集》遥綴二例[EB/OL].[2012-1-12] http://www.xianqin.org/old_index.htm.
② 林宏明.《契合集》[M].臺北：萬卷樓圖書出版公司，2013：321.
③ 胡厚宣.甲骨文合集釋文[M].北京：中國社會科學出版社，2009：1830.
④ 曹錦炎、沈建華.甲骨文校釋總集[M].上海：上海辭書出版社，2006：4114；李宗焜.甲骨文字編[M].北京：中華書局，2012：667.(中冊 2223 號)
⑤ 孫亞冰.卜辭中所見"麀美方"考[J].甲骨學與殷商史（新 3 輯），2013：99.注 1.
⑥ 林宏明.契合集[M].臺北：萬卷樓圖書出版公司，2013：217.(釋文及考釋)

《合》10124作"□",可知"□"顯然是"虫"字。

"虫"與"虺"同音,是曉母微部字,中古屬於合口一等。上海博物館藏戰國楚竹書《周易》54、55號簡中,從"睿"(睿從奂聲)從"爰"之字(或又增"卄"),帛書本、今本作"渙","渙"即屬曉母;"濬""浚"古相通①,"浚"乃文部字,文部乃微部的陽聲韻。又"虫"在甲骨文中或可用作"害"②,"害"聲字與"爰"聲字相通③,上引上博簡從"睿"(睿從奂聲)從"爰"之字(或又增"卄"),研究者指出所從"爰""睿"皆聲④。此外"害"聲字與"介"聲字古多通用,"介"聲字與"叙"聲字可通,而"叙"與"叡"關係非常密切⑤。由以上論述可見"虫""濬""奂(叙)"音近。因此我們認爲□應是在□(奂)的基礎上加注了虫聲,這亦可反證把"奂(叙)"釋作"濬"字初文從語音方面看是非常合適的⑥。

"叡"字,《合集》29327作"□"、《小屯南地甲骨》53作"□",其所從之"奂"見於《甲骨文合集補編》11283(《合集》36959+《英國所藏甲骨集》2536)作"□","□"(《上博(三)·周易》簡28)或作"□"(楚帛書甲6·76),"□"或作"□"⑦,這些皆是"□"

---

① 張儒,劉毓慶.漢字通用聲素研究[M].太原:山西古籍出版社,2002:955;董治安.古字通假會典[Z].濟南:齊魯書社,1989:128.
② 參看:裘錫圭.釋"虫"[C]//古文字論集.北京:中華書局,1992:14;裘錫圭.裘錫圭學術文集.上海:復旦大學出版社,2012:210.(第一卷甲骨文卷)
③ 張儒,劉毓慶.漢字通用聲素研究[M].太原:山西古籍出版社,2002:650.
④ 孟蓬生.上博竹書《周易》的兩個雙聲字[EB/OL].[2005-3-31]http://www.jianbo.org.
⑤ 陳劍.釋"琮"及相關諸字[C]//甲骨金文考釋論集.北京:綫裝書局,2007:302-303;鄔可晶.說金文"叡"及相關之字[J].出土文獻與古文字研究(第5輯),2013.
⑥ 鄔可晶先生認爲"叙(叡)"在較古的時候可能既是疏濬之"濬"字,又是谷壑、溝壑之"壑"字,一形兼爲二用。又指出"長壑"之"壑"與"長壑"之"壑"音義皆近,從"奂(叙)"可加注"虫(害)"聲來看,"叙(叡)"在較古的時候又是谷壑、溝壑之"壑"字的意見folyamat亦有理。
⑦ 姚孝遂.殷墟甲骨刻辭類纂[M].北京:中華書局,1989:242.

"✸"(非數字八)交替的例子①,可證古文字中有的"✸"形可看作"仌"字的異體,應與山谷之谷無關,兩者祇是同形關係。《說文》:"仌,山間陷泥地。"此義未必準確。聯繫"叡""賮"等字的古文字形,我們認爲它們所從的"✸""✸"也可以看作"溝壑"中的"淊泥"。"叡"(簡體作"叀")乃手持鏟耜之類的工具挖淊泥以會疏浚之義。"叡""賮"等字所從的"✸""✸"是"仌""✸"的初文,"仌""✸"是異體關係。

李春桃先生在《傳抄古文綜合研究》懷疑螎公盨"✸(濬)"字所從意符"川"可能兼有表音作用②,可信。而川聲字與仌聲字關係密切,常見兩者相通之例。我們認爲"賮""叡"所從聲符即"濬"字初文"叀"(簡體作"叀")所從之"✸"("仌"字初文)、"✸"也兼有表音作用。"濬"字初文"叀"本以"仌"字初文"✸"及其繁體"✸"爲聲,這跟與《說文》"濬"的正篆"睿"係同字的"容"(參見前文)用作"仌"字古文正可相互發明。

《説文》:"袞,天子享先王,卷龍繡於下幅,一龍蟠阿上鄉。从衣,公聲。"目前已發表的西周金文中確定的"玄袞衣"之"袞"共13例,有下述三類寫法:

A:✸智壺蓋,《集成》09728,西周中期;✸冊三年逨鼎甲,《單氏》③55頁,西周晚期;✸冊三年逨鼎戊,《單氏》87頁,西周晚期;✸冊三年逨鼎乙,《單氏》63頁,西周晚期

B:✸吳方彝蓋,《集成》09898,西周中期前段;✸蔡簋,《集成》04340,西周中期

---

① 《合》18975 殘辭中有"✸"字,疑它與"兌"是一字異體。
② 李春桃.傳抄古文綜合研究上編[D].長春:吉林大學,2012:172.注1.
③ 陝西省考古研究院,寶雞市考古研究所,眉縣文化館.吉金鑄華章——寶雞眉縣楊家村單氏青銅器窖藏[M].北京:文物出版社,2008.

C：▣伯晨鼎,《集成》02816,西周中期後段

關於"袞"字,前人已指出"袞"字實從"含"聲①,但此説並未受到古文字研究者的足够重視。如《金文形義通解》認爲："金文'袞'字從衣,公聲,與小篆同。師龢鼎字聲符爲'公'字早期寫法,舀壺字聲符譌作'谷'。"②董蓮池先生亦贊同"袞"從公聲,且認爲在"袞"的演變序列中,B 在 A 之前③。我們認爲"袞"從公聲的意見是值得商榷的。

在上述三類寫法中,A、B 兩類衣形中所從與同時期"公"形的寫法顯然有别,因此可知"袞"字最初所從絶非"公"字。C 中部所從雖然與同時期"公"形相近,但那應該是從 B 類寫法演變過去的(詳下文),因此不能據此認爲"袞"最初從公聲。

師龢鼎(《集成》2830)銘文中舊一般所謂的"袞"字作"▣",李學勤先生指出它從"口",應該釋作"哀"而讀作"衣"④。楊明明先生贊成李説,並且從文例等方面加以補充論證⑤,可信。因此在討論"袞"的字形時,應該撇開師龢鼎銘文中舊所謂的"袞"字不論。

冊三年逨鼎共 10 件,其中 9 件有"袞"字,除去個别字形不清晰者,皆作 A 類寫法。西周晚期敔簋(《集成》04323)"▣"字,舊一般釋作"裕",祇有極個别研究者釋作"袞"。從西周中期舀壺蓋以及西周晚期逨鼎等"袞"字來看,敔簋所謂"裕"字宜

---

① 段玉裁.説文解字注[M].上海：上海古籍出版社,1981：389；丁福保.説文解字詁林[M].北京：中華書局,1988：2276；于省吾.甲骨文字釋林[M].北京：中華書局,1979：136.
② 張世超,孫凌安,金國泰,馬如森.金文形義通解[M].東京：中文出版社,1996：2075.
③ 李學勤.字源(中册)[M].天津：天津古籍出版社,2012：730.
④ 李學勤.師龢鼎剩義[J].新出青銅器研究,1990：95.
⑤ 楊明明.師龢鼎銘文補釋[J].重慶：西南師範大學博士生論壇,2009.

釋作"袞"①。根據古漢字字形結構的一般規律，上述"袞"字所從之"衣"應是意符，而衣中的部分（下文用△來表示）當是聲符。A中之△作"㕣"類形，B中之△作"㕣"類形，C中之△作"㕣"類形。很明顯A中的△與B中的△應是繁簡體關係，C中的△則應是由B中的△演變過去的。A中之△作"㕣"，如果僅僅從字形上看，亦可看作"山谷"之"谷"，但是金文中習見的以"谷"作爲聲旁的"俗"字以及確定的單字山谷之"谷"，似未見作B中的△類形寫法②；此外袞上古音屬於見母文部，古書中與"袞"通假的䶄、緄、緷屬於見母文部，渾屬於匣母文部，卷屬於見母元部，棬屬於溪母元部，綩屬於影母元部③。而"山谷"之"谷"上古屬於見母屋部，韻部與袞的韻部亦不相合。因此，據以上兩點我們認爲A中之△應非"山谷"之"谷"。"袞"，見母文部；"㕣"，余母元部。余母、見母關係密切，如尹是余母，從之得聲的"君"是見母。"㕣"字古文"睿"與《説文》"濬"的正篆"睿"係同字，"叡""濬"所從聲符相同，而《説文》"叡""讀若概"，"概"的聲母亦屬見母。又文、元兩部關係密切，如與"袞"通假的卷、棬即屬元部（參看上文）。由以上論述

---

① "裕"字，喜令韓𩍂戈（《集成》11351）作"㞢"，鄭令韓𨱗戈（《集成》11372）作"㞢"，鄭令𢆉□戈（《集成》11373）作"㞢"，這些字形皆作左右結構。黑漆木棋局（湖北省文物考古研究所，荆門市博物館，襄荆高速公路考古隊.荆門左冢楚墓［M］.北京：文物出版社，2006：177.圖124.3）"㞢"，一般釋作"裕"，從文義看可從。該棋局時代屬於戰國早期，其中"裕"字應分析從衣從山谷之谷得聲，與"袞"字的A類寫法應是同形關係。

② 需要説明的是，東周文字中，山谷之"谷"作爲單字偶有省作類似B中△類形寫法的。如今本《緇衣》"君好之，民必欲之"之"欲"，郭店本《緇衣》、上博本《緇衣》與之相應的字分別寫作"慾""㕣"。後者顯然是山谷之"谷"之省謁。另傳抄古文中，山谷之"谷"作爲偏旁亦偶有省作類似B中△類形寫法的（參看《汗簡》6.82、《古文四聲韻》5.6"欲"字）。

③ "袞"與這些字通假的例子參看：高亨，董治安.古字通假會典［Z］.濟南：齊魯書社，1989：251；張儒，劉毓慶.漢字通用聲素研究［M］.太原：山西古籍出版社，2002：330.

可知"衮""合"音近,因此結合"衮"的讀音,可知 B 中的△顯然是"合"字,A 中的△則是"合"字繁體。"衮"與從勻的軍聲系字相通(參看前文),"合"聲字亦與勻聲系字相通①,又"合"字古文"容"與《說文》"濬"的正篆"睿"係同字(參看前文),而叡、濬亦與勻聲系字相通②,因此"衮"可以"合"作爲聲符。C 中之△作"![]",它顯然是把 B 中"合"形所從之"口"改作"○('圓'之初文)",上引 A 類寫法中最後一例所從之"口"變作類似"○"形亦是同類的現象。從幽公盨銘文中""字從"圓"之初文"○"爲聲③來看,C 中"合"形所從之"口"變作"○",亦可能含變形聲化的因素。C 中的"合",由於所從之"口"已經變從"○",以致它與同時的"公"字寫法相同,C 類寫法應即《說文》"衮"字所從出。"衮"中所從由"合"演變作後來的"公"類形,這與沿字所從之"合"異體或演變作"公"類形④同例。2014 年 2 月我曾有幸在香港某收藏家處見到一件未公開發表的銅簋,其銘文中出現了獨體的"合"字,資料十分重要。據文例,它顯然就應該讀作"衮",這更加確認了"衮"從"合"聲⑤的意見。

下面我們順便討論一下《曹沫之陳》中的一個字。《曹沫之陳》簡 2"飯於土塯(塯、簋),▼於土鉶"之"▼",原作"![]",研究者一般釋作"欲"。由於此句話可以與《墨子・節用中》"飯於土塯,啜於土形(鉶)"以及其他古書類似語句對比,故有很多研究者認爲"欲"是"歠/啜"的譌字。另也有研究者認爲它是"欲""欬

---

① 張儒,劉毓慶.漢字通用聲素研究[M].太原:山西古籍出版社,2002:684.
② 同上:836.
③ 裘錫圭.豳公盨銘文考釋[C]//裘錫圭學術文集.上海:復旦大學出版社,2012:149-150.
④ 《尚書・禹貢》"沿於江海"之"沿",《經典釋文》引作"㳂",並云:"鄭本作松,松當爲㳂。馬本作均。"([唐]陸德明.經典釋文[M].北京:中華書局,2008:40.)"㳂"即"沿"字。傳抄古文中"㳂"用作"川",李春桃指出"㳂"是"沿"的俗字(《傳抄古文綜合研究》下編,第 692-693 頁)。
⑤ 金文中,"合"的資料極少,它作偏旁又見於冉鉦(《集成》00428)"船"字。

(猷)"的譌字①。蔡丹女士指出與"▼"用法相同的所謂"欲"字亦見於沙市周家台《醫方》第 322 號簡"男子猷(飲)二七,女子[字]七"。《醫方》簡中"欲""飲"對文,與《曹沫之陳》"欲""飯"對文相類,因此所謂"欲"爲譌字的可能性較小②。根據"袞"字所從"㐁"旁的變化,我們認爲所謂"欲"字左邊很可能亦是㐁的繁體,它與"嗜欲"之"欲"無關,兩者應是同形關係,就好比金文中 A 類寫法的"袞"與黑漆木棋局"裕"字亦是同形關係一樣。叕聲字與兑聲字相通③,兑上部與"㐁"形同,《説文》即認爲兑從㐁聲。又兑聲字與允聲字相通④,而允聲字與㐁聲字關係密切⑤。"㐁""歠"關係密切(參看前文),"歠""決"音近可通⑥,《説文》以"㕮"爲"歠"字或體,傳抄古文以"㕮"爲"歠"字古文(《汗簡》1.7,《古文四聲韻》5.14)。可見"㐁""歠/啜"音近,因此實從"㐁"字繁體"[字]"得聲的所謂"欲"字可讀作"歠/啜"。此外從它從欠來看,它或許本即歠字變换聲符所産生的异體,祇不過偶然與"嗜欲"之"欲"同形而已。

《晏子春秋·内篇諫上》:

景公飲酒,七日七夜不止。弦章諫曰:"君欲飲酒七日七夜,章願君廢酒也! 不然,章賜死。"

王念孫認爲"飲酒"上不當有"欲"字,蓋即"飲"字之誤衍。梁履繩疑"欲"乃"今"字。俞樾亦認爲"欲"即"飲"字之誤衍。文廷

---

① 諸家之説參看:單育辰.《曹沫之陳》文本集釋及相關問題研究[D].長春:吉林大學,2007:26-27.
② 蔡丹.上博四《曹沫之陳》試釋二則[EB/OL].[2006-1-3]http://www.bsm.org.cn/show_article.php? id=168.
蔡丹.《曹沫之陳》集釋[D].武漢:武漢大學,2006:9-10.
③ 張儒,劉毓慶.漢字通用聲素研究[M].太原:山西古籍出版社,2002:611.
④ 同上:612.
⑤ 同上:940.
⑥ 參看:鄔可晶.説金文"歠"及相關之字[J].出土文獻與古文字研究(第 5 輯),2013.

式認爲"欲"字上奪"從"字。①

從周家台《醫方》簡中"欲""飲"對文來看,我們懷疑《晏子春秋》"君欲飲酒七日七夜"之"欲"可能即《曹沫之陳》《醫方》中的所謂"欲"字,亦即"歠/啜"字異體。"欲""飲"可能是同義連用,後者也可能是涉上文而衍,也可能後者本是前者的注文後來誤入正文。

以上是具體通過"袞"字論證了在偏旁中,"合"字異體可作"[字]"②。那麼在單字中,有沒有作"[字]"形的"合"字呢?

《合》17536 有一殘辭作:"☐貞:屮☐[字]☐。"《合》38634 有一殘辭作:"☐申卜,貞:[王]賓[字]歲③,亡(無)咎。"兩者聯繫起來再結合王賓卜辭的文例來看,"[字]"應該是指先祖而言。而"合"在卜辭中指先祖的用法多見④。再結合前文討論的"袞"字來看,上述兩例"[字]"字應該就是"合"字異體。

下面我們再談談《上博簡(三)⑤·周易》中與"合"可能相關的一個字,它出現在49號簡中,作如下之形:

[字](下文用▽表示此字)

相關簡文作:"九晶:艮丌瞳,列丌胤,礪▽心。"(簡48-49)

▽,馬王堆本、雙古堆本相應之字皆作薰,今本作熏。濮茅左、李零先生釋作"同"。徐在國先生釋作"合"讀作"薰",張新俊先生從徐說,楊澤生先生釋字從徐說而讀爲"熏"。黃錫全先生認爲也不

---

① 以上諸家之説參看:吳則虞.晏子春秋集釋(增訂本)[M].北京:國家圖書館出版社,2011.
② 西周早期的淪伯卣(《集成》05221)銘文中有"[字]""[字]"字,我們懷疑它是一個雙聲字,其中的"[字]"旁也是用作"合"而非"山谷"之"谷"。
③ "歲"之前也有可能缺一字。
④ 姚孝遂.殷墟甲骨刻辭類纂[M].北京:中華書局,1989:1280.
⑤ 馬承源.上海博物館藏戰國楚竹書(三)[M].上海:上海古籍出版社,2003.

排除此字是"冏"的可能。季旭昇先生認爲釋"冏",字形差近,但音讀與"薰"的韻部相去較遠。釋"合",字形也可以說得過去,但是與今本"薰"聲母相去太遠。疑此字上從"关"省,與"薰"聲韻俱近①。

《清華簡(貳)·繫年》"冏"字作"󰀀"(簡67)、"󰀀"(簡70)"󰀀"(簡72)、"󰀀"(簡99)等形,▽與之相同,因此僅從字形看,▽可釋作"冏"。但正如上引季先生所說,"冏"與"薰"韻部不近。

《郭店簡·老子甲》用作"百谷王"之"谷"的字作"󰀀"(簡2)、"󰀀"、"󰀀"(簡3),其中"谷"旁的變化是在"八"形中間加一橫畫。金文中"尊"或作"󰀀"(中義父鼎,《集成》02211)、"󰀀"(追簋,《集成》04220)、"󰀀"(湯叔盤,《集成》10155)等形,簡牘中"尊"或作"󰀀"(《郭店簡·唐虞之道》簡8)、"󰀀"(《郭店簡·五行》簡22)、"󰀀"(《郭店簡·五行》簡35)等形,這些"尊"形上部雖然是在一般的"尊"字所從"酉"形的上部橫筆上添加一橫筆演變而來,但這添加的一橫恰好處在"八"形中間,偶然地造成了與《郭店簡·老子甲》"谷"形相近似的變化("关"或從"关"之字亦有與上引"尊"相類似的變化)。《上博簡(三)·周易》▽字與一般的"合"相比,其變化與上引《郭店簡·老子甲》"谷"形的變化同例,兩者正可合觀②。後來"合"形變作"合"形,亦當是在八形間添加橫筆演變而來,這與▽類形的變化同類。因此從字形上看,▽也可看作"合"字變體。

"合""滈"關係極其密切,上海博物館藏戰國楚竹書《周易》54、55號簡中,從"睿"從"爰"之字(或又增"艹"),帛書本、今本作"渙","渙"即屬曉母。甲骨文中"滈"字初文可加注與"虺"同音

---

① 以上諸家之說參看:侯乃峰.《周易》文字彙校集釋[M].臺北:臺灣古籍出版公司,2009:413-415.

② 曾、尚上部的八形亦有類似的變化。參看:董蓮池.新金文編(上冊)[M].北京:作家出版社,2011:88-89.

的虫聲，"虫"亦是曉母字（以上皆參看上文）。元、文兩部關係非常密切，"合"聲字與文部字亦多相通之例①。又爾公盨銘文中"濬"字從"圓"之初文爲聲，而員聲字與熏聲字常相通②。從"合"得聲的"袞"可與宛聲字相通（參看上文），而宛聲字可與熏聲字相通③。由以上論述可知"合"④"薰""熏"音近可通。因此從形音兩方面看，《上博簡（三）·周易》▽宜釋作"合"。

最後，我們歸納一下本文的主要意見。一，北洞山西漢楚王墓出土的陶甕中"㳄"應釋作"睿（睿）"而讀作"容"。當然這也可能是因"睿""容"形近，兩者易相混，故陶甕中"容"可作"睿（睿）"。二，甲骨文㳄是在㳄（叡）的基礎上加注了虫（虺）聲，這可證把"叡（叡）"釋作"濬"字初文從語音方面看是非常合適的。三，在較早階段，"㕣""合"兩形可能既是"谷"字，又是"合"字，一形兼爲二用。四，"叡""叡""叡"等字所從的"㕣""㕣"分別是"合""合"的初文，"合""合"是异體關係。古文字中有一部分"合"類形應看作"合"字異體，與山谷之谷無關，兩者祇是共用字形而已。五，"袞"最初從"合"聲而非從"公"聲，從"公"乃是後出變體。六，《曹沫之陳》、周家台《醫方》、《晏子春秋·内篇諫上》中所謂"欲"字可能並非"嗜欲"之"欲"，兩者祇是同形字而已。前者所從之"合"亦可能即"合"字異體，它可能應讀作"歡/啜"或本即"歡/啜"字異體。七，《上博簡（三）·周易》中"合"可能是"合"字變體，它與馬王堆本、雙古堆本"薰"、今本"熏"應是通假關係。

---

① 參看上文以及張儒,劉毓慶.漢字通用聲素研究[M].太原：山西古籍出版社,2002：684.

②③ 張儒,劉毓慶.漢字通用聲素研究[M].太原：山西古籍出版社,2002：971.

④ 荀本作"動"。"動"是定母東部字，"合"聲母屬於余母，韻屬元部合口。余母古歸端母，端、定同屬舌音，而東部和一部分元部合口上古關係比較密切（參見上文），頗疑"動""合"關係亦屬於此類。

補記:本文初稿寫於 2013 年 10 月,2014 年 8 月修改,同年提交給"慶賀羅君惕先生《説文解字探原》出版暨語言文字學術研討會"(上海師範大學,2014 年 10 月 12 日)。文章注中提及《屯》2408"㘴"應釋作"阱"。孫亞冰女士《釋甲骨文中的"耕"字》(古文字研究 31 輯,2016.)、王子楊先生《釋甲骨文中的"阱"字》(文史,2017(2):5‒15.)也有相同的意見,讀者可參看。關於殷墟卜辭中祭祀對象"合"的詳細討論,可參看鄔可晶先生《關於殷墟卜辭"多合""三合"之"合"》(探尋中華文化的基因(一),2018.)一文。

2018 年 8 月 12 日

魏晋南北朝石刻新造字研究[*]

華東師範大學中國文字研究與應用中心 郭 瑞

内容提要：魏晋南北朝是漢字主流字體向楷書轉化的初期階段，漢字使用异體紛呈，産生了若干新造形體。這些字也給這批材料的整理工作帶來困難。整理識别這些新造字形，對於解决石刻文獻的釋讀，現代大型語言文字工具書的編撰都有著重要的意義。

關鍵詞：魏晋南北朝 石刻 新造字

新造字，就是在某個歷史階段出現的一些新的漢字形體。新造字具有階段性的特點，在某個時期是新造字，到後期就可能不再是新造字了。新造字還要考慮材質的問題，有些新造字在其他文字載體中也有使用，但是有些則僅僅出現在特定的材質中，這一點在研究新造字的時候，也應該有所區别。因此，魏晋南北朝石刻文字系統中的新造字，就是這個時期在獨見於石刻文獻中的字形。然而要正確地判斷出哪些字形是新造字，需要進行共時對照和歷時比較，所以對漢字材料收集的全面性具有較高的要求，另外還要根據具體情况，制定出合理的判斷條件。

一 石刻新造字調查材料範圍

魏晋南北朝石刻屬於出土文獻，因此我們收集的材料以出土

---

[*] 上海市哲學社會科學規劃課題"基於中古實物文獻語料庫的漢字楷化研究"（2012EYY001）；教育部人文社會科學研究青年專案"基於數位化平臺的南北朝石刻文獻引得及文字研究"（11YJC740032）。

文獻用字爲主,必要情況下以傳世文獻作爲輔助材料。

(1)歷時漢字材料。判斷魏晉南北朝時期的新造字必然要和以往的漢字系統進行整字層面的比較,這就要求我們要具備儘可能全面的歷時漢字材料,古文字階段的資料有《甲骨文字形檢索系統》《金文字形檢索系統》《戰國楚文字字形檢索系統》《〈説文解字〉全文檢索系統》等,已經比較完備。隸書階段的資料主要有《睡虎地秦簡資料庫》《漢代碑刻資料庫》《漢簡資料庫》《隸辨》等,基本涵蓋了隸書的整個發展階段。

(2)共時漢字材料。判斷該時期石刻專用字,需要和共時層面的其他材質的漢字進行比較,我們所具備的共時的漢字材料主要有《走馬樓吳簡資料庫》《魏晉樓蘭殘紙資料庫》《魏晉南北朝書帖資料庫》等。

雖然我們已經收集了大量的漢字材料,但仍有不盡之處,對此類難以判斷源流的字形,存疑處理。

二 石刻新造字的判斷條件

新造字必須是前階段的漢字系統中沒有出現過的字形,這是判斷新造字的重要的前提條件。在這個前提之下,再結合漢字形體差異歸納出如下判斷條件:

(1)結構模式不同屬於新造字。例如:"龜"字,《説文》小篆寫作"龜",隸變爲了"龜"(東漢《帝堯碑》"龍龜負銜"),兩者是傳承象形字;石刻楷書"龜"(北魏《元浚嬪耿壽姬墓志》"神龜元年"),省略部分筆畫,添加構件"飛"承擔表義職能,結構模式發生了變化,所以"龜"字是新造字。

(2)構件布局不同屬於新造字。例如:"海"字,漢隸通常寫作"海"(東漢《桐柏廟碑》"惟海是造"),石刻楷書寫作"𣺶"(北魏《元繼妃石婉墓志》"渤海南皮人也"),構件"水"和"每"左右布局形式變爲上下布局形式,所以"𣺶"字是新造字。

（3）使用構件不同屬於新造字。例如："國"字，隸書寫作"囻"（東漢《韓敕造孔廟禮器碑》"俱國蒙慶"），構件爲"囗、或"；石刻楷書字形"国"（北魏《道明墓志》"邦国禮遣"），構件"囗、王"，所以"国"字是新造字。

（4）僅是構件形體的差異不屬於新造字。例如："服"字，《説文》小篆寫作"服"，石刻楷書寫作"服"（北魏《元子正墓志》"始服青衿"），構件"舟"小篆形體和楷書僅僅是形體不同，所以"服"字不是新造字。

（5）僅是筆畫形體的差異不屬於新造字。例如："樞"字，石刻楷書寫作"樞"（北魏《王蕃墓志》"痛纏樞扆"），兩個字形的差異在於構件"木"中豎筆的筆形不同，在楷書中筆畫"丨"寫作"丿"，所以"樞"字不是新造字。

三 石刻新造字分類

根據上述的五個條件，我們共整理出 1 700 多個新造字，這僅僅是根據字形差異對新造字的匯聚，没有體現出新造字在文字系統中相應的位置，比如説有些新造字承擔完全不同的職能，有些則分擔原有的部分職能，有些則僅僅是形體上存在差異而職能相同等等，而區别這些不同的情況重要的依據就是字形的記詞功能。因此，根據新造字形的記詞功能，我們整理出魏晋南北朝石刻新造字主要有三種類别：（1）分化字，這類新造字是從原有字形中分化出來，承擔原字的部分職能。（2）專造字，這類新造字記録專門的語詞，而且僅僅出現在石刻材料中，使用頻率也不高，甚至有些字形祇出現一次。（3）同能异形字，這類新造字在記詞功能上與原字相同。

1. 分化字

前賢今學對於漢字分化現象多有關注。林澐先生認爲："分化的方式可分兩個大類，一種是利用原有字的异體，另一種是增加偏旁。"①裘錫圭先生在《文字學概要》中把漢字分化的方式分爲四種類型:"具體地説,文字分化的方法大體上可以分爲四類:A. 异體字分工。B. 造跟母字僅有筆畫上的細微差別的分化字。C. 通過加注或改换偏旁造分化字。D. 造跟母字在字形上没有聯繫的分化字。"②兩説在形式上對分化字進行了分類,使我們對漢字分化現象有了更深入的認識。但是,兩者似乎没有把形體分化和職能分化區分清楚,單純的形體分化字祇能作爲异體字研究;母字分化出的字形祇有獨立承擔了母字的部分職能,才能稱爲真正意義上的"分化字"。魏晋南北朝石刻分化字共有130多個,例如:

① "驤"(北魏《元秀墓志》"驤驤將軍"),"驤"(北魏《張整墓志》"驤驤將軍"),"驤"(北魏《元珽墓志》"驤驤將軍")。

按:"驤驤"原作"龍襄","龍"和"襄"分别爲詞,意思是像龍那樣昂舉騰躍。《漢書·賈鄒枚路傳》:"交龍襄首奮翼,則浮雲出流。"後來"龍襄"逐漸作爲一個詞連用,表示"昂舉騰躍的樣子"。《漢書·叙傳下》:"雲起龍襄,化爲侯王。"東漢以後"襄"字分化出"驤"字,《後漢書·竇何傳》:"龍驤虎步,高下在心。"《三國志·蜀書》:"進欲龍驤虎視,苞括四海。"三國時期和"將軍"連用作爲一種官職名稱,《三國志·吴書》:"龍驤將軍王濬。"兩晋南北朝沿用這一官職,北魏石刻"龍"字分化出"驤"字,專用於此官職名。

② "騛"(北魏《于景墓志》"服馬齊行")。

按:《説文·舟部》:"服,用也。一曰車右騑,所以舟旋。"古代一車四馬,當中夾轅二馬稱"服",兩邊的馬稱"驂"。《釋名·釋車》:"遊環在服馬背上,驂馬之外。"例文中"服馬"的"服"加構件"馬"分化出"騛"字。

③ "諮"(北魏《元融妃盧貴蘭墓志》"諮嗟何極")。

按:《説文·口部》:"咨,謀事曰咨。从口次聲。"是表示諮

---

① 林澐.古文字研究簡論[M].長春:吉林大學出版社,1986:87.
② 裘錫圭.文字學概要[M].北京:商務印書館,2001:223-225.

詢、訪問的意思,《詩·小雅·皇皇者華》:"載馳載驅,周爰咨諏。"《説文·言部》:"諏,聚謀也。"《毛傳》:"訪問於善爲咨,咨事爲諏。"後來"咨諏"往往連綴成詞。漢代"咨"字加構件"言"分化出"諮"字,漢隸"諮"（東漢《曹全碑》"諮諏群僚"）,《名義·言部》:"諮,咨字。""諮"又作嘆詞和"嗟"同義,《名義·口部》:"諮,嗟也。"又:"嗟,諮也。"《書·堯典》:"帝曰:'諮!汝羲暨和。'"往往"諮嗟"連用,《楚辭·天問》:"何親揆發,定周之命以諮嗟?"王逸注:"諮嗟,歎而美之也。"例文中"諮嗟"就是表示歎息的意思,加構件"口"分化出"嗞"字。

④ "鶎"（北魏《乞伏保達墓志》"集鳳鶎之池"）。

按:《説文·自部》:"皇,大也。"又借爲表示"鳳皇"的"皇",古代傳説神鳥,雄爲"鳳"雌爲"皇",《爾雅·釋鳥》:"鳳,其雌皇。"《詩·大雅·卷阿》:"鳳皇鳴矣,于彼高岡。"例文中"鳳鶎"即"鳳皇","鶎"是"皇"字的分化字,專用來表示"鳳皇"的"皇"。現在所用"鳳凰"的"凰"字,在魏晉南北朝時期的材料中未曾見到。

⑤ "鳲"（北魏《元新成妃李氏墓志》"鳲鳩延娉"）。

按:魏晉南北朝之前的文獻中"鳲鳩"多作"尸鳩",《山海經·西山經》:"鳥多尸鳩",《詩·國風·尸鳩》曰:"尸鳩在桑。"漢王符《潛夫論·交際》:"内懷尸鳩之恩。"《説文·尸部》:"尸,陳也。象卧之形。"借作"尸鳩"的"尸","鳲"是"尸"的分化字,專用表示"鳲鳩"。

2. 石刻專造字

石刻漢字具有自己的用字特點,有些新出的字形具有專門的記詞功能,而且僅僅出現在石刻材料中,儘管有些字形也是從母字分化出來,但是其出現的頻率很低,甚至大部分僅出現一次,這樣的一些字我們就稱之爲"石刻專造字"。這類新造字僅用於魏晉南北朝石刻,在其他材質的文獻中未見使用。據我們統計,魏晉南北朝石刻專造字共有27個，例如：

①"瓊"（北魏《王蓋周等造像記》"寶塔主"），"瓊"（北齊《元賢墓志》"第五子子寶"），"瓊"（北魏《李遵墓志》"綿綿不已，世挺瓊瑜"），"瓊"（北齊《張潔墓志》"桂生桂圃，芬馨定應踰馥；瓊娠瓊峪，璨爛彌覺其琛"），"瓊"（北魏《王蓋周等造像記》"比丘惠瓊"）。

按：《漢語大字典》：《龍龕手鑑·玉部》："瓊，田、佃二音。"《字彙補·玉部》："瓊，義闕。"《中華字海》："音田。義未詳。見《龍龕》。"兩部大型工具書皆語焉不詳。考察以上諸例，"瓊"當爲"寶"字之異體。"瓊瑜"即"寶瑜"，"瑜"爲美玉之稱，故冠以"寶"字。例"瓊娠瓊峪"中的"娠"有孕育、包孕之意；"峪"指山谷。此句與"桂生桂圃"相對照，指寶物蘊藏於寶穀之中。"瓊塔"即"寶塔"，丁福保《佛學大辭典》："寶塔：嚴飾珍寶之塔也。《法華經·寶塔品》曰：'爾時多寶佛，於寶塔中分半座，與釋迦牟尼佛。'"其他兩例爲人名用字，"寶"爲古人取名常用字，或以爲是"瓊"字。

②"姿"（北齊《牛永福等造像記》"敢姿"），"嬪"（北魏《黃石崖造象五段之一》"孫敬姿"）。

按：古人常以"姿"作爲人名的用字，例文中兩個字形僅此。"姿"讀音爲精母脂韻，"次"爲精母至韻，"姿"字"從女諮聲"，"嬪"字"從女資聲"，"諮"、"資"都是精母脂韻，大概用字者以這兩個字讀音和"姿"相同，故而用以表音。又"嬪"字中構件"貝"寫作"貝"，現在所用簡化字在此時已經出現。

③"個"（北齊《李買造象記》"因緣眷屬"）。

按："因緣"不同於"姻緣"，出自佛教典籍。《佛學大辭典》："因緣，梵語 hetu-pratyaya。爲因與緣之並稱。因，指引生結果之直接內在原因；緣，指由外來相助之間接原因。依此，因緣又有內因外緣、親因疏緣之稱。廣義而言，因即意謂因與緣，包含內因與外緣。"此處造像記"因緣"的"因"字寫作"囻"僅見此一例。

④"塸"(東魏《成休祖造像記》"敬造觀世音像一軀"），"𡋛"（北齊《鄭暈業造像記》"敬造白玉象一軀"），"墥"（北齊《道榮造像記》"造像一軀"），"𥑥"（東魏《李次明造像記》"造觀世音像一軀"），"忺"（東魏《朱舍舍宅造寺記》"造塼浮圖一軀"）。

按：以上各個例字都是表示造像單位"軀"。"忺"字構件爲"忄"，石刻中構件"忄"往往寫作"十"，所以這個構件應該是"忄"的變形，"心"爲人身體的重要器官，因此以部分代整體換"身"爲"心"。"塸"和"𡋛"構件爲"玉"，造像記中經常有造"玉像"，以"玉"替換"身"突出造像材料。"𥑥"構件爲"石"也是爲了突出造像的材料。"墥"字，《宋本玉篇》"塸，墓也"。但是在《名義》中没有此字，因此很難斷定表示"墳墓"的"塸"字在魏晉南北朝時期就已經出現，而根據造像量詞的其他用字習慣，我們衹能推測這個字也是造像量詞專造字，構件"土"具有提示造像材料的功能。

⑤"怸"（東魏《邑主造石像記》"罄兹怸果,庶免鼎鑊"）。

按："怸"即"愧"字，構件"心"的位置發生變化。聯繫上下文"罄兹怸果,庶免鼎鑊"，"愧果"對應"鼎鑊"，顯然"愧果"不是什麽美好的事物。《説文》："愧，青徐謂慙曰愧。"蓋"愧果"就是令人感到慙愧、懊悔的事情，意思就是把所做愧疚之事，一并贖罪，希望能夠免除死後受鼎鑊之刑。

⑥"瑲"（北魏《元文墓志》"方當瑲琢其章,終成國寶"）。

按：《漢語大字典》：（一）《改併四聲篇海·玉部》引《奚韻》："瑲，美石次玉也。"（二）同"珨"。治玉。《篇海類篇·珍寶篇·玉部》："瑲，治玉。"《正字通·玉部》："瑲，同珨。""瑲琢其章"語出《詩經》，唐開成石經《詩·大雅·棫樸》："追琢其章,金玉其相。"瑲爲"追"字加"玉"符新造字。"追"字有"治玉"的意思，《玉篇》："追,株佳切。及也,送也,救也。又都雷切,治玉名也。《詩》曰:追琢其璋。"古無舌上音,故"株佳"爲中古所分化讀音,而"追"字"從辵自聲",和"治玉"無任何關係,《詩》中"追琢"是借"追"字表示"治玉"之意,後世襲用成爲自然。至魏晉時代新造"琟"字提示"治玉"之義。金人所編《改併四聲篇海》引《奚韻》:"琟,美石次玉也。"《奚韻》久佚,所言"美石次玉"不知所從。

⑦"骘"（北魏《郭顯墓志》"四牡骘骘,六轡耳耳"）。

按:"四牡騤騤"語出《詩經》,《詩·大雅·六月》:"四牡騤騤,載是常服。"《詩·小雅·桑柔》:"四牡騤騤,旟旐有翩。"《詩·小雅·采薇》:"駕彼四牡,四牡騤騤。"墓志中的"骘"是"騤"字之譌,"登""癸"形體相近之故。"骘",《名義》:"骏,刀劉反。馬病也。骘,徒互反。同上。"形體錯譌相混。

⑧"飚"（北魏《盧令媛墓志》"姜水激波,大風揚烈;且清且素,載搏載飚"）。

按:《漢語大字典》:飚飚。1. 風聲。《集韻·霽韻》:"飚,飚飚,風聲。"2. 也作"憭飚"。悽凉。北魏元宏《吊殷比干墓文》:"時坎廩而險隘兮,氣憭飚以飛霜。""飚"即"戾"字加"風"符新造字,《說文》《名義》《玉篇》等字書皆未見。《說文》"搏,圜也","戾,曲也"。碑文"搏""戾"對舉,取義相近。兩者於此處皆模風起盤旋上升狀。《集韻》釋"飚"爲"風聲",不當。又《吊殷比干墓文》原拓"飚"字處殘缺,據《大字典》所引,"憭飚"即"繚戾",《楚辭·劉向〈九歎·逢紛〉》:"龍邛脟圈,繚戾宛轉,阻相薄兮。""繚"有纏繞、圍繞的意思。《禮記·玉藻》:"大夫大帶四寸。雜帶,君朱綠,大夫玄華,士緇辟,二寸。再繚四寸。"所以,"憭飚"依然是表示風氣盤旋上升的樣子。風氣盤旋上升才能達到"飛霜"的效果,其產生的修辭效果是給人以淒涼的感覺,而並非"憭飚"之本義。

3. 同能异形字

魏晋南北朝石刻新造字中,同能异形字的數量最多,共有1 000多個字形屬於此類,直接反映出魏晋南北朝石刻楷書和前階

段的漢字相比,在形體結構上發生了怎樣的變异。根據新造字和原字的形體差异,又可以分爲如下三類:

(1)另造新字形

① "甦"(北魏《赫連悦墓志》"來甦之澤")。

按:"來甦"即"來蘇",意思是困苦中獲得蘇息。晋潘岳《西征賦》:"激秦人以歸德,成劉後之來蘇。"北魏《元乂墓志》:"民詠來蘇。""甦"字會"更生"之義,魏晋南北朝之前未見使用。

② "㝏"(北魏《于祚妻和丑仁墓志》"慎而寡言")。

按:"寡言"就是少説話的意思。《禮記·内則》:"慎而寡言者,使爲子師。""寡"字《説文》小篆寫作"寡",隸書寫作"寡"(東漢《北海相君銘》"鰥寡"),例字爲新造字,形體與小篆、隸書皆不相同。

③ "𠭊"(北齊《高叡定國寺塔銘碑》"始布六條,尋能一𠭊")。

按:根據語境"𠭊"字當是"變"字的异體字,《顔氏家訓·雜藝》提到北朝用字"乃以言反爲變"。

(2)構件替换

① "墜"(北魏《元誘妻馮氏墓志》"長墜深陰"),"墜"(北魏《元崇業墓志》"近墜無賒")。

按:例文中"墜"即"隊"字,换"阜"爲"土"。《宋本玉篇·阜部》:"隊,似醉切。墓道也,掘地通路也。"又《土部》:"墜,辝類切。墓道也。正作隊。"

② "乱"(北魏《赫連悦墓志》"糾爭桑之亂"),"乱"(北魏《元壽安墓志》"西秦亂心之俗")。

按:"乱"即"亂"字,《説文》小篆寫作"亂",漢隸也未見字形"乱",應該是魏晋南北朝新造字,《顔氏家訓·書證》:"亂旁爲舌。"

③ "嶹"(北魏《元壽安墓志》"天禄崝嶸")。

按:"崝嶸"指高峻貌。郭璞《方言注》:"崝嶸,高峻也。"《文選·班固〈西京賦〉》:"於是靈草冬榮,神木叢生,巖峻崷崒,金石峙嶸。""嶸"字《説文》小篆寫作"󰀀",例字换"榮"爲"瑩",其他文獻未見此字。

④ "󰀀"(北魏《孫寶憘造象記》"同歸彼岸"),"󰀀"(北齊《邸明玉造像記》"登彼岸")。

按:"彼岸"是佛教用語,佛家以有生有死的境界爲"此岸";超脱生死,即涅槃的境界爲"彼岸"。"岸"字《説文》小篆寫作"󰀀",例字换"山"爲"土",變上下布局爲左右布局。

⑤ "󰀀"(《吴郡王蕭正表墓志》"嘯吒淮右")。

按:"嘯吒"又作"嘯吒"。"吒"字《説文》小篆寫作"󰀀",例字换"乇"爲"宅",《宋本玉篇·口部》:"吒,知加、陟嫁二切。噴也。叱怒也。……吒,同上。"

(3) 構件易位

① "󰀀"(北齊《竇泰妻婁黑女墓志》"鵷鵝接羽")。

按:《説文》小篆寫作"󰀀",構件位置是"左鳥右義",例字變易構件的位置爲"左義右鳥"。

② "󰀀"(北魏《寇慰墓志》"枀竹其貞")。

按:"枀竹"即"松竹",通常比喻節操堅貞。《南史·張沖傳》:"房長渝謂孜曰:'前使君忠實昊天,操愈松竹。'"《説文》小篆寫作"󰀀",是左右布局,例字變爲上下布局,僅魏晋南北朝石刻,其他文獻未曾見到。

③ "󰀀"(北魏《元繼妃石婉墓志》"渤㮊南皮人也")。

按:"渤㮊"即"渤海",漢代設立"渤海郡",魏晋南北朝沿用此制。《説文》小篆寫作"󰀀",是左右布局形式。例字變爲上下分布,魏晋南北朝之前的文獻中未見"㮊"字,《宋本玉篇·水部》:"海,呼改切。大也,受百川,萬谷流入。㮊,同上。"

④ "󰀀"(東魏《浄智塔銘》"春烁七十有三")。

按:"春烁"即"春秋",魏晋南北朝石刻中通常表示年紀。例字構件布局形式是"左火右禾",《宋本玉篇·禾部》:"秌,且周切。《説文》曰:禾穀熟也。烋,同上。"魏晋之前的出土文字材料未見此形。

參考文獻

北京圖書館金石組.北京圖書館藏中國歷代石刻拓本彙編[M].鄭州:中州古籍出版社,1989.

羅新,葉煒.新出魏晋南北朝墓志疏證[M].北京:中華書局,2005.

毛遠明.漢魏六朝碑刻校注[M].北京:線裝書局.

趙超.漢魏南北朝墓志彙編[M].天津:天津古籍出版社,1992.

中國文物研究所等.新中國出土墓志(河北卷、河南卷、陝西卷等)[M].北京:文物出版社,1994—2009.

林澐.古文字研究簡論[M].長春:吉林大學出版社,1986.

裘錫圭.文字學概要[M].北京:商務印書館,2001.

宋刻本《晦庵先生朱文公語録》用字考*

上海師範大學古籍研究所　徐時儀　潘牧天

内容提要：宋槧《晦庵先生朱文公語録》不僅是朱子學術文獻最初傳播的"活化石"，在朱子學研究上彌足珍貴，而且爲宋代用字和漢字發展史研究提供了大量鮮活的第一手材料。考覈其與今傳明清各本《朱子語類》的异同，就時代而言，既有承古，又有承俗；就字體規範而言，既有正體與俗寫的异同，又有舊字形與新字形的异同；就字形結構而言，既有换位、换旁，又有增省偏旁部件的繁化與簡化等；就詞義而言，既有古今字，又有通假借用及譌誤，還有新詞的記音等，大致上體現了漢字由古至今演變中手寫用字⟵⟶刻印用字和社會各階層間趨雅用字⟵⟶趨俗用字的叠加共存與整合融和，反映了不同時代不同地域不同文化不同階層的人們用字取捨的價值取向。

關鍵詞：晦庵先生朱文公語録　刻本用字　漢字發展史

朱熹集理學之大成，門人弟子集其講學語録刊印流傳，今通行本爲黎靖德彙集各家語録所編《朱子語類》的明成化年間刻本，而早期傳本尚有臺北故宫博物院藏宋刻《晦庵先生朱文公語録》七卷和明抄本《晦庵先生朱文公語録》十一卷，國家圖書館藏宋刻本

---

* 國家社會科學基金項目"古白話詞彙研究"（13ZYY107）、東亞朱子語録文獻語言研究（17CYY021）、上海高校一流學科（B 類）建設計劃規劃項目；上海市晨光計劃項目"朱子語録文獻异文研究"；上海市教委科研創新項目"古白話詞彙研究"（13ZS084）。

《晦庵先生語錄大綱領》十卷，日本九州大學藏朝鮮古寫寶祐二年再校徽州本《朱子語類》。① 宋刻《晦庵先生朱文公語錄》是現存最早的朱子講學語錄，由李道傳編於嘉定八年（1215），收錄廖德明和輔廣等所記語錄，共四十三卷。因刊印於池陽，簡稱《池錄》，今僅存卷二十七黄義剛錄、卷二十八晏淵錄、卷二十九龔蓋卿錄、卷三十廖謙錄、卷三十一孫自修錄、卷三十七曾祖道錄和卷三十八沈僩錄，共七卷。② 此本每頁十行，每行二十字。避諱止於光宗，"玄""畜""殷""恒""貞""慎"都有缺筆。凡正文提及"高宗""神宗""太宗""孝宗""真宗""本朝""今天子"等字眼，均空格兩到四個字的位置以表敬，而不避寧宗以後的宋諱；刻工皆爲南宋前期至中期杭州一帶的工匠。③ 1940年前藏於北京圖書館，抗戰期間寄存於美國國會圖書館，現北京國家圖書館善本閲覽室回藏有該書的縮微膠片，原物則藏於臺北故宫博物院。④

華東師範大學出版社2010年出版的《朱子著述宋刻集成》收錄了《四書章句集注》和《周易本義》等11種今存朱熹著作宋刻本，惜未收錄宋刻《晦庵先生朱文公語錄》（下文簡稱《池錄》），而此本作爲唯一流傳至今的宋槧朱子語錄，提供了朱子語錄最初傳播的"活化石"，可供探討由早期以筆錄者姓名排列所編《語錄》到後期按内容分類所編《語類》的傳承淵源，且可與今傳通行本《朱子語類》中注明源自《池錄》的部分比勘考釋，大致復原李道傳編《晦庵先生朱文

---

① 參徐時儀．朱子語錄和語類各本考［J］．傳統中國研究集刊（第十一輯），上海：上海人民出版社，2013．

② 王重民《中國善本書提要》（上海古籍出版社1983年版，第224頁）："按今傳《朱子語類》以黎靖德所編《語類》爲最著，卷端載諸家序跋及姓氏，持校此本，知此本即《池錄》也。"

③ 此本刻於嘉定九年的依據一是其避諱止於光宗，二是刻工皆爲南宋前中期杭州周圍地區的工匠。據王文進（1894—1960）《文禄堂訪書記》（上海古籍出版社2007年版，第160頁）卷三載《晦庵先生朱文公語錄》的刻工有"王亨、蔡浩、阮瓊、陳新、吳椿、張成、劉大明、楊雍、唐悦、王明、葉正、王辰、吳志、劉昭、王元壽、葉茂、田良、朱檜年、黄莒、董先、侯琦、仲文"。

④ 因原件不存於北京圖書館（今國家圖書館），所以《北京圖書館古籍善本書目》没有著錄，但在《中國善本書提要》中有收錄和簡要介紹。

公語録》四十三卷。胡適《〈朱子語類〉的歷史》、岡田武彦《〈朱子語類〉の成立とその版本》等皆未論及此本,中華書局1986年出版的《朱子語類》、上海古籍出版社和安徽教育出版社2002年聯合出版的《朱子全書》所收《朱子語類》及2012年修訂版也未以此書參校。

宋刻《池録》不僅在朱子學研究上彌足珍貴,而且爲宋代用字和漢字發展史研究提供了大量鮮活的第一手材料。如據我們考察,此本用"恥、笑、欸、甲、几、夢、疏、脉、効、流、屍、博、汙、注、面、鈆、微、苔、壅、槩、峯、䂆、罢、猫、溢、筭、謚、菒、恊、甞、竒、貟、錐、強、圓、邨"等,多用"游、龛、夵、个、冰、寂、趂、廰、孝、叫、糾、條、鮮、冦"等。較其與今傳本的異同,就時代而言,既有承古,又有承俗;就字體規範而言,既有正體與俗寫的異同,又有舊字形與新字形的異同;就字形結構而言,既有換位、換旁,又有增省偏旁部件的繁化與簡化等;就詞義而言,既有古今字,又有通假借用及譌誤,還有新詞的記音等。漢字的演變具有累積性的特點,共時平面上使用的漢字就其來源而言蘊含著歷時的積澱,疊置著新舊歷史層次的成分,下文擬就宋刻《池録》與今傳本用字異同所反映的漢字演變現象略作探討。

一 承古與承俗

1. 承古

宋刻《池録》使用了不少古字,表現了人們用字的繼承性。如:

臤、賢

如敬長、敬臤,便有許多分别。(卷27頁66A)[①]

此爲黄義剛録,今本"臤"作"賢"。[②] 考《説文·貝部》:"賢,多才也。从貝臤聲。"《集韻·先韻》:"賢,古作臤。""賢"又作

[①] 括號内爲《池録》的卷數和頁碼及正反面。下同。
[②] 本文所據今本爲王星賢點校本《朱子語類》(中華書局1986年版)。此本以清光緒庚辰賀瑞麟校刻本爲底本,參校明成化九年陳煒重刻江西藩司復刊宋咸淳六年導江黎氏本、清康熙問吕留良天蓋樓刻本和同治壬申應元書院刻本,抽對朱吾弼編刻本、日本寬文八年刻本。

"臤"。據戴家祥《金文大字典》下:"字從臤從子,字書所無。壺銘常與能字連用,如'進臤散能','舉臤速能',其義與《禮記·禮運》'選賢與能'相同。臤當爲賢字異體。《説文》三篇:'臤,古文以爲賢字。'臤字又從臣,臣爲事君者,與子爲人同義,故臤字加子旁。"賢字從忠,如劉向《説苑·君道》:"務在博愛,趨在任賢。"唐范攄《雲溪友議》卷七:"非其母賢,不成其子。"蓋以臣事君忠,會意,故賢字加忠旁。

捄、救

"而今捄荒甚可笑……元無實惠及民。"或問:"先生向來捄荒如何?"(卷31頁2B—3A)

此爲孫自修録,前一例"捄"徽州本、成化本同,①今本作"救"。後一例"捄"成化本同,今本作"救",徽州本誤作"抹"。

若小小鬪歐,捄之亦無妨。(卷38頁89A)

此爲沈僴録,"捄"徽州本、成化本、今本皆作"救"。考《説文·攴部》:"救,止也。从攴求聲。"《漢書·董仲舒傳》:"將以捄溢扶衰,所遭之變然也。"顏師古注:"捄,古救字。"

埽、掃

爲學工夫,大槩在身則有箇心,心之體爲性,心之用爲情;外則目視耳聽,手持足履,在事則自事親事長以至於待人接物,灑埽應對,飲食寢處,件件都是合做底。(卷27頁12A)

此爲黃義剛録,今本"埽"作"掃"。《説文·土部》:"埽,棄也。"《集韻·晧韻》:"埽,或從手。"

譌、訛

差舛譌謬,不堪著眼!(卷38頁38A)

此爲沈僴録,"譌"徽州本、成化本同,今本作"訛"。《説文·

---

① 徽州本爲京都中文出版社1982年據日本九州大學藏朝鮮古寫寶祐二年再校《朱子語類》影印本,成化本爲臺北正中書局1982年以日本内閣文庫藏覆成化本修補"國家圖書館"藏成化九年陳煒覆刻本《朱子語類》的影印本。

言部》:"譌,譌言也。"《説文》無"訛","訛"爲後出字。

很、狠

曰:"此亦自是它一節好。其它很屬偏僻,招合小人,皆其資質學問之差。"(卷38頁49A)

此爲沈僩録,"很"成化本同,今本作"狠"。考《説文・彳部》:"很,不聽從也。一曰行難也。"《廣韻・很韻》:"很,很戾也。俗作狠。"《篇海類編・犬部》:"狠,與很同。惡也。"又考《説文・犬部》:"狠,犬鬥聲。从犬艮聲。"段玉裁注:"今俗用狠爲很,許書很、狠義別。"①

2. 承俗

時俗用字真實地反映了某一時代文字使用的實際面貌,宋刻《池録》也使用了不少時俗用字。如:

微、徴

《先天圖》直是精微,不起於康節。(卷28頁69B)

此四件物事有箇精粗顯微分别。(卷28頁71B)

此爲晏淵録,今本"微"作"徴"。

今人徴有所得,欣然自以爲得。(卷37頁31A)

此爲曾祖道録,今本"微"作"徴"。《字彙》:"徴,俗微字。"②

徃、往

如曰"利涉大川",是利於行舟也;"利有攸徃",是利於啓行也,《易》之書大率如此。(卷29頁14A)

此爲襲蓋卿録,今本"徃"作"往"。

自脩身以徃,祇是如破竹然,逐節自分明去。(卷30頁7B)

此爲廖謙録,今本"徃"作"往"。《正字通・彳部》:"往,俗作徃。"

---

① "很"由"不聽從"義引申有"兇惡"義,又進一步虚化發展爲程度副詞。"很"的"不聽從"義後漸消失,而"兇惡"義多作"狠"。"狠"的本義"犬鬥聲"後漸消失而引申有"兇惡殘忍,不留情"義,亦可作副詞,表示程度深。

② 又作"微"。據《宋元以來俗字譜》載,《通俗小説》《太平樂府》作"徴"。

冦、寇

"不利爲冦。"冦衹是要去害它,故戒之如此。(卷28頁17A)

此爲曼淵錄,成化本同,徽州本作"冦",今本作"寇"。《正字通·宀部》:"寇,俗作冦。"

恠、怪

凡事衹是尋簡當然,不必過求,過求便生鬼恠。(卷38頁103B)

此爲沈僩錄,"恠"成化本同,今本作"怪"。恠,《玉篇·心部》:"恠同怪,俗。"《正字通·心部》:"恠,俗怪字。"

倐、倏

如此讀將去,將久自解踏着他關捩子,倐然悟時,聖賢格言自是句句好。(卷27頁7B)

此爲黃義剛錄,"倐"成化本同,今本作"倏"。《龍龕手鑑·人部》:"倐,倐忽,疾也。"《字彙·人部》:"倐,俗倏字。"

赹、趍

如人赹養家一般,一日不去赹,便受飢餓。(卷30頁1A—B)

赹,《玉篇·走部》:"赹同趍,俗。"

鬨、鬭

又問:"'鄉鄰有鬨者,雖閉户可也',此便是用權。若鄉鄰之鬨有親戚兄弟在其中,豈可一例不救?"(卷38頁89A)

此爲沈僩錄,今本"鬨"作"鬭"。《切韻·侯韻》:"鬭,通俗作鬨。"

歸、歸

太祖軍法曰:"一階一級,皆歸服事之儀。"(卷27頁29B)

此爲黃義剛錄,今本"歸"作"歸"。歸,據《宋元以來俗字譜》載,《列女傳》《白袍記》《東牕記》作"歸"。

夢、夢

據文勢時,"甚矣,吾衰也"是一句,"久矣,吾不復夢見周公"是一句。惟其久不夢見,所以見得是衰。若衹是初不夢見時,也未

見得衰處。(卷27頁57B)

此爲黃義剛録,例中三處"夣",今本皆作"夢"。《正字通·人部》:"夣,俗夢字。"

覇、霸

或問:"'雖由此覇王不异矣',如何分句?"先生曰:"祇是'雖由此覇王不异矣',言從此爲覇……盡分付與他。"(卷29頁19A)

此爲襲蓋卿録,例中三處"覇",今本皆作"霸"。覇,《廣韻·禡韻》"霸":"覇,俗。"《字彙·西部》:"覇,本从雨,俗从西。"邵博《河南邵氏聞見録》卷二〇載,王荆公晚喜《字説》。客曰:"霸字何以從西?"荆公以西在方隅主殺伐,累言數百不休。或曰:"霸從雨,不從西也。"荆公隨輒曰:"如時雨之化耳。"

㛮、嫂

或問:"'執中無權'之'權',與'㛮溺援之以手'之'權'微不同否?"曰:"'執中無權'之'權'稍輕,'㛮溺援之以手'之'權'較重,亦有深淺也。"(卷38頁88B)

此爲沈僩録,例中二處"㛮",今本皆作"嫂"。《説文·女部》:"嫂,兄妻也。从女叟聲。"邵瑛《群經正字》:"經典多作嫂。《五經文字》云:《説文》作嫂,隸省作嫂。"又據《集韻·晧韻》:"嫂,或从叟,俗从更。"

叅、參

王介甫嘗作一篇《兵論》,在書院中硯下,是時他已叅政。(卷27頁19A)

此爲黃義剛録,今本"叅"作"參"。參,據《宋元以來俗字譜》載,《目連記》《嶺南逸事》作"叅"。

這些時俗用字中有的沿用至今,成爲規範的簡化字。如:

盖、蓋

禪家最説得高妙去,盖自莊老來,説得道自是一般物事,閴閴在天地間。(卷30頁7A)

此爲廖謙録,今本"盖"作"蓋"。《正字通·皿部》:"盖,俗蓋字。"今以"盖"爲簡體規範字。

脉、脈

人之一身,推其所自,則必有本,便是遠祖,畢竟我是它血脉。(卷27頁60A)

此爲黄義剛録,今本"脉"作"脈"。

今却説二五相見,却揍不著他這語脉。(卷28頁8B)

此爲夏淵録,今本"脉"作"脈"。檢《説文》云:"𧖴,血理分衺行體者。从𠂢血聲。脈,𧖴或從肉。衇,籒文。"又檢《玄應音義》卷二二釋《瑜伽師地論》第二十七卷筋胍之胍:"亡厄反。《説文》:肉之力曰筋。或作脉,俗字體。"《慧琳音義》卷二釋《大般若波羅蜜多經》第五十三卷筋脉之脉:"盲伯反,俗字也。《周禮》:以鹹養脉。《説文》云:血理之分行於體中謂之脉。从血从𠂢作衇,或作𧖴,並正體字也。"又卷八〇《開元釋教録》第一卷鍼脉之脉:"萌伯反。賈注《國語》云:𧖴,理也。《説文》云:𧖴血謂之分衺,行於體者也。从𠂢血聲。𠂢音魄賣反。録文从豕作𧖴,非,俗作脉,通。"據玄應和慧琳所釋,脉爲衇、𧖴的俗寫,又作脈,經中又誤寫作胍、𧖴。今以"脉"爲"血脈"義的簡體規範字。

属、屬

如文、景恁地,後來海內富庶之属,豈不是"勝殘去殺"。(卷27頁8B)

此爲黄義剛録,今本"属"作"屬"。

三省吏人自分所属。(卷38頁8B)

此爲沈僩録,今本"属"作"屬"。《廣韻·燭韻》:"屬,付也,足也。属,俗。"今以"属"爲簡體規範字。

又如:着、著、弃、棄、据、據等。

二　繁化與簡化

漢字是表意文字,漢語依靠形體差異來清晰地區分一個個不同的詞。文字作爲一種工具,人們對它的要求是精確有效同時又方便省力。精確有效跟方便省力是一對矛盾,正是這一矛盾推動著漢字的古今演變。就書寫而言,人們總是希望符號簡單易寫,而就認讀而言,人們又總希望符號形象易識。"看"的易於辨識與"寫"的方便省力形成漢字古今演變中的趨繁與趨簡。繁化使字與字之間差異增大,容易辨認,然而又會造成難寫;簡化使字的筆畫減少,易於書寫,然而又會造成難認。漢字的演變主要是尋求簡繁適度的調節,在漢字發展的每一個階段都既有一部分字減少筆畫,又有一部分字增多筆畫。宋刻《池錄》的用字既有趨繁的繁化,也有趨簡的簡化,具體表現爲偏旁部件的增省等。簡省或合并部件筆畫反映了漢字發展過程中的簡化趨勢,即在不影響文字交際功能的前提下省略字形中的一些冗餘信息。增添相關部件筆畫則反映了漢字發展過程中的繁化趨勢,即提供更多的理據信息以利區別和辨識。

1. 省筆

省筆如:着、著

曰:"這箇誠意,祇是要着實用力,所以下'立'字。"(卷29頁7B)

此爲龔蓋卿録,今本"着"作"著"。

離着善,便是惡。(卷30頁12A)

此爲廖謙録,今本"着"作"著"。

裵、裹

"革言三就",言三番結裵成就。(卷28頁39B)

此爲晏淵録,今本"裵"作"裹"。

《龍龕手鑑·衣部》:"裵,裹俗字。"

奠、冀

如堯舜所都奠州之地,去北方甚近。(卷38頁4A)

此爲沈僩録,今本"奠"作"冀"。

強、强

不飢不渴而強飲食之,終無益也。(卷37頁6A)

此爲曾祖道録,今本"強"作"强"。

又如：尔、尔，氷、冰，流、流，喪、喪，貟、員，圓、圓，賛、贊，偺、僭等。

2. 增筆與增旁

增筆如：竺、竺

用之問："天竺國去處又却極闊？"曰："以崑崙山言之，天竺直崑崙之正南，……今中國在崑崙之東南，而天竺諸國在其正南。"（卷38頁100B—101A）

此爲沈僩録，例中三處"竺"徽州本、成化本皆同，今本作"竺"。

篡、簒

朱温由宣武節度使篡唐，疑忌他人，自用其宣武指揮使爲殿前指揮使，管禁衛諸軍。（卷38頁6B）

此爲沈僩録，今本"篡"作"簒"。厶增筆作么的還有"私"作"私"。《改併四聲篇海·禾部》引《四聲背篇》："私，與私義同，不公也。"《干禄字書》："私私，上俗下正。"明抄本《池録》"私"作"私"。

又如：奭、奭等。

增旁如：慾、欲

大抵人能於天理人慾界分上立得脚住，則儘長進在。（卷37頁29A）

此爲曾祖道録，"慾"徽州本、成化本、今本皆作"欲"。

主敬時私慾全不萌，此固是仁。（卷38頁56A）

此爲沈僩録，"慾"成化本、今本皆作"欲"。

清邵瑛《説文解字群經正字》："此字經典本多不誤，然往往有作'慾'者。""《説文》無'慾'字，統當作'欲'爲正。"

雙、雙

又問："孫宣公力言雙字謚之非，不知雙字謚起於何時。"曰："……如雙字謚，自周已是如此了，如威烈王、慎靚王皆是。"（卷27頁18B）

此爲黄義剛録，例中三處"雙"，諸本皆作"雙"。《字鑑·江韻》:"雙,俗作雙。"

3. 變筆

變筆如:吅、叫

如這刀有此鋼則能割物,今吅割做鋼却不得。(卷27頁16A)

此爲黄義剛録,"吅"成化本同,今本作"叫"。吅,《龍龕手鑑·口部》作爲"叫"的俗字。

几、凡

几有一物必有一箇則,如"羹之有菜者用梜"。(卷30頁37B)

此爲廖謙録,今本"几"作"凡"。

汙、污

如楊氏"汙樽抔飲"之説,他是就儉説,却不甚親切。(卷27頁2A)

此爲黄義剛録,今本"汙"作"污"。

水有清汙,故珠或全見,或半見,或不見。(卷29頁21B)

此爲襲蓋卿録,今本"汙"作"污"。《正字通·水部》:"污,污、汙、洿同。本作污。《玉篇》從亏者古文,從于者今文。"

屄、尼

東弗于逮,西瞿耶屄,北鬱單越。(卷38頁101B)

此爲沈僩録,今本"屄"作"尼"。

絲、絲

精研義理,無毫釐絲忽之差,入那神妙處,這便是要出來致用。(卷28頁61B)

此爲晏淵録,今本"絲"作"絲"。

又如:諫、諌,曾、曽,叚、段,處、處,衺、衺等。

三 正體與异體

文字不是由一人一時一地之作,而是由人民群衆共同創造的。漢字在由甲骨文到楷書的演化過程中,一字往往有多種寫法。確定其中一種爲正體後，其餘的與正體字音義皆同而筆畫、結構、部位不同的字體就是异體字。就結構而言，宋刻《池録》的用字既有換位，又有換旁。

1. 換位

宋刻《池録》字形多爲上下結構，今本演變爲左右結構。如：

畧、略

書坊印得《六經》，前面纂圖子，也畧可觀。（卷27頁36A）

此爲黄義剛録，今本"畧"作"略"。

槩、概

大槩論功效是如此。（卷27頁8B）

聖人論功効亦是大槩如此。（卷27頁9A）

此爲黄義剛録，今本"槩"作"概"。

胷、胸

但是有這般見識，有這般心胷，積累做將去，亦須有効。（卷27頁9A）

此爲黄義剛録，今本"胷"作"胸"。

又如：峯、峰，竈、鼇，羣、群，棊、棋等。

也有宋刻《池録》爲左右結構，今本演變爲上下結構。如：

讎、讐

謂復百世之讎者亂說也。許五世復讎者，謂親親之恩欲至五世而斬也。謂《春秋》許九世復讎，與《春秋》不譏、《春秋》美之之事，皆解《春秋》者亂說也。（卷38頁89B—90A）

此爲沈僩録，今本"讎"作"讐"。

壅、壅

如一粒菜子，中間含許多生意，亦須是培壅澆灌，方得成。……正如菜子無糞去培壅，無水去澆灌也。（卷27頁35A）

此爲黄義剛録，今本"壅"作"壅"。

2. 換旁

宋刻《池録》與今本相較形成正體與异體不同的換旁字有換

形旁的,有換聲旁的。人的認知的基本範疇給換形旁異體字的産生提供了可能和必要的基礎。範疇的邊界是模糊、不明確的,所有範疇都是模糊範疇,各個範疇在邊緣上會與其他範疇互相重疊、互相交叉。相鄰範疇的重疊、交叉是人類認知方式的體現。每個字的形旁基本上具備了自己區別於其他字的特徵,又因與相鄰範疇重疊交叉而改換形旁。宋刻《池録》與今本相較互异的字有義近或形近而換形旁的。如：

嘆、歎

嗟嘆久之。(卷37頁4B)

此爲曾祖道録,今本"嘆"作"歎"。

西伯聞之竊嘆。(卷38頁1B)

此爲沈僩録,今本"嘆"作"歎"。

甞、嘗

某甞論"未發之謂'中'"字,以爲在中之義,南軒深以爲不然。(卷30頁2B)

此爲廖謙録,今本"甞"作"嘗"。

悮、誤

聖賢言論何曾悮。(卷30頁4B)

此爲廖謙録,今本"悮"作"誤"。

覩、睹

"萬物覩"之"覩",便是"見"字。(卷28頁8A)

此爲夐淵録,今本"覩"作"睹"。

疋疋、疏

"予決九川,距四海"了,却逐旋爬疋疋小江水,令至川。(卷29頁2B)

此爲襲蓋卿録,今本"疋疋"作"疏"。考《説文》作疏,《睡虎地秦簡》作疎,《淮源廟碑》作疋疋,俗寫省筆作"疋疋"。俗寫又換聲旁作"疎"。《廣韻·魚韻》:"疏,俗作疎。"疋、足皆有"腳"義。

《說文·疋部》:"疋,足也。"如:

祗做放那裏,信也得,不信也得,無許多氣力分疎。(卷27頁71B)

陡、陡

《陰符經》説"天地之道浸,故陰陽勝"。"浸"字最下得妙,天地間不陡頓恁地陰陽勝。(卷28頁60A)

此爲晏淵録,今本"陡"作"陡"。

帋、紙

且如得一片帋,便來一片帋上道理行之,可也。(卷32頁1A)

此爲潘履孫録,今本"帋"作"紙"。

飜、翻

若祗把在手裏飜來覆去,欲望之燕,之越,豈有是理!(卷31頁2B)

此爲孫自修録,徽州本、成化本、今本"飜"皆作"翻"。

須是踏飜了船,通身都在那水中,方看得出!(卷38頁57B)

此爲沈僩録,"飜"成化本同,今本作"翻"。

飜,《玉篇·飛部》:"飜,亦作翻。"

効、效

《注》云"蓋遷國以圖存者,權也;効死勿去者,義也"。(卷38頁89B)

此爲沈僩録,"効"徽州本、成化本同,今本作"效"。

祗看他功効處,又何必較量道聖人之効是如此,善人之効是如彼?(卷27頁8B—9A)

此爲黃義剛録,例中三處"効"今本皆作"效"。《玉篇·力部》:"効,俗效字。"

愽、博

今人務愽者,却要盡窮天下之理。(卷27頁13A)

此爲黃義剛録,今本"愽"作"博"。

如是爲仁必須"愽施濟衆",便使"中天下而立,定四海之民"

如堯舜,也做不得,何况蓽門圭竇之士!(卷37頁6B)

此爲曾祖道録,"愽"徽州本、成化本同,今本作"博"。《正字通·心部》:"愽,俗博字。"

猫、貓

如猫兒狗子,飢便待物事喫,困便睡。(卷27頁52A)

此爲黄義剛録,今本"猫"作"貓"。

又如:托、託,註、注,皷、鼓,髣、彷,髴、彿,偶、耦,迹、跡,唯、惟,揔、總,況、况,捄、救,徧、偏,遍、徧,郷、卿,腳、脚,羇、羈,廰、廳,踈、疏,踈、疏,寃、冤,冝、宜,冨、富等。其中有些换旁異體字,如冝宜、冨富、愽博等也可看作形體相近的變筆或誤筆異體字。漢字中口厶、艸木、力刀、冫氵、足止正、宀冖、宀穴、广厂、尔彡、支攴殳夊、又手支、門鬥、巾忄、广疒、西雨、束朿、人女、口言心、口舌言欠、目見、骨肉皮、鳥隹、麥禾黍米、米食、玉金、衣巾、衣糸、衤礻、土田阜、土山石、水雨、韋革、髟毛、犬豸等偏旁往往因義近或形近而混用或替换取代。如:

斜、糾

今仲斜合諸侯,雖也是尊王室,然朝聘貢賦皆是歸己,而命令皆由己出。(卷27頁6A)

此爲黄義剛録,"斜"成化本同,今本作"糾"。考《説文·丩部》:"糾,繩三合也。从糸丩。"糾變筆作斜。《集韻·厚韻》:"斜,絲黄色。"

湏、須

説道"人心惟危,道心惟微",湏是"惟精惟一",方能"允執厥中"。(卷27頁19A)

此爲黄義剛録,今本"湏"作"須"。

今後湏是截下看。(卷37頁1B)

湏要如此做甚?(卷37頁2A)

先生曰:"不湏更添字,又是兩沓了。"(卷37頁2B)

此爲曾祖道録,今本"湏"作"須"。考《慧琳音義》卷五釋"鬚髮"之"鬚"指出:"本作須,今俗從水作湏,非也。"又卷一四釋"鬚髮"之"鬚"重申:"時用須字從水作湏,非也。"湏乃古文沫。《說文·水部》:"沫,洒面也。湏,古文沫从頁。"考《武威漢簡》須作"湏","須"作"湏"爲其時草化俗寫。

恥、耻

及至顛冥於富貴而不知恥,或無義而受萬鍾之禄,便是到利害時有時而昏。(卷38頁29B)

此爲沈僩録,"恥"徽州本同,成化本、今本作"耻"。考《説文·心部》:"恥,辱也。从心,耳聲。"心、止草寫相近,俗寫謁作"耻"。《尹宙碑》作 恥,《譙敏碑》作 耻。耻,《龍龕手鑑·耳部》作爲"恥"的俗字。

冣、最

他又愛説一般冣險絶底話,如引取人到千仞之崖邊,猛推一推下去。(卷37頁15A)

此爲曾祖道録,今本"冣"作"最"。考《説文·冃部》:"最,犯而取也。从冃从取。"段玉裁注:"最,俗作冣。六朝如此作。"《小爾雅·廣詁》:"最,叢也。"胡承珙義證:"最,當從《説文》作冣。《説文》:冣,積也。最,犯取也。本爲二字,後人多混冣爲最,冣字遂廢。"

商、商

後一區爲市,市四面有門,每日市門開,則商賈百物皆入焉。(卷38頁22B)

此爲沈僩録,今本"商"作"商"。

筭、算

數,是筭數,而今人皆不理會。(卷27頁59A)

此爲黄義剛録,今本"筭"作"算"。

脩、修

脩己以敬。(卷38頁42A)

或云:"若論其脩身行己,人所不及。"(卷38頁49A)

此爲沈僴録,今本"脩"作"修"。

闕、闕

如此,終是有欠闕。(卷37頁12A)

此爲曾祖道録,闕,徽州本作"缺",成化本和今本作"闕"。

又如:衛、衞,謐、謚,浒、游,逰、遊,竒、奇,倚、倚,沿、沿,鈆、鉛,筞、策,獮、獺,憪、懶,纏、纒,厘、廛,恐、恐,裼、裼等。

漢語中形聲字占大多數,形聲字中的聲旁起著標識讀音的作用,又藴含有示源的深層語源義。人們通過聲旁認知讀音,讀音相近的不同聲旁標識的讀音在語音的認知上是相似的,宋刻《池録》與今本相較互異的字也有更换聲旁的。如:

聰、聦

曰:"德慧純粹,術知聰明。須有朴實工夫,方磨得出。"(卷32頁4B)

此爲潘履孫録,今本"聦"作"聰"。

世間有人聦明通曉,是禀其氣之清者矣,然却所爲過差,或流而爲小人之歸者;又有爲人賢,而不甚聦明通曉,是又何也?(卷38頁5A)

此爲沈僴録,例中兩處"聦",徽州本同,成化本、今本作"聰"。《正字通·耳部》:"聦,俗聰字。"①

昬、昏

如一鏡然,今日磨些,明日磨些,不覺自光。若一些子光,工夫又歇,仍舊一塵鏡,已光處會昬,未光處不復光矣。(卷30頁11A)

此爲廖謙録,今本"昬"作"昏"。昬,《玉篇·日部》:"同昏。"考《慧琳音義》卷六釋蚊蟲之蚊:"《說文》作䗈。《古文奇字》從昏作䗈,避太宗廟諱,改民從昏也。"據慧琳所釋,唐代避太宗李世民廟諱改"昬"作"昏",宋代則仍用"昬"。以"昬"爲聲旁的字亦同。如:

————————
① 聦,俗寫後也省作"聡"。

農田專主婚、田,轉運專主財賦,刑獄專主盜賊,而刺史總之。(卷38頁17A)

此爲沈僩録,今本"婚"作"婚"。《玉篇·女部》:"婚亦作婚。"

又如:匙、匙等。

宋刻《池録》與今本相較互异的字还有既换形旁又换聲旁的。如:

櫌、耙

治田者須是經犁經櫌,治得無室礙,方可言熟也。(卷27頁1B)

此爲黄義剛録,今本"櫌"作"耙"。

總、摠、緫

然摠而行之,常令此常存,是否?(卷32頁3B)

此爲潘履孫録,今本"摠"作"總"。

曰:"天之付與,其理本不可見,其緫要卻在此。"(卷37頁19B)

此爲曾祖道録,今本"緫"作"總"。

農田專主婚、田,轉運專主財賦,刑獄專主盜賊,而刺史緫之。(卷38頁17A)

此爲沈僩録,今本"緫"作"總"。

緫天地萬物之理,便是太極。(卷29頁19B)

此爲襲蓋卿録,今本"緫"作"總"。

宋刻《池録》與今本相較互异的有些字的形成往往具有相鄰範疇重疊和交叉的綜合性,或既有换旁又有變筆,或既有换旁又有省旁,或既有换旁又有增筆,或既有簡化又有省筆等。如湏、須、柰、奈、辟、辭等。其中有一部分屬由於書體不同形成或由於書寫習慣不同形成的异寫字,①如上文所舉纏、纏、厭、厭等省筆、增筆

---

① 參王寧.漢字構形學講座[M].上海:上海教育出版社,2002.

與變筆字,又如換、换、喚、唤、煥、焕、渙、涣、爭、争、久、久、陷、陥、餡、餡、謟、諂、罵、駡、旣、既、彖、彖、朵、朵、説、说、滛、淫、姬、姫、頤、頣等,這些异寫字形成今印刷體所用舊字形與新字形的异同。

宋刻《池録》與今本相較互异的字中也有由於臨時書寫譌誤形成的。① 如:

貟、貟、負

"失得勿卹",此説失也不須問它,得也不須問它,自是好,猶言"勝貟兵家之常"云爾。(卷28頁32)

此爲晏淵録,今本"貟"作"負"。

人少貟能聲,及少經挫抑,却自悔其太惺惺了了。(卷38頁23A)

此爲沈僩録,今本"貟"作"負"。考《説文·貝部》:"負,恃也。从人守貝有所恃也。一曰受貸不償。"ク、刀形近而作貟,又譌作貟。《集韻·灰韻》:"偣,河神名。或作貟。"

四 新詞的記音

漢語詞語的發展反映了社會的變化,其演變是與社會生活的變化相適應的。這種適應的具體表現就是在傳承已有詞語的基礎上爲新的事物創造新詞和賦於舊詞以新義。宋刻《池録》記載了一些當時出現的新詞新義,這些新詞新義往往先借已有的字來記音,後以約定俗成的字或造新字來表示。如:

湏、哄

東坡則雜以佛老,到急處便添入佛老,相和(去聲)湏(户孔反)瞞人。②(卷38頁47B)

此爲沈僩録,湏,成化本同,徽州本和今本作"傾"。考《集韻》

---

① 趙振鐸《字典論·説譌字》(上海辭書出版社2002年版):"所謂譌字,又稱錯字,它和别字不同。别字是把一個字錯寫成了另外一個字,這個字是存在的。而譌字則是'本無其字,因譌成字'。它是因爲形體相近而錯寫了一個不成形體的'字'。"

② 湏,徽州本同,成化本、王本作"傾"。户孔反,徽州本、成化本、王本爲"户孔切"。

澒,胡貢切,匣母送韻去聲,形容水流轉貌。據注文"戶孔反"似借"澒"的音記當時表"欺騙"的口語詞義,此義後寫作"哄"。

卓、桌

如這桌子,則云若此卓子,非名桌子,是名卓子。(卷38頁64B)

因以兩手量卓邊云:"且如這許多闊,分作四段,被他界限闊,便有差。不過祇在一段界限之內,縱使極差出第二三段,亦祇在此四界之內,所以容易推測;便有差,容易見。"(卷38頁70B—71A)

此兩條爲沈僩錄,例中五處"卓",徽州本同,今本作"桌"。古人席地而坐,家具中祇有低矮的几案,沒有專門供人坐的家具。宋人不再席地而坐,有了專門的坐具,① 几案也隨之加高,於是語言中相應產生了"椅"和"桌"這兩個詞,最早寫作"倚"和"卓"。楊億《談苑》中提到:"咸平景德中,主家造檀香倚卓。"黃朝英《靖康緗素雜記》說到:"今人用倚卓字,多從木旁。"《池錄》的"卓"反映了宋代指稱專門坐具的早期用字。"桌"後又增木旁作"槕"。如今本《朱子語類》卷九五楊道夫所錄:"且如這箇槕子,安頓得恰好時,便是仁。"又"槕子安頓得恰好,祇可言中,不可謂之仁"。

五 學術價值

語言在文字產生之前是一個代代口耳相傳的交際工具,語言在文字產生後又是一個代代通過書面文獻記載相傳的交際工具。同一內容同一文獻的不同年代的版本異文不僅反映了漢語的古今演變,而且也反映了漢字的古今演變。宋刻《池錄》呈宋代用字原

---

① 《韓熙載夜宴圖》中已出現交椅。"椅子"一詞始見於《懷慶府志》載《濟瀆廟北海臺祭器雜物銘》碑陰:"繩床十。注:內四椅子。"玄奘《大唐西域記》提到當時的印度僧眾都坐繩床。繩床是有扶手和靠背的高型坐具。新疆的民豐尼雅曾出土一件晉代坐椅或櫃子的殘骸,上部已經不存,祇有四條腿,腿上有犍陀羅風格的四葉花紋。如確是坐椅,似可證高型坐具至遲在晉代已傳入西域一帶。參佚大鵬《我國古代家具與佛教文化的淵源》,載2012年7月17日《中國民族報·宗教週刊·人文史地》。

生態狀貌,其與今本相較互異的字或多或少反映了不同時間點上記載相同詞義的漢字變或未變的現象,可據以考察相關漢字由未變至已變的演變過程,在漢字發展史研究上具有重要學術價值。如據上文所舉宋刻《池錄》中的"盖、脉、属"等可證宋代已使用這些俗字,又如據上文所舉宋刻《池錄》中"卓"和今本的"桌"可考察指稱坐具用字的演變。再如:

笑、咲

言人常似那震來時虩虩地,便能"笑言啞啞",到得"震驚百里"時,也"不喪匕鬯"。(卷28頁41A)

此爲夓淵錄,今本"咲"作"笑"。

舉坐大咲。(卷30頁17A)

此爲廖謙錄,今本"咲"作"笑"。考《說文·竹部》"笑"下,徐鉉注:"此字本闕。臣鉉等案據孫愐《唐韻》引《說文》,云'喜也。从竹从犬'而不述其義。今俗皆从犬。又案李陽冰刊定《說文》从竹,从夭義,云竹得風,其體夭屈如人之笑,未知其審。"據徐鉉所說,宋代皆用"笑"。考《字統》:"笑,從竹從夭。竹爲樂器,君子樂,然後笑。"段玉裁《說文解字注》稱,"考孫愐《唐韻》序云:'仍篆隸石經勒存正體,幸不譏煩。'蓋《唐韻》每字皆勒《說文》篆體,此字之從竹犬,孫親見其然,是以唐人無不從犬作者。《干祿字書》云:'咲,通;笑,正。'《五經文字》力尊《說文》者,亦作'笑,喜也'。從竹下犬。《玉篇·竹部》亦作笑。《廣韻》因《唐韻》之舊亦作笑,此本無可疑者。"《字統》所釋"蓋楊氏求從犬之故不得,是用改夭,形聲"。① 今檢宋刻《池錄》所載皆作"咲",徐鉉亦指出"今俗皆從犬",孫愐則親見《唐韻》刻作"笑",可證"笑"爲唐宋時的通用字和"笑"作"咲"的書寫變化。

---

① 《說文解字注》,上海古籍出版社1981年版,第198頁下欄。檢《慧琳音義》卷一五釋《大寶積經》第一百一十三卷"蚩笑"之"笑"云:"《說文》闕",又卷七○釋《阿毗達磨俱舍論》第十一卷"笑視"之"笑"引《字林》:"笑,喜也。"也可能《說文》本無"笑"字,唐傳本以《字林》釋"笑"爲《說文》之文。

恊、协

且如舜所謂"朕志先定,詢謀僉同,鬼神其依,龜筮恊從"。(卷27頁75B)

此爲黄義剛録,今本"恊"作"协"。

如所謂:"恊於上下,以承天休。"(卷28頁40B)

此爲夔淵録,今本"恊"作"协"。《説文·心部》:"恊,同心之和。从劦从心。"又《劦部》:"協,衆之同和也。从劦从十。"《字彙·心部》:"恊,同協。"據宋刻《池録》和《字彙》可證"協"後取代"恊",今又簡化作"协"。

荅、答

若是有志朴實頭讀書,真簡逐些理會將去,所疑是真疑,亦有可荅。(卷30頁14B)

此爲廖謙録,今本"荅"作"答"。

祇緣子路問不置,故聖人復以此荅之。(卷38頁42A)

此爲沈僩録,"荅"徽州本、成化本、今本皆作"答"。

考"荅"有"當、對"義。如《書·洛誥》:"奉荅天命。"孔傳:"奉當天命。"《玉篇·艸部》:"荅,都合切,小豆也,又當也。""荅"此義的古字作"畣"。《玉篇·田部》:"畣,都合切,當也,對也,然也,今作荅。"《五經文字·艸部》:"荅,此荅本小豆之一名,對荅之荅本作畣。經典及人間行此荅已久,故不可改。"又考《廣韻·合韻》:"答,當也。亦作荅。""答"也有"應對回話"義。如《論語·憲問》:"夫子不答。"《庄子·知北游》:"非不答,不知答也。""答"此義的古字亦作"畣"。《爾雅·釋言》:"俞、畣,然也。"郭璞注:"畣者,應也,亦爲然。"邢昺疏:"畣,古答字。"又《集韻·合韻》:"答,古作畣。""畣"又作"畗"。先秦時期,"問"與"對"配對使用,至唐五代,"答"漸取代"對"。① 據宋刻《池録》和《爾雅》邢昺疏及《集韻》可證"荅"爲宋時表"當、對"義的通用字,也可用"答"。

---

① 王楓."問答"類動詞語義場的歷史演變[J],内蒙古大學學報,2007(1).

欵、款

自修云："適值先生去國匆匆,不及欵承教誨。"(卷31頁1B)

此爲孫自修録,今本"欵"作"款"。考《説文·欠部》:"款,意有所欲也。从欠,窽省。"段玉裁《説文解字注》:"古款與窾通用,窾者空也。款亦訓空,空中則有所欲也。"《玉篇·欠部》:"款,口緩切,誠也,叩也,俗作欵。"《廣韻·緩韻》:"款,誠也,叩也,至也,重也,愛也,或作欵,俗作欵。"宋刻《池録》所載"欵"似爲介於"欵"與"款"間的俗寫,反映了"欵"變爲"款"的中間狀態。① 《通用規範漢字表》以"款"爲規範字,"欵"爲异體字。

澁、澀

某説,若是讀書尋到那苦澁處,方解有醒悟。(卷27頁43A)

此爲黄義剛録,今本"澁"作"澀"。檢《説文》云:"歰,不滑也。从四止。"又檢《玄應音義》卷一八《雜阿毗曇心論》第一卷歰滑之歰:"又作澁,同。所立反。謂不滑也。字從四止。四止即不通字意也。論文作澀、歮二形,非體也。"《慧琳音義》卷七二釋《阿毗達磨顯宗論》第四卷滑澀之澀:"下森戢反。王逸注《楚辭》云:澀,難也。郭注《方言》云:澀猶吝也。《説文》云:歰,不滑也。从四止。二正二倒。或作澁。論文从水作澀,俗字,非也。"據《説文》所説"從四止"中上面的倒二止後譌變爲二刃,寫作澀。又據玄應及慧琳所釋,又换旁作"澁",也省寫作歮,後又增氵旁寫作"澁",又寫作"澀"。據宋刻《池録》,宋時多用"澁",今省作"澀"。

猒、厭

庸言庸行,盛德之至。到這裏不消得恁地,猶自"閑邪存誠",便是"無射亦保",雖無猒斁,亦當保也。(卷28頁11B)

此爲夐淵録,"猒"徽州本同,成化本、今本作"厭"。考《説

---

① 考《干禄字書》:"欵款,上俗下正。"以"欵"爲俗,"款"爲正。《干禄字書》所載"欵"似爲介於"欵"與"欵"間的俗寫。

文》:"猒,飽也,足也。""厭,笮也。一曰合也。"笮者,迫也。段玉裁《説文解字注》:"猒與厭音同而義异。飽足則人意倦矣,引申爲厭倦、厭憎。""厭之本義笮也,合也。與壓義尚近,於猒飽義則遠,而各書皆假厭爲猒足、猒憎義。猒足、猒憎失其正字,而厭之本義罕知之矣。"猒借厭表厭倦義。據宋刻《池録》和段玉裁《説文解字注》,宋時尚用"猒"表厭倦義。

麄、粗、麁、麤

麄説,祇是中有所主,得道理分明,直前不畏爾。(卷30頁16B)

此爲廖謙録,"麄"成化本作"麤",今本作"粗"。

如此亦是京不子細,乘勢麤改。(卷38頁12B)

此爲沈僴録,"麤"徽州本、成化本作"麄",今本作"粗"。

此四件物事有箇精粗顯微分别。健順,剛柔之精者;剛柔,健順之麁者。(卷28頁72B)

此爲夐淵録,今本"粗""麁"作"麤"。

考《説文·鹿部》:"麤,行超遠也。"段玉裁《説文解字注》:"鹿善驚躍,故從三鹿,引伸之爲鹵莽之偁。《篇》《韵》云:不精也,大也,疏也。皆今義也。俗作麄。今人概用粗。粗行而麤廢矣。"又《説文·米部》:"粗,疏也。"段玉裁《説文解字注》:"《大雅》:'彼疏斯粺。'箋云:'疏,麤也。謂糲米也。'麤即粗,正與許書互相證。""按引伸假借之,凡物不精者皆謂之粗。"又考《集韻·模韻》:"麤,俗作麄。"麄、麁皆爲麤的俗寫。考王念孫《廣雅疏證》釋"粗"云:"粗,曹憲音在户反。《管子·水地篇》云:'非特知於麤粗也,察於微眇。'《春秋繁露·俞序篇》云:'始於麤粗也,終於精微。'《正説篇》云:'略正題目麤粗之説,以照篇中微妙之文。'""麤,倉胡反。粗,在户反。二字義同而音异,故《廣雅》以麤粗並列,《管子》《晏子》《淮南子》《春秋繁露》《漢書》《論衡》諸書皆以麤粗連文,後人亂之久矣。"麤以三鹿重疊會意,本指行超遠,因"鹿善驚躍",故"引伸之爲鹵莽之偁"。粗從米,本指糙米或粗糧,引申則有"凡物不精者皆謂之粗"。麤與粗的詞義本不相同,而引申義相近,故往往通用。據宋刻《池録》所載,宋時麄、粗、麁、麤混用,第一批異體字整理表以"粗"爲正體,"麤"爲異體。《通用規範漢字表》以"粗"爲規範字,"麤"爲異體字。

箇、个

曰:"也便是就事説。不成是心裏如此,臨事又別是箇道理。有這箇心,便有這箇事;因有這个事後,方生這个心。"(卷27頁21A—B)

大槩這兩句,祇是个公與私;祇是一个天理,一个人欲。(卷27頁20B)

讀書,第一莫要先立个意去看他底。(卷37頁6A)

"箇"的本義是竹一枝。考《説文·竹部》:"箇,竹枚也。"引申爲量詞。又據《説文》:"个,箇或作个,半竹也。""个"作爲竹子的計量單位,也引申爲量詞。"個",《説文》未收。《玉篇·人部》:"個,偏也。"鄭玄注《儀禮》云:'俗呼个爲個。'"據宋刻《池録》所載,宋時"个、箇"混用。

才、纔

所謂"仁者先難而後獲",才有計功之心,便都不濟事。(卷27頁53)

此爲黃義剛録,"才"成化本同,今本作"纔"。考《説文·糸部》:"纔,帛雀頭色。一曰微黑色如紺。"《説文·才部》:"才,艸木之初也。"段玉裁《説文解字注》:"才,引申爲凡始之偁。"王筠《説文句讀》:"凡始義,《説文》作才,亦借材、財、裁,今人借纔。"據宋刻《池録》和王筠《説文句讀》,宋時尚用"才"作副詞表"剛剛、剛才"義。《通用規範漢字表》以"纔"爲"才"的繁體字。

什、甚

且道我是什麼人?它是如何人?(卷30頁8B)

此爲廖謙録,今本"什"作"甚"。"什"作疑問代詞時與"甚"通。如《壇經·機緣品》:"師曰:'汝曾作什麼來?'"唐呂岩《勸世》詩:"衣食隨緣,自然快樂;算是甚命,問什麽卜?"又《贈江州太平觀道士》詩:"不知甚麽漢,一任華流嗤。"五代王定保《唐摭言》:"韓愈問牛僧孺:'且道拍板爲什麽?'"今傳本《朱子語類》亦有"甚麽"用例。如卷二〇:"曰:'孝弟不是仁,更把甚麽做仁!'"(473)又卷二三:"某意間非獨將《序》下文去了,首句甚麽也亦去了。"(540)翟灝《通俗編》卷三三釋"什麽":"什麽,當爲'恁麽'之轉,或又作'甚麽'。"據宋刻《池錄》所載,宋代"什麽"已出現,①今"什麽"取代了"甚麽"。

團、摶

莫要一領他大意,便去團撲,此最害事!(卷37頁29A)

此爲曾祖道錄,徽州本、成化本和今本"團"作"摶"。考《説文·手部》:"摶,圜也。从手專聲。"《口部》釋"團"與釋"摶"相同,段玉裁《説文解字注》注"摶"云:"俗字作團。"王筠《説文句讀》亦云:"摶,自是周、秦間團字。"摶、團爲一詞的古今異寫,據宋刻《池錄》和段玉裁《説文解字注》所載,宋代已用"團"作"摶"的俗字。

六　結　語

各個時代的漢字使用都有各自的正體和异體或俗體。如《説文》的時代以小篆爲正體,异體就是籀、古、或、俗、奇字等,今天以簡化的規範的楷書爲正體,過去的繁體和至今猶在民間流行的俗字就是异體字了。語言是約定俗成的,大多數异體或俗體字是人們在使用中爲了精確易識和便捷省力而或趨繁或趨簡尋求簡繁適度的調節形成的,有些异體或俗體字經過多年的使用而不爲後人沿用,有些當時的俗字或譌字經過多年的使用,往往積非成是,今

---

① 又如黃義剛録:"恁地千鄉萬里來做什麽?都不曉古人之意。且如説召伯既城,'王心載寧,我徒我旅'。恁地帶許多人來,也自是勞苦。古人重民力,又不知不祇用地頭人,却用遠處人做什麽?"(卷27頁67B—68A)

天已成爲正字。如王觀國在《學林》卷一〇"繩疊"條中說:"馬廄之廄,其字從广下從殳,去秋切,後世俗書多誤爲广下既,非也。字爲俗書改其體者甚多,如顧之顾,霸之霸,喬之乔,獻之献,國之国,廟之庙,亂之乱,殺之煞,趨之趋,虧之亏,錢之爻,齊之齐,學之斈,齋之亲,臺之墓,寶之宝,驅之駈,棲之栖,鹽之塩,甕之瓮,總之怱,麥之麦,兔之兎,遲之遅,著之着,栗之栗,繩之縄,飯之飣,備之俻,凡此皆流俗不曉義理者咸用之,而字書如《廣韻》《集韻》,亦有取而附在正字之下者,皆非法也。如世俗書蠶字作蚕,蚕乃音腆也;書舡字作舡,舡乃音江也;書本字作夲,夲乃音滔也;書體字作体,体乃音坋也;關字作関,関乃音卞也;書商字作啇,啇乃音的也;書須字作湏,湏乃音古文頮字也。又如宜、冥、富、寇皆從宀,而俗書爲冝、冥、冨、冦。冲、況、梁、涼皆從水,而俗書爲沖、况、梁、凉。廚、廳皆從广,而俗書爲厨、廳。博、協皆從十,而俗書爲愽恊。凡此類皆失字之本體者也。"[1]其中霸、齐、斈、亲、墓、駈、塩、怱、兎、飣、俻、遅、舡、関、啇、湏、愽、恊等今未沿用,乔、献、庙、乱、趋、宝、瓮、麦、栗、蚕、体、冲、况、凉等今已成爲正字。上舉宋刻《池錄》中的异體或俗體字也同樣如此,既有省變部件筆畫,又有添加部件筆畫,從中可見唐以來雖有推行文字規範的《五經文字》和《干祿字書》等提供標准字體,但日常使用中,著述者圖簡圖便而用俗字且往往帶有個性化色彩,書寫雕版者又圖快圖省也習用俗字。正體祇是相對异體或俗體而言,在漢字的使用中,正體與异體或俗體之間始終保持著一種互動互變的關係,形成了漢字歷時的演變,而約定俗成尋求簡繁適度的優化選擇,則貫穿古今漢字的整個演變過程。

漢字的發展是漸變的和累積性的,既有承古承俗的沿用,又有趨繁趨簡的選擇,二者並存是常態,其結果就是新舊歷史層次成分的叠置,共時平面上的用字就其來源而言蘊含著歷時的積澱和優

---

[1] 王觀國.學林[M].北京:中華書局,1988:327.

化。與詞彙的古今演變相似,①漢字在由古至今的發展中亦有變,有不變,有變化大的,有變化小的,而爲什麽變,怎樣變則既有其自身的發展規律,又有不同時代不同地域不同文化不同階層的人們用字取捨的價值取向。漢字的古今演變大致上體現了手寫用字⟵⟶刻印用字和社會各階層間趨雅用字⟵⟶趨俗用字的叠加共存與整合融和。

---

① 參徐時儀.論漢語文白演變雅俗相融的價值取向[J].上海師範大學學報2013(5).

類型學視野中的自源文字研究芻議*

上海外國語大學國際文化交流學院　朱建軍

内容提要： 類型學視野中的自源文字研究，將主要通過綜合、比較，歸納並探尋人類自源文字的類型特徵和蘊含的某些普遍現象。目前研究界顯露出的普通文字學與比較文字學意義上的共性意識和類型意識的淡薄，嚴重地影響了自源文字的深入研究。在各自源文字孤立研究已取得越來越大成績的今天，在共性意識和類型意識的觀照下對其進行深入研究是一個目前亟需開展而又有可能開展的課題。

關鍵詞： 類型學　自源文字　意義　現狀　設想

一　引　言

語言類型學在語言研究界得到了越來越多的重視，衆多學者運用語言類型學理論在語法、詞彙、語義、語音等研究領域取得了令人矚目的成果[①]，語言類型學已經成爲語言學中的一門"顯學"[②]。學術界目前關注的語言類型學已不再滿足於對語言的分類，而是將語言共性作爲自己追求的目標，語言類型學已被看成"是語言學的

---

*　上海市哲學社會科學規劃課題(項目編號：2014BYY006)、教育部人文社會科學規劃基金項目(項目編號 17YJA740077)、上海外國語大學青年教師科研創新團隊(項目編號：QJTD14LQN01)、上海外國語大學校級規劃基金項目(項目編號：2010114034)。

① 江軼.國際當代語言類型學發展動態[J].現代外語,2006(3).

② 金立鑫.語言類型學——當代語言學中的一門顯學[J].外國語,2006(5).

一種分支,也是語言學的一種學派"。①

與此形成顯明對照的是,在文字學研究界,類型學的研究主要仍側重於對文字的分類和歸類的研究。如果以石毓智先生歸納的語言類型學發展所經歷的"三個階段"②爲衡量標準的話,目前的文字類型學研究總體上還處於"第一階段"。換句話說,文字類型學的研究還有很長的路需要走且可以走,還有向"第二階段""第三階段"發展的必要和可能,其研究的前途是"光明"的。

本文將就文字類型學理論與自源文字(即獨立發生的文字)研究的結合談一些粗淺的想法,以期引起學界對相關問題作更多、更深入的思考和研究。

在進入正文之前,我們有必要對本文所涉及的"自源文字"作一簡單的說明。

在人類文字史上,自源文字的數量屈指可數。楔形文字、埃及聖書字、漢字這"三大古典文字"③以及南美洲的瑪雅文都是自源文字的典型,而在我國异彩紛呈的民族文字大家庭中,亦不乏諸如東巴文、彝文、爾蘇沙巴文、坡芽文字、水文等具有各自顯明特色的純自源文字或含自源成分的文字系統。本文所涉及的自源文字包括(但不限於)上述諸種文字系統。

二 研 究 意 義

類型學視野中的自源文字研究,將主要通過綜合、比較,歸納并探尋人類自源文字的類型特徵和蘊含的某些普遍現象。

開展類型學視野中的自源文字研究具有一定的理論意義和實

---

① 劉丹青.語言類型學與漢語研究[J].世界漢語教學,2003(4).
② 石毓智先生將語言類型學的發展分爲三個階段:第一階段主要是根據語言的表層結構對語言進行分類;第二階段是研究跨語言的句法特徵的相關性規律;第三階段是語言共性形成的機制。(此說見石毓智.漢語研究的類型學視野[M].南昌:江西教育出版社,2004:4-5.)
③ 周有光.世界文字發展史[M].上海:上海教育出版社,1996.

踐意義。這一研究不僅可以解決普通文字學和比較文字學領域的一些理論問題,而且還能爲至今未能很好解決的某些具體文種的發生、來源、性質、關係等問題提供可靠的依據。其研究意義,具體來講至少體現在以下幾個方面:

1. 有助於深化對人類自源文字整體狀況的認識

學術界對各自源文字的孤立研究已開展得日益深入,但對自源文字整體狀況的把握尚顯不够。而引入類型學的視野,將幫助我們從整體上去認識人類自源文字産生的動力、來源系統、性質和語言的關係等方面的普遍規律。

2. 有助於把握自源文字的發展脉絡及演變規律

人類自源文字的命運各异,有的已完全湮没在歷史長河中,有的則改頭换面以新的面目延續著,有的則始終散發著勃勃生機,個中緣由需要我們去積極探尋,而類型學的視野爲我們提供了一個新的切入點。此外,類型學視野對於我們更好地認識文字的傳播和接觸規律亦具有積極的意義。

3. 有助於科學地認識具體自源文字的特點

學術界對於具體自源文字的孤立研究著力最多,同時也取得了豐碩的成果,但由于缺少類型學的視野,具體自源文字的某些特點或者還没有被發現,或者還有待進一步挖掘的必要。

如有"文字活化石"之稱的東巴文,根據目前的研究,其造字法與其他自源文字有很多相同之處,但"義借"造字法[①]目前還無法確定在自源文字中是否具有普遍性[②];東巴文跟其他較爲早期的自源文字一樣存在著大量的异體字,但其中有一種屬"語境

---

① 王元鹿.漢古文字與納西東巴文字比較研究[M].上海:華東師範大學出版社,1988:50-51.
② 丁椿壽先生曾提出彝文中也存在義借造字法,(見丁椿壽.彝文論[M].成都:四川民族出版社,1993:108-112.)但是丁先生所舉的例子似乎更多是由於詞義的引申所導致的,與王元鹿先生所說的義借造字法有本質上的區别。

异體字"①②③,這是一種會"隨著語言環境的不同而用不同取像的字符來記録不同事物且具有共同核心語義"的异體字,雖已有學者在漢字异體字研究中也注意到了類似的异體現象,④但其是否具有更普遍的類型學的意義還有待進一步的證實。

再比如,我們曾對552組滇川黔桂四省區的同義彝文作過調查統計,發現没有出現一個真正的形聲字,最多衹能認爲是出現了極少量的"准形聲字",⑤彝文作爲一種能完整記録語言、較爲成熟的意音文字却没有出現真正意義上的形聲字,其背後隱藏的深層次的原因值得我們探尋。

而類型學理論的引入,對於回答上述諸例的疑問,或許能爲我們提供一個較好的視角。

4. 有助於拓展類型學理論在文字學研究領域運用的深度和廣度,進一步改善目前在文字學研究界較爲普遍的衹重孤立研究而輕視跨文字比較研究的現狀

目前在中國的文字學研究界,漢字研究是主流,而從事中國少數民族文字研究和國外民族文字研究的學者則相對較少,而將多種文字同時納入研究視野的學者則更是少之又少。

蔣善國的《中國文字之原始及其構造》⑥、周有光的《世界文字發展史》⑦和《比較文字學初探》⑧、王元鹿的《漢古文字與納西東

---

① 鄧章應,白小麗.納西東巴文語境异體字及其演變[J].中央民族大學學報(哲社版),2009(4).
② 白小麗.對語境异體字的認識及其實質[C]//華西語文學刊(第五輯).成都:四川文藝出版社,2011.
③ 白小麗.東巴文語境异體字類化的途徑和方式[J].西北民族大學學報(哲社版),2011(7).
④ 張再興.金文語境异體字初探[J].蘭州學刊,2012(7).
⑤ 朱建軍.對滇川黔桂四省區彝文的若干認識——以對552組同義彝文相關調查的結果爲基礎[C]//中國文字研究(第十二輯).鄭州:大象出版社,2009.
⑥ 蔣善國.中國文字之原始及其構造[M].武漢:武漢古籍書店影印,1987.
⑦ 周有光.世界文字發展史[M].上海:上海教育出版社,1997.
⑧ 周有光.比較文字學初探[M].北京:語文出版社,1998.

巴文字比較研究》①《普通文字學概論》②和《比較文字學》③、喻遂生的《納西東巴文研究叢稿》④和《納西東巴文研究叢稿（第二輯）》⑤，拱玉書、顔海英、葛英會的《蘇美爾、埃及及中國古文字比較研究》⑥、鄧章應的《西南少數民族原始文字的產生與發展》⑦等則可以看作目前國内跨文字研究的集大成之作。

上述學者在相應的論著中進行跨文字研究時均具有較强的共性意識和類型意識，在探求文字共性的同時也注重個性的揭示。但我們同時也不難發現，在目前的跨文字研究中，類型學的理論還未被明確提出，在相關研究中還有進一步強化共性意識和類型意識的必要。如果我們能成功地將類型學理論與自源文字的研究相結合，必能進一步推動類型學理論在文字學研究中運用的深度和廣度，也必能進一步拓展文字學的研究視野。

5. 有助於推動建立文字類型學研究的理論框架

目前的文字類型學的研究主要熱衷於文字的分類和歸類研究，對文字的類型特徵和普遍現象的考察還需加强，對類型特徵和普遍現象的形成機制的探究亦需深入。可以説，目前還没有形成一套真正行之有效的進行文字類型學研究的理論框架。我們將類型學理論與自源文字研究相結合，主要目的是爲了探尋自源文字的類型特徵和普遍現象，其次是爲了初步形成一套具有一定的普遍適用性的文字類型學研究方案，從而進一步推動建立一個普通文字學和比較文字學意義上的文字類型學研究的

---

① 王元鹿.漢古文字與納西東巴文字比較研究[M].上海：華東師範大學出版社，1988.
② 王元鹿.普通文字學概論[M].貴陽：貴州人民出版社，1996.
③ 王元鹿.比較文字學[M].南寧：廣西教育出版社，2001.
④ 喻遂生.納西東巴文研究叢稿[C].成都：巴蜀書社，2003.
⑤ 喻遂生.納西東巴文研究叢稿（第二輯）[C].成都：巴蜀書社，2008.
⑥ 拱玉書，顔海英，葛英會.蘇美爾、埃及及中國古文字比較研究[M].北京：科學出版社，2009.
⑦ 鄧章應.西南少數民族原始文字的產生與發展[M].北京：人民出版社，2012.

理論框架。

6. 有助於繼承和弘揚中華民族乃至全人類的優秀文化傳統

本文所涉及的自源文字,包括國内和國外兩部分,國内的自源文字主要有漢字、東巴文、彝文、爾蘇沙巴文、坡芽文字、水文等,國外的自源文字主要有楔形文字、埃及聖書字、瑪雅文等。這些自源文字有的已屬"死文字",有的則屬"瀕危文字",有的則仍散發著勃勃生機。我們在進行類型學視野中的自源文字研究時,將首先運用信息化的手段,把這些自源文字的文字材料和相關信息製作成使用便捷的電子資料庫,這一資料庫的建立對於保存上述自源文字的相關材料,保護和弘揚國内外相關民族的優秀文化具有積極的作用。

三 相關研究現狀簡評

目前研究界對自源文字的研究主要以孤立研究爲主。經過國内外學界前輩的努力,我們對上述自源文字各自的性質、功能、結構、形態等問題已經瞭解得較爲充分。更爲可貴的是部分學者(如上文提到的蔣善國、周有光、王元鹿、喻遂生、拱玉書、鄧章應等)開始注意到基於兩種或少數幾種文字進行跨文字比較研究的重要性。但是,在看到研究界已取得的輝煌成果的同時,我們不難發現,面對表現各異的諸多自源文字,基於孤立或少數文字間的比較研究歸納出的某些自源文字的特點有時難免會顯得片面。爲了能更爲準確、更爲客觀地認識自源文字的共性和個性,我們有必要對其類型特徵及普遍現象進行考察。

目前研究界顯露出的普通文字學與比較文字學意義上的共性意識和類型意識的淡薄,嚴重地影響了我國乃至世界的民族古文字的深入研究。缺少類型學視野的文字研究使我們很難用相關成果去彌補和完善普通文字學理論的不足。

可以說,在類型學理論在語言學研究領域中取得愈來愈大成績的今天,共性意識和類型意識觀照下的文字學研究就顯得愈加滯後。就人類自源文字而言,對各文字的孤立研究雖已取得較大成績,但是對這些自源文字間的系統的比較研究却相對欠缺,目前仍處於起步階段,其水平遠遠落後於各文字系統的孤立研究,而通過大規模跨文字的綜合比較對自源文字的類型特徵和普遍現象進行考察則更是少人問津。在共性意識和類型意識的觀照下對自源文字進行深入研究是一個目前亟需開展而又有可能開展的課題。祇有在這一視角下進行研究,我們對自源文字的認識才能更接近實際,相關結論才能更進一步促進文字類型學理論以及普通文字學理論的成熟和完善。

四 研 究 設 想

我們在進行類型學視野中的自源文字研究時,首先將以計算機信息化手段的介入爲前提,進行自源文字材料的收集和整理,建立含各文種的電子資料庫及電子查詢系統;然後,在共性意識和類型意識的觀照下,借助上述電子資料庫,對自源文字進行系統的綜合比較研究,從而歸納出具有普遍意義的類型特徵。

我們建立的"自源文字電子資料庫"將主要收列古漢字(主要是甲骨文、金文以及考古發現的一些前文字材料)、東巴文(含瑪麗瑪莎文、達巴文)、彝文(滇川黔桂四省區至少各取一個有代表性的點)、爾蘇沙巴文、坡芽文字、水文(自源部分)、傈傈竹書(自源部分)、方塊壯文(自源部分)、楔形文字、埃及聖書字、瑪雅文等自源文字單字的形音義、結構分析、字源和造字理據等内容,并根據需要設計相應的電子查詢系統。在語言類型學的研究中,"廣泛語言的數據對於確定語言共性,即使是先驗的確定,是絕對必要的",[1]在文字類型學研究中也同樣如此。"自源文字電子資料庫"的建立將在最大程度上保證我們所歸納出來的自源文字的共性具有普遍性。

---

① [英]伯納德·科姆里.沈家煊,羅天華譯.語言共性和語言類型(第二版)[M].北京:北京大學出版社,2010.

在建立上述電子資料庫之後,我們將在共性意識和類型意識的觀照下,找到一些具有重大意義的類型參數,借助"自源文字電子資料庫",對自源文字進行系統的綜合比較研究,從複雜而無限的文字現象中歸納出簡明而有限的類型特徵。研究將主要圍繞以下幾個方面展開:

1. 自源文字發生問題的類型特徵

本部分將主要從文字淵源物、"書畫同源"說、文字起源神話、考古發現的前文字材料等方面考察各自源文字發生學上的類型特徵。并試圖將各自源文字看作文字發展史上一個個具體環節,進而由此構擬出自源文字的發生過程。

2. 自源文字和語言的關係的類型特徵

本部分將詳細描述各自源文字在記錄語言時所表現出來的各種不同方式,并勾畫出自源文字和語言之間的種種關係類型。

3. 自源文字結構方式的類型特徵

本部分將運用具有"普遍適用性"[①]的"六書"理論分析各自源文字的結構方式,歸納出各自源文字在結構類型上呈現出的共性和個性,并進而對其進行理論解釋。

4. 自源文字性質的類型特徵

本部分將主要通過對各自源文字性質的歸納,認識其呈現出的共性和個性,并進行理論解釋。

5. 自源文字流播問題的類型特徵

本部分將嚴格區分"文字傳播"和"文字接觸"兩個概念,[②]通過分析所有自源文字的傳播和接觸案例,從普通文字學以及文字史的意義上認識自源文字流播的共性和個性。

6. 自源文字發展模式的類型特徵

本部分將首先把自源文字的發展模式分成兩類:一類是進一

---

① 周有光.六書有普遍適用性[J].中國社會科學,1996(5).
② 朱建軍.從文字接觸視角看漢字對水文的影響[J].貴州民族研究,2006(3).

步的成熟與完善,一類是逐步消亡。并在此基礎上,綜合運用語言學、歷史學、考古學、文化學、人類學等學科的相關知識對各自源文字的不同發展模式進行理論解釋。

上述每一部分的研究均將先進行定量與定性的類型比較,然後在此基礎上探索各文種的共性、聯繫、影響等,并進而深入討論由此引出的普通文字學和文字史上的相關理論問題和實際問題,抽繹總結出自源文字的共性、個性與有機聯繫,從而深化對自源文字自身的認識。

我們在開展上述研究時,在方法上將始終貫串以下幾點:

1. 單一文種的研究與比較研究相結合

從單一文種的材料做起,然後綜合比較這些材料進行深入研究、總結一般規律。

2. 以類型比較爲突破口

從不同的類型參數出發去比較分析自源文字的共性,瞭解每一種自源文字的個性,并抽繹出關於它們發生、發展、文字制度、符號體態等方面的類型特徵。

3. 以相應的電子資料庫作爲探索自源文字共性的有效手段

自源文字的共性僅僅根據一種文字根本無法預言和證實,必須依靠相當數量的文字系統才能使相關結論更具科學性,而積極利用日益成熟的數據庫技術將是本研究得以順利開展的一個有效途徑。

4. 定量統計與定性分析相結合

堅持以科學分析、統計的結果爲基礎的研究方法,讓數據說話,定性的結論必須在定量統計的基礎上得出。

5. 共時研究與歷時研究相結合

將各自源文字看作人類文字史上的各個環節,力求從歷時視角出發處理共時調查的結果,以勾勒出自源文字發展過程圖。

論漢字繁化現象的文字學意義

上海師範大學漢語言文學2014屆畢業生　楊　旎

內容提要：漢字繁化現象是漢字演變發展趨勢中較爲冷門的一類，本文通過分類闡明漢字繁化現象的具體類型，提煉總結其成因與目的，進而結合漢字繁化的保留情況，探討該現象的影響和意義。就過程來看，漢字繁化的具體類型主要爲筆畫構件的增繁和偏旁符號的增繁，由此可以分析出漢字繁化的成因與目的有形、音、義三方面的功能性要求和使用者心理因素尤其是藝術審美心理因素。就結果上看，影響漢字的繁化字形保留與否的因素是繁化的合理性和約定俗成。進而我們可探求得知，在漢字演變發展過程中，繁化與簡化處於同樣重要的地位，客觀來說有著十分明顯的消極意義和影響深遠的積極意義。

關鍵詞：漢字繁化　漢字構形　羨餘

一　緒　論

漢字的繁化，是指漢字的形體由簡單變複雜的一種現象。

作爲漢字演變發展的一個相對"冷門"的變化方面，對漢字繁化現象的研究沒有漢字簡化的研究多，專門分析討論漢字繁化的文章著作則更加少見。在中國知網檢索中，排除人們對新中國成立以來漢字的繁簡問題的研究外，專門研究漢字繁化現象的文章不超過十篇。

與漢字繁化現象相關的文章著作，大致可分爲兩類。

第一類是對漢字繁化現象的專門研究。從對象上看，有以漢字整體的繁化爲考察對象，如陳捷夫的《漢字繁化史簡説》[1]；有以某一特定文字材料爲考察對象，如吳軍蘭所著《敦煌寫本繁化俗字例析》[2]；也有專門針對某一突出的繁化方式類型的研究，如劉建峰所著《論戰國皁部字的增土繁化現象》[3]。從著眼點上看，有著重以例子分析爲基礎來探討繁化的具體方式和分類的，有主要討論漢字繁化現象的成因的，有探討漢字繁化歷史的，也有對漢字繁化現象的成因、分類及影響等均鋪陳叙述的。

對漢字繁化現象的專門研究，其成果良莠不齊，雖時有獨到見解，但失於籠統、流於粗淺的現象仍不少見。主要存在以下幾點不足之處：一，對漢字繁化現象中的關鍵問題存在分歧，如對漢字的成因及具體分類的著眼點不同、標準各异；對漢字的繁化同簡化相比較的主次地位問題存在爭議，如以裘錫圭先生爲代表的學者將簡化看作比繁化更爲重要的、漢字形體演變發展中矛盾的主要方面，而另一些學者則認爲簡化與繁化"同時存在""相輔相成"[4]，二者處於同等重要的地位。二，對漢字繁化現象的成因、分類等方面叙述未做到窮盡和系統，在分析成因時常見以"民族心理文化"來概括漢字結構齊整對稱的原因；在詳述具體分類方式時，許多文章僅羅列增筆畫、增偏旁等較常見的類型，各類彼此間邏輯關係不夠嚴密，且極少有人使用字形表來展現漢字繁化的過程及字形對比。三，對漢字繁化現象同文字引申、分化和假借，以及羡餘、飾筆、俗字等有所交叉重疊的相關現象之間的區別聯繫，許多文章都論述得不甚明晰，甚至出現漢字繁化同文字引申混淆不清的現象。四，

---

[1] 陳捷夫.漢字繁化史簡説[M].2010,3,9. http://club.kdnet.net/dispbbs.asp?boardid=1&id=3293582.
[2] 吳軍蘭.敦煌寫本繁化俗字例析[J].麗水師專學報,1997(1): 31-39.
[3] 劉建峰.論戰國皁部字的增土繁化現象[J].山東大學學報,2011(4): 147-151.
[4] 湯亞平.漢字繁簡的同一性[J].雲南民族學院報,1998(2): 72-73.

忽視對漢字繁化現象的意義的探究,一些文章雖有提及但較爲籠統不夠深入,且同繁化的成因相重複。

第二類則是與繁化相關聯的其他現象的研究。在對漢字形體演變的綜合研究中,繁化作爲其中的一方面被提及,而較爲常見的是將繁化看作漢字形體變化的次要方面而與簡化一同被提及,如裘錫圭《文字學概要》中"漢字發展過程中的主要變化"一節[1]。在羡餘、飾筆、俗字等現象的研究中,繁化作爲相關現象或重要結果而被提及,側面揭示了漢字繁化同這些現象的聯繫與差別,可作對漢字繁化現象研究的補充材料。

本文力求在文後所附漢字繁化字形表的基礎上,對漢字繁化的具體分類做一個儘可能全面而詳盡的闡述,其間明確各定義的義界,并對漢字繁化現象的成因目的及結果影響做出一個系統而前後邏輯關聯的深入研究。

二 漢字繁化的具體類型

漢字繁化包含兩方面內容:形體結構上的筆畫數量的增多;用筆形式上繁難程度的增加。漢字的形體包含字形和字體兩方面,字形指漢字的形態結構,包括漢字的筆畫組合、間架結構等。字體是"漢字的點畫結構在不同歷史時期所表現出來的不同形態"[2],是一個時代漢字的總體面貌的總結,因此在本文中主要探討字形的繁化。用筆形式上繁難程度的增加,主要指在藝術書法意義上的書寫風格的變化,比如先秦時的鳥蟲書、蚊腳書等具有明顯美術化傾向的書體中,具有屈曲盤繞筆法的那些美術字體。後者區別於前者的特徵在於:漢字的筆畫數量沒有增加,改變的是漢字在用筆上的形式的繁難程度,如"王"的篆體字形🅇。事實上,許多漢字形體的增繁是字形結構變化和外形形式變化相伴發

---

[1] 裘錫圭.文字學概要[M].北京:商務印書館,1998:三(二).
[2] 沃興華.中國書法史[M].臺北:臺灣大通書局,1986.

生而產生的結果,如"王"的金文字形🎴。

漢字字形繁化的方式方法主要是增添和改換兩種,而增添包含重複字形的某一部分或者字形整體,改換包含改換字形的部分或者整個字形。

從具體的内容上來看,漢字字形繁化可大致細分如下。

(一) 筆畫構件的增繁

1. 筆畫的增繁

加點。根據加點的具體部位的不同可細分爲:在竪畫或斜竪畫上加點,如"克"的金文🎴加點作🎴,又如"乎"的金文🎴加點爲🎴;在筆畫間的空白部分加點,也即《古文字構形學》中所言"乘隙加點"①,如"玉"字的小篆作王,隸書史晨碑作玉,漢晉西陲簡作玉,又如"土"篆文土加點作隸書土,又如"尚"的甲骨文🎴的八形下部空白處加點作金文的🎴;在閉合的空心結構中填點,如"凶"的金文🎴常寫作🎴,又如"尚"的"口"中加點作金文的🎴;在字形周圍加點,如"土"的甲骨文🎴有作🎴形。

加横。根據加横的具體部位的不同可細分爲:在字形頂端的横上加横,如甲骨文"帝"由🎴繁化作🎴,甚至金文的🎴,"辛"的甲骨文🎴加横作金文的🎴;在字形頂端的竪上加横,如"其"的甲骨文🎴可繁化爲🎴;在字形中間的竪或撇、捺上加横,如"土"的金文🎴加横作篆文土,克的甲骨文🎴加横作簡牘中的🎴,又如"乎"的金文🎴加横作🎴;在貫穿字形的竪的頂端和底端分别加横,如"壬"的甲骨文🎴加横作🎴;在字形的交叉筆畫的上下分别加横,如"五"的甲骨文🎴增繁爲🎴;在字形(尤其是底端爲一横的字形)的底端加横,如"其"的金文🎴加横作🎴,再有加兩横作🎴,

---

① 劉釗.古文字構形學[M].福州:福建人民出版社,2011:346.

又如"孫"的金文⚏可加繁爲⚏和⚏；在字形的中間"乘隙加橫"，如"尚"由甲骨文⚏繁化爲金文的⚏，又如"是"的金文⚏繁化爲篆文的⚏，又如"其"的甲骨文⚏加橫作⚏。

加豎。在字形的中間空隙處加豎，如"五"的甲骨文⚏可寫作⚏，又如"帝"的甲骨文⚏可寫作⚏；在字形的中間"乘隙加豎"，如"尚"的甲骨文⚏繁化爲篆文的⚏，又如"邕"的金文⚏可作⚏；在橫畫兩旁分別加豎，如"方"的甲骨文⚏可增繁爲⚏。

加撇。在字形旁加撇，如"保"的甲骨文作⚏，金文作⚏。

加∨、∧。在豎筆上加∨或∧，如"余"的甲骨文作⚏形和⚏形，又如"民"的金文作⚏形和⚏形。

有一些筆畫的加繁同時又是對原字某筆畫的重複。如"帝"的甲骨文⚏重複頂上橫畫爲⚏，又如"競"的金文⚏重複∨爲⚏。

2. 構件的增繁

構件是由兩筆以上的筆畫構成的較爲固定的結構，常見的增繁構件主要有以下幾種。

加八。在豎畫兩旁增添八形構件，如"余"由甲骨文⚏形增繁爲⚏形，又如"保"的甲骨文⚏增繁爲篆文⚏。

加⚏。在豎筆或斜筆上增添⚏形飾筆，如"萬"由甲骨文⚏增繁爲⚏。

加⚏。在豎筆上增添⚏形構件，如"帚"的甲骨文⚏可寫作⚏。

加⚏⚏。在豎筆周圍增添⚏⚏形構件，如"備"的金文⚏可作⚏。

加⚏或⚏。在字形尤其是底部爲橫畫的字形的底部添加⚏或⚏，如"其"的甲骨文⚏可增繁爲⚏和⚏。

除了以上常見的增繁構件外，還有其他形態的構件，如添加▽或⚏形構件，使"量"繁化爲⚏形或⚏形。

構件的增繁同樣出現了對原字某構件的重複，如"叀"的甲骨文[字形]重複字形的構型成分[字形]而繁化爲[字形]形。還有的繁化是將全字的字形重複，如"五"的篆文[字形]是重複甲骨文[字形]的全字字形而成，又如"得"的甲骨文[字形]是重複甲骨文[字形]的全字字形而成。

一些較爲常見的增繁構件，是由筆畫累增而成的，有著一定的增繁過程，如構件[字形]，在"其"字的增繁中是由[字形]到[字形]到[字形]再到[字形]；又如構件[字形]，在"萬"字的增繁中是由[字形]到[字形]再到[字形]。而一些繁化的字形是由筆畫和構件"叠床架屋"混合叠加而成的，如"餘"字由[字形]加[字形]爲[字形]再加[字形]爲[字形]。

有時，筆畫和構件的界限并不太明顯，如"保"字[字形]，相較[字形]是增添了構型[字形]，而相較[字形]則是增添了撇畫。而"競"字的[字形]形、"民"字的[字形]形所增加的[字形]和[字形]，將其看作筆畫或者兩筆組成的構件，實際上是兩可的。

至於戰國時代那些增添鳥蟲形文飾而成的鳥蟲書，如"王"字的金文[字形]，所增添的鳥形文飾，可大致看作一種特殊的構件。

（二）偏旁符號的增繁

偏旁符號的增繁可分爲兩種情況：偏旁符號的增添以及偏旁符號的改換。

偏旁符號的增添可根據所增内容作以下細分。

1. 增添聲符

增添聲符最主要的情況，是將表意字（象形、會意的字）通過增添音符的方式改造爲形聲字，這樣便改變了該字最初的造字法，劉釗在《古文字構形學》中將之稱爲"變形音化"[1]，如甲骨文"鳳"字[字形]形增添音符"[字形]（凡）"而成[字形]形，象形字被改造爲形聲字；又

---

[1] 劉釗.古文字構形學[M].福州：福建人民出版社,2011：88.

如"寶"的甲骨文作❐形,添加音符"缶"而成篆文❐,會意字被改爲形聲字。

2. 增添意符

根據所增添的意符的不同,此類的具體分類很多,以下是最爲常見的意符增添。

加又、収、手、爫。實際上爲❐、❐、❐、❐等形,是"手"的不同形態,例字有"執"的甲骨文❐加❐作❐、"典"的甲骨文❐加❐作❐、"奉"的篆文❐加❐作❐、"保"的篆文❐加❐作❐。

加止、辵、走、彳、行。如"萬"的金文❐加"彳"作❐,❐加"止"作❐,❐加"辵"作❐。

加土、邑。如"陳"的金文❐加"土"作❐。

加口。如"唯"的甲骨文❐加"口"作金文的❐,又如"聖"的甲骨文❐加"口"作❐。

偏旁的增添有時會有偏旁疊加的情況,如"旟"字的甲骨文本作❐形,從單斤聲,其金文❐形又疊加聲符"认"(即"旗",乃"旗"之初文);又如"得"字的篆文有❐形,又有疊加意符"彳"作❐形。疊加聲符而成的字,即爲所謂的"二聲字"①或"雙聲字"②,也即《説文解字》中的"多聲"。

偏旁累增中有些特殊情況,比如增加的偏旁是原字形中已有的,如"聖"字的甲骨文由❐增繁爲❐,重複了"口"旁;又如"奉"的篆文由❐增繁爲❐,重複了"手"旁;又如"暮"的篆文由❐增繁爲❐,重複了"日"旁;又如"燃"的篆文由❐增繁爲楷書的"燃",重複了"火"旁。偏旁數量不固定,屬异構,是异體字情況的一種。還有的特殊情況爲包含筆畫構件以及偏旁符號的連鎖式混合型累

---

① 裘錫圭.文字學概要[M].北京:商務印書館,1998:157.
② 劉釗.古文字構形學[M].福州:福建人民出版社,2011:89.

增,如"得"字篆文由❏添點爲❏形,又增添"彳"旁爲❏。

偏旁符號增繁的另一種情况是偏旁符號的改换。

偏旁符號的改换主要包括:聲符改换爲另一更複雜的聲符,如"妣"的金文作❏,篆文作❏形,聲符由"匕"改换爲"比";意符改换爲另一更複雜的意符,如"明"字改甲骨文字形❏的"日"旁而作筆畫數量更多的❏的"囧"旁。

某些意符的增繁後來形成了增繁的慣例,如結構中有"人"形的字會加"土"作壬形,如"聖"的甲骨文作❏形,金文作❏形,篆文作❏形;又如"古文字中一些從'辛'的字,後世大多寫成從'辛'"①,如"宰"的甲骨文爲❏形,金文加繁爲❏形;又如結構中有"口"形的字,會在"口"中加點爲"甘"形,如"尚"的甲骨文作❏,其金文有作❏形的。

意符的增添和改换,許多情况下體現了偏旁的通用(或稱代换),如"萬"的金文❏、❏、❏等形,體現了止、辵、走、行、彳等偏旁的通用;又如"得"的篆文❏和❏形,體現了又、寸的通用;又如"莫"的❏、❏、❏等形,體現了中、草、舛、木、林等偏旁的通用。這種因偏旁符號的增繁而導致的偏旁的不固定,實質上屬"异構",是產生异體字的重要途徑。

有些增繁的字形是筆畫構件增繁和偏旁符號增繁共同作用的結果,如"保"由甲骨文❏形增繁爲篆文❏形,既增添了構件八,又增添了"宀"旁。

三 漢字繁化的成因與目的

漢字繁化的成因與目的,可歸納爲以下兩方面。

---

① 劉釗.古文字構形學[M].福州:福建人民出版社,2011:343.

（一）漢字繁化的功能性要求

漢字是記錄漢語的形、音、義相結合的符號，但漢語以及漢字本身都處於不斷的發展變化當中，因而在漢字的形、音、義三個方面，都存在漢字記錄漢語的功能性繁化的需求，籠統來講都是爲了使漢字在這三個方面表達得更爲明確。

1. 彰顯字形

漢字爲彰顯字形而繁化，大致包含以下兩種情況。

強調字的屬性類別。漢字爲了彌補因字形的歷史形體演變，尤其是漢字形體的隸變而造成的字形表意不明確，會增添意符或者改換意符，以強調突出該字的屬性或類別，有時甚至不惜重複原字形已有的意符，如表示燃燒之義的"然"字，篆文原作𤈦或𤌺，從火肰聲，後因漢字隸楷化而使𤌺形下部的"火"演變爲"灬"，使"然"字的字形對不清楚"灬"來歷的普通大衆來說失去了表義能力，因而早在徐鉉的時代便已出現增添"火"旁突出"燃燒"之義的俗體"燃"。戰國文字中，常出現增添土、阜的字，"姓氏字多可加邑旁繁化，成爲專字"①，"地名字多可加邑、土二旁繁化成爲專字"②，其中有一些字還同時擁有邑、土二旁，如增繁過後的"陳"的金文字形𨹸。

增加漢字形體的區別性。主要的情況有兩種：其一，對形體結構相近的兩字，在其中一字的字形中添加區別符，在漢字尤其是早期漢字中，有不少形近字，如"玉"的古文字字形王同"王"的古文字形王極爲相近，在字間增加一點寫作"玉"，以此區分"玉"和"王"的字形；又如"土"和"士"，上下兩橫的長短區別較難區分清楚，因此漢碑中常出現"土"的贅筆字形圡，增加一點同"士"形相區別。其二，一些常用的尤其是字形較爲簡單的字，如表示數字的字和單位字，常使用字形更加複雜、同形近字區別較明顯的假借字，典型的例子有"我們現在所用的歷史相當悠久的數字大寫"③，

---

①② 劉釗.古文字構形學[M].福州：福建人民出版社，2011：341.
③ 裘錫圭.文字學概要[M].北京：商務印書館，1998：186.

如壹貳叁肆;還有古代的一些有大寫的單位字,如秦人曾用"尊"代"寸"(商鞅量銘),這些字已爲政府權威所承認而成爲正字,筆畫多於假借前的本字,在字形上更易區分和辨別。

2. 彰顯字音

漢語的語音處於不斷變化發展當中,同時异地或同地异時,一個字的讀音都會有差异。而作爲記錄漢語的漢字也會因時因地産生相應的變化,尤其是在漢字逐漸形聲化的過程當中,漢字增加或者改換聲符,從而更好地彰顯該字的字音,是漢字演變發展的大勢所趨。而在此過程中許多表意字(象形、會意的字)被改造爲形聲字,改變了該字最初的造字法,此現象也即上文提到的"變形音化"。此外,爲彰顯字音而做的繁化還有改換音符,如"楠木"的"楠"原本寫作**枏**,改換音符"冉"爲"南",從而更好地起到表音作用。

3. 彰顯字義

漢語以及漢字本身的形體都處於不斷的發展變化當中,因而漢字需要不斷調整其形體以保證漢字同漢語在音和義上的對應聯繫。造成漢字字形的表義作用不明顯的原因大致有兩個。其一,由於詞義引申發展以及字形假借等原因,表示該詞的原本的字形無法再很好地承擔表義作用,如原本用本義爲"絲棉"的"綿"來表示"草棉、木棉",但"草棉、木棉"畢竟是植物而非織物,因此後來改換"系"旁爲"木"旁,增繁爲"棉"形來專表"草棉、木棉"之義;又如原本用"莫"形表示"日暮"意項,但在"莫"形假借爲否定副詞"不"這一意項變得廣爲人們所接受後,在原字基礎上增繁"日"旁造出分化字"暮"來專表該義項。其二,因字體演變發展特別是漢字隸楷化,而使原本能够承擔表義作用的意符失去該作用或者表意作用不明顯,因而爲求字義表達的彰顯性,在原字的基礎上增添或者改換意符,如表"燃燒"之義的"然",其下部的"火"形因隸楷化變爲"灬"而失去原本的表義作用,後增添"火"旁爲"燃"形來表示原本意項。事實上,因字體演變而改變的形體構件是否完全喪失表義作用,有時候是因人而异的,比如這裏隸楷化之後的"灬"喪失表義作用是對於并不知曉這兩個構件來源的一般人而言,對於掌握一定文字學知識的人來説,這兩個構件衹是表義作用不那麽明顯而已。

(二)漢字繁化的心理因素

漢字的繁化中,有一些無關音義的表達,僅僅是受到漢字書寫者藝術審美心理或者其他心理因素的影響,而產生了字形或字體上的繁化現象。

1. 趨同心理

漢字趨同心理主要表現爲漢字字形的類化。

文字字形的類化,又稱字形的同化,是指文字在發展演變中,受自身形體影響,或者受所處的具體語言環境和受同一文字系統內部其他文字的影響,從而在漢字形體上有所改變的現象,反映了文字書寫的趨同心理。

受自身形體影響。古文字中有很多字"改變一部分構形以'趨同'於另一部分構形"①,如"保"由金文 𝄁 繁化爲篆文 𝄁,其增繁的一撇是受原字形的那一捺的影響,爲求字形對稱而加上的。

受所處的具體語境的影響而類化。最典型的便是通過加注或改換偏旁來爲雙音節詞來造的分化字,裘錫圭先生在《文字學概要》中指出:"使用漢字的人往往喜歡把記録雙音節詞的文字改成具有同樣的偏旁。這也就是説,他們希望記録一個雙音節詞的兩個字之間具有明顯的形式上的聯繫。""有時候,爲了達到上面所説的那種目的,甚至可以完全不管文字學的原則。例如'鳳(凤)凰'本作'鳳皇','鳳'字從'鳥''凡'聲,'凰'字的'幾'旁既無音也無義,完全是爲了跟'鳳'字取得形式上的聯繫而加上去的。"②這種文字字形類化的現象在漢字當中很常見,如"琅邪"作

---

① 劉釗.古文字構形學[M].福州:福建人民出版社,2011:95.
② 裘錫圭.文字學概要[M].北京:商務印書館,1998:235.

"琅邪","毒冒"作"瑇(玳)瑁"等。

受同一文字系統内部其他文字的影響而類化。如"啻"的金文☒寫作☒,上部的"帝"類化爲與之形體相似的"辛",字形因而繁化;又如"帝"的甲骨文作☒,金文作☒,中間部分類化爲"用",字形因而繁化。

2. 藝術審美心理

漢字因書寫者追求藝術美感的審美心理的作用到了漢字形體上,從而使字形產生了美術化傾向。其具體表現主要有以下三個方面。

使字形結構方正平衡。漢字繁化中,有時增添筆畫、構件或者偏旁而使字形齊整并趨於方正勻稱,從而達到"字形結構内部平衡、外部對稱、整體美觀"①的效果,如"保"的金文原作☒,是會意字,後來減省成☒,"子"下一撇爲"人"字之手的減省,最終小篆的☒在"子"的左邊增添一捺使字形結構對稱飽滿趨於方正。事實上,漢字繁化中的添加與音意表達無關的飾筆中,一向被認爲屬"無義繁化"的"隨意添筆",從藝術審美心理的角度看其實有不少都能找到添筆的理由,比如"土"的甲骨文字形☒,增繁的四點實際上是起了填充字形以使字的結構平衡齊整,達到整體美觀的審美效果。

追求裝飾性美感。漢字繁化中也有純粹爲了裝飾性的目的而增添筆畫、構件或偏旁,或者增加用筆形式的繁難程度,比如戰國時期鳥蟲書的"王"字加鳥形飾筆作☒,又如蚊腳書加蟲形飾筆作☒,這些在原字基礎上增添飾筆、將筆畫改造爲"屈曲盤折"的美術字體,整個字形富於圖畫式的美感,通常出現在青銅工藝品上。與之相似的還有模仿雲霧形態的道教符籙雲篆書等。除了以上對漢字的形

---

① 湛玉書.論漢字羡餘現象[J].語言研究,2005(9):66.

體做美術化改造而造成的繁化以外,"有時人們還爲了求典雅而用假借字"①,如古人因爲《詩經·小雅·棠棣》講兄弟友愛而借"棣"爲"弟",信札中寫"賢弟"爲"賢棣",約定俗成後,可算作一種繁化。

書寫筆法上的美術化。有些漢字的繁化,其筆畫數量雖没有增加,但通過調整和屈曲筆畫的書寫方式,仍舊可以在增加漢字書寫繁難程度的同時增強漢字外形形式的美感。如北宋官印的九叠篆,道教符籙的雲篆書,隸書的波磔筆法,"筆畫瘦硬""轉折處可明顯見到藏鋒、露鋒等運轉提頓痕迹"的瘦金體,以及現代隨處可見的美術化字體等等。

不少學者在解釋漢字在書寫者的藝術審美心理影響下產生的這些美術化傾向時,都提到了民族心理文化的影響,認爲漢字之所以會執著於形體上的藝術美感,是"受漢民族辯證思維的影響,習慣於對稱、平衡的審美觀念滲入到了漢民族文化的方方面面",②因而"表現出民族審美意識對文字現象的潜在滲透"③,這一點應獨立成爲影響漢字繁化現象的一個原因。然而,這種對稱、平衡的審美觀念并不是漢民族所獨有或者所特有的,試看世界其他民族的建築、藝術作品,就能明顯體會到。所以,不同於世界上的其他文字,漢字之所以在形體上表現出了對文字圖案性美感的執著追求,實際上也是由漢字本身的特點決定的:漢字是一種語素音節文字,每個字的占據面積較大,形狀扁平方正,同由於多次借用而已經完全符號化的拉丁字母、阿拉伯文字相比,更加容易在形體尤其是字體内部結構上展開美術化加工。也就是說,漢字本身的形體特點是漢字能夠在内部形體結構上美術化的前提條件,至於所謂的"民族心理文化影響",應該說是對稱、平衡的審美觀念在此前提下影響到了漢字的形體結構。

---

① 裘錫圭.文字學概要[M].北京:商務印書館,1998:186.
②③ 湛玉書.論漢字羨餘現象[J].語言研究,2005(9):64.

四　漢字繁化的結果與影響

漢字的繁化字形,有些自繁化後保留了下來,一直使用至今;有些使用了一段時間後爲簡化字形所替代。後者在新中國成立後的漢字簡化和異體字整理當中十分常見。

影響漢字的繁化字形保留與否的因素,大致説來有兩個。其一,是繁化的合理性,也就是繁化後的字形在表達該字所表示的詞的音和義上,是否有必要的理據性,是否能很好地承擔表音表義的作用。其二,是約定俗成,也就是説繁化後的字形要能夠廣爲人們所接受和使用,尤其是要得到政府權威的認可,才能在歷代漢字的整理、規範和統一當中保留下來。然而這兩者的地位并不是相當的,繁化的合理性雖然看上去是十分重要的客觀的評判標準,但繁化字形最終的保留和接受情況,還是更大程度上取决於使用它們的人的心理接受情況,即使某一繁化字形很富有理據性,但人們也許早已習慣了使用原本的減省的字形,這樣的繁化字形自然也就無法通行下去。所以説,約定俗成是繁化字形爲人們所接受并保留下去的最具决定性的影響因素。我們不能保證,有義繁化就一定會被保留,而無義繁化不會被保留,繁化字形的最終命運,還是取决於人們的約定俗成。

同世間所有現象一樣,漢字繁化的文字學意義,有消極和積極兩個方面,我們應當辯證地來看待。

(一) 消極意義

漢字繁化的消極意義是十分明顯的。

1. 削弱漢字構形的理據性

何琳儀先生在《戰國文字學通論》中將繁化分爲有義繁化和無義繁化,"有義繁化,通過分析尚可窺見繁化者的用意:或突出形符,或突出聲符等等"。"無義繁化,則很難琢磨繁化者的動機。即使可以解釋,或失之勉强,……或失之籠統","根據我們現有的認識,因此暫名這類繁文爲'無義'繁化。"①漢字繁化中的對文字形體結構的添加和改動,有一些同漢字的形、音、義的表達皆無關係,屬無義繁化,削弱了漢字作爲一個形、音、義表達整體的文字學理據性。最典型的是漢字所添加的飾筆,是典型的羨餘部分,如"保"由🖼增繁爲🖼,增添的飾筆八削弱了原字形"背子于背"的表意性;此外還有因類化等原因而增添的音符、意符,也會影響漢字字形的表意作用,如"萬"增繁後的🖼、🖼、🖼等形,增添含義不明的意符後讓人難以看出原字形所表本義;又如叠加聲符的"廝"字,聲符意符不容易辨別區分。以上情況都削弱了該字構形的理據性。

2. 异體字增加

漢字的异體字中,有很大一部分是漢字的繁簡體。理論上,漢字的字形同音義應該一一對應而不應出現一形多音義和一詞多形,但漢字的字形受諸多因素的影響一直在改變,尤其是繁簡體的同時通行,造成了漢字用字的混亂,破壞了漢字的嚴肅性,影響了漢字的交際功能。

3. 書寫的繁難程度增加

這是漢字形體繁化的最直接可見的影響。漢字的繁化力求形、音、義明確,勢必會同漢字簡化所遵循的經濟性原則背道而馳。無論是漢字字形結構上的增繁,還是字體書寫形式上的繁難,都使得書寫的難度增加、速度降低,影響了漢字對語言的記錄功能。

(二)積極意義

漢字的繁化現象在漢字發展過程中與簡化處於同樣重要的地位,其在文字學上的積極作用是不容忽視的。

在漢字發展過程中,繁化與簡化處於同樣重要的地位。李榮先生在《漢字演變的幾個趨勢》中指出:"'文字爲了便於書寫,有簡化的趨勢。'簡化是有道理的。""'文字爲了便於理解,要求音義

---

① 何琳儀.戰國文字通論訂補[M].南京:江蘇教育出版社,2003:213.

明確,有繁化的趨勢。'繁化也是有道理的。"①簡化與繁化作爲漢字形體演變發展的兩個方面,處於同等重要的地位,是相輔相成、不可偏廢的。將古漢字同現代漢字相比較就不難發現,從多數是獨體字的甲骨文到大部分是合體字的楷體,同一個字的字形結構明顯變得複雜,筆畫大多也有所增加,在音義上的表達也比原本簡單的字形更加明確,可見漢字的字形體態發展到如今的狀態,繁化所起的作用并不比簡化弱,繁化與簡化同樣重要。至於簡化是漢字演變發展的主要方面這一廣爲人們所接受的定論,則是著眼於漢字最終的保留情况:在漢字日益符號化,人們更加追求漢字記録功能的經濟效率性的背景下,人們更傾向於使用符號化的簡化字形。然而著眼於漢字發展演變的整體規律,繁化與簡化的地位是同等重要的。

漢字繁化的成因和目的,與漢字繁化的影響和意義,兩者實際上是交叉關係。

一方面,漢字繁化的成因尤其是目的達到預期效果後,自然便同漢字繁化的影響和意義相重叠。如漢字形、音、義的彰顯,有效增强了漢字字形的理據性,使漢字作爲記録語言的工具更爲適用;漢字形體齊整美觀并趨於方正匀稱,奠定了漢字的方塊字形,更爲後世書法作爲一專門藝術奠定了基礎;又如對漢字字形的形聲化改造,使漢字形體便於理解和記憶,從而更好地實現交際功能。詳情參見前文漢字繁化的具體類型,此處不再贅述。

另一方面,漢字繁化有著超出漢字繁化的成因和目的的影響和意義。如在通過增加形符、意符尤其是"變形音化"等方式對漢字字形進行改造的過程中,漢字的繁化也和簡化一起體現了漢字"筆畫化""綫條化"的形體演變趨勢,逐步將圖畫意味濃厚的古漢字改造爲更爲抽象的符號,體現了漢字"符號化"的發展趨勢,迎合了漢字作爲書寫交流工具的客觀需要;漢字形聲化以及字形的

---

① 李榮.漢字演變的幾個趨勢[J].中國語文學,1980(1):11.

類化使原本并非同一來源、形體上有差別但意義相類相關的字,在字形結構上趨於一致或者擁有了相似的構形部件,這就爲漢字的隸定、部首化歸類創造了條件;因筆畫構件和偏旁符號的增繁而產生的異體字的字形,其中一些成爲了該字産生分化字的字形基礎,即所謂"异體字分工",如早先"亨""享"兩字形是异體字關係,均可表示"祭享、享受"之義,分工後單用"享"表示該義項,而"亨"形表"亨通"之義。

總之,漢字繁化既有消極意義又有積極意義,其積極意義同漢字繁化的成因和目的是交叉關係。

參考文獻

陳五雲.從新視角看漢字:俗文字學[M].鄭州:河南人民出版社,2001.
高明.古文字類編[M].臺北:臺灣大通書局,1986.
何琳儀.戰國文字通論訂補[M].南京:江蘇教育出版社,2003.
劉釗.古文字構形學[M].福州:福建人民出版社,2011.
裘錫圭.文字學概要[M].北京:商務印書館,1998.
唐蘭.古文字導論[M].濟南:齊魯書社,1981.
湛玉書.論漢字羨餘現象[J].語言研究,2005(9):64–66.

成語"飛蛾撲火"的語源和流變[*]

上海師範大學中文系　陳秀蘭
香港教育大學中文系/北京大學中文系　朱慶之

内容提要："飛蛾撲火"是現代漢語常用的一個成語，比喻自尋死路、自取滅亡。又作"飛蛾投火""飛蛾赴火"。本文利用漢譯佛經、梵漢佛經對勘材料探尋它的語源，利用後世文獻探討它的流變，糾正現行大型中文工具書對它的語源的誤解。

關鍵詞：飛蛾撲火　語源　流變

現代漢語常常使用"飛蛾撲火"比喻自尋死路、自取滅亡。如：

1. 詩中把勞動人民寒夜的痛苦呼號和富貴人家終宵宴飲的生活作了鮮明的對照，并且以飛蛾撲火象徵勞動人民悲慘絶望的命運。（游國恩《中國文學史》）

2. 你現在去看他，等於飛蛾撲火，自己前去送死。

甚至於有名爲"飛蛾撲火"的歌曲，名爲"飛蛾撲火"的網絡小説。由此可見"飛蛾撲火"一詞在現實生活中的使用是多麽頻繁。

一　語　源

"飛蛾撲火"是現代漢語頻繁使用的一個成語，然而它的語源

---

[*]　本研究得到中國國家社科基金西部項目"魏晉南北朝佛經中的語言接觸及其演變研究"（編號：11XYY014）、香港特别行政區政府研資局（RGC）GRF（"漢譯佛經梵漢對比分析語料庫建設及其漢語歷史語言學研究"，編號：HKIEd844710）的資助。

却是在佛教經典之中。①

昆蟲具有趨光的生物特性。在漢譯佛經中,常常用飛蛾撲向燈光、烈焰的比喻來表示凡夫俗子由於愚癡貪婪而走向毀滅。② 如:

3. 心須臾有愛,須臾有憎。心譬如怨家,但伺人便。心常欲聞香,譬如畫瓶盛屎,有何他奇? 心喜咮,譬如奴隨大夫,使心樂對;譬如飛蛾,自投燈火中。(後漢支婁迦讖譯《遺日摩尼寶經》,12/192a③)

4. 一切衆生亦復如是,自生自死,如蠶處繭,如蛾赴燈,無驅馳者。(後漢失譯《大方便佛報恩經》卷三,3/140a)

5. 吾睹諸佛明化,以色爲火,人爲飛蛾,蛾貪火色,身見燒煮。斯翁以色火燒吾躬,財餌釣吾口,家穢喪吾德矣。(吳康僧會譯《六度集經》卷八,3/47b－c)

6. 若復修行於如來性作空無我相,當知是輩如蛾投火。(東晋法顯譯《大般泥洹經》卷五,12/883a)

7. 諸比丘多於城中寄衣,畏火燒衣故,急走向城。城中諸人不信佛者,皆呵責言:"我等火逼,出城避難,是沙門等向城而走,如蛾赴火,有何急事?"(東晋佛陀跋陀羅共法顯譯《摩訶僧祇律》卷八,

---

① 朱慶之先生在《試論佛典翻譯對中古漢語詞彙發展的若干影響》一文中提出:漢語成語"飛蛾撲火"的直接語源應是漢譯佛典,最早的文獻用例是後漢支識譯《遺日摩尼寶經》:"譬如蒼蠅在糞上住,自以爲淨……譬如飛蛾自投燈火中……。"(12/192a)中國語文,1992(4),300.

② 錢永之、朱若溪二位先生在《"飛蛾赴火"的本義并不是"自取滅亡"》一文中認爲:"飛蛾赴火"應該有兩個義項:一個是"形容行動迅速",一個是"比喻自取滅亡"。"飛蛾赴火"用以比喻"自取滅亡"是在六朝以後。見於疑難字詞辨析集.上海:上海辭書出版社,1986/1987:1－3.姚權貴先生《"飛蛾撲火"的結構定型、語義演變及其分化》(未刊稿)一文從比喻運算式出發探索"飛蛾撲火"的語源、分析其結構的凝固過程、語義演變等。以上信息承汪維輝教授、周志鋒教授、李福言博士惠告,謹此致謝! 我們有不同於他們三位先生的觀點。

③ 阿拉伯數字及英文字母分別表示引文在日本《大正新修大藏經》中的冊數、頁數和上中下欄。我們調查這一比喻的説法在漢譯佛經的使用情況時,使用了中華電子佛典協會(CBETA)的電子語料。

22/294c）

8. 欲如搏肉，衆鳥競逐。以要言之，如蛾赴火，如魚吞鉤，如鹿逐聲，如渴飲鹹水，一切衆生爲欲致患，無苦不至。（姚秦鳩摩羅什譯《坐禪三昧經》卷下，15/277c）

9. 若人欲染空，終始不可著，汝欲來嬈我，如蛾自投火，一切諸欲毒，我今已滅盡，五欲已遠離，魔網已壞裂。（姚秦鳩摩羅什譯《禪法要解》卷上，15/287a）

10. 反被九結縛者，人之修道要當捨家，遇惡知識指授邪徑，捨故結縛反被九結，如蛾投火不顧後慮，斯由愛深固，是故説曰，反被九結縛，如鳥投羅網，斯由愛深固也。（姚秦竺佛念譯《出曜經》卷二六，4/748a）

11. 一切衆生惑，不識十二緣，如蛾投火光。妙覺如來説："由汝垢重故，則我心垢重。如我成佛身，經歷不度界，破壞心垢重，識別想非想。結使之根源，無常謂爲常，以苦言是樂，計空以爲有，無我以爲我，此想非想類，習顛倒來久，如蛾貪火光，不避滅身難。"（姚秦竺佛念譯《中陰經》卷下，12/1067c）

12. 如飛蛾投火，不見燒害苦。欲樂亦如是，癡人不覺知。若人著欲樂，常爲欲所燒。如蛾投燈火，欲火過於此。是故捨欲害，常樂修智慧。莫行於放逸，放逸墮惡道。（元魏般若流支譯《正法念處經》卷三〇，17/172b）

13. 山羊被殺因作聲，飛蛾投燈由火色，水魚懸鉤爲吞餌，世人趣死以境牽。（隋闍那崛多譯《佛本行集經》卷二一，3/753b）

14. 譬如飛蛾見火光，以愛火故而競入，不知焰炷燒然力，委命火中甘自焚。世間凡夫亦如是，貪愛好色而追求，不知色欲染著人，還被火燒來衆苦。（唐般若譯《大乘本生心地觀經》卷六，3/318a）

15. 如燈無風焰熾燃，飛蛾爲明競投赴，由斯入火自焚燒，貪愛亡軀亦如是。五塵遍觸衆生身，一一害人如毒藥，受者如是諦思

惟,衆苦積聚非安樂。(唐般若譯《大乘理趣六波羅蜜多經》卷五,8/887b)

在梵文佛經中亦有這種比喻的説法①。如:

16. 有外道説:"行斷食法,卧於灰土刺棘等上、投淵赴火、自墜高崖等,以苦因緣而有福德。"智者難言:"若爾,則地獄衆生常被燒炙,餓鬼飢渴,飛蛾投火,魚鱉處水,猪羊犬等常卧糞土,是等亦應得福。"(姚秦鳩摩羅什譯《成實論》卷七,32/294b)

梵文原典是:

tīrthikā②	vadanti	upavāsasthaṇḍilaśayanaśalākāvedhādibhir	jalapatanadaha-
m.pl.N.	√vad,3.pl.pres.P.	m.pl.I.	m.pl.I.
外道們	説	齋戒睡在平地、荆棘等	投水、赴火、
napraveśabhṛgupatanādibhiś	ca	duḥkhapratyayair	puṇyaṃ	bhavati
	conj.	m.pl.I.	n.sg.Ac.	√bhū,3.sg.pres.P.
落崖等	和	苦因緣	福德	有
iti|	tatra	prājñā③	dūṣayanti|	tathā	cen	nārakāḥ	sattvāḥ	sadā
adv.	adv.	m.pl.N.	√duṣ,caus.3.pl.pres.P.	adv.	indec.	m.pl.N.	m.pl.N.	adv.
如是	那裏	智者們	責難	這樣	如果	地獄	衆生	常常
dahyante		pacyante	ca		pretā④	bubhukṣitāḥ	pipāsitāḥ	
√dah,3.pl.pres.pass.		√pac,3.pl.pres.pass.	conj.	m.pl.N.	ppp.m.pl.N.	ppp.m.pl.N.	
被燒		被煮	和	餓鬼們	飢餓	渴乏	
pataṅgā⑤	dahanapraviṣṭāḥ		mīnakrā⑥	jalāvasathāḥ	ajavarāhāśvādayaḥ	sadā
m.pl.N.	ppp.m.pl.N.	m.pl.N.	m.pl.N.	m.pl.N.	adv.
飛蛾們	赴火	魚、鱷	居住水裏	山羊、野猪、馬等	常常
purīṣakṣetraśāyinaḥ		te	'pi	puṇyaṃ	labheran	
m.pl.N.	pron.3.m.pl.N.	adv.	n.sg.Ac.	√labh,3.pl.opt.Ā.
卧於糞穢	他們	也	福德	得到

---

① 佛教發源於印度,其經典使用的語言在印度本土就有巴利文、梵文等。後來佛教傳播到其他國家和地區,就有了使用這些國家和地區的語言的翻譯佛經,如:漢文、藏文、傣文、西夏文等。翻譯是一種複雜的語言對譯工作,譯者可以進行再創造,具有一定的主觀性。

②③④⑤⑥ 參看: Franklin Edgerton. Buddhist Hybrid Sanskrit Grammar and Dictionary (BHSG). Vol.1, Motilal Banarsidass Publishers Private Limited, Delhi, 1953/2004, §8.78. "Nom.pl.-ā.", 55.

成語"飛蛾撲火"的語源和流變

(*satyasiddhiśāstram*[1],238－239頁)

"飛蛾投火"所對應的梵文是 pataṅgā dahanapraviṣṭāḥ。pataṅgā 是 pataṅga(飛蛾)的體格、複數形式，dahanapraviṣṭāḥ 是 dahana(火)與過去被動分詞 praviṣṭa(趣入)組成的複合詞的體格、複數形式，義爲"趣入火"。pataṅgā dahanapraviṣṭāḥ 可以翻譯爲"飛蛾們趣入火"。

漢語今譯：外道們説："齋戒睡在平地、荊棘裏，投水、赴火、墮崖，因爲苦因緣而有福德。"於此，智者們責難："如果這樣，地獄衆生常常被燒煮，餓鬼們飢餓渴乏，蛾子赴火，魚、鱷居住在水裏，山羊、野猪、馬等常常卧於糞穢中，他們也能得到福德。"

17. 又世間衆生以無明力故，貪求少味，不見多過。如蛾投火，如魚吞鉤。衆生亦爾。現貪少味，不顧多過。（姚秦鳩摩羅什譯《成實論》卷九，32/313b）

梵文原典是：

loke	sattvā[2]	avidyābalād	alpād	abhiniveśād	bahūn	ādīnavān	na
m.sg.L.	m.pl.N.	n.sg.Ab.	adj.m.sg.Ab.	m.sg.Ab.	adj.m.pl.Ac.	m.pl.Ac.	indec.
世界	衆生	無明力	少量	貪求	許多	過失	没有

paśyanti|	yathā	śalabhā[3]	agnau	patanti|	yathā	vā	matsyā[4]
√dṛś,3.pl.pres.P.	adv.	m.pl.N.	m.sg.L.	√pat,3.pl.pres.P.	adv.	indec.	m.pl.N.
看見	如同	蛾	火	墮	如同	和	魚

aṅkuśaṁ	gilanti|	tathā	sattvā[5]	api	dṛṣṭe[6]	'lpāsvādagṛddhā[7]
m.sg.Ac.	√gil,3.pl.pres.P.	adv.	m.pl.N.	adv.	ppp.m.pl.N.	ppp.m.pl.N.
鉤	存	如是	衆生	也	顯現	貪著少味

bahūn	ādīnavān	na	pratīkṣante| (*satyasiddhiśāstram*,304頁)
adj.m.pl.Ac.	m.pl.Ac.	indec.	prati-√īkṣ,3.pl.pres.Ā.
許多	過失	没有	看見

---

[1] satyasiddhiśāstram,〔Gackwad's Oriental Series, No.159〕, Genaral Editor：B. J. Sandesara, Published under the Authority of the Maharaja Sayajirao University of Baroda, Baroda,1975.此梵文本是現代佛教學者 N.A.Sastri 依據漢譯本《成實論》還原翻譯而成。
[2][3][4][5] 參看 BHSG：§ 8.78."Nom.pl.-ā.", 55.
[6] 參看 BHSG：§ 8.80."Nom.pl.-e.", 56.
[7] 參看 BHSG：§ 8.78."Nom.pl.-ā.", 55.

"蛾投火"所對應的梵文是 śalabhā agnau patanti。śalabhā 是 śalabha(飛蛾)的體格、複數形式,agnau 是 agni(火)的單數、依格形式,patanti 是動詞√pat(墮落)的第三人稱複數、現在直陳時、主動語態。śalabhā agnau patanti 可以翻譯爲"飛蛾們落在火裏"。

漢語今譯:世界裏的眾生由於無明力的緣故,貪求少許,沒有看見許多過失。如同飛蛾們落在火裏,如同魚兒們吞下魚鈎。眾生也是這樣顯現出來的:貪著少味,沒有看見許多過失。

18. 故知生死中眾生所住亦由貪著。如蛾貪明色故,爲燈所焚。是貪著不從智生。所以者何?此蛾不知火是苦觸,故投其中。如是眾生墜後身苦,皆以無明因緣貪愛故生。(姚秦鳩摩羅什譯《成實論》卷一一,32/326a)

梵文原典是:

ato①	jñāyate	saṃsāre	sattvānāṃ	adhivāso②	'py	āsaṅgād	bhavati	
adv.	√jñā,3.sg.pres.pass.	m.sg.L.	m.pl.G.	m.sg.N.	adv.	m.sg.Ab.	√bhū,3.sg.pres.P.	
因此	知道	生死	眾生	住處	也	貪著	存在	

yathā	śalabhā③	bhāsvararūparāgāt	pradīpadagdhā④	bhavanti		āsaktir	iyaṃ
adv.	m.pl.N.	m.sg.Ab.	ppp.m.pl.N.	√bhū,3.pl.pres.P.		f.sg.N.	dem.f.sg.N.
如同	蛾	貪戀光色	被燈火燒	是		貪著	這

na	jñānād	bhavati	kasmāt	śalabhā⑤	ime	na	jānanti
indec.	n.sg.Ab.	√bhū,3.sg.pres.P.	n.sg.Ab.	dem.m.pl.N.	indec.		√jñā,3.pl.pres.P.
不	智慧	存在	爲什麼	蛾	這些	不	知道

agnir	duḥkhasparśa⑥	ity	atas	tatra	patanti	tathā	sattvāḥ	paunarbhavika-
m.sg.N.	adj.m.sg.N.	adv.	adv.	adv.	√pat,3.pl.pres.P.	adv.	m.pl.N.	ppp.m.pl.N.
火	苦觸	如是	因此	此處	墮	如是	眾生	墜後身苦

---

① 參看 BHSG:§4.38., 34.
② 參看 BHSG:§8.18."Nom.sg.-o.", 49.
③④⑤ 參看 BHSG:§8.78."Nom.pl.-ā.", 55.
⑥ 參看 BHSG:§8.22."Nom.sg.-a.", 50.

duḥkhapatitā①	avidyāpratyayakāmatṛṣṇārta②	utpadyante |（*satyasiddhiśāstram*,350頁）
ppp.m.pl.N.		ut-√pad,3.pl.pres.Ā.
被無明因緣貪愛逼迫		產生

"此蛾不知火是苦觸,故投其中"所對應的梵文是 śalabhā ime na jānanti agnir duḥkhasparśa ity atas tatra patanti。śalabhā 是 śalabha（飛蛾）的體格、複數形式,ime 是指示代詞 idam（此）的體格、複數形式,na（不）是不變詞,jānanti 是動詞√jñā（知道）的第三人稱複數、現在直陳時、主動語態,agnir 是名詞 agni（火）的體格、單數形式,duḥkhasparśa 是形容詞 duḥkhasparśa 的體格、單數形式,ity（如是）是副詞,atas（因此）是副詞,tatra（此處）是副詞,patanti 是動詞√pat（墮落）的第三人稱複數、現在直陳時、主動語態。śalabhā ime na jānanti agnir duḥkhasparśa ity atas tatra patanti 可以翻譯爲"這些飛蛾們不知道火是苦觸,因此,它們落在那裏面"。

漢語今譯:因此,應當知道:在生死中的衆生的住處也是由於貪著而存在。如同貪戀光色而被燈火焚燒的飛蛾們一樣。這種貪著不是由於智慧而存在。什麼原因? 這些飛蛾不知火是苦觸,因此落在那裏面。同樣,墮在後身苦的衆生也是由於被無明因緣貪愛逼迫而產生。

19. 又修苦想者,意不樂住四識,處中皆見苦故。如癡蛾投火,以樂想故。智者知火能燒,則能遠離。凡夫亦爾。無明癡故,投後身火。智者以苦想故,能得解脱。(姚秦鳩摩羅什譯《成實論》卷一三,32/348b)

梵文原典是:

duḥkhasaṃjñāṃ	bhāvayato③	mano④	na	catasṛṣu vijñānasthitiṣu	sukhaṃ
f.sg.Ac.	√bhū,caus.3.du.pres.P.	n.sg.N.	indec.	num.f.pl.L.　f.pl.L.	adj.n.sg.N.
苦想	修習	意識	不	四　　　識住	喜歡,快樂

① 參看 BHSG；§8.78."Nom.pl.-ā.",55.
② 參看 BHSG；§8.79."Nom.pl.-a.",55.
③ 參看 BHSG；§4.38.,34.
④ 參看 BHSG；§8.36."The nom.sg.masc.ending‐o.",51.

viharati	sarvatra	duḥkhadarśitvāt		yathā	mugdhāḥ	śalabhāḥ
vi-√hṛ,3.sg.pres.P.	adv.	n.sg.Ab.		adv.	ppp.m.pl.N.	m.pl.N.
住	都，一切處	看見痛苦		如同	愚癡	蛾

sukhasaṃjñāyā①	pradīpe	patanti	vidvān	agnir	dahati
f.sg.I.	m.sg.L.	√pat,3.pl.pres.P.	m.sg.N.	m.sg.N.	√dah,3.sg.pres.P.
樂想	火	落	智者	火	燃燒

iti	jñātvā	「taṃ」	pariharati	prākṛtā②	api	tathā	avidyāmohād
adv.	ger.	pron.3.m.sg.Ac.	pari-√hṛ,3.sg.pres.P.	ppp.m.pl.N.	adv.	adv.	m.sg.Ab.
如是	知道	它	遠離	凡夫們	也	如是	無明愚癡

ūrdhvadehāgnau	patanti	vidvāṃs	tu	duḥkhasaṃjñāyā③
m.sg.L.	√pat,3.pl.pres.P.	m.sg.N.	indec.	f.sg.I.
身後火	落	智者	然而	苦想

vimucyate｜(*satyasiddhiśāstram*，435 頁)
vi-√muc,3.sg.pres.pass.
解脫

"如癡蛾投火"所對應的梵文是 yathā mugdhāḥ śalabhāḥ sukhasaṃjñāyā pradīpe patanti。yathā(如同)是副詞，mugdhāḥ 是過去被動分詞 mugdha(愚癡)的體格、複數形式，śalabhāḥ 是 śalabha(飛蛾)的體格、複數形式，sukhasaṃjñāyā 是 sukhasaṃjñā(樂想)的單數、具格形式，pradīpe 是 pradīpa(火把，燈)的單數、依格形式，patanti 是動詞√pat(墮落)的第三人稱複數、現在直陳時、主動語態。yathā mugdhāḥ śalabhāḥ sukhasaṃjñāyā pradīpe patanti 可以翻譯爲"如同愚癡的飛蛾們一樣，由於樂想而落在火光裏"。

漢語今譯：修習苦想，意識不喜歡住在四識住中，因爲看見所有的地方都是痛苦。如同愚癡的飛蛾們一樣，由於樂想而落在燈火裏。火燃燒，智者知道，因此遠離它。凡夫却是這樣：因爲無明愚癡而落在身後火裏。然而，智者因爲苦想而解脫。

---

①③　參看 BHSG：§9.48.，"Instrumental"，64.
②　參看 BHSG：§8.78."Nom.pl.-ā."，55.

20. 此處不淨,猶如群豕在溷厠中;此處無味妄生味想,猶如餓狗齧其空骨;此處自燒,猶如飛蛾赴於明燭。(唐地婆訶羅譯《方廣大莊嚴經》卷六,3/573c)

梵文原典是:

iha	te	bālā①	abhiratā②	varāhā③	iva	aśucimadhye|	iha	te
adv.	pron.m.pl.N.	m.pl.N.	ppp.m.pl.N.	m.pl.N.	adv.	n.sg.L.	adv.	pron.m.pl.N.
此處	那些	愚夫們	貪著	猪	如同	糞穢中	此處	那些

bālā④	adhyavasitāḥ	kukkurā⑤	iva	asthikaraṅkamadhye|	iha	te	bālāḥ
m.pl.N.	ppp.m.pl.N.	m.pl.N.	adv.	n.sg.L.	adv.	pron.m.pl.N.	m.pl.N.
愚夫們	貪著	狗	如同	髑髏中	此處	那些	愚夫們

prapatitā⑥	dīpaśikhāsu	iva	pataṅgāḥ|	(lalita vistaraḥ⑦,149頁)
ppp.m.pl.N.	f.pl.L.	adv.	m.pl.N.	
落	火焰	如同	飛蛾們	

"猶如飛蛾赴於明燭"所對應的梵文是 prapatitā dīpaśikhāsu iva pataṅgāḥ。prapatitā 是過去被動分詞 prapatita(墮落)的體格、複數形式,dīpaśikhāsu 是 dīpaśikhā(火焰)的複數、依格形式,iva(如同)是副詞,pataṅgāḥ 是 pataṅga(飛蛾)的體格、複數形式。prapatitā dīpaśikhāsu iva pataṅgāḥ 可以翻譯爲"如同飛蛾們落在火焰裏"。

漢語今譯:在這裏,那些貪著的愚夫們如同處在糞穢中的猪一樣,如同處在髑髏中的狗一樣。在這裏,那些愚夫們顛墮,如同飛蛾們落在火焰裏一樣。

21. 云何愚夫於此樂著?乃至如鹿縛圍,如魚縛網,如蛾縛焰,如猴縛糞,如婆羅門縛諸戒綫。其欲如是。(宋法護等譯《大乘集菩薩學論》卷五,32/91a)

梵文原典是:

---

①②③④⑤⑥ 參看 BHSG:§8.78."Nom.pl.-ā.",55。

⑦ lalita vistaraḥ [buddhist Sanskrit Texts No:1], Edited by Dr. P. L. Vaidya, Published by the Mithila Institute of Post-Graduate Studies and Research in Sanskrit Learning, Darbhanga, 1958.

kim	apy	ete①	bālollāpanāḥ②		peyālaṁ			yathā	mṛgāṇāṁ	bandhanāya
pron.n.sg.N.	adv.	dem.n.pl.N.	n.pl.N.		adv.			adv.	m.pl.G.	n.sg.D.
爲什麽	也	這些	愚夫們歡喜		以至於			如同	鹿	繫縛

kūṭam,	dvijānām	bandhanāya	jālam,	matsyānāṁ	bandhanāya	kupinam,	markaṭānām
n.sg.N.	m.pl.G.	n.sg.D.	n.sg.N.	m.pl.G.	n.sg.D.	n.sg.N.	m.pl.G.
圍場	婆羅門	繫縛	綫	魚	繫縛	網	猴

bandhanāya	lepaḥ,	pataṅgānāṁ	bandhanāya	agniskandhaḥ		evaṁ	kāmāḥ		
n.sg.D.	m.sg.N.	m.pl.G.	n.sg.D.	m.sg.N.		adv.	m.pl.N.
繫縛	糞	蛾	繫縛	火聚		如是	愛欲

(śikṣāsamuccayaḥ③,46頁)

"蛾縛焰"所對應的梵文是 pataṅgānāṁ bandhanāya agniskandhaḥ。pataṅgānāṁ 是 pataṅga(飛蛾)的複數、屬格形式,bandhanāya 是 bandhana(繫縛)的單數、爲格形式,agniskandhaḥ 是 agniskandha(火聚)的單數、體格形式。pataṅgānāṁ bandhanāya agniskandhaḥ 可以翻譯爲"火聚爲了飛蛾的繫縛",亦即"火聚爲了繫縛飛蛾",亦即"飛蛾被火聚繫縛"。

漢語今譯:爲什麽這些愚夫們歡喜?以至於如同圍場爲了繫縛鹿,如同戒綫爲了繫縛婆羅門,如同網爲了繫縛魚,如同糞爲了繫縛猴,如同火聚爲了繫縛飛蛾。愛欲如是。

從上面這些漢譯佛經、梵漢佛經對勘材料來看,用"飛蛾撲向火光、烈焰"來表示自取滅亡的比喻是印度佛教經典裏面經常使用的一個比喻,形式多樣,字數靈活,少則三字,多則數十字。

從幾例梵漢對勘材料來看,漢譯佛經"蛾投火"的"投"多對譯梵文的動詞√pat 的各種形式,梵文的動詞√pat 義爲"落下,墮落"。漢譯時用"投"對譯梵文動詞√pat 的各種形式,最能傳達出

---

① 參看 BHSG:§21.36."Nom.-acc.pl.nt.Endiings -ā,-a(m.c.),and -e",116.
② 參看 BHSG:§8.100."Nom.-acc.pl.nt.-ā(-āḥ)",58.
③ śikṣāsamuccayaḥ [buddhist Sanskrit Texts No:11],Edited by Dr.P.L.Vaidya,Published by the Mithila Institute of Post-Graduate Studies and Research in Sanskrit Learning,Darbhanga,1960.

原文的語義。或許這是漢譯佛經最早出現"蛾投火"這樣的形式的原因。"飛蛾投火"這一形式最早出現於鳩摩羅什於公元411—412年譯出的《成實論》。

二　流　變

當"飛蛾撲火"這個比喻的用法通過佛經翻譯進入漢語後,就開始了它自身的發展演變。通過查閱國家圖書館的"中國基本古籍庫"電子語料,我們發現這一說法在後世文獻中有19個形式:飛蛾撲火(13)、飛蛾撲燈(12)、飛蛾撲膏(1)、飛蛾撲燭(4)、飛蛾撲炬(1)、飛蛾赴燭(8)、飛蛾赴火(14)、飛蛾赴焰(4)、飛蛾蹈火(4)、飛蛾投火(39)、飛蛾投燈(2)、飛蛾投燭(1)、飛蛾投燭光(1)、飛蛾投焰(1)、飛蛾投明(1)、飛蛾投膏火(1)、飛蛾拂焰(2)、飛蛾觸火(1)、飛蛾入火(1),這些形式多是四字格,它們的意義和結構都很完整,是一個不可分割的統一體,在漢語裏起到句子成分的作用。① 如:

22. 所謂虛曠名重者,蓋譏山濤魏舒之儔耳。後之竊虛名者,曾不得與山魏徒隸齒而靦貌於世,未嘗自愧。趨之者,如飛蛾赴火,唯恐不及,豈蚩蚩負蠆之謂哉!(唐李德裕《虛名論》)

23. 既知四隅斷絕,百計奔衝,如窮鳥觸籠,似飛蛾赴燭。(《舊唐書·黃巢傳》)

24. 既知四隅斷絕,百計奔衝,如窮鳥觸籠,似飛蛾赴焰。(唐楊復光《收復京城奏捷露布》)

25. 伊戚惶怖無暇,縶維不安,仰天摧心,收血續淚。所言奔鹿觸網,飛蛾蹈火,顛躓靡排,彝何以堪?(唐李觀《代彝上蘇州韋使君》)

26. 山羊被殺因聲死,飛蛾投燈由火色,水魚懸鈎爲吞餌,世人

---

① 這些四字格形式在後世文獻中的用例均列舉它們在文獻中的早期用例。據國家圖書館"中國基本古籍庫"電子語料所做的調查。

趣死以境牽。(唐道世《法苑珠林》卷一八)

27. 人苟無識,一味貪進,往往如飛蛾投火,隨焰而滅。(宋熊克《中興小紀》卷三六)

28. 立身不高一步立,如塵裏振衣、泥中濯足,如何超達?處世不退一步處,如飛蛾投燭、羝羊觸藩,如何安樂?(明洪自誠《菜根譚》前集)

29. 渴鹿奔陽燄,飛蛾投燭光。(清袁昶《漫書絕句》)

30. 祇因迷宿本,似飛蛾投焰,自取焚身。(明毛晉《六十種曲·獅吼記》)

31. 若乃囊挑金粟、釵綴玉蟲、熠耀宵行而獨照,蜻蜓拂水而雙瞳,飛蛾投明以赴火,浪蝶誤色而隨風。(明徐𨍏《燈花賦》)

32. 飛蛾投膏火,就木憐鷄皮。(清朱珪《讀左氏傳五十五首》)

33. 似飛蛾拂焰,自取燒然;如蠶作繭,非他纏縛。良由慳惜貪障,受罪飢寒;施是富因,常招豐樂也。(唐道世《法苑珠林》卷七七)

34. 且嗤學道者徒清修齋戒,縱與彭聃同年,亦謾孤苦一世,曷若我酒色爲樂乎?噫!飛蛾撲燈難以遮護,特爲長嘆息而已。(宋夏元鼎《陰符經講義》卷三)

35. 飛蛾撲膏,自隕厥德。(明董傳策《行路難辭三十首》之二九)

36. 你這賤妖婢敢在我跟前使甚麼飛刀之計,我叫你飛蛾撲火自損其身。(明羅懋登《西洋記》二五回)

37. 乾鵲噪擔喜可知,飛蛾撲燭死無悔。(清張元藻《效山谷演雅》)

38. 他祇爲留心意銀花火樹,因此捨頭顱做飛蛾撲炬。(清李玉《麒麟閣》第一本卷下)

39. 是皆宿孽使然,與飛蛾觸火無异。(清張璐《張氏醫通》卷九)

40. 狐幫揭狗黨,怎把虎威纏? <u>飛蛾入火</u>,平白地雙雙天遣。(清李玉《麒麟閣》第一本卷下)

從這些形式的使用頻率來看,"飛蛾投火"(39)最高,"飛蛾赴火"(14)、"飛蛾撲火"(13)、"飛蛾撲燈"(12)等次之。

在現代漢語口語中,人們習慣於用"飛蛾撲火"表示自取滅亡。然而,在歷史文獻中,"飛蛾投火"的使用頻率很高。原因何在? 或許是"飛蛾撲火"這一形式出現得比較晚(明代才有用例[①]),"飛蛾投火"出現得比較早(公元411—412年)。

爲何現在人們在口頭上經常用"飛蛾撲火"來表示自取滅亡呢? 從語義來看,"飛蛾撲火"的"撲"字充分表現出飛蛾的主觀意願是如此的強烈,不顧一切地撲向火光、衝向死亡,形象而傳神,更加符合現代人的語義表達習慣。從聲調來看,"飛蛾撲火"的聲調是ˉˊˉˇ,抑揚頓挫,符合現代人對於語音的審美需求。

三 結 論

佛教產生於印度。爲了傳教的需要,佛教徒們常常會使用各種比喻來講解佛教義理,從而形成一些特別的詞語。如:"citra-ghaṭa"(畫瓶)[②]比喻虛幻易壞的人身;"kṣudhā-agni"(飢火)[③]表示難以忍受的飢餓感;"duḥkha-samudra"(苦海)[④]、"duḥkha-sāgara"(苦海)[⑤]、"duḥkhārṇava"(苦海)[⑥]、"duṣkhārṇava"(苦海)[⑦]喻指塵世間的煩惱和苦難;"guṇa-kṣetra"(福田)[⑧]、"dakṣiṇā"(福田)[⑨]、"dakṣiṇīya"(福田)[⑩]、"dakṣiṇīyatā"(福田)[⑪]、"puṇya-kṣetra"(福

[①] 據國家圖書館的"中國基本古籍庫"電子語料所做的調查。
[②] 見於 lalita-vistaraḥ。
[③④⑤⑥] 見於 suvarṇa-prabhāsa-sūtram。
[⑦] 見於 śikṣāsamuccayaḥ。
[⑧] 見於 bodhisattva-bhūmiḥ。
[⑨⑩] 見於 divyāvadānaḥ。
[⑪] 見於 aṣṭasāhasrikā-prajñāpāramitāḥ。

田)①、"puṇyakṣetra-bhūta"(福田)②、"su-kṣetra"(福田)③等詞語表示供養布施、行善修德能夠收到福報。

　　成語"飛蛾撲火"就是源自印度佛教經典的一個比喻,這個比喻通過佛經翻譯進入到漢語中來,隨著時間的推移而最終形成四字格的固定詞組,意義和結構之間形成了一個不可分割的統一體,在漢語裏充當句子成分。

　　關於"飛蛾赴火"的語源,《辭源》《漢語大詞典》"飛蛾赴火"條均引《梁書·到溉傳》:"如飛蛾之赴火,豈焚身之可吝。",誤。

　　關於"飛蛾投火"的語源,《漢語大詞典》"飛蛾投火"條引晋支曇諦《赴火蛾賦》:"悉達有言曰:'愚人貪身,如蛾投火。'誠哉斯言,信而有徵也,……燭耀庭宇,燈朗幽房,紛紛羣飛,翩翩來翔,赴飛焰而體燋,投煎膏而身亡。",誤。

　　文中所用縮略符號説明:
　　Ā. ātmanepada, middle-voice 爲己, 中間語態; Ab. ablative 從格; Ac. accusative 業格; adj. adjective 形容詞; adv. adverb 副詞; caus. causative 使役; conj. conjunctive 連詞; D. dative 爲格; dem. demonstrative-pronoun 指示代名詞; du. dual 雙數; f. feminine 陰性; G. genitive 屬格; ger. gerund 絕對分詞; I. instrumental 具格; indec. indeclinable 不變詞; L. locative 依格; m. masculine 陽性; N. nominative 體格; n. neuter 中性; opt. optative 祈願語氣; P. parasmaipada, active-voice 爲他, 主動語態; pass. passive 被動語態; pl. plural 複數; PPP. past-passive-participle 過去被動分詞; pres. present tense 現在時; pron. pronoun 代名詞; sg. singular 單數; 3. third-personal 第三人稱代名詞。

---

① 見於 bodhisattva-bhūmiḥ、divyāvadānaḥ、gaṇḍa-vyūhaḥ。
② 見於 suvarṇa-prabhāsa-sūtram。
③ 見於 śikṣāsamuccayaḥ。

參考文獻

荻原雲來編纂,辻直四郎監修.漢譯對照梵和大辭典[Z].臺北:新文豐出版公司影印,1940/1979.

呂澂.新編漢文大藏經目錄[M].濟南:齊魯書社,1981.

錢永之,朱若溪."飛蛾赴火"的本義并不是"自取滅亡"[C]//疑難字詞辨析集,上海:上海辭書出版社,1986/1987.

萬金川.詞義之爭與義理之辨——佛教思想研究論文集[C].臺北:正觀出版社,1998.

姚權貴."飛蛾撲火"的結構定型、語義演變及其分化,未刊稿,2014.

張永言.詞彙學簡論[M].武漢:華中工學院出版社,1982.

朱慶之.佛典與中古漢語辭匯研究[M].臺北:文津出版社,1992.

朱慶之.試論佛典翻譯對中古漢語詞彙發展的若干影響[J].中國語文,1992(4):297-305.

Franklin Edgerton. *Buddhist Hybrid Sanskrit Grammar and Dictionary*[Z]. 2 volumes, Motilal Banarsidass Publishers Private Limited.Delhi, 1953/2004.

J.S.. *Sanskrit Syntax*[M]. Leiden:Motilal Banarsidass, 1886.

M. Monier-Williams. *A Sanskrit-English Dictionary*[Z]. Motilal Banarsidass Publishers Private Limited.Delhi, 1899/2003.

柱斧爲儀仗器考
——兼論"宋揮玉斧"與"斧聲燭影"*

上海師範大學古籍研究所　胡紹文

内容提要：柱斧是重要的名物詞，後人不解其形制，有拄杖說、禮器說、斧頭說和柱拂子說。文章通過考察，認爲柱斧是儀仗器，其使用範圍和形制有嚴格的限定：玉柱斧用於皇帝殿前迎駕或出行的儀仗中導駕；水晶柱斧用於升朝官的官轎前方導行。在中國傳統文化中，斧是權力的象徵，斧形很早就出現在儀仗裡，宋代的柱斧就是由此發展而來。升朝官用水晶柱斧在宋徽宗大觀年間被廢止，爲帝王導駕的玉柱斧則在明清時期消失。宋太祖所操柱斧，"宋揮玉斧"與"斧聲燭影"之"斧"，都是儀仗器柱斧。

關鍵詞：柱斧　儀仗器　玉斧

柱斧是重要的名物詞，始見於宋代文獻。宋太祖趙匡胤數次執柱斧擊打大臣。《涑水記聞》卷一："太祖嘗彈雀於後園，有群臣稱有急事請見，太祖亟見之，其所奏乃常事耳。上怒，詰其故，對曰：'臣以尚急於彈雀。'上愈怒，舉柱斧柄撞其口，墮兩齒。"①《續資治通鑒長編》載屯田員外郎雷德驤彈劾趙普，太祖怒，"引柱斧

＊ 本文發表於《史學集刊》2015年第1期。初稿曾在2013年"第一屆上海青年語言學論壇"上宣讀，與會學者提出了許多寶貴意見，一併致謝。

① ［宋］司馬光.涑水記聞［M］.北京：中華書局，1989：7.

擊折其上齶二齒"。① 又,《邵氏聞見録》卷七:"(張)文定就大盤中以手取食,帝用拄斧擊其首。"②此例"拄斧"與"柱斧"相通。

柱斧爲何物,學者們的看法大相徑庭,主要觀點有四:

1. 拄杖説。元劉壎《隱居通議》:"玉斧非刀斧也,乃金杖子,約長四五尺,以片玉冠其首。人主閒步則持之,猶今之柱杖等類。"③張士儒認爲趙匡胤所用的柱斧就是玉斧,"是在步行時和處理日常事務時用作拄杖或指劃事物甚至體罰別人用的一種'玉杖'"④。

2. 禮器説。錢杭考證:柱斧又稱玉柱斧、玉斧,起先爲類似干戚的禮器。但到宋代發生了變化,形制不詳。⑤

3. 斧頭説。《漢語大詞典》釋"柱斧"爲"用水晶制的小斧。朝官所用"⑥。《中國古代名物大典》釋爲"水晶小斧,上朝時用之,多見於宋"⑦。龍文玲釋爲"有木柄的小斧頭"⑧。劉瑞明釋爲"宋徽宗政和、宣和年間升朝官轎前水晶制的小斧"⑨。

4. 柱拂子説。馮青認爲柱斧是民間日常所用的"柱拂子","是一種由水晶、玉或銅鐵等製成的可供皇帝、人臣使用的有柄有穗的日常用具"⑩。

以上説法差異很大,對柱斧的質地、用途和使用者身份各執一詞。本文擬結合文獻記載,對柱斧的發展過程和形制加以考察,以澄清對柱斧的種種誤解。

---

① [宋]李燾.續資治通鑒長編[M].北京:中華書局,1995:210.
② [宋]邵伯温.邵氏聞見録[M].北京:中華書局,1983:68.
③ [元]劉壎.隱居通議[M].臺北:臺灣商務印書館影印本,1986,第866冊,104.
④ 張士儒.大觀樓長聯中的"玉斧"系何物[J].雲南師範大學學報(哲社版),1982(3).
⑤ 錢杭.關於"斧聲燭影"之"斧"[J].史林,2001(4).
⑥ 羅竹風主編.漢語大詞典[Z].上海:漢語大詞典出版社,1985,第4冊,933.
⑦ 華夫.中國古代名物大典[Z].濟南:濟南出版社,1993:1301.
⑧ 龍文玲.《朱子語類》選注[M].桂林:廣西師範大學出版社,1998:621.
⑨ 劉瑞明.《漢語大詞典》第四卷失誤指正[J].隴東學院學報,2010(3).
⑩ 馮青.《朱子語類》俗語詞考釋[J].湖北社會科學,2012(3).

一 柱斧爲儀仗器

《廣韻》中"柱"爲上聲麌韻,與"主""拄"音同,"柱斧"又作"拄斧""主斧"。文獻記載中見玉柱斧和水晶柱斧。不同質地的柱斧出現在不同的場合,使用者的身份也不相同。

(一)玉柱斧用於帝王儀仗中迎駕和導駕

上文所舉趙匡胤屢用柱斧,宋代筆記還見宋仁宗用柱斧擊碎瓷器事。據《邵氏聞見錄》,宋仁宗見到張貴妃宮中臣僚送的定州紅瓷器非常生氣,"因以所持柱斧碎之"。① 另據《中吳紀聞》,宋徽宗時大臣雍孝聞直言上諫,"衛士怒孝聞唐突,以拄斧撞其頰,數齒俱落"②。這幾例柱斧的出現環境均與帝王有關。

除了帝王及其侍衛以柱斧打人擊物,宋人詩詞中也常寫到皇帝宮殿中的玉柱斧。因詩詞格律的限制,玉柱斧多稱"玉斧"。蘇軾《贈寫御容妙善師》寫畫師謁見帝王後看到的情景:"迎陽晚步出就坐,絳紗玉斧光照廊。"③周必大《進讀三朝寶訓終篇賜宴賜資謝恩》詩寫宮殿場景:"肇開講席臨清廂,赭袍玉斧光照廊。"④劉克莊《漢宮春·呈張別駕》:"京輦相逢,憶茂陵臨御,俱詣天官。絳紗玉斧咫尺,先引頭班。"⑤從以上語境來看,柱斧在宮殿中比較常見。受中土文化的影響,宋代周邊少數民族君主殿前也用柱斧。南宋樓鑰《北行日錄》記載,金國君主殿前有兩人"各執柱斧";衛士甲卒覲見時,"郎君紫衫襆頭,執柱斧,佩弓矢、刀劍,面殿分立,凡五十人。聞柱斧中藏鎗刃,皆軍官子弟也"⑥。據此來看:柱斧用在殿前儀仗中,是儀仗器。

---

① [宋]邵伯溫.邵氏聞見錄[M].北京:中華書局,1983:12.
② [宋]龔明之.中吳紀聞[M].臺北:臺灣商務印書館影印本,1986,第589冊,343.
③ 北京大學古文獻研究所編.全宋詩[M].北京:北京大學出版社,1993:9244.
④ 同上:26751.
⑤ 唐圭璋編撰.全宋詞[M].北京:中華書局,1998:2601.
⑥ [宋]樓鑰.攻媿集[M].臺北:臺灣商務印書館影印本,1986,第1153冊,702.

皇帝出行的儀仗中也有玉柱斧。宋人筆記《西湖老人繁勝錄》:"尋常從駕裹乾天角襆頭,捧渾金紗羅、金洗嗽、金提量、玉柱斧、黃羅扇之類。"①宋葉夢得《石林燕語》載宋徽宗駕前用玉柱斧:"崇寧初,始徙向後數十步。因增舊制,發舊基,正中得玉斧,大七八寸,五色如截肪,兩旁碾波濤戲龍,文如屈髮,製作極工妙。余爲左史時,每見之。蓋古殿其下必有寶器爲之鎮。今乘輿行幸,最近駕前所持玉斧是也。"②崇政殿翻修,宋徽宗非常珍視宫殿舊址出土的玉斧,將它用在最靠近御駕前的儀仗裡。

皇帝駕前的玉柱斧實際上起著導駕作用。元趙孟頫《宮中口號》:"一時侍衛回身立,天步將臨玉斧來。"③君王將到,其前導儀仗玉斧先來,宋代筆記中也有相關記載:

駕近則列橫門,數十人繫鞭視從,圍子三五重邏,執朵骨。諸親從等都管人員,並執骨朵列行導引。駕前有執金香座、玉斧、玉拂及水精珠杖迎駕,高低弄把引行,如龍弄珠也。④

太上自即位以來,尤深考慎,雖九重至密,亦不得預知,獨自語學士以姓名而命之也。及晚歲,雖倦萬幾,然每命相猶自擇日,在宣和殿親劄其姓名於小幅紙,緘封垂於玉柱斧子上,俾小璫持之導駕於前,自内中出至小殿上,見學士始啟封焉。以姓名垂玉柱斧子,政與唐人金甌覆之何異。⑤

前例點明玉斧在駕前"迎駕""引行";後例亦見於岳珂《愧郯錄》卷一五,玉柱斧子由小太監持著"導駕於前",足見玉柱斧在儀仗中起導駕作用。

宋太祖趙匡胤的柱斧近在身邊,隨手操起打人,所以有人將柱斧釋爲拄杖。但觀所有語境,均未點明宋太祖以柱斧爲拄杖。宋

---

① [宋]西湖老人.西湖老人繁勝錄[M].北京:中國商業出版社,1982:14.
② [宋]葉夢得.石林燕語[M].北京:中華書局,1984:3.
③ [元]趙孟頫.松雪齋集[M].海王邨古籍叢刊本,上海:中國書店,1991.
④ [宋]吴自牧.夢粱錄[M].上海:商務印書館,1939:5.
⑤ [宋]蔡絛.鐵圍山叢談[M].北京:中華書局,1983:18.

仁宗所執柱斧，應該也是臨時操起來用的，並非隨身用具。皇帝駕前有柱斧，則他們操起來打人擊物是很正常的。柱斧不是拄杖。

（二）水晶柱斧用於升朝官儀仗中導行

除了玉柱斧，文獻中還見水晶柱斧。《朱子語類》卷一二八："因言，物才數年不用，便忘之。祖宗時，升朝官出入有柱斧，其制是水精小斧頭了，在轎前。至宣政間方罷之，今人遂不識此物，亦不聞其名矣。如祖宗時人畫像有執柱斧者。"①《朱子語類》卷七："舊見升朝官以上，前導一物，用水晶爲之，謂之'主斧'，今亦無之。"②

從《朱子語類》的這兩則記載來看，南宋朱熹時代人們已經不識柱斧。《朱子語類》關於"柱斧""主斧"的記載雖簡略，但大體一致：升朝官用水晶質地的柱斧。宋人張師正《括异志》中亦見相關記載：

> 潘郎中繼宗，清河人，以明經發第，有吏材。天聖中，自國子博士通判乾寧軍。其母亡以十餘歲，一日于堂前呼家人，令召其子，容狀衣服宛如平昔。潘再拜號哭，母急止之曰："可於堂西偏隔以帝幕，前下一簾，中安二榻，吾將與伴我者二婦人息焉。"既而語云："吾死亦無大過，陰官但致我一室中，不令他適。汝既升朝，封我爲縣太君，陰官乃縱我出入。汝前歲知導江縣，我嘗至彼相視，以水晶柱斧倒置植扉後，吾亦未有生期，恐久涸汝，聊以爲識也。今我往生冀州北門内街西磨坊某人媳婦處爲女，因得來此。"③

張師正史書無傳，據蕭相愷考證，1077年他六十歲。④ 張師正歷真宗、仁宗、英宗、神宗四朝，其時有柱斧之制。根據《括异志》記載，宋真宗天聖年間，官員潘繼宗家中有水晶柱斧，亡母魂魄歸來探視他，將水晶柱斧倒置，以不合常規的放置方式來作記號。潘

---

① 黎靖德編，王星賢點校.朱子語類[M].北京：中華書局，1986：3067.
② 同上：128.
③ [宋]張師正.括异志[M].北京：中華書局，1996：30.
④ 蕭相愷.張師正及其小說[J].古典文學知識，2003(1).

繼宗亡母言"汝既升朝",説明他是升朝官。宋代的升朝官爲六品以上。宋鄭居中《政和五禮新儀》:"六品以上四行,行四人。"原注:"升朝官准六品。"①

《括异志》與《朱子語類》中升朝官用水晶柱斧的記載相吻合,朱熹之説當不誤。朱熹提及水晶柱斧"在轎前","前導一物"。再聯繫玉柱斧的迎駕導駕功能,水晶柱斧當是爲升朝官導行的。

總之,宋代的柱斧並非普通的日常用具,而是重要的儀仗器。衹有升朝官和皇帝能使用柱斧;升朝官轎前用水晶柱斧導行,皇帝殿前和出行儀仗中有玉柱斧迎駕導駕。

二 柱斧的源流與形制

柱斧用作儀仗器,與中國傳統文化中斧作爲權力的象徵一脈相承。

(一) 柱斧的來源

《説文·斤部》:"斧,斫也。"②斧本是砍斫的工具,也是殺戮的兵器,具有威嚴的氣勢,是威力的象徵。在統治者的強化下,斧成爲權力的象徵。"王"的初文就來自斧形:甲骨文作 , ,③金文作 , ,④象頭刃部朝下放置的斧鉞。吴其昌《金文名象疏證·兵器篇》:"王字之本義斧也。"⑤帝王器用常取斧形,比較典型的如君王服飾十二章紋中的黼紋,繪的就是斧形;古代帝王使用的屏風"黼扆",上面繪滿斧頭。⑥

斧很早就用於導從。漢代重要使者和官員出行用斧車(見

---

① [宋]鄭居中.政和五禮新儀[M].臺北:臺灣商務印書館影印本,1986,第647册,229.
② [漢]許慎.説文解字[M].北京:中華書局,1992:299.
③ 中國社會科學院考古研究所.甲骨文編[M].北京:中華書局,1965:15.
④ 容庚.金文編[M].北京:中華書局,1985:18.
⑤ 轉引自:湯可敬.説文解字今釋[M].長沙:嶽麓書社,1997:27.
⑥ [漢]胡廣.書經大全·圖説[M].圖47、圖43,臺北:臺灣商務印書館影印本,1986,第63册,223、221.

圖1)來引導。《後漢書·輿服志·大使車》:"持節者,重導從:賊曹車、斧車、督車、功曹車皆兩。"《後漢書·輿服志·導從車》:"縣令以上,加導斧車。"《晉書·輿服志》:"次領護軍,加大車斧,五官掾騎從。"

唐代以斧形的儀鍠入儀仗。《宋史·儀衛志》:"儀鍠,鉞屬也,秦、漢有之。唐用爲儀仗,刻木如斧,塗以青,柄以黃,卜綴小錦幡、五色帶。"觀唐人張萱的絹畫《武后步輦圖》①,武則天身邊有近侍數名,近侍左右側各有一名紅衣衛士,衛士所執就是斧形儀仗器(見圖2)。宋代的柱斧與之一脈相承。

 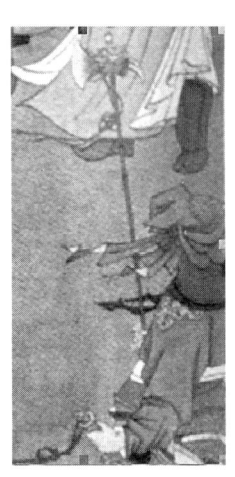

圖1 甘肅武威雷臺漢墓出土的斧車　　圖2 《武后步輦圖》局部之持斧衛士

(二) 柱斧的形制

柱斧是什麼樣子,目前未見明確記載。元劉壎《隱居通議》卷一〇:"玉斧非刀斧也,乃金杖子,約長四五尺,以片玉冠其首。"②明鎦

---

① 楊飛,馬躍主編.中國人物名畫全集[M].北京:光明日報出版社,2003:38.
② [宋]劉壎.隱居通議[M].臺北:臺灣商務印書館影印本,1986,第866冊,104.

續《雪菲録》卷上："古帝王手持一杖過頭首,施一物如銀錘樣。"①錢杭推斷："佔計不會很大,其長短與小手杖差不多,一頭是棍子,一頭呈斧形。"②

就形制而言,柱斧有竿。宋徐兢《宣和奉使高麗圖經》卷一〇:"金鉞之制略同柱斧。於竿之杪立一翔鸞,行則動摇,有騫騰之勢。王行則龍虎,親衛軍將一人,執之從於後。"③金鉞有竿,上面立翔鸞或龍虎等動物造型。柱斧是有竿的儀仗器,竿頂有斧,斧形爲玉質或水晶質地。

就尺寸來看,竿頂上的玉斧尺寸不大。上文所及葉夢得《石林燕語》所記的玉斧大七八寸。2006年4月10日,香港蘇富比拍賣行成交的浮雕饕餮紋古玉斧,長17.7 cm(五寸餘),上端有孔。④ 玉斧上端的孔用於縛紮執柄,將其固定於竿上。

(三) 柱斧形制的消亡

由於斧象徵著權力,柱斧也成爲權力的代表。《續資治通鑒長編》:"邊民大怒,有焦家弓箭手三百餘人,毆擊北使,奪下梁永等柱斧交椅,敵人不敢復南。"⑤這裡"柱斧""交椅"都是權力的象徵。柱斧象徵著權力,所以普通人不能用柱斧,文獻中只見皇帝和升朝官用柱斧;到後來,朝廷加以限制,水晶柱斧罷用,柱斧爲皇室專用。

升朝官水晶柱斧的罷用,朱熹說"至宣政間方罷之"。宣政是宋徽宗年號政和、宣和的合稱,指代宋徽宗時期。據宋人筆記,水晶柱斧罷用於宋徽宗大觀年間。莊綽《雞肋編》卷上:"大觀中,……又有楊通者,任提舉學事官,上殿札子云:'人臣而持主斧,

---

① [明]鎦績.雪菲録[M].臺北:臺灣商務印書館影印本,1986,第866冊,660.
② 錢杭.關於"斧聲燭影"之"斧"[J].史林,2001(4).
③ [宋]徐兢.宣和奉使高麗圖經[M].臺北:臺灣商務印書館影印本,1986,第593冊,839.
④ 古董拍賣年鑒編委會.古董拍賣年鑒[M].長沙:湖南美術出版社,2007:2.
⑤ [宋]李燾.續資治通鑒長編[M].北京:中華書局,1995:8989.

僭紊名器。'遂行禁止。"①楊通認爲人臣用主斧(柱斧)有紊亂名器之嫌,朝廷采納其奏,禁止升朝官用水晶柱斧導行。《宋會要輯稿·職官》中也有類似的記載。《朱子語類》《雞肋編》和《宋會要輯稿》所言水晶玉斧罷用的時代一致,比較可信。到朱熹時代,水晶柱斧爲升朝官導行的形制消失已久,普通人早已不識,所以朱熹會專門進行解釋。

水晶玉斧罷用後,大臣不能再用柱斧,宋代筆記中也有所體現。朱彧《萍洲可談》卷一:"政和間,有提擧學事官上殿札子,論庶官或用玉斧,同於斧扆之義,乞革去。勘合得乃是人間所用柱拂子,或名柱斧,以水晶或銅鐵爲之,制度無僭。言者坐所論不實罷,遂不果禁止。"②提擧學事官彈劾庶官違禁使用玉斧,經朝廷核實,所謂的"玉斧"原來是日常所用的柱拂子(類拂塵,口語發音近"柱斧"),未曾逾矩,彈劾者因所言失實而遭罷免。可見柱拂子與玉斧、儀仗器柱斧完全不同。③ 據周密《齊東野語》,宋理宗寶慶年間,李全進獻玉柱斧,孫守榮說"非丞相所可用者"。④ 其社會背景就是大臣禁用柱斧導行,且玉柱斧本是御用器物,用之有犯上作亂之嫌。

水晶柱斧罷用後,帝王儀仗中的玉柱斧並未消失,金元時期仍見。金人《天眷三年九月駕幸燕京導引曲》:"蒼生洗眼秋光裡,今日見天顏。金戈玉斧臨香火,馳道六龍閑。"⑤元代統治者推崇漢文化,保存漢舊制較多,儀仗中仍見玉柱斧。據《元史·輿服志》,君王殿下旗仗右次三列中,"二十二旗內,拱衛直指揮使二人,分左

---

① [宋]莊綽.雞肋編[M].北京:中華書局,1983:3.
② [宋]朱彧.萍洲可談[M].北京:中華書局,2007:6-7.
③ 馮青《〈朱子語類〉俗語詞考釋》一文,據《萍洲可談》推斷《朱子語類》中"柱斧"是"柱拂子",誤。《朱子語類》中"柱斧"是禮器,而此例中"柱拂子"指日常所用的拂塵,人們口語發音與"柱斧"同,並非一物。言官對口語中的同音詞疏於核查,誤爲"柱斧",所以犯了錯誤。馮文之誤在於未仔細推敲語境。
④ [宋]周密.齊東野語[M].北京:中華書局,1983:166.
⑤ [元]脫脫等編.金史[M].北京:中華書局,1975:917.

右立,服本品朝服,執玉斧"[1]。

明代儀仗中仍用斧,但不限於玉斧,使用範圍也有所擴大。據《明史·儀衛志》,太后、皇后儀仗有斧四,宮中常用儀仗有"金斧二";皇太子殿前儀仗有斧四;親王、郡王儀仗中有斧二。[2] 清代少數民族入主中原,強行推行剃髮易服,實行文化灌輸,對漢儀棄之不用,斧從儀仗中淡出,直至消亡。

三 關於"宋揮玉斧"與"斧聲燭影"

宋太祖屢用柱斧,爲我們留下了兩個具有濃郁歷史色彩的詞語——"宋揮玉斧"和"斧聲燭影"。後人對這兩個"斧"也出現了一些誤解。

"宋揮玉斧"出自清人孫髯翁那首著名的雲南大觀樓長聯。下聯有云:"把酒淩虛,歎滾滾英雄誰在?想漢習樓船,唐標鐵柱,宋揮玉斧,元跨革囊。"[3]有人認爲此玉斧爲"文房古玩",或釋爲"一種小巧的玩具","頭上飾物",也有人視爲玉杖。[4] 其實"玉斧"就是儀仗器玉柱斧。

"宋揮玉斧"是説宋太祖揮玉斧劃定疆界。此説南宋已見。郭允蹈《蜀鑑》卷一〇:"而南詔之患與吐蕃回紇等。惟我藝祖,遠法三代,玉斧畫河,不貪其土。"[5]其後人們對此演繹得繪聲繪色。元劉壎《隱居通議》卷一〇:"玉斧事,乃宋太祖開基時,閱地輿圖,偶持玉斧,因以柄畫其分界。"[6]明田汝成《炎徼紀聞》卷四:"太祖

---

[1] [明]宋濂.元史[M].北京:中華書局,1976:2003.
[2] [清]張廷玉.明史[M].北京:中華書局,1974:1592-1593.
[3] 胡奇光,強永華.對聯藝術[M].上海:上海古籍出版社,1995:7.
[4] 詳參:張士儒.大觀樓長聯中的"玉斧"系何物[J].雲南師範大學學報(哲社版),1982(3).
[5] [宋]郭允蹈《蜀鑑》卷一〇《西南夷始末》,明嘉靖三十四年(1555)刻本。
[6] [宋]劉壎.隱居通議[M].臺北:臺灣商務印書館影印本,1986,第866冊,104.

鑒唐之禍基於南詔，以玉斧畫大渡河曰：'此外非吾有也。'"①從產生背景來看，"宋揮玉斧"是後人的想象，聯想的依據就是史料中宋太祖屢用柱斧的事實。

"斧聲燭影"源自後人對趙匡胤之死的疑惑，其說已見於北宋：

> 但遙見燭影下，太宗時或避席，有不可勝之狀。飲訖，禁漏三鼓，殿雪已數寸，帝引柱斧戳雪，顧太宗曰："好做，好做。"遂解帶就寢，鼻息如雷霆。是夕，太宗留宿禁內，將五鼓，周廬者寂無所聞，帝已崩矣。②

後人將此概括爲"斧聲燭影"。"帝引柱斧戳雪"句，宋趙葵《行營雜錄》作"上引柱斧戳雪"③；《續資治通鑒長編》作"既而上引柱斧戳地"④。可見"斧"即柱斧。玉柱斧作爲儀仗器具，宮殿中多有陳列。陸游《老學庵筆記》卷九："天下神霄，皆賜威儀，設於殿帳座外，……西壁，從東第一架六物：曰如意、曰玉斧、曰鶴扇二、曰幡、曰絲拂。"⑤陶澤《墨姬傳》："帝癘，怒曰：'與卿同寢，芒刺在背。所謂剝床以膚也。此輩但可束之高閣。'因以柱斧撞之，姬走避床下。"⑥可見寢宮之中有柱斧。宋太祖寢宮當陳列有玉柱斧，他駕崩前，寢宮裡出現"斧聲燭影"並不突然。

"斧聲燭影"成爲千古謎案，後人多以此諷刺趙光義的篡位陰謀，也出現了對柱斧形制的誤解。元張憲《金櫃書》："寡婦孤兒不敢啼，戳地有聲金柱斧。"⑦元楊維楨《慈母愛》："於呼，床前戳地銀

---

① [明] 田汝成.炎徼紀聞[M].臺北：臺灣商務印書館影印本，1986，第 352 冊，644.
② [宋] 文瑩.湘山野錄續錄[M].北京：中華書局，1984：74.
③ [宋] 趙葵.行營雜錄[M].北京：中華書局，1991：1.
④ [宋] 李燾.續資治通鑒長編[M].北京：中華書局，1985：378.
⑤ [宋] 陸游.老學庵筆記[M].北京：中華書局，1997：115.
⑥ [明] 詹景鳳《古今寓言》卷七，明萬曆九年（1781）陳世寶刻本。
⑦ [宋] 張憲.玉笥集[M].臺北：臺灣商務印書館影印本，1986，第 1217 冊，387.

柱斧,禍在韓王金匱書。"①清丁耀亢《續金瓶梅》第六二回:"祇有岳飛,在南宋嗣立一案:查得金粘罕系趙太祖托生,金兀术系德昭托生,報柱斧之仇。"②民國歷史小説《黄袍與柱斧》③,題目就取自與主人公關係最重大的兩件事——"陳橋兵變"黄袍加身和"斧聲燭影"。元人金柱斧、銀柱斧之説,已經偏離了帝王用玉柱斧的事實。《續金瓶梅》和《黄袍與柱斧》視柱斧爲殺人的斧頭,完全背離了柱斧的形制。

綜上所述:中國傳統文化中,斧是權力的象徵。柱斧是儀仗器,其使用範圍和形制有嚴格的限定:北宋年間,升朝官的官轎前方有人執水晶柱斧導行,這種形制到宋徽宗時期罷用;玉柱斧用於皇帝殿前,或在出行的駕前儀仗中導駕。宋太祖所操柱斧,"宋揮玉斧"之"玉斧"和"斧聲燭影"之"斧",都是這種儀仗器柱斧。

---

① 轉引自:祝允明《祝子罪知録》卷二,明萬曆刻本。
② 丁耀亢.續金瓶梅[M].北京:中國戲劇出版社,2000:333.
③ 仲玉.黄袍與柱斧[J].申報月刊,1945(3).

《燕山外史》文本中"字形表意"與"字形對稱"現象初探
——兼談《燕山外史》繁簡轉化中應該注意的一類問題[*]

上海市風華中學　周黎敏
上海大學附屬中學實驗學校　王莉瑞

内容提要：筆者在處理《燕山外史》的繁簡轉化過程中，發現其中相當一部分文字必須保留原來的繁體字或异體字的寫法，因爲其繁體或异體字的字形中的形符或意符，其實是作者陳球在此處藉以表達其意思的必要符號，不能够被捨去或替换。筆者就此現象梳理出了文本中的一些典型例子，並結合語境分析其表情達意的具體效果。在此基礎上，將所有筆者已經發現的利用漢字字形特點表達意思的用例歸納爲兩類情况：一類可稱爲"字形表意"，一類可稱爲"字形對稱"。在這些《燕山外史》字例分析的基礎上，筆者嘗試總結了如何判定一個作者是否有意利用漢字字形來表達意思的判定法則。

關鍵詞：燕山外史　繁體字　异體字　形符　意符　字形表意　字形對稱

---

[*] 我們之所以會對《燕山外史》漢字字形予以關注，是由黄衛星師提醒和啓發的；"字形表意""字形修辭"也是和黄衛星師多次討論後暫得的結果；所選用的幾個例子也是由黄衛星師啓發的；初稿完成之後，黄衛星師又仔細閲讀并提出了重要的修改建議。同時，我們的考察也得益於趙姚娜、石小瑋兩位師妹對春風文藝版《燕山外史》及中國大百科版《燕山外史》仔細校對的成果。在此向三位師友致以謝意。

一　引　　言

　　清人陳球所著的《燕山外史》是中國古代文學史上一部重要的駢體文小說。① 我們發現作者陳球在這部小說的語言表達形式上可謂"用心良苦"：一方面，作者力圖吸收化用自己所讀過的大量作品的内容與語詞，把它們打造成適合《燕山外史》的表達材料，而這些表達又必須符合一個嚴格的駢文基本要求——也就是要恰當地放入對偶的詞句框架中去；另一方面，作者除了運用一般的對偶技巧——從另一個角度看也是必須要遵守的對偶規則以外，還常常運用漢字字形的種種特點選擇特别的字詞、特别的字形表達特定意義，或者造成特定的表達效果。而僅這兩點，便造成了

---

①　《燕山外史》是一部駢文小說這一點，似乎自來研究者都不否定。但其"重要性"則仍有不同意見。本文作者認爲，僅就《燕山外史》在"駢體"這一語言結構形式上的探索，便已成爲值得研究者重視的一部作品了。我們目前也祇是在語言形式這一層面上，初步嘗試發掘探討《燕山外史》的語言表達藝術，但也已深深地體會到作者陳球非凡的用心與才思，感受到《燕山外史》文本對漢語漢字表情達意及藝術審美所做出的認真探索。

　　此外，魯迅先生在《中國小說史略》（收入《魯迅全集》第九卷，人民文學出版社，2005年。）中，以"未見張鷟《遊仙窟》，遂自以爲獨創矣"，而否定了陳球的獨創性。我們認爲，魯迅先生的觀點有失公允。已有的研究已明確《遊仙窟》在中國本土長期失傳，直到清末民初時才有國人在日本發現此文并向國内介紹。（參看李時人先生著《遊仙窟校注》的《前言》，鄭振鐸先生文《關於遊仙窟》收入《鄭振鐸全集》第四册，花山文藝出版社，1998年。）那麼，在陳球創作《燕山外史》的時代，《遊仙窟》在中國本土應該是既没有任何相關的文獻記載，也根本無人知曉。也就是陳球不知道，也幾乎無法瞭解歷史上已經有過《遊仙窟》這樣以駢偶爲主要形式的史傳。在這種情況下，陳球嘗試用四六成文爲史體，是具有獨創性的。同類情況可比較：數學史上，牛頓和萊布尼茨各自獨立地發現創立了微積分的事件。其中，牛頓早於萊布尼茨得出完整的研究結論，但，萊布尼茨在完全不知道牛頓的情況下，也獨立地完成了研究與證明。雖然，後來出現了對萊布尼茨研究原創性的質疑和調查的事件，但事件的最終結果肯定了萊布尼茨的獨創性，確認微積分的創始人的榮譽由牛頓和萊布尼茨共同分享。此外，當代漢語歷史比較語言學研究中，美國的包擬古（N.C.Bodman）先生、白一平（W.H.Baxter）先生，俄羅斯的斯塔羅斯金（S.A.Starostin）先生，中國的鄭張尚芳先生、潘悟雲先生，三國的學者在全然不知道彼此的研究情況的狀態下，獨立地構擬論證了上古漢語的六元音系統，學界也肯定了他們各自的獨創性。同理，既然陳球是在不知道有《遊仙窟》的情況下，而想到用駢文作史傳，並付諸實踐，那麼，我們也應該肯定他的獨創性。

《燕山外史》用字用詞上的一些鮮明的特徵。因此,當我們在特定情況下,需要對《燕山外史》進行繁體轉化爲簡體的處理時,就需要仔細發現《燕山外史》的這些字形上的特點,認真考慮究竟如何處理才能儘可能無遺漏地呈現作品的内容與内涵。

二 關於"字形表意"和"字形對稱"概念的界定

就上述"利用漢字字形表達特定的意義,或造成特定的表達效果"的看法,我們先嘗試簡單地界定兩個概念:"字形表意""字形對稱"。

1. "字形表意"概念的界定

我們參考裘錫圭先生在《文字學概要》第一章對"表意字"這個概念的闡述,界定所使用的"字形表意"這個概念核心的含義是:利用漢字字形中的筆畫、偏旁及它們之間的組合關係,來表達某種特定的意義。而"字形表意"可以進一步分爲兩種更具體的情況,我們基本參考依據裘錫圭先生在《文字學概要》第二章"漢字的性質"中對漢字"意符"内部可分爲兩類的看法來分類界定:

一是指利用漢字筆畫、偏旁的獨體形象(即獨體字①字形的形象)以及組合形象(即合體字②字形的形象)所表達的形象意義。前者如古文字中"𠁥"字形,代表的是鳥的形象;③後者如甲骨文中的"𢼄",字形可以分析爲兩個部分,左半部分是"一手執杖",右半部分是"一人揚手,張手",這個字應是爲"抵禦"的"禦"而造的圖形式的表意字,④也就是這個字利用左右兩部分的形象及其相互

---

① 《文字學概要》第二章:"有些字從結構上看不能分析,一般稱爲獨體字。"
② 《文字學概要》第二章:"在漢字裏,像'花'這樣可以從結構上進行分析的字,一般稱爲合體字。"
③ 此例字形及分析解説選自《文字學概要》第七章第一節第二點"象物字"部分,書中這部分還有很多典型的獨體象形字可參看。
④ 此例字形及分析解説選自裘錫圭.讀《安陽新出土的牛肩胛骨及其刻辭》[C]//裘錫圭學術文集(第一卷).上海:復旦大學出版社,2012.

的關係形成特定的組合形象意義。這種字形表意的方式在楷書階段的漢字體統中似乎已經比較少,可能"灭"字字形可看作類似的例子,其字形表示"用'一物'撲滅火"[①];廣東方言裏的"冇"也可能是一例,其字形以"有"字缺掉兩筆的組合形象表示"沒有"的意義。要言之,這種"字形"就是借助漢字筆畫,偏旁的形象來參與表達所屬漢字的意義。[②]

二是指漢字構造中利用自己的字義來參與表達整個字的意義的形體部分。如"甭"字,其字形就是以表達否定的"不"形和表達祈使祈願意義的"用"構成的;換言之,"不"和"用"不是利用字的形象,而是依靠自身獨立成字時的語義來起作用的。可比較吴方言裏的"嫑"。[③]

以上這兩類字形表意的情況,在《燕山外史》中都有涉及,作者陳球正是巧妙地利用漢字字形的這些結構特點創造別致的文本意義。[④](《燕山外史》中的例子詳見後文具體論述。)

2. "字形對稱"概念的界定

陳球在構造《燕山外史》(以下行文中简稱《燕》,必要時給出全稱)的駢文文本時,不僅儘可能地在語言層面——即詞性、語音、

---

① 此例内容來源於復旦大學出土文獻與古文字研究中心陳劍教授所開設的古文字課的授課内容,亦見《文字學概要》第130頁。當然,嚴格來講,這個字中的"火"形應該不是利用其形象,而是其詞義來參與整字的表意。所以,我們認爲這祇是一個類似的例子。

② 這種情況對應於裘先生所界定的漢字字符中"意符"裏的"形符",見於《文字學概要》第二章。

③ 這種情況對應於裘先生所界定的漢字字符中"意符"裏的"義符",裘先生在舉例時用了"歪"的例子,我們受此啓發,换用了"甭"和"嫑"("嫑"似可有兩種寫法)的例子。請參看《文字學概要》第二章。

④ 在漢語修辭學研究領域中,已有學者對上述利用漢字字形來修辭表意的現象進行了深入的研究,據筆者所知,修辭學經典著作陳望道先生的《修辭學發凡》、王希杰先生的《漢語修辭學》中都有討論到利用漢字進行修辭的情況,可參看。本文使用的兩個概念與修辭學領域相關的研究沒有實質的不同,但並不探討理論層面上,利用漢字字形進行表意或修辭的一般情況,所以爲了行文的需要,自行界定概念。

語義範疇等方面——實現對偶①,而且他還在文字層面②——即漢字字形、偏旁等方面——精心安排,造成了一種漢字字形、漢字偏旁上的對稱形式。③ 我們在這裏以第一卷、第二卷爲例,簡要地舉幾則例子:

《燕》正文第一卷:

萬喚千呼,强入鶺鴒之座;

三推兩却,勉挈鸚鵡之杯。(11205)④

其中"鶺鴒"與"鸚鵡"相對,"鳥"旁在句内與隔句間形成了對稱。⑤

《燕》正文第一卷:

臃腫腰肢,分植金城之柳;

蹣跚足樣,移栽玉井之蓮。(12218)

其中"臃腫腰肢"的"肉"旁在句中呈連續反復與對稱(尤其是

---

① 當然,這裏我們使用現代語言學的術語進行分析,陳球應該是不知道這套理論和術語的。但,由於我們學識有限,暫時無法用古代文學理論或語言理論中對"駢文""對偶"的分析進行描述。

② 在現代語言學理論中,語言是以語音(而不是文字)爲能指(可以簡單地理解爲表現形式),以意義(權宜的説法)爲所指(可以簡單地理解爲所要表達的意思)的符號系統。相應的,文字是以書寫形式爲能指,以語言爲所指的符號系統。語言和文字是兩個系統,不可混淆。(參張斌先生主編《新編現代漢語》。)

③ 目前我們所見的《燕山外史》的刻本、手抄本,或現代排版點校本,都是一段一段式地呈現《燕》的文本,上海人民出版社新出《〈燕山外史〉傅注校證》中,采用了一組句子一組句子的方式,也就是按對仗對偶的格式編排呈現《燕》的文字,可能這種方式更能充分地展現《燕》的駢文藝術性。

④ 本文所引用《燕山外史》原文,及傅聲谷注的内容,基本依據黄衛星先生所著《〈燕山外史〉傅注校證》一書,并採用此書對《燕山外史》正文所建立的編碼系統,此書爲傅注所建立的條目系統,以及此書對傅聲谷注的校補内容。這裏"(11205)"是《校證》對《燕》正文的編碼,後同。

⑤ 嚴格説來,真正嚴密地論證作者是有意選用相同或相對的偏旁或漢字形成對稱的證據還應包括:文本該處其實比較明顯地存在——即常理上,作者應該知道的——其他合適的語詞表達可供選擇,甚至是更合適此處文本上下語義的語詞表達存在,但作者没有選擇這樣的語詞;反而,爲了字形對稱的需要選擇《燕》正文所選的字詞。不過,由於我們的學識有限,嚴重缺乏漢語文獻的閲讀與積澱,暫時無法做出上述有效的考量,在此懇請方家賜教!

竪排書寫形式下），形式上的這種重複産生的數量上的堆砌可以直接表述"肉"多，正和此處所要凸顯的妓子的肥胖相呼應。"蹣跚足"中的"足"旁的反復對稱，也可以起到呼應妓子脚大的效果。① 而"臃腫腰肢"和"蹣跚足"之間"肉""足"反復對稱，更是合力暴露這妓子的醜態。

《燕》正文第一卷：

由是，月性花情，久疏歡伯；
　雲魂雨魄，長入睡魔。（12401）

其中"性""情""魂""魄"相對，"忄""鬼"形成了在句内相協相同，隔句相異相對的對稱形式，表面上在寫花月雲雨，但這對稱的"忄""鬼"字形實在暗示了寶生心情的鬱結，精神的恍惚，望文生義地講，正是心中有鬼怪作祟。

《燕》正文第一卷：

嗟乎，燭當盡後，泪尚淋漓；
　蠶到僵時，絲猶繚繞。（11615）

《燕》正文第二卷：

托②香腮而惆悵；
扼玉腕以徘徊。（20802）

《燕》正文第二卷：

冷語溫辭，諮嗟不已；
朝唆暮聒，慫恿無休。（20904）

上舉三例中下加著重號的漢字或者在句内，或者在鄰句，或者在隔句形成了字形對稱。

本文稱這種利用漢字字形、漢字偏旁形成的對偶，對照形式爲"字形對稱"。這種"字形對稱"一方面有一定的表情達意之用，另

---

① 嚴格説來，這個例子存在一定問題：如果按照我們的分析，"蹣跚足樣"的"樣"字作者爲什麽不選用"足"字旁的字，比如"跡"字一類的？這個問題我們暫時無法回答，不知道這裏"蹣跚足樣"是否出於某個典故。衹能存疑，暫記於此。

② "托"，三陋居本同，醇雅堂本作"扶"。

一方面,可能更重要的是它彰顯了駢文所具有的那種對稱形式的審美意味。

上述的"字形表意""字形對稱"提示我們"漢字""漢字偏旁""漢字字形"是《燕山外史》非常重要的組成部分,它們在《燕山外史》的表情達意和藝術審美兩方面可能都起著相當重要的作用。所以,我們對《燕》進行繁簡轉化時,應該儘量考慮到其"字形"可能存在的潛在意義。

接下來本文繼續探討《燕》文本"字形表意"和"字形對稱"的情況,並且以此爲據來考察三個簡體字本《燕山外史》繁簡轉化中所存在的問題。本文所依據的繁體字本是北京國家圖書館藏的醇雅堂本《燕山外史》及上海圖書館藏三陋居本《燕山外史》,我們所考察的簡體字本是春風文藝出版社的《燕山外史》(以下簡稱"春風版《燕》"),中國大百科全書出版社的《燕山外史》(以下簡稱"大百科版《燕》"),以及上海人民出版社出版的《〈燕山外史〉傅注校證》(以下簡稱"《校證》")。①

三　結合繁簡轉化,《燕山外史》中"字形表意"及"字形對稱"例子的初探

1. "字形表意"例

"鳳",見於《燕》原文第三卷:"彼見,楚國沐猴;嵇家署鳳。"(31801)傅注:"《晋書》:呂安嘗造嵇康,康他出,康子喜迎之,安書'鳳'字于門而去。"《校證》指出此典應出於《世說新語·簡傲第二十四》:"嵇康與呂安善,每一相思,千里命駕。安後來,值康不在,喜出户延之,不入。題門上作'鳳'字而去。喜不覺,猶以爲欣,故作。'鳳'字,凡鳥也。"《世說新語》中呂安顯然是狡猾地使

---

① 上海人民出版社出版的《〈燕山外史〉傅注校證》對《燕山外史》正文,及傅聲谷的注文都進行了校對,且其書主體是以簡體字出版,保留了少量的繁體字。參看《校證》前言。

用了"鳳"的字形表達兩重語義①:一方面按常規理解"鳳"字作爲一個整體則指稱中華文化中的一種尊貴的神鳥,另一方面如果拆分"鳳"字字形,則可以得到"凡""鳥"兩個獨立成字的字形,而這兩個字形固有的字義,其組合"凡鳥"恰恰表達了與作爲整體的"鳳"字相反的含義。而陳球在《燕》中化用這個典故時,正是兼采了兩種語義:上句"楚國沐猴"是《史記》所載"楚人沐猴而冠"之典,和"署鳳"之語都表述了表面上似一物,即人和鳳,本質裏是另一物,即禽獸和凡鳥的含義。如果把"鳳"字簡化成"凤"字,則利用"鳳"字形産生的雙重語義就無法顯示出來了,丟失了《燕》原文所要表達的內容了,所以,這個"鳳"不宜簡化。春風版《燕》、大百科版《燕》都將"鳳"簡化成"凤"似不妥。此外,《校證》在校對傅注時引用了《世說新語·簡傲第二十四》的原文(見前面的引文),其中"鳳"仍引繁體字形,但"鳥"字却簡化了,既然肯定這個"鳳"的字形在這裏起到表達特定語義的作用,"鳥"字也不應簡化。

"羶",見於《燕》原文第五卷:"氣羶蟻聚;物腐蟲生。"(53108)傅注:《莊子》:"蟻慕羊肉,(羊肉),②羶也。舜有羶行,故[衍一字]百姓悅(之)。"傅注指明"氣羶蟻聚"語出《莊子》,而《莊子·徐無鬼》原文爲"蟻慕羊肉,羊肉羶也"明確羶味是來自羊肉的,而非其他動物的肉。一方面,《莊子》原文既然用"羶",陳球直接承用原文是自然的,另一方面,在用四個字概括這段內容時羶味來自羊肉這一原文信息也被巧妙地包含在"羶"字裏的"羊"這一字形中了。要言之,似乎可以認爲"羶"不僅承擔了"膻"的語義,還間接暗示了"膻味來自羊肉"這一信息。如果把"羶"字簡化成"膻",則"膻味來自羊肉"這一信息似乎便不能從文本中間接獲得了;換言之,也就是《燕》原文語義信息有所丟失了。所以,這個

---

① 本文使用"語義"一詞,與"意義"沒有實質區別,主要是爲了避免行文的重複和單調。

② "( )"內文字是《校證》對傅注原文於原始文本引用時脫漏之處的校補,《校證》還使用"[ ]"方法,表示對傅注所犯的錯譌、顛倒或異文進行的校改。參《校證》前言。

"齻"字不宜簡化。春風版《燕》、大百科版《燕》把"齻"簡化爲"膽",似不妥。

"犇",見於《燕》原文第五卷:"時二人者,左提右挈,望歧路以同犇;顧後瞻前,至中途而相失。"(50510)作者這裏表示奔逃的"奔"用了"犇"字,同卷其他的"奔"這個詞①則用"奔"的字形,例如《燕》繁體字正文:"遂教三載奔波,備嘗險境。"(50905)可見,作者在(50510)處很可能是特意選擇"犇"字。我們認爲可能出於兩個原因:一是,"犇"據《玉篇》《廣韻》皆有"牛驚"之義,②這是"奔"字所無;而《燕》故事中此處正是寶生携愛姑出逃,於途中半夜又突逢唐賽兒作亂,忽然間身處兵荒馬亂之中,應該是受到了不小的驚嚇,用"犇"字恰有這層語義。二是,《燕》原文"時二人者,左提右挈,望歧路以同犇",作者以"左提右挈"描摹當時兩人一左一右相扶相持的樣子,而"犇"字中幾個"牛"之間平行并列的字形形象一定程度恰好對應了這種"左提右挈"的貌狀,即一定程度地間接描繪了當時兩人相互扶助,不離不棄,共度劫難的情形。三是,我們看到,與"犇"對偶的是"失"字,而"失"字形與"牛"有相似處,如果這個看法可以接受,那麼"失"字恰和"犇"字字形特徵上形成對應:"犇"展現兩人相依爲命,"失"也即是一"牛",意味兩人不幸失散,與原文"相失"之意貼合。當然這第三點有臆測成分在,暫記於此,略備一説。綜上,即使衹考慮上述前兩點,這裏的"犇"字也不宜簡化爲"奔"③,春風版《燕》、大百科版《燕》都簡化爲"奔",似不妥。

"犇",又見於《燕》原文第二卷:"誼若深投,天女奚難下嫁;

---

① 現代語言學認爲"語言"與"文字"是相區别的,而"詞"是能够獨立運用的語言單位,是屬於語言系統的,和"字"不能混淆。同一個詞可以由不同的字來表達來記録,如孔乙己提問的那個有名的問題:"茴香豆的茴有幾種寫法?"
② 參看《漢語大字典》《漢語大詞典》"犇"字條。
③ 嚴格説來,"犇"字與"奔"字是异體字關係,不是狹義的繁簡體關係,本文統一稱爲"簡化",後同。

緣如固結,月娥豈肯上犇。"(21106)《燕》正文中既有用"奔"字,又有用"犇"字,很有可能陳球是有意區別使用的。第二卷中的這個"犇",我們目前沒能想到十分確定的解釋,祇能推測一種可能的意義,暫記於此:此處作者化用的是姮娥奔月之典,姮娥此事可能最早見於《淮南子》:"譬若羿請不死之藥于西王母,恒娥竊以奔月。"(見《淮南鴻烈解》卷六《覽冥訓》)姮娥偷了后羿的不死藥,吃了後升上月亮,背後也應該暗示了姮娥和后羿感情不够深,背叛了后羿。陳球也正是用了姮娥和后羿感情不深這層意思,所以寫到"緣如固結,月娥豈肯上犇"。這裏用"犇"字,凸顯"牛"字,不知是否有以牛奔走的氣勢和力度與姮娥打算偷藥升仙的那種決心的强度相呼應,也就是姮娥鐵了心要偷藥出逃,離開后羿;此外,姮娥是升天上奔,也就是行迹路綫是向上的,那麽"犇"中"牛"字形的位置組合形象是不是可以看成"牛"在向上走呢?當然上述兩點都有較强的臆測成分,可能都有問題,暫記於此,略備一説。這個"犇"字的簡化問題仍需商榷。

"竝",見於《燕》原文第四卷:"將使,白玉爲堂,竝貯南姝北媛;黃金作屋,共藏媙眷良姻。"(41006)同卷,有用"并"字,如《燕》繁體正文:"誰其知者,我知并使爾知。"(40610)"兼程以進;并日而行。"(42602);也有用"並"字,如繁體正文:"雙柑鬥酒,並從隋苑聽鶯。"(40206)"於是,按轡並行;攜尊遠送。"(42101)漢字系統中,一般是將"竝"字作爲"并"字的古字或异體字。[①] 陳球很有可能是在(41006)處有意選擇"竝"字。"竝"字從兩個"立",《説文解字》(以下簡稱《説文》)釋"竝,并也。從二立",而"立"字《説文》釋:"立,住也。從大,立一之上。""大"字《説文》釋:"大,天大、地大、人亦大,故大象人形。"[②] 聯繫《説文》對"大""立""竝"的

---

① 參《漢語大字典》《漢語大詞典》中的"竝"字條目。
② 本文所引《説文解字》資料均來自《漢語大字典》或《漢語大詞典》。所引條目基本都是常見字,基本没有爭議,故不具查其他《説文解字》的版本或研究,後同。此外,陳球應該是讀過《説文解字》的,這一點應該無須論證。

分析，我們可以得出，"竝"字形表達兩個人并立之含義。而《燕》（41006）處正想表達寶生希望這姝媛兩人能合協地共居於同一屋檐下的願望，"竝"字的字形意義，正呼應寶生的心願。春風版《燕》、大百科版《燕》都將"竝"簡化爲"并"，似可商榷。

"隻"，"雙"，見於《燕》原文第七卷："隻馬雙鞍，仍發喪林之嘆；一瓜兩蒂，徒勞抱蔓而歸。"（72706）"隻""雙"與"一""兩"相對，直接要表達的意思也就是：一匹馬兩副鞍。陳球很可能有意選擇了字形上便構成"一""二"對比的兩個字："隻"字中的一"隹"與"雙"字中成雙的"雔"形成對比，利用這兩個字的字形強化所要表述的意思。就我們所知，"隻"作爲量詞，似乎很少用來限定修飾"馬"的，這一點如果屬實，則更可以肯定，陳球是有意選擇字形上形成反差的這兩個字在此處表達特定的含義。春風版《燕》、大百科版《燕》都把"隻""雙"簡化成"只""双"，似不妥。

"炛"，見於《燕》正文："露零霜墜，居喪之遒景如波；火改穀登，守制之流炛似箭。"（41002）文本這裏要表述寶生守制的三年時光很快地過去了，同時也意味著他的生活要發生改變了。"火改穀登，守制之流炛似箭"中的"火改"應該是指"七月流火"的現象，依據《詩·豳風·七月》："七月流火，九月授衣。"孔穎達疏："于七月之中，有西流者，是火之星也，知是將寒之漸。"流火之現，農曆七月將盡，夏暑減退而秋天將至，[①]相應的，人的生活也將隨之發生改變，農民將迎來重要的豐收季節，人們也要逐漸加衣，慢慢適應季節的變化和溫度的下降。而此處作者選擇"光"字的異體"炛"，與前"流"字一起恰形成了"流火兒"之形，與"火改"相呼應，強化流火這一天象，可能存有暗示寶生生活也將迎來新變化的意味。另一方面，"流火兒"字面直接表述了"流動，竄動的火"這樣的形象，似可以與"流光似箭"所表達的時間像發射出去的箭一樣飛逝的意義相呼應。綜上，"炛"不宜簡化，春風版《燕》、大百科版《燕》

---

① 參《漢語大詞典》"流火"條。

都把"尣"簡化成了"光",似可商榷。

"寉",《燕》既使用"鶴"字,也使用"寉"字,其中第一卷、第三卷和第四卷同時使用這兩個字;第二卷、第五卷、第六卷和第八卷祇有"鶴"字,第七卷祇有"寉"字。情況比較複雜,如果作者的確有利用其字形表意的考慮,那麼似有前後不統一的情況。我們在這裏討論同時使用兩個字形的卷目。

《燕》正文第一卷:"嗟乎,梁園風暖,獨寒孤寉之栖;湘水月明,單照鰥魚之影。"(11305)"寉"字比較"鶴"省去了"鳥"形,這一字形偏旁的省略恰好強化了孤獨之感:一是,"鶴"依《說文》"從鳥,寉聲"。而"寉"字《說文》釋形曰"從隹上欲出冂",也就是"寉"字中有一個"隹"形,而"隹"依《說文》是指短尾鳥;聯繫"寉""隹""鶴"字可以說恰好有兩隻鳥成對。此處,作者選用"寉"字,省去其中一隻"鳥",恰恰可以暗示本應成雙的一對失去了,或者說未得到其中的另一隻,另一半;比較"鶴"字,孤獨之意恰當地通過字形的差異彰顯出來。二是,這裏的"寉"字比起"鶴"的另一個異體"鶴"字來,"宀"旁更加清晰,字形更顯豁地表現"孤寉獨自栖于家室之中"之意,與竇生當時求之不得的苦悶情形,比較貼合。所以,這個"寉"字不宜簡化,春風版《燕》、大百科版《燕》皆簡化爲"鶴",似不妥。

《燕》正文第一卷:"孤影如鴻,我辰安在;瘦軀似寉①,人壽幾何。"(12406)這裏文本要表述竇生一是孤獨,二是因相思成疾,身形已變得十分消瘦,而"寉"字,比較"鶴"字恰能形象地強化這兩種意思,孤獨之意見上條闡述;而消瘦之意,正可以通過"寉"比起"鶴"來缺少失去了一半的偏旁,半數的筆畫這一特徵來間接表達。所以,這"寉"字不宜簡化,春風版《燕》、大百科版《燕》皆簡化爲"鶴",似不妥。

《燕》正文第四卷:"奈此婦更令生也,鏡照分鸞;琴彈別寉。"

---

① 《校證》此處"寉"作"雀",是不正確的。

（43001）文本此處要表達寶生妻用種種辦法逼迫寶生與愛姑相分離，而"寉"字比較"鶴"字正可以暗示兩鳥相分離之意，暗合當時寶生與愛姑的艱難處境。所以，"寉"不宜簡化，春風版《燕》、大百科版《燕》，以及《校證》都簡化爲"鶴"，似不妥。

《燕》正文第三卷："鼎湖龍去，猶存天府之江山；遼海寉歸，尚認仙都之樓閣。"（32807）文本此處在描述寶生離開岳父家，獨自漂泊回家鄉的情景，以"寉"字表孤單一身之意。春風版《燕》、大百科版《燕》，以及《校證》都簡化爲"鶴"，似不妥。

《燕》正文第四卷："白沃祠前，爰返求凰之侶；紅薇館内，旋回駕寉之人。"（40713）文本這裏正表達寶生愛姑重逢後，由於寶生不能直接把愛姑接回家，寶生祇能暫別愛姑回家，這裏也應該是有著"分離"之情，"孤單失落"之緒的。但這樣分析也有存疑之處。"駕鶴"一語，可能出於《列仙傳·王子喬》，表達的意思應該是王子喬駕鶴得道成仙；傅注引白居易詩："始知駕鶴來［乘］雲外，别有逍遥地上仙。"（《校證》指出引自白居易《從龍潭寺至少林寺題贈同遊者》）這裏也沒有"分別孤獨"之意。也就是"駕鶴"一語從出處上來說，應該本不表示"分離"或"孤獨"之意，而作者在此處化用此典，可能有如下考慮：一是與"求凰"一詞對偶，"凰"對"寉"；二是"駕鶴"一語也見於江淹的《別賦》"駕鶴上漢，驂鸞騰天"句中，《別賦》中"駕鶴"一語似指代成仙之人，似要表達祇有真的升天成仙之人才能擺脫離愁別緒，而《燕》此處也許正好想表達即使自以爲自己已是駕鶴成仙之人其實也會因兒女真情所羈絆；三是作者有可能有意設計用"寉"的特殊字形來表達離別、孤獨之意。春風版《燕》、大百科版《燕》皆簡化爲"鶴"，似可商榷。

上面對於"寉"與"鶴"之間的分析，認爲用"寉"字往往有利用其字形與"鶴"字之間的差異對比，來表達孤獨之類的含義的看法，在《燕》原文中遇到一定程度的反例：《燕》正文第六卷有："歌時，如孤鶴之唳長空；如哀猿之啼斷峽。"（62201）"鶴和無人,疇承弓冶;牛眠有地,孰掃丘塋。"(62404)兩句都明顯表達孤獨義,但用的是"鶴"字。第六卷正文出現三處"鶴"這個詞,用的都是"鶴"字形,另一處是:"欲知妾住,不離放鶴洲前;若問郎居,祇在弄珠樓畔。"(61002)對於這種情況,應該是三種可能:一是,作者其實并未考慮過"隺"字形有上述特別的表意功能;二是,作者前後寫作時間跨度很長,可能在第六卷寫作時,沒有注意到這個細節;三是,在後來的印刻出版時,出現了譌誤。這個問題,應該結合更多的《燕山外史》的古刻本或手寫本再討論。不過,我們還是傾向認爲作者有利用"隺"的特殊字形來表達特定意義的想法的。原因有二:一是,以爲在"隺""鶴"共現的卷目裏,可以看到"隺"字的字形特點與文本的表情達意相符合;二是,反例的情況恰好出現在對應卷目祇用統一字形的情況。又如,第七卷祇有"隺"字,共出現3處,其中兩處明顯沒有"孤獨"之類的語義。①

2."字形對稱"例

"嬝",見於《燕》正文第一卷:"娉婷軼衆,不須春黛雙描;嬝娜動人,何待秋波一轉。"(10807)"娉婷"與"嬝娜"四個"女"字旁的字相互映襯,彰顯愛姑出衆的女性氣質與魅力。春風版《燕》、大百科版《燕》都簡化爲"裊",似可商榷。

"嬾",見於《燕》正文第一卷:"非關撒嬾;總屬嬌羞。"(11204)②這裏的"嬾"配合下句的"嬌",細膩地描摹出愛姑在母親催促下,不得不去陪一個陌生男子飲酒的那種少女複雜的心理,

---

① 《燕山外史》刻本,手寫本中的用字情況紛繁複雜,即使在有些地方,大部分版本都統一使用了某個字形特別的漢字,其中也有很多字形我們暫時無法給出合理的分析和解釋。

② 嚴格來說,"嬾""嬌"并非對仗,因爲在句中的位置不是正相對的位置,不過這類情況在《燕》中也不少見。這種情況也是我們使用概念"字形對稱"而不是"字形對偶"的一個原因;我們把"字形對稱"的要求放得寬一點,不要求一定要字所處的位置正相對。

兩個"女"字旁呼應了其少女的身份與特質。① 春風版《燕》簡化爲"嬾",似可商榷。

"嬄",見於《燕》正文第四卷:"將使,白玉爲堂,并貯南姝北媛;黃金作屋,共藏嬄眷良姻。"(41006)"嬄"與"美"同,②同卷便有"美"字,見"美人才欵于閨中;壯士驟來于馬上。"(41602)而且,這個"美"字的語義和"嬄娟"的"嬄"字語義接近。可見,作者非常可能在(41006)處是有意選用"嬄"的:一方面與"姝""媛""姻"形成了字形對稱,另一方面,結合這裏文本要表達寳生幻想二女能好好共處的意思,一句以"姝""媛"并置,一句以"嬄"和"姻"同現,都是兩"女"齊列的形象,在字形上勾勒出了寳生渴望的理想情景。大百科版《燕》把"嬄"簡化成"美",似可商榷。

"蘭",《燕》正文第八卷:"雖種是螟蛉,直與鳲鳩并育;况質非樗櫟,還堪蘭蕙同栽。"(81708)"螟蛉""鳲鳩""樗櫟""蘭蕙"形成了句内、鄰句、隔句多層次的字形對稱。尤其在句内,"蟲"和"鳥"都是動物,"木"與"草"皆屬植物,同時相互之間存在明顯差別,這樣的異同對比正和文本在此處要描述馬遜之子的身世處境相照應。所以,這四個偏旁既形成了具有審美意義的對稱效果,又通過相互之間的意義聯繫與文本語義形成呼應。春風版《燕》、大百科版《燕》都把"蘭"簡化爲"兰",破壞了字形的對稱性,又在一定程度上喪失了字形表意的完整性,似可商榷。

我們發現《燕》中好幾處的"蘭"字與隔句和某個"草"字頭

---

① 根據一些字書的記載,"嬾"字很可能是"嬾"字的俗字,如《説文·女部》"嬾"字,段玉裁注:"俗作懶。"而"嬾"字也出現在如杜甫詩句、《宋史》等等作品中,兩字應該是同時行用於世的。參《漢語大字典》《漢語大詞典》"嬾""嬾"字條。

此處最嚴格的論證應該是:檢查作者所處時代漢字的使用情况,也就是當時一般作品如果在類似《燕》此處的上下文語境下,"撒嬾"這個詞語或者這種意思一般是使用"嬾"還是"嬾"?如果一般使用"嬾"則作者很有可能是出於字形對稱的考慮而選用"嬾",如果當時主要使用"嬾",則無法確定作者是否有字形對稱的考慮。限於手中資料的不足及學識的有限,我們無法確認,懇請方家不吝指教!

② 參《漢語大字典》《漢語大詞典》"嬄"字條。

的字相對。如，卷一："聿生少艾于良辰；適采芳蘭于上巳。"（10209）"素屬身餘蘭臭，奚須苟令熏香；本來面似蓮花，不藉何郎傅粉。"（10506）卷三："欣聞蘭室相招；願與萱堂同往。"（30602）卷七："時有，蘭臺貴客；芸閣要人。"（70901）這些"蘭"字都可以保留繁體原形，三個簡化字版把這些"蘭"基本都簡化爲"兰"，似可商榷。

"悽"，《燕》正文第三卷："由是，脂殘粉褪；綠慘紅悽。"（30211）正文第四卷："生時，聞言愧悔；睹物慘悽。"（40601）前句"慘"和"悽"、"綠"和"紅"在句內對稱，後句"愧悔""慘悽"句內隔句對稱。"忄"旁的對稱出現，強化語境下表達人物心理的效果，也可能可以起到引導讀者更多去體驗文中人物的内心感受的效果。此外，《燕》第五卷繁體正文："時時惻惻悽悽，祇自罢罢蹋蹋；處處尋尋覓覓，終然戚戚嗟嗟。"（52103）"爾乃，裂裳成券，數行訣絕之詞；蘸血濡毫，萬顆悽惶之淚。"（53201）皆用"悽"字，與"惻""惶"字形成字形對稱。這兩例也是同類情況。在古漢語中，"悽"字與"凄（淒）"字有通用的情況："凄（淒）"字也有表示"凄凉悲傷"的語義，如"悽切"一詞也作"凄切"。"悽"字也有表達寒凉之意的，如"悽愴"一詞，《漢書·王褒傳》顔師古注："悽愴，寒冷也。"并且，值得注意"慘悽"一詞也作"慘凄"，如明代王錂著《尋親記·就教》："爹何處未歸，嘆家貧教娘慘凄。"在《燕山外史》中，也有以"凄"表達内心凄苦之意的，如第二卷繁體正文："幾回彤管空懷，令人凄絕；一切青樓薄倖，匪我思存。"（20307）第三卷繁体正文："本是寄生之草，悴色經霜；均爲茹苦之蟲，凄聲咽月。"（32106）這兩例中，"凄"字語義應該都是側重表達内心悲痛悲傷，而且按照上述"字形對稱"的設想，兩處都應該用"悽"字，分别與"懷""思""悴"形成對稱。我們推想，這裏可能由於"凄絕""凄咽"有出典：宋秦觀《長相思·鐵瓮城高》詞："念凄絕秦弦，感深荊賦，相望幾許凝愁。"唐孟郊《汝墳蒙從弟楚材見贈時郊將入秦楚材適楚》詩："汝水忽凄咽，汝風流苦音。"清陳維崧《解連環·暮秋看窗前杏花》詞:"衹夜涼難禁,露重誰忺,蠻語凄咽。"①所以這裏陳球用"凄"字,保留與原典的聯繫。春風版《燕》(30211)句簡化爲"凄",大百科版《燕》(30211)(40601)兩句都簡化爲"凄",似不妥。

此外,《燕》第三卷:"玳瑁筵前,坐遍三千珠履;鞦韆架畔,排成十二金釵。"(31410)第六卷:"于蓺狮鑪之火,燒出心香;泪傾龍鉢之波,染成血漬。"(60601)兩例中的"鞦韆""鑪""鉢",春風版《燕》、大百科版《燕》都簡化成"秋千""炉""钵"②似不妥。

四　總結與餘論

通過對《燕山外史》兩個刻本的閱讀和比較,以及結合對三個簡體字版本的校對,我們認爲陳球《燕山外史》在很多地方是有意選擇一些特定的漢字,利用這些漢字的特殊字形構造來表達某些特定的意義的。當然,這其中還存在很多問題需要探討研究:一是不少特定的漢字字形我們暫時無法確定它們究竟表達了什麼特定的意義,如,"得""仒""烑""叓""爻",等等。二是一些詞使用不同的漢字來表達,在某些地方我們可以結合語境解釋其字形的特定意義,但其他地方却出現了和我們解釋有所矛盾的地方。當然,在本文中,我們嘗試對這些矛盾處給出一定的解釋,然而,這些解釋還需要進一步更客觀更嚴格的證明。

本文衹是從漢字字形角度,對《燕山外史》文本中所蘊含的漢字表達藝術嘗試做出了初步的探討。由于學識有限,很多論證不够嚴謹。我們在這裏試著總結探討研究文學作品中利用漢字字形

---

①　由于學識有限,關于"凄絶""凄咽"的出典,我們是通過檢索《漢語大詞典》以及網絡搜索引擎的方式得到的。當然,很可能其實存在更早的文獻使用這兩個詞,懇請方家指正!

關于"凄咽",《燕》原文是"凄聲咽月",兩者有一定區別。本文的猜測衹是一種可能,暫備一說。

②　由于"鑪"的規範簡化字是"炉",不是從"钅"的,所以"鑪"字保留。相應的,"鉢"字就不宜簡化爲"钵"了,與"鑪"字的"金"旁保持對稱。

表意現象的論證方法：

一旦推論文本於某處使用某個漢字字形表達特定意義時,似應遵循以下原則：

(1) 首先應該結合上下文,大致確定文本於此處用這個詞最有可能要表達哪些意思；①

(2) 接著找到作者當時可以用來表示這個詞的不同漢字；

(3) 然後確定這些不同漢字各自的字形是否能夠表達某些特別的意義,并比較它們的差异；

(4) 之後,根據文本此處的表意需要,確定最合適的漢字,看看是不是文本所選擇的漢字；

(5) 如果兩者相异,那麽要查找原因。

在這個過程中,應該要嚴格考察以下幾點：

(1) 對象文本的不同版本的漢字字形差异情况；

(2) 對象文本内部表示同一個詞但使用不同漢字來表示的情况；

(3) 作者所處時代,普遍的漢字使用情况：同一個詞,當時會用哪些漢字來記録表示；

(4) 對象文本如果是古代刻本,就應該儘量掌握該印刻出版商在同時期刻印的其他作品中的漢字使用情况；

(5) 對象文本如果化用了其他文本,那麽,應該考察化用文本的原始用字,應該注意化用文本也可能存在不同版本用字不一的情况。

對於上述研究的結論,我們認爲在同時滿足以下條件的情况下,是最可靠和可信的：

(1) 假設對於某個"詞 X",可以用"字 A""字 B"表示,對象

---

① 嚴格説來,還應該考慮：
(1) 文本此處要表達的意思,是否作者可能可以想到用一些其他的"詞"來表示；
(2) 而這些其他詞所用的漢字是否在字形上更能實現"字形表意"或"字形修辭"；
(3) 如果如上所言,那麽需要解釋原文爲何不用這些更符合"字形表意"或"字形修辭"需要的字詞。

文本在"S處"選擇了"字B";

（2）有充分證據表明：在作者時代，字A與字B都可以用來表示詞X，且字A是更常用來表示詞X的（或者說，是表示詞X的通行字），字B相對少用，罕用；

（3）在對象文本中，字A與字B都有出現，而在S處，選擇了字B；

（4）通過字A和字B的字形差異的比較，可以發現，通過字B的字形可以更貼切地表達文本在S處所要表達的意思；

（5）文本在其他地方當要表達類似S處所要表達的意思時，都選擇了字B，而不是字A。

在本文對於"雀"與"鶴"的考察中，如果《燕》卷六的兩處文字都使用"雀"字，則可以基本符合上述最可靠論證。對於"嬿""竝""隻""雙"應該比較符合上述條件，可惜，《燕》文本中缺乏其他地方也要表達同類意思的情況。"犇"字的考察，對推測文本在該處要表達的意思不夠客觀。

總之，本文未能嚴格按照上述方法進行研究，是不應該的，故本文祇是一次初步的嘗試，更客觀嚴格的研究是接下來我們努力的目標。這裏我們提出上述研究論證方法，希望能爲研討《燕山外史》的漢字相關問題有所貢獻。

參考文獻

［清］陳球.燕山外史［M］.醇雅堂刻本.
［清］陳球.燕山外史［M］.三陋居本.
［清］陳球撰.褚家偉校點.燕山外史［M］.瀋陽：春風文藝出版社,1987.
［清］陳球撰.傅聲谷注釋.黃衛星校證.《燕山外史》傅注校證［M］.上海：上海人民出版社,2015.
［清］陳球撰.薛紅點校.燕山外史［M］.北京：中國大百科全書出版社,1997.
羅竹風主編.漢語大詞典［Z］.上海：漢語大詞典出版社,1993.

徐中舒主編.漢語大字典[Z].成都：四川辭書出版社,1990.
段玉裁.說文解字注[M].鄭州：中州古籍出版社,2006.
張文成撰.李時人,詹緒左校注.游仙窟注[M].北京：中華書局,2010.
裘錫圭.文字學概要[M].北京：商務印書館,1988.
張斌.新編現代漢語[M].上海：復旦大學出版社,2006.

《燕山外史》兩個簡體字版的校對

上海師範大學漢語言文學2017屆畢業研究生
趙姚娜　石小瑋

内容提要：現今通行的《燕山外史》主要有春風文藝出版社和中國大百科出版社(韓國藏中國稀見珍本小説)兩個版本，其中有許多錯訛、乙倒、脱落等文字問題。發現並勘正這些問題，對促進《燕山外史》的深入研究有積極的意義。

關鍵詞：燕山外史　訛　倒　衍　脱

《燕山外史》一書版本衆多，早期刻本主要有嘉慶十六年(1811)序刊之三陋居藏版本、小蓬仙館藏版本及芸香堂藏版本、同治五年(1866)裕德堂藏版本、同治間醇雅堂藏版本、光緒三年(1877)上海重刊本以及光緒四年(1878)日本刻本。現行的版本主要有1986年"韓國藏中國稀見珍本小説"和1987年春風文藝出版社出版明末清初小説選刊本《孤山再夢·燕山外史》(以下簡稱"春風版")。[1] 此外《燕山外史》也有薛季憲所書的草書版本，但草書版辨認難度大，相對而言更具收藏和審美價值。本文以《〈燕山外史〉傅注校證》一書爲藍本，對中國大百科出版社出版的《韓國藏中國稀見珍本小説》(以下簡稱"大百科版")及春風文藝出版社出版的《孤山再夢·燕山外史》進行校對。《〈燕山外史〉傅注校證》是在三陋居、醇雅堂這兩個比較權威的版本的基礎上，對《燕

---

[1] 潘建國.新見《燕山外史》清稿本考略[J].明清小説研究,2008(1).

山外史》傅注版進行的校正。在進行校對時，筆者發現"三陋居版"很可能就是《燕山外史》的初版本，而"醇雅堂版"與"三陋居版"相比較，無論在內容上還是形式上，幾乎完全相似，作爲參照本有較大價値。但這兩個版本還是有區別的，最典型的不同有二：其一，雖然都把《燕山外史》分爲相同的八個部分，但"三陋居版"在每部分的前面標記了不同的卷數："燕山外史卷之一"……"燕山外史卷之八"；而"醇雅堂版"在前四個部分的前面都是相同的標記："燕山外史卷之上"，在後四個部分的前面則共同標作："燕山外史卷之下"。其二，在《燕山外史》的第一部分，有一句原文，"三陋居版"作"向誰分榜；祇自抱慚"，而"醇雅堂版"作"向誰分榜；祇自趑趄"。這是"醇雅堂版"對"三陋居版"的一個明顯改動。根據這兩點，可以把後來的《燕山外史》版本簡單地分爲兩大類："三陋居版"系統和"醇雅堂版"系統。我們發現："傅注刻本"屬於"三陋居版"系統，因爲"傅注刻本"不僅標記爲八卷，也作"祇自抱慚"。①

大百科版《燕山外史》是以韓國傅注本爲底本，後以春風文藝出版社版爲校本的一個版本，因韓國傅注本原文並未公開，故本文以傅注刻本②代替傅注本作爲底本。傅注刻本有諸多改動，主要體現在以下三方面：刪除內容、劃分卷數、改動字詞：

一是傅注刻本刪除了部分內容。

表1　傅注刻本刪除內容

	大百科版	傅注刻本
11207	灵心叠逗，犀不通心； 媒语频挑，花非解语	/
11208	才采酥乳，偏遭纤指剥肤； 偶接樱唇，反被香津唾面	/

---

① 參考《〈燕山外史〉傅注校證》前言。
② 此處"傅注刻本"即光緒五年陳球所著，此版本現藏上海圖書館。

	大百科版	傅注刻本
11209	陌头弱絮,竟作沾泥; 洞口小桃,未贪结子	/
11409	岂坐怀而不乱; 遂加膝以为欢	/
11410	金匣浓薰,丽情足恰; 银釭朗照,羞态横陈	丽情促合;羞态横陈
11411	竟体吹兰,聚香魂而结片; 曼肤琢雪,疑玉魄以成团	/
11414	双鸳枕上,钗溜绿云; 百蝶帐中,被翻红浪	/

傅注刻本刪除了部分內容,有的地方保留了部分,並未完全刪除。大百科版對傅注刻本刪除的內容進行了修改,恢復了傅注刻本刪除的內容,然而較之三陋居版的《燕山外史》,大百科版在恢復傅注刻本所刪內容時對於個別字詞的選用進行了修改,如:(11208)中"采"在三陋居版中作"探";(11209)中"沾"在三陋居版中作"黏";(11410)中"薰"和"釭"在三陋居版中分別作"熏"和"缸";(11411)中"疑"在三陋居版中作"凝"。

二是劃分的問題,主要是七、八兩卷劃分不同,三陋居版和傅注刻本中第八卷起始處不同。

表2　傅注刻本與他本劃分卷數异同

三陋居版	傅注刻本/大百科版
(71601)	(80101)
此中有伟人焉, 龙藏鱼穴,头角非常; 崔立鸡群,羽毛自异	先是此妇有婢某,酷遭捶楚; 毒受谴呵

三陋居版從(71601)開始爲第八卷,而大百科版和傅注刻本對於七、八兩卷的劃分是一致的,從(80101)處開始爲第八卷。

三是對個別字詞做了改動,現行的大百科版將部分傅注刻本改回。

表3 傅注刻本改動字詞

	大百科版/三陋居版	傅注刻本
11003	几忘过客光阴,依依难舍	几忘过客光阴,依依难合
20605	岂宜东宿西餐,险遭闻见	岂宜西宿东餐,险遭闻见
21903	红纱罩面,安知班马文辞	青纱罩面,安知班马文辞
30903	兔既不来,守株无益	兔既不来,守株何益
41505	讯彼美之奚为,甫抽/描鸾于砚北	讯彼美之奚为,甫描鸾于牖北
42205	无论拖云带雨,一时未便轻投	无论拖云带雨,一时未使轻投
70102	贵贱亦公家之器	诗画岂误人之具
70302	困苦之馀,愈知发愤	困苦之馀,愈知激厉
70404	观其局势甚超,定宜领解	观其属势甚超,定宜领解
70906	请当桃李之辰	谓当桃李之辰
72404	侯鲭荀胲,开吉地之华筵	侯鲭宋胲,开吉地之华筵

傅注刻本改動了部分字詞,對語詞的順序也進行了改變,如:(20605)"东宿西餐"改作"西宿东餐"。大百科版據春風版(三陋居版)將傅注刻本的一些改動改回。但大百科版仍有部分內容保留了傅注刻本的修改,並沒有改回,如下表:

表4 大百科版保留傅注刻本內容

	三陋居版	傅注刻本/大百科版
20502	曾鉴前车,已识宵人之伎俩	会鉴前车,已识宵人之技俩
52503	恣意耗消,漏卮曷补	恣意耗消,漏卮曷塞

續　表

	三陋居版	傅注刻本/大百科版
70804	渾金璞玉，未上燕台赵市	渾金璞玉，未上燕台吴市
71501	生乃，率令属僚	生乃，率命属僚

此外，"傅注刻本"的"注"有"旁注""夹注""补注"和"注"的主體——"段後注"。三陋居版和醇雅堂版中也有"夹注"，可見"注"在本書中很重要，但在大百科版《燕山外史》中却完全取消了"注"的部分，本書的"注"其實是作者在寫作時自己所注，屬於本書的内容主體，對於這部分内容予以否認删除，是大百科版做出的重大改動也是該版本存在的一大問題。

在對春風版進行校對的過程中，我們共發現489處錯誤，其中最多的是"譌"，有467處，"脱"和"倒"的内容分別爲14處、7處。在對大百科版（韓國藏中國稀見珍本小説）這個版本校對的過程中，我們共發現614處錯誤，其中最多的是"譌"，有597處，而"脱"和"倒"的内容分別有4處、12處。"衍"兩個版本均1處。

一　春風文藝出版社《燕山外史》校對問題

本文選用春風文藝出版社於1987年出版的"明末清初小説選刊"中的《孤山在夢·燕山外史》作爲研究對象。這個版本存在譌、脱、倒、衍[1]四種文字問題。

（一）衍

在對春風版《燕山外史》進行校對的過程中，我們發現"譌誤"的文字問題大量存在，致誤原因主要有字義、字音以及字形的相似。

---

[1]　"譌""脱""倒""衍"：指校勘中的四種基本錯誤分類，分別表示"字（詞）的誤用"，"字、句、段的缺少"，"詞語的顛倒"以及"原文中没有出現而在後續版本中添加的内容"。

1. 字義相似

該書各類版本的整理工作有時會以字義相近的字代替,此類錯誤仍需指正,以下是春風版的字義的"錯誤"文字問題:

表5 春風版字義相似誤誤例

	《〈燕山外史〉傅注校證》	春風版
10114	非干己事,抱憾偏深	非干己事,抱恨偏多
11211	途穷则阮籍回车	路穷则阮籍回车
22502	拥重赀而货殖	拥重资而货殖
32304	饱索江家橄榄,满贮金盘	饱索江家橄榄,满储金盘
30406	爰遣橘奴菊婢	爰遣桔奴菊婢
41202	灶常因热	灶常因熱
42102	两人洒涕,浑忘路近路遥	两人洒泪,浑忘路近路遥

上表選取7例校勘過程中因字義相似而導致錯誤的典型例證。例10114中"恨""多"不合文意,《説文》對"恨"的解釋是:"怨也。"多表達怨恨之義,程度太深,没有"憾"表遺憾之義更爲貼切。"深"與"多"相較,有空間上的深厚,更爲貼切生動。例11211中"途"與"路"字義相似,《康熙字典》對"途"的解釋是:"路也。"《説文》對"路"的解釋是:"道也。"兩者比較可以發現"途""路"的意義非常相近,所以在出版時很容易產生錯誤①。《説文》對例22502中"赀"的解釋是:"小罰以財自贖也,引申爲凡財貨之稱。"《説文》對"資"的解釋是:"貨也。"二者意義相近。如果用"资"替换"赀",那就與下文的"貨"的意義產生重複。《説文》對例32304中"儲"的解釋是:"偫也,引作蓄也。或作具也。或作積也。又引为蓄積之以待無也。"《説文》對"貯"的解釋是:"積也。"兩者字義相近,很容易出現混淆。據《全唐詩》裏鄭谷的《漂泊》寫到:"鱸魚

---

① 此處參考典故"阮籍回車",見《晉書》卷四九《阮籍傳》:"(時)率意獨行[駕](不由徑路),車迹所窮,輒痛(慟)哭而返[反]。"

斫鱠輸張翰,橘樹呼奴羨李衡。"所以例30406中用"橘奴"恰是呼應鄭谷的詩句,所以不能用"桔"代替"橘"。《事文類聚》中記載:"梁鴻少孤,嘗獨止,不與人同食。比令先炊已,呼鴻及釜炊,鴻曰:'童子鴻不因人熱者也。'滅竈更燃之。"例41202中"灶常因热"是呼應《事文類聚》①中的"童子鴻不因人熱者也"。如果將"热"改成"熟"就没有此意了。例42102中"涕"與"泪"意義相近,《説文》對"涕"的解釋是:"泣也。"《康熙字典》對"泪"的解釋是:"目液也。"前者有動詞之義,後者有名詞之義,"涕"與"洒"相結合既有流淚的動作,"洒涕"也可以表示流下淚水,所以比"泪"更爲生動形象。

2. 字音相似

《燕山外史》在不同版本中常會以字音相似的字相互替代,但字音相同無法確保字義的準確以及文章形式的工整。春風版因字音相似導致"錯譌"問題的例證如下:

表6　春風版字音相似譌誤例

	《〈燕山外史〉傅注校證》	春風版
10120	噫,曾传天上,尚有劫磨	噫,曾传天上,尚有劫<u>魔</u>
11102	雍伯求姻,曾与蓝田之璧	雍伯求姻,曾与<u>兰田</u>之璧
20202	篱间菊放,寻向雨中	<u>离</u>间菊放,寻向雨中
21402	蝴蝶梦方回,懒嗔奴唤	<u>蚨碟</u>梦方回,懒嗔奴唤
40306	共信縻他,莫有邊辞见调	共信縻他,莫有<u>漫</u>辞见调
40611	窃有蓬居,唯存拙妇	窃有蓬居,<u>惟存</u>拙妇

例10120中"磨"與"魔"同音,但是此處主要是想表示磨難,所以用"魔"不合適。例11102中"蓝田"與"兰田"同音,但是"蓝田"②"

---

① 《事文類聚》宋代祝穆撰,書内突出儒家思想,搜集材料較豐富,包括一些已經散佚的古書中的資料。

② "藍田":爲一般所知的"藍田玉",藍田玉是古代名玉,早在秦代即采石制玉璽,有著名的和氏璧。

表示美玉，但"兰田"並無此意，所以是同音的錯譌。駱賓王在《冒雨尋菊序》一詩中寫到："白帝徂秋，黃金胜友。解尘成契，冒雨相邀。"冒雨賞菊，所以例20202中祇能用"篱"表示籬笆，而"离"並無此意，此處是錯譌的文字問題。《莊子·齊物論第二》載："昔者莊周夢爲蝴蝶，栩栩然蝴蝶也，自喻適志與，不知周也。俄然覺，則蘧蘧然周也。不知周之夢爲蝴蝶與，蝴蝶之夢爲周與？"《説文》對"蚨"的解釋是："青蚨，水蟲，可還錢。"此意顯然不符合文意，也無法和典故①對應，所以例21402中用"蚨"代替"蝴"是錯譌的文字問題。例40306中不能用"漫"代替"谩"，《説文》對"谩"的解釋是："欺也。"司馬貞索隱引韋昭注曰："谩，相抵謾也。"與上文相聯繫，這裏祇能用"谩"，與"辞"組合表示"謊言"的意思，但是春風版用"漫"並無此意。《康熙字典》對"唯"的解釋是："獨也。"表示"唯一"，所以例40611用"唯"更符合文意。

3. 字形相似

不同版本之間在傳抄校勘的過程中有時會因字形相似而產生"譌誤"。但字形相似字義的表達很多情況下相距甚遠。兩個版本中"錯譌"多因字形相似導致，春風版因字形相似導致的"錯譌"問題舉例如下表：

表7 春風版字形相似譌誤例

	《〈燕山外史〉傳注校證》	春風版
10707	骤能破块，谢屐难投	骤能破块，谢屜难投
21005	莫顾惊龙	莫顾惊龙
30803	门畔停车，群迎韩姞	门畔停车，群迎韩姞

---

① 典故即"莊周夢蝶"，見《莊子·齊物論第二》："（昔者莊）周夢爲蝴蝶，栩栩然蝴蝶也，（自喻適志與，不知周也。）俄然覺，則蘧蘧然周也。"（不知周之夢爲蝴蝶與，蝴蝶之夢爲周與？）

续 表

	《〈燕山外史〉傅注校證》	春風版
31411	及观送旧迎新之态,知是倡家	及观送旧迎新之态,知是娼家
40301	时爱姑之在伎舍也,似坐针毡	时爱姑之在妓舍也,似坐针毡

《南史》卷一九《謝靈運傳》載,謝靈運"(登躡)嘗[常]着[著]木屐,上山(則)去其前齒,下山去其後齒"。所以例10707中不能用"屣"代替"屐",其一是不符合文意,其二是不呼應典故。《説文》對"尨"的解釋是:"犬之多毛者。从犬从彡。《詩》曰:'无使尨也吠。'"所以例21005中"尨"與"龙"字形相似,但意義不同。根據魏了翁的詩《虞萬州妻趙安人挽詩二首》"晋秦稱區國,韓姞爛盈門",例30803中的"韓姞"是人名,與上文的"羅敷"相呼應,不能將"姞"替換成"姑"。例31411、40301中的"倡"和"伎"均不能替換成"娼"和"妓",因爲"倡"在古代指以演奏樂器和表演歌舞爲業的人,例如倡優。但"娼"帶有貶義色彩。"伎"在古代稱以歌舞爲業的女子,如歌伎。但"妓"帶有貶義色彩。

(二) 倒

"倒"指在傳抄刻刊過程中詞語次序的顛倒,春風版中有14處倒文。

表8 春風版倒文舉隅

	《〈燕山外史〉傅注校證》	春風版
21506	习郝锺之礼,愿闻其详	习钟郝之礼,愿闻其详
21805	艺苑锺灵,灿兮辉联奎壁	艺苑钟灵,灿兮奎联辉壁
22005	锦衾角枕之旁,罗列诗筒酒盏	锦衾角枕之旁,罗列酒盏诗筒
22307	托意丁香枝上,其意谁知;寄情豆蔻梢头,此情自喻	托意丁香枝上,此意谁知;寄情豆蔻梢头,其情自喻

續　表

	《〈燕山外史〉傅注校證》	春風版
22407	鼓残瑟上桐丝,奚时续断	鼓残瑟上丝桐,奚时续断
50103	始为倡楼女,破瓜时滋蔓何堪	始为娼楼女,破时滋瓜蔓何堪
53308	狼贪何厌,骤成席卷之形	狼贪何厌,骤成卷席之形
61213	岂忧君妇难为	岂忧君妇为难
70703	万国冠裳,肩摩魏阙	万国冠裳,摩肩魏阙
72505	紫胞乍脱,无由璋弄床中	紫胞乍脱,无由弄璋床中
81106	然职奉黄堂	然奉职黄堂
81605	盖俭勤本于素心	盖勤俭本于素心
81607	不无忿激之辞	不无激忿之辞
81804	花暖云房,瑶篸礼斗	花暖云房,瑶参斗礼

　　據《晉書》卷九六《烈女傳·王渾妻鍾氏》記載:"渾弟湛,妻郝氏,亦有德行。琰雖貴門,與郝雅相親重。郝不以賤下琰,琰不以貴陵郝,時人稱鍾夫人之禮、郝夫人之法云。"例21506中春風版作"钟郝","钟""郝"這兩個姓氏與典故呼應,所以不宜調換。例21805中"辉联奎壁"與下文的"器尽璠玙"相對應,而春風版爲"奎联辉壁",此處不宜顛倒。例22005中三陋居、雅醇堂版爲"诗筒酒盏",而春風版爲"酒盏诗筒"。例22307中"此"與"其"調換,有可能是版本抄錄時的錯誤。白居易在《廢琴》一詩中寫到:"絲桐合爲琴,中有太古音。"例22407中"桐丝"呼應此詩,所以不宜更改。據《談苑》記載:"俗以破瓜为二八字。"《左傳·隱公元年》記載:"滋蔓難圖。"所以例50103中"破瓜时滋蔓"不能改成"破时滋瓜蔓",這樣既不呼應典故①也不符合文意。賈誼《過秦論》云:"秦孝公據殽函之固,擁雍

---

① "破瓜"指女子破身,見《通俗編·婦女》:"宋謝幼盤詩:'破瓜年紀小腰身。'按俗以女子破身爲破瓜,非也。瓜字破爲二八字,言其二八十六歲耳。"

州之地,君臣固守,以窺周室。有席卷天下包舉宇内囊括四海之意,并吞八荒之心。"所以例53308中不應將"席卷"改成"卷席"。例61213中"难为"與"不弃"相呼應,若換成"为难"不符合文意,所以不宜調換。例70703中"肩"爲名詞、"摩"爲動詞,兩者組合與上文的"輻湊"結構相同,不宜將"肩摩"改成"摩肩"。例72505中"璋弄"與下文的"珠擎"相呼應,若顛倒成"弄璋"不符合文意。例81106中"职奉"顛倒爲"奉职"。例81605中"俭勤"側重"俭",與下文"敬慎"相對應,"勤俭"側重"勤",不宜顛倒。例81607中"忿激"有偏激之意,與上文的"艰辛"相對應,不宜顛倒,以上5例均是詞語顛倒改變詞語的結構,不與文意符合。馬戴《贈道者》一詩云:"深居白雲穴,静注赤松經。往往龍潭上,焚香禮斗星。"例81804中的"礼斗"呼應此詩。

(三) 脱

"脱文"指古籍中脱落了文字的現象,春風版中有7處脱落,如下:

表9 春風版脱文舉隅

	《〈燕山外史〉傅注校證》	春風版
20205	竹自娟娟	□自娟娟
20207	荣披朝露	□披朝露
51207—51503	九苞灵凤,讵栖毁卵之巢; 千里神驹,宁啮回头之草。 奈,寇氛充路; 　　爟火亘天。 欲归家而迫不及归; 欲择地而急何能择。 岩墙固非可立,暂为窜迹之方; 恶木原不堪栖,聊作藏身之计。 鱼方漏网,仍从水国扬鳞;	脱落三百零三个字

《燕山外史》兩個簡體字版的校對

續　表

	《〈燕山外史〉傅注校證》	春風版
51207—51503	鸟乍惊弦,复向山林振翮。 孰料,沧桑迭变; 　　陵谷频迁。 瞥惊海水群飞; 蓦骇山云骤幻。 珠帘画栋,已成三月之灰; 白叟黄童,悉化九泉之物。 嗟乎,咎非天降; 　　祸是已求。 睹斯溃败之形; 推其灭亡之故。 而知,淫威震俗,未有久存; 　　黩货成家,断无永享。 当夫,凭权借势; 　　倒行逆施。 告其知足而罔闻; 勉以持盈而莫察。 及乎万罪通天; 忽焉一败涂地。 在婴此祸者,事事悔迟; 在复其仇者,声声称快。 未尝不叹人心之怨毒为甚深; 　　而天道之报施固不爽也。 窦生之妻父某在建文时, 　　始由进士以起家。 　　继与憸人而卖国。 附李景隆出降之列,功冒从龙; 邀姚广孝佐命之勋,威扬假虎。 骤迁显秩; 历任名疆	脱落三百零三个字
51505	脑满肠肥,仍向刀头吮蜜	脱落十个字
62010	逋客向芦中而浩叹	逋□向芦中而浩叹

續　表

	《〈燕山外史〉傅注校證》	春風版
62510	何造物之忌才,偏多白眼也耶	偏多白眼□耶
81401—81402	迄乎,成祖升遐 　　　仁宗登極。 赦诛夷之罪籍,悉沐宽恩; 追放逐之言官,俱蒙显擢	脱落二十个字

以上7例,有4例是個別文字脱落,其餘是段落脱落。

(四) 衍

春風版與大百科版《燕山外史》增衍的文字問題並不多,兩個版本都祇有1處,如下表:

表10　春風版、大百科版衍文舉隅

	《〈燕山外史〉傅注校證》	春風版/大百科版
81202	自一麾而出守,名著一钱	自是一麾而出守,名著一钱

在談及春風版《燕山外史》字形問題時,不能忽視繁體字形近的問題,上文討論的字形問題是在繁簡體一致的情況下,字形相近導致的問題。但要注意的是陳球使用繁體字創作《燕山外史》,所以在簡化時會出現因爲繁體相近導致的文字問題,下表列舉了繁體形近的例子:

表11　春風版繁體形近舉隅

	《〈燕山外史〉傅注校證》	春風版
11502	四顾惊皇,顿使星眸骤启; 百般疑惧,遽令香汗齐流	四顾惊皇,顿使星眸骤起 百般疑想,遽令香汗齐流
20403	鱼从前弃	鱼纵前叶

《燕山外史》兩個簡體字版的校對

續　表

	《〈燕山外史〉傅注校證》	春風版
30402	惯能驱爵入丛	惯能殴爵入丛
32003	莫思栖凤	莫思楼凤
32606	未知庭下青梅,实将摽否; 不识台前绿柳,条被攀无	未知庭下青梅,实将标否; 不识台前绿柳,倏被攀无
42005	反被鹙鸠所笑	反被莺鸠所笑
71506	尽睹慈颜	尽观慈颜
71602	乍闻謦欬,何来白马高僧; 及审音容,即是黄衫侠客	乍闻声咳,何来白马高僧; 及审音容,知是黄衫侠客

例 11502 的"惧",三陋居版作"思",這是"惧"的異體字,與春風版"想"形似,所以很容易混淆。例 20403 中"叶"的繁體字作"葉",和"弃"的古文字形"棄"形似。例 30402 的"驱",三陋居版作"敺",是"驱"的異體字,與"殴"的繁體字"毆"形似。例 32003 中"栖"的繁體字"棲",與"楼"的繁體字"樓"形似。例 32606 中的"条",三陋居版作"條",是"条"的繁體字,與"倏"形似。例 42005 中的"鹙",三陋居版作"鶖",可簡化爲"鸳","莺"的繁體字爲"鶯",兩者形似。例 71506 中的"睹",三陋居版爲"覩",是"睹"的異體字,與"观"的繁體字"觀"形似。例 71602 中春風版"声"的繁體字爲"聲",與三陋居版的"謦"字形相似。以上 8 例均是由繁體形近引起的文字問題,在繁體版本簡化成簡體版本時尤其要注意這一問題。

春風版《燕山外史》保留了陳球原著中的 44 處夾注。陳球的"夾注",可以說是"所指型注釋",即它主要解釋文字符號所指向的"人物""地点""事物"或"事件"。這些夾注均是陳球在創作時標注的,下表列舉了幾個典型的注釋:

表 12 陳球"夾注"類型

	《〈燕山外史〉傅注校證》	注釋
21307	未识他心； 那知彼意	注：二句，见《徐孝穆集》
21907	惜哉,鏖战二场,碌碌空忙举子； 促归一棹,匆匆急泛鹅儿	注："鹅儿"："禾中水名。"
22405	依稀梦里,徒栽待女之花； 抑郁胸前,空带宜男之草	注："待女之花"："兰名, 待女。"
50905	岂意一时孟浪,偶坠诡谋； 遂教三载奔波,备尝险境	注：谓盐贾以伪书绐至金陵
72804	粉剩脂零,祇遗羞于芳阁； 冰清玉润,素入选于璇闺	注："去声。" 注："爱姑。"

這些夾注，有的標注文章的出處，如例 21307；有的是對名詞、事物的解釋，如例 21907、22405。例 21907 是對"鹅儿"注釋，三陋居、醇雅堂版作"禦儿"，表示地名，所以此處注釋不宜簡化成"鹅儿"。在對春風版進行校對時，我們發現例 50905 並未在三陋居、雅醇堂這兩個版本中注釋。春風版在"粉剩脂零,祇遗羞于芳阁"後標注爲"去声"，但是相較於三陋居、醇雅堂這兩個版本，此處的夾注有待考究，因爲這兩個版本此處的注釋都是"去婦"，而且相較於前文的注釋都是"去婦"，並未有"去声"，所以例 72804 的注釋有可能是版本抄錄時的錯誤。

"夾注"在三陋居版和醇雅堂版《燕山外史》原文中已有，計 47 條。我們認爲：這些夾注是作者陳球的自注。但問題的復雜性在於：傅注刻本中的"夾注"已經有了一些變化。變化之一：有些原夾注被徹底删除了；變化之二：有些原夾注雖然被删除了，但其原夾注的内容還保留在"段後注"之中；變化之三：增加了新的夾注；變化之四：修改了原夾注。在本文中，我們將一一指明這些夾注的變化。陳球的"夾注",可以說是"所指型注釋",即它主要解釋文字符號所指向的"人物""地點""事物"或"事件";傅聲谷的"段後注",可以說是一種"能指型注釋",即它主要是把這一串文字符號與另一串文字符號建立一種"互文"聯繫。

筆者在對春風版《燕山外史》進行校對時發現其中有很多斷句問題,與《〈燕山外史〉傅注校證》略有不同。陳球用駢文寫成此書,句式多爲四六句及對仗,所以在斷句時不能破壞文章的對仗性和互文性。以下幾例列出了《〈燕山外史〉傅注校證》和春風版《燕山外史》在斷句上的不同之處的對比:

表13 《〈燕山外史〉傅注校證》與春風版斷句對比

	《〈燕山外史〉傅注校證》	春風版
80902	为圣贤徒,杀人事偏归儒术;受菩萨戒,祸世媒反在禅机	为圣贤徒杀,人事偏归儒术;受菩萨戒祸,世媒反在禅机
82009	秀颊添毫,究向阿谁润色;枯肠搜句,总缘我辈锺情。此燕山外史所由作也	秀颊添毫,究向阿谁润色;枯肠搜句,总缘我辈锺情。此燕山外史所由作也

例80902中春風版明顯是斷句不當,若在"杀"與"祸"後斷句,則前後句意思不連貫。例82009中"此燕山外史所由作也"是作者寫作的意圖。

二 中國大百科出版社《燕山外史》校對問題

(一) 譌

1. 字義相似

大百科版《燕山外史》中也有因字義相近而導致的錯誤,具體如下表:

表 14　大百科版字義相近訛誤舉隅

	《〈燕山外史〉傅注校證》	大百科版
50205	三年兩歉	三年二歉
52206	未知是鬼是人	不知是鬼是人
52208	鸟卵犹完	鸟卵犹存
71501	率令属僚	率命属僚
81006	谣诼丛兴	谣诼丛生

上表5例均涉及字義相近的情況，但是字義的細微差異對於句義的表達有影響。例50205中，"二"和"兩"均可以表示數字，但"兩"可表概數，區別於"二"。例52206中"未"與"不"都表否定，但"未"否定現在而非將來。於此，"未"更加合適。例52208中"存"改作"完"，存在之外另有完好之意，描述更爲準確。而例71501中"命"與"令"在效果及強制性上有差異。例81006中"興"有盛行之意，較之"生"的產生更爲傳神。

2. 字音相似

大百科版《燕山外史》中因字音相似導致的"錯訛"問題，詳見下表：

表 15　大百科版字音相似訛誤舉隅

	《〈燕山外史〉傅注校證》	大百科版
10603	竞观丰采	竞观风采
12104	即向黑甜	即向黑田
22306	薜荔墙边	薜苈墙边
22406	未能蠲忿	未能蠲愤
41402	蘋滩之舻响咿哑	蘋滩之橹响咿哑

上表選取5例校勘過程中因字音相似而導致錯誤的典型例證。《燕山外史》一書引經據典,句中典故頗多。傳抄中同音字的替換會造成詞義的偏頗。如:例10603中"风采"與"丰采",在意思上不盡相同,"丰采"更偏重外在。據此書注解,字句中所涉及的典故對用字有嚴格規定,無法隨意更改。如:例12104據蘇軾《廣發州》:"三杯軟飽後,一枕黑甜餘。""黑甜"意爲酣睡。例22306據唐柳宗元詩:"驚風亂颭芙蓉水,密雨斜侵薜荔墙。"①例22406據張華《博物志》卷四《藥論》:"合歡蠲忿,萱草忘憂。"故改作"蠲忿"。上述三例均有典故出處,故無法由同音字替換。例41402中"櫓"和"舻","舻"常作舳艫表示大船,而"櫓"同"桨"意,若此處替換將會影響句意。

3. 字形相似

大百科版《燕山外史》中因字形相近而導致的錯誤詳見下表:

表16　大百科版字形相似譌誤舉隅

	《〈燕山外史〉傅注校證》	大百科版
20212	仰知,拔俗孤芳	抑知,拔俗孤芳
30212	刃抽肠角	刀抽肠角
31406	窗开金屈戍	窗开金屈戌
32206	一坏黄土	一抔黄土
41603	马子戎装赫濯	马子戎装赫耀

上表中選取5例校勘過程中因字形相近而導致錯誤的典型例證。表中5例均涉及字形相近的情況。部分字形相近但表義不同。如例20212中"仰"有文言文連詞的用法,不能作"抑"。而例30212中"刃"專指刀的鋒利部分,改作"刃"更合適。《燕山外史》版本衆多,諸版本保存不盡完整,在整理過程中,有些難以識別,因

---

① "薜荔":桑科植物,又名木蓮,凉粉子。

此造成一些形近字錯誤。典故出處不宜隨意修改。如：例31406中"金屈戍"，出自陶宗儀《輟耕錄》卷七《屈戍》："今人家窗戶設鉸具，或鐵或銅，名曰環紐，即古金鋪之遺意。北方謂之屈戍。""屈戍"意爲門窗、屏風、櫥櫃等的環紐、搭扣，不可作"屈戌"。例32206中"坏"與"抔"形近，據唐駱賓王《討武氏檄》："一坏之土未乾，六尺之孤何托。"不宜作"抔"。此外，駢文中上下文形式對仗外，詞義也需相近或相對，如：例41603中"耀"與"濯"相近，但"赫濯"表威嚴，與下文"幽閑"相對，因而更爲合適。

4. 虛詞誤用

大百科版《燕山外史》中除上述的譌、倒、脫等文字問題外還有虛詞使用錯誤，虛詞的修正情況詳見下表：

表17　大百科版虛詞修正舉隅

	《〈燕山外史〉傅注校證》	大百科版
30202	曷为不返	曷而不返
30908	怡然勿顾	怡焉勿顾
40104	眼大于箕	眼大如箕
41604	欢复欢兮	欢复欢于
72405	允为神女	允乃神女

上表中選取5例校勘過程中虛詞使用錯誤的典型例證。上表5例均涉及虛詞使用的情況。虛詞主要用來表達語法關係，與上述實詞不同，虛詞錯誤多緣於具體用法上的差異。如例30202中"而"改作"为"，"曷"爲"怎麼"之意，"曷为"表"爲什麼"。例30908中"然"表"是……的样子"，"怡然"即悠閒的樣子，意思差別較大。例40104中"於"有比較的意思，更凸顯其夸張。例41604中"于"改作"兮"，"兮"是文言文助詞，表感嘆，修正後意義不變但音與下文的"于"有所區別。例72405中"乃"與"为"均有

"是"的意思,此處用"为"更妥當。

(二) 倒

大百科版《燕山外史》中共發現幾十處詞語次序的顛倒。

表18 大百科版詞語次序顛倒舉隅

	《〈燕山外史〉傅注校證》	大百科版
20211	遂使红桃白李	遂使桃红李白
21506	习郝锺之礼	习钟郝之礼
21705	妾年尚少	妾尚年少
22407	鼓残瑟上桐丝	鼓残瑟上丝桐
30605	皓月夜长鸾镜冷	皓夜月长鸾镜冷
30705	晴堤絮落	堤晴絮落
30709	头触紫英之石	头触紫石之英
31709	欣游冶之繁华	欣冶游之繁华
40710	皓手理装	皓理首装
42004	世上苦辛	世上辛苦
51201	魂梦无依	梦魂无依
53201	数行诀绝之词	数行绝决之词
61007	空梁泥落	空梁落泥
61808	鸣于宰官	鸣于官宰
61905	心似旌悬	心似悬旌
62508	不须情性似风花	不须性情似风花
70908	富贵我所自有	富贵我自所有
71307	持彩节以游巡	持彩节以巡游
71706	讵知蚌鹬持强	讵知鹬蚌持强
81605	盖俭勤本于素心	盖勤俭本于素心
81607	不无忿激之辞	不无激忿之辞

上表中選取21例校勘過程中詞語語素顛倒的情況。《燕山外史》作爲駢文範例，講究對仗，部分"倒"的錯誤是爲了嚴格駢文的對仗而造成的。如：例20211中"紅桃白李"與"紫蝶黃蜂"對仗，都是偏正結構，因而改爲"紅桃白李"。例21506據《晋書》："渾弟湛妻郝氏亦有德行，琰雖貴門，與郝雅相親重，郝不以賤下琰，琰不以貴陵郝，時人稱鍾夫人之禮，郝夫人之法云。""郝鍾"有典故出處，順序不宜調換。例21705中"妾年尚少"與"郎路无多"對仗，故應作"年尚"。例30605"彩云"對"皓月"，"天远"對"夜长"，應爲"皓月夜長"。例30705中"晴堤"與"暮树"對仗，都是偏正短語。古詩曰："長安遊冶子，日日醉春風。"例30709據《拾遺記》卷五《前漢上》："李少君曰：'黑河之北有暗海之都也，有出潛英之石，其色清，質如羽毛。'"因而改爲"紫英之石"。例31709中"冶游"改爲"游冶"。例40710中"手理"與"头操"對仗，故將述賓式"理首"改爲主謂式"手理"。例42004"辛苦"意爲艱難困苦，而"苦辛"指勞苦堅信，與上文"溫飽"意思對應。例51201中"魂梦"指魂魄在夢裏達成、現實中無法完成的心願，"梦魂"指人的靈魂在睡夢中會離開人的身體。"魂梦"的意思更準確。例53201中"讹绝"表決裂，而"绝决"意爲堅定的、斷然的，聯繫上下文，此處不表褒義。例61007中"落泥"修正爲"泥落"，駢文講究工整對仗，下文中"苔封"是主謂式，改爲"泥落"。例61808中"宰官"較"官宰"有"县官"之意，上文"里甲"指明代社會基層組織，例61905中"旌悬"與"匏系"相對，更爲合適。例62508中"性情"和"情性"意義相同，但"情性"意義更廣，除禀性之外還有本性之意，因而改爲"情性"。例70908據《史記·蔡澤傳》："富貴吾所自有，吾所不知也，壽也。"故作"所自"詞義也是造成倒文的原因之一。雖語素相同，而兩者的意義却完全不同，如：例71307中"游巡"意爲"流動巡查"，而"巡游"有"巡邏"之意，與下文"出按"意思相對。例71706中"鹬蚌"據《戰國策》記載關於

"漁翁得利"的典故①,改作"蚌鷸"。例81605中"敬慎"意爲恭敬和威儀,"儉勤"表示節約而勤勞,意義不僅更準確且與上文對照。詞義相同的情況下因側重略有差異,也會導致該類錯誤。例81607中"忿激"較"激忿"側重偏激之意,更爲貼切。

(三)脫

大百科版《燕山外史》中"脫文"不多,詳見下表:

表19　大百科版脫文舉隅

	《〈燕山外史〉傅注校證》	大百科版
52901	而彼且	而彼□
11705	好作浮夸之士。 述仙家之灵异,信口铺张; 胪海府之珍藏,任口造设。 强其说鬼,鬼从车载而殊多; 与之谈天,天向管窥而不大。	脱落一百七十二个字
11705	言皆不怍,未知於意云何; 语尽无稽,动说我闻如是。 尝谓窦生,疾非不治。 　　　事尚可为。 除求蓬岛仙姿,无能为役; 若取尘寰凡艳,岂敢惮劳。 氤氲使自有奇功; 昆仑奴尤多神力。 君如有意,乞效微能; 仆纵不才,愿成美事。 会双星于何日; 约七夕以为期。 噫嘻,矮者观场,卑无所见; 　　　痴人说梦,妄不可听。 孰意生也,闻而喜甚; 　　　起乃霍然	脱落一百七十二个字

---

①　《戰國策·燕策》:"蚌方出曝,而鷸啄其肉,蚌合而箝其喙。鷸曰:'今日不雨,明日不雨,即有死蚌!'蚌亦謂鷸曰:'今日不出,明日不出,即有死鷸!'兩者不肯相捨,漁者得而並禽之。""鷸蚌相爭"亦可作"蚌鷸相爭"。

續　表

	《〈燕山外史〉傅注校證》	大百科版
20903	白发频添,我老矣; 青春不再,汝知乎	脱落十四个字
70804	然则,龙勺鸡彝	然□,龙勺鸡彝

上表4例分別涉及文字或語段脱落的情况。有時是因上下文字相同,以至抄寫誤漏。有時下文與上文字句相同,抄寫者誤以爲已經抄過,以至脱漏。無論是段落或是個别文字的脱漏對於語義的表達以及文章的連貫性都有所影響,因而特此指正。

(四) 衍

"衍"是指原文没有的,在傳抄校勘過程中後人加上去的内容,大百科版中有1處衍文:

表20　大百科版衍文舉隅

	《〈燕山外史〉傅注校證》	大百科版
81202	自一麾而出守	自是一麾而出守

《燕山外史》通篇以四六駢體寫就,作爲一部同時具備多個文本形態的駢文小説,雖在中國古代小説史上具有不可動摇的獨特地位,但缺乏關注與系統的研究,本文總結了對此書校勘過程中的一些問題,謹此爲《燕山外史》的研究盡綿薄之力,尚有不足之處,望專家學者批評雅正。

參考文獻

[清] 陳球.燕山外史[M].醇雅堂刻本.
[清] 陳球.燕山外史[M].三陋居本.

［清］陳球.燕山外史［M］.光緒五年傅注刻本.
［清］陳球撰.褚家偉校點.燕山外史［M］.瀋陽：春風文藝出版社,1987.
［清］陳球撰.傅聲谷注釋.黃衛星校證.《燕山外史》傅注校證［M］.上海：上海人民出版社,2015.
［清］陳球撰.薛紅點校.燕山外史［M］.北京：中國大百科全書出版社,1997.
段玉裁.說文解字注［M］.鄭州：中州古籍出版社,2006.
潘建國.新見《燕山外史》清稿本考略［J］.明清小説研究,2008(1).
周臘生.《燕山外史》不可全盤否定［J］.水滸爭鳴,2002(7).
辜美高.明清小説研究集叢［C］.上海：漢語大詞典出版社,1997.
東亞人文學會.東亞人文學［M］.韓國：東亞人文學會,2003(4).

《左傳》揚晉文抑齊桓析

上海師範大學中文系 翁其斌

内容提要：本文對後人認爲的"齊桓晋文"並稱提出了异議，對比分析《左傳》文本，從叙事角度和《左傳》作者的評論層面看，《左傳》記晋文公事迹詳細而記齊桓公事迹簡略；《左傳》對晋文公褒多於貶，而對齊桓公貶多於褒等，《左傳》行文中體現出揚晋文抑齊桓的觀點，這與作者崇尚"禮"的思想觀念有關。

關鍵詞：左傳 齊桓公 晋文公 禮

齊桓公和晋文公都是"春秋五霸"中的成員，後人常以"齊桓晋文"並稱①，孔、孟對齊桓公的評價甚至高於晋文公，例如《論語·憲問》：

子曰："晋文公譎而不正，齊桓公正而不譎。"

《孟子·告子下》：

五霸，桓公爲盛。

但在《左傳》中，情况恰恰相反，《左傳》明顯呈現出揚晋文抑齊桓的傾向。

揚晋文抑齊桓，首先表現在《左傳》的叙事上。《左傳》記晋文公事迹詳細而記齊桓公事迹簡略。

以二人的即位爲例。晋文公和齊桓公都是歷經千辛萬苦後才

---

① 如《孟子·梁惠王上》載："齊宣王問曰：'齊桓、晋文之事可得聞乎？'孟子對曰：'仲尼之徒無道桓、文之事者……'"

登上君位的。僖公五年,晉公子重耳(即後來的晉文公)被迫逃離晉國,直到僖公二十四年才回到祖國。《左傳》不吝以上千字的篇幅描述了重耳流亡他國及回國即位的曲折經歷:

晉公子重耳之及於難也,晉人伐諸蒲城。蒲城人欲戰。重耳不可,曰:"保君父之命而享其生禄,於是乎得人。有人而校,罪莫大焉。吾其奔也。"遂奔狄。從者狐偃、趙衰、顛頡、魏武子、司空季子。

狄人伐廧咎如,獲其二女:叔隗、季隗,納諸公子。公子取季隗,生伯儵、叔劉,以叔隗妻趙衰,生盾。將適齊,謂季隗曰:"待我二十五年,不來而後嫁。"對曰:"我二十五年矣,又如是而嫁,則就木焉。請待子。"處狄十二年而行。

過衛。衛文公不禮焉。出於五鹿,乞食於野人,野人與之塊,公子怒,欲鞭之。子犯曰:"天賜也。"稽首,受而載之。

及齊,齊桓公妻之,有馬二十乘,公子安之。從者以爲不可。將行,謀於桑下。蠶妾在其上,以告姜氏。姜氏殺之,而謂公子曰:"子有四方之志,其聞之者吾殺之矣。"公子曰:"無之。"姜曰:"行也。懷與安,實敗名。"公子不可。姜與子犯謀,醉而遣之。醒,以戈逐子犯。

及曹,曹共公聞其駢脅。欲觀其裸。浴,薄而觀之。僖負羈之妻曰:"吾觀晉公子之從者,皆足以相國。若以相,夫子必反其國。反其國,必得志於諸侯。得志於諸侯而誅無禮,曹其首也。子盍蚤自貳焉。"乃饋盤飧,置璧焉。公子受飧反璧。

及宋,宋襄公贈之以馬二十乘。

及鄭,鄭文公亦不禮焉。叔詹諫曰:"臣聞天之所啓,人弗及也。晉公子有三焉,天其或者將建諸,君其禮焉。男女同姓,其生不蕃。晉公子,姬出也,而至於今,一也。離外之患,而天不靖晉國,殆將啓之,二也。有三士足以上人而從之,三也。晉、鄭同儕,其過子弟,固將禮焉,況天之所啓乎?"弗聽。

及楚,楚之饗之,曰:"公子若反晉國,則何以報不穀?"對曰:

"子女玉帛則君有之,羽毛齒革則君地生焉。其波及晉國者,君之餘也,其何以報君?"曰:"雖然,何以報我?"對曰:"若以君之靈,得反晉國,晉、楚治兵,遇於中原,其辟君三舍。若不獲命,其左執鞭弭、右屬櫜鞬,以與君周旋。"子玉請殺之。楚子曰:"晉公子廣而儉,文而有禮。其從者肅而寬,忠而能力。晉侯無親,外內惡之。吾聞姬姓,唐叔之後,其後衰者也,其將由晉公子乎。天將興之,誰能廢之。違天必有大咎。"乃送諸秦。

秦伯納女五人,懷嬴與焉。奉也沃盥,既而揮之。怒曰:"秦、晉匹也,何以卑我!"公子懼,降服而囚。

他日,公享之。子犯曰:"吾不如衰之文也。"請使衰從。公子賦《河水》,公賦《六月》。趙衰曰:"重耳拜賜。"公子降,拜,稽首,公降一級而辭焉。衰曰:"君稱所以佐天子者命重耳,重耳敢不拜。"(《僖公二十三年》)

二十四年春,王正月,秦伯納之,不書,不告入也。

及河,子犯以璧授公子,曰:"臣負羈紲從君巡於天下,臣之罪甚多矣。臣猶知之,而況君乎?請由此亡。"公子曰:"所不與舅氏同心者,有如白水。"投其璧於河。濟河,圍令狐,入桑泉,取臼衰。二月甲午,晉師軍於廬柳。秦伯使公子縶如晉師,師退,軍於郇。辛丑,狐偃及秦、晉之大夫盟於郇。壬寅,公子入於晉師。丙午,入於曲沃。丁未,朝於武宮。戊申,使殺懷公於高梁。(《僖公二十四年》)

齊桓公雖不像晉文公在外流亡了那麼長時間(19年),但也曾被迫逃離自己的國家,而他回國爭位的過程則比晉文公更艱辛,更驚心動魄,這有《史記》可以為證:

初,(齊)襄公之醉殺魯桓公,通其夫人,殺誅數不當,淫於婦人,數欺大臣,群弟恐禍及。故次弟糾奔魯,其母魯女也,管仲、召忽傅之;次弟小白奔莒,鮑叔傅之,小白母,衛女也,有寵於釐公。小白自少好善大夫高傒。及雍林人殺無知,議立君,高、國先陰招小白於莒。魯聞無知死,亦發兵送公子糾,而使管仲別將兵遮莒道,射中小白帶鉤。小白佯死,管仲使人馳報魯。魯送糾者行益遲,六日至齊,則小白已入,高傒立之,是爲桓公。桓公之中鉤,佯死以誤管仲,已而載溫車中馳行,亦有高、國內應,故得先入立,發兵距魯。

但管仲"射中小白帶鉤""小白佯死"等細節均不見於《左傳》,《左傳》有關齊桓公流亡和即位的經過祇有極其可憐的數十字:

初,襄公立,無常。鮑叔牙曰:"君使民慢,亂將作矣。"奉公子小白出奔莒。亂作,管夷吾、召忽奉公子糾來奔。(《莊公八年》)

夏,公伐齊,納子糾。桓公自莒先入。(《莊公九年》)

這與晉文公上千字的叙述形成極大的反差。若非揚晉文抑齊桓則很難解釋這個現象。

二人即位後的記載也是如此。齊桓公即位於莊公九年(公元前685),卒於僖公十七年(公元前643),在位長達42年,所經歷的戰爭也不下20次,但《左傳》大多都記載得極其簡略,有的甚至祇有三言兩語。如《莊公十年》:

齊侯之出也,過譚,譚不禮焉。及其入也,諸侯皆賀,譚又不至。冬,齊師滅譚,譚無禮也。

《莊公十三年》:

夏,齊人滅遂而戍之。

《莊公十七年》:

夏,遂因氏、頜氏、工婁氏、須遂氏饗齊戍,醉而殺之,齊人殱焉。

《莊公二十八年》:

二十八年春,齊侯伐衛。戰,敗衛師。數之以王命,取賂而還。

《閔公元年》:

狄人伐邢。管敬仲言於齊侯曰:"戎狄豺狼,不可厭也。諸夏親昵,不可弃也。宴安鴆毒,不可懷也。《詩》云:'豈不懷歸,畏此簡書。'簡書,同惡相恤之謂也。請救邢以從簡書。"齊人救邢。

《僖公四年》:

四年春，齊侯以諸侯之師侵蔡。蔡潰。遂伐楚。

《僖公九年》：

齊侯以諸侯之師伐晉，及高梁而還，討晉亂也。

《僖公十二年》：

冬，齊侯使管夷吾平戎於王，使隰朋平戎於晉。

《僖公十六年》：

夏，齊伐厲不克，救徐而還。

《僖公十七年》：

十七年春，齊人爲徐伐英氏，以報婁林之役也。

這些流水賬式的簡單記載很難給人留下印象。唯一詳細一點的是《莊公十年》的齊魯長勺之戰，但那篇的主角是魯國，尤其是魯國的曹劌，而非齊桓公，更何況齊國是那次戰役的失敗者：

十年春，齊師伐我。公將戰，曹劌請見。其鄉人曰："肉食者謀之，又何間焉。"劌曰："肉食者鄙，未能遠謀。"乃入見。問何以戰。公曰："衣食所安，弗敢專也，必以分人。"對曰："小惠未徧，民弗從也。"公曰："犧牲玉帛，弗敢加也，必以信。"對曰："小信未孚，神弗福也。"公曰："小大之獄，雖不能察，必以情。"對曰："忠之屬也，可以一戰，戰則請從。"公與之乘。戰於長勺。公將鼓之。劌曰："未可。"齊人三鼓，劌曰："可矣。"齊師敗績。公將馳之。劌曰："未可。"下視其轍，登軾而望之，曰："可矣。"遂逐齊師。既克，公問其故。對曰："夫戰，勇氣也，一鼓作氣，再而衰，三而竭。彼竭我盈，故克之。夫大國難測也，懼有伏焉。吾視其轍亂，望其旗靡，故逐之。"

齊國吃了敗仗反而詳寫，這正反襯出《左傳》揚晉文抑齊桓的用意。

反觀晉文公，在位祇有八年（僖公二十四年至僖公三十二年，即公元前636—公元前628），連齊桓公的五分之一都不到，所經歷的戰爭也比齊桓公少許多，基本上都集中在僖公二十八年這一年，但《左傳》對晉文公所經歷的每一次戰爭都精心敘述，詳細的程度遠遠超過齊桓公的記載。如《僖公二十八年》的晉文公伐曹：

晉侯圍曹，門焉，多死，曹人尸諸城上，晉侯患之，聽輿人之謀曰稱："舍於墓。"師遷焉。曹人凶懼，爲其所得者棺而出之。因其凶也而攻之。三月丙午，入曹。數之，以其不用僖負羈而乘軒者三百人也。且曰："獻狀。"令無入僖負羈之宮而免其族，報施也。魏犨、顛頡怒曰："勞之不圖，報於何有！"蓺僖負羈氏。魏犨傷於胸，公欲殺之而愛其材，使問，且視之。病，將殺之。魏犨束胸見使者曰："以君之靈，不有寧也。"距躍三百，曲踊三百。乃舍之。殺顛頡以徇於師，立舟之僑以爲戎右。

同年的晉楚城濮之戰更是生動有加，堪稱《左傳》戰爭描寫的典範：

宋人使門尹般如晉師告急。公曰："宋人告急，舍之則絕，告楚不許。我欲戰矣，齊、秦未可，若之何？"先軫曰："使宋舍我而賂齊、秦，藉之告楚。我執曹君而分曹、衛之田以賜宋人。楚愛曹、衛，必不許也。喜賂怒頑，能無戰乎？"公説，執曹伯，分曹、衛之田以畀宋人。

楚子入居於申，使申叔去谷，使子玉去宋，曰："無從晉師。晉侯在外十九年矣，而果得晉國。險阻艱難，備嘗之矣；民之情僞，盡知之矣。天假之年，而除其害。天之所置，其可廢乎？《軍志》曰：'允當則歸。'又曰：'知難而退。'又曰：'有德不可敵。'此三志者，晉之謂矣。"子玉使伯棼請戰，曰："非敢必有功也，願以間執讒慝之口。"王怒，少與之師，唯西廣、東宮與若敖之六卒實從之。

子玉使宛春告於晉師曰："請復衛侯而封曹，臣亦釋宋之圍。"子犯曰："子玉無禮哉！君取一，臣取二，不可失矣。"先軫曰："子與之。定人之謂禮，楚一言而定三國，我一言而亡之。我則無禮，何以戰乎？不許楚言，是棄宋也。救而棄之，謂諸侯何？楚有三施，我有三怨，怨仇已多，將何以戰？不如私許復曹、衛以攜之，執宛春以怒楚，既戰而後圖之。"公説，乃拘宛春於衛，且私許復曹、衛。曹、衛告絕於楚。

子玉怒，從晉師。晉師退。軍吏曰："以君辟臣，辱也。且楚師老矣，何故退？"子犯曰："師直爲壯，曲爲老。豈在久乎？微楚之惠不及此，退三舍辟之，所以報也。背惠食言，以亢其仇，我曲楚直。其衆素飽，不可謂老。我退而楚還，我將何求？若其不還，君退臣犯，曲在彼矣。"退三舍。楚衆欲止，子玉不可。

夏四月戊辰，晉侯、宋公、齊國歸父、崔夭、秦小子憖次於城濮。楚師背酅而舍，晉侯患之，聽輿人之誦，曰："原田每每，舍其舊而新是謀。"公疑焉。子犯曰："戰也。戰而捷，必得諸侯。若其不捷，表裏山河，必無害也。"公曰："若楚惠何？"欒貞子曰："漢陽諸姬，楚實盡之，思小惠而忘大耻，不如戰也。"晉侯夢與楚子搏，楚子伏己而盬其腦，是以懼。子犯曰："吉。我得天，楚伏其罪，吾且柔之矣。"

子玉使鬥勃請戰，曰："請與君之士戲，君馮軾而觀之，得臣與寓目焉。"晉侯使欒枝對曰："寡君聞命矣。楚君之惠未之敢忘，是以在此。爲大夫退，其敢當君乎？既不獲命矣，敢煩大夫謂二三子，戒爾車乘，敬爾君事，詰朝將見。"

晉車七百乘，韅、靷、鞅、靽。晉侯登有莘之虛以觀師，曰："少長有禮，其可用也。"遂伐其木以益其兵。己巳，晉師陳於莘北，胥臣以下軍之佐當陳、蔡。子玉以若敖六卒將中軍，曰："今日必無晉矣。"子西將左，子上將右。胥臣蒙馬以虎皮，先犯陳、蔡。陳、蔡奔，楚右師潰。狐毛設二旆而退之。欒枝使輿曳柴而僞遁，楚師馳之。原軫、郤溱以中軍公族橫擊之。狐毛、狐偃以上軍夾攻子西，楚左師潰。楚師敗績。子玉收其卒而止，故不敗。

這樣精心細膩的描寫在齊桓公的記載中根本見不到。這也祇能用揚晉文抑齊桓來解釋了。

揚晉文抑齊桓，還表現在《左傳》作者的評論上。《左傳》對晉文公褒多於貶而對齊桓公則貶多於褒，與孔、孟的評價恰好相反。

《左傳》對晉文公的褒揚至少有三次。第一次在《僖公二十七年》，是贊揚晉文公能"教其民"：

晋侯始入而教其民,二年,欲用之。子犯曰:"民未知義,未安其居。"於是乎出定襄王①,入務利民,民懷生矣。將用之。子犯曰:"民未知信,未宣其用。"於是乎伐原以示之信②。民易資者,不求豐焉,明徵其辭。公曰:"可矣乎?"子犯曰:"民未知禮,未生其共。"於是乎大蒐以示之禮③,作執秩以正其官,民聽不惑,而後用之。出谷戌,釋宋圍,一戰而霸,文之教也。

第二次在《僖公二十八年》,是贊揚晋文公在城濮之戰中"能以德攻":

五月丙午,晋侯及鄭伯盟於衡雍。丁未,獻楚俘於王,駟介百乘,徒兵千。鄭伯傅王,用平禮也。己酉,王享醴,命晋侯宥。王命尹氏及王子虎、内史叔興父策命晋侯爲侯伯,賜之大輅之服,戎輅之服,彤弓一,彤矢百,玈弓矢千,秬鬯一卣,虎賁三百人。曰:"王謂叔父,敬服王命,以綏四國,糾逖王慝。"晋侯三辭,從命。曰:"重耳敢再拜稽首,奉揚天子之丕顯休命。"受策以出,出入三覲。衛侯聞楚師敗,懼,出奔楚,遂適陳,使元咺奉叔武以受盟。癸亥,王子虎盟諸侯於王庭,要言曰:"皆奬王室,無相害也。有渝此盟,明神殛之,俾隊其師,無克祚國,及而玄孫,無有老幼。"君子謂是盟也信,謂晋於是役也能以德攻。

---

① "出定襄王"在《僖公二十五年》:

秦伯師於河上,將納王。狐偃言於晋侯曰:"求諸侯,莫如勤王。諸侯信之,且大義也。繼文之業而信宣於諸侯,今爲可矣。"使卜偃卜之,曰:"吉。遇黃帝戰於阪泉之兆。"公曰:"吾不堪也。"對曰:"周禮未改。今之王,古之帝也。"公曰:"筮之。"筮之,遇《大有》之《睽》,曰:"吉。遇'公用享於天子'之卦也。戰克而王饗,吉孰大焉,且是卦也,天爲澤以當日,天子降心以逆公,不亦可乎?《大有》去《睽》而復,亦其所也。"晋侯辭秦師而下。三月甲辰,次於陽樊。右師圍温,左師逆王。夏四月丁巳,王入於王城,取大叔於温,殺之於隰城。

② "伐原以示之信"也是在《僖公二十五年》:

冬,晋侯圍原,命三日之糧。原不降,命去之。諜出,曰:"原將降矣。"軍吏曰:"請待之。"公曰:"信,國之寶也,民之所庇也,得原失信,何以庇之? 所亡滋多。"退一舍而原降。

③ "大蒐以示之禮"在《僖公二十七年》:

冬,楚子及諸侯圍宋,宋公孫固如晋告急。先軫曰:"報施救患,取威定霸,於是乎在矣。"狐偃曰:"楚始得曹而新昏於衛,若伐曹、衛,楚必救之,則齊、宋免矣。"於是乎蒐於被廬,作三軍,謀元帥。

第三次也是在《僖公二十八年》,是贊揚晉文公"能刑矣":

> 城濮之戰,晉中軍風於澤,亡大旆之左旃。祁瞞奸命,司馬殺之,以徇於諸侯,使茅伐代之。師還。壬午,濟河。舟之僑先歸,士會攝右。秋七月丙申,振旅,愷以入於晉。獻俘授馘,飲至大賞,征會討貳。殺舟之僑以徇於國,民於是大服。君子謂:"文公其能刑矣,三罪而民服。《詩》云:'惠此中國,以綏四方。'不失賞刑之謂也。"

對晉文公唯一一次的批評是在《僖公二十八年》,但這個批評不是出自《左傳》作者的意圖,而是出自孔子:

> 冬,會於溫,討不服也。……是會也,晉侯召王,以諸侯見,且使王狩。仲尼曰:"以臣召君,不可以訓。"故書曰:"天王狩於河陽。"言非其地也,且明德也。

嚴格地說,這還不能算作批評,實際上是在為晉文公辯護。

再來看看齊桓公。《左傳》對齊桓公的褒揚祇有一次,在《僖公九年》:

> 夏,會於葵丘,尋盟,且修好,禮也。王使宰孔賜齊侯胙,曰:"天子有事於文武,使孔賜伯舅胙。"齊侯將下拜。孔曰:"且有後命。天子使孔曰:'以伯舅耋老,加勞,賜一級,無下拜。'"對曰:"天威不違顏咫尺,小白余敢貪天子之命無下拜?恐隕越於下,以遺天子羞。敢不下拜?"下,拜;登,受。

而對齊桓公的批評至少有三次。第一次在《莊公三十一年》,直言齊桓公"非禮":

> 三十一年夏六月,齊侯來獻戎捷,非禮也。凡諸侯有四夷之功,則獻於王,王以警於夷。中國則否。諸侯不相遺俘。

第二次在《僖公元年》,直言齊人殺哀姜為"已甚":

> 夫人氏之喪至自齊。君子以齊人殺哀姜也為已甚矣①,女子,

---

① 齊人殺哀姜,在《閔公二年》:
閔公,哀姜之娣叔姜之子也,故齊人立之。共仲通於哀姜,哀姜欲立之。閔公之死也,哀姜與知之,故孫於邾。齊人取而殺之於夷,以其尸歸,僖公請而葬之。

從人者也。

第三次在《僖公九年》,借宰孔之口言齊桓公"不務德而勤遠略":

> 秋,齊侯盟諸侯於葵丘,曰:"凡我同盟之人,既盟之後,言歸於好。"宰孔先歸,遇晉侯曰:"可無會也。齊侯不務德而勤遠略,故北伐山戎,南伐楚,西爲此會也。東略之不知,西則否矣。其在亂乎。君務靖亂,無勤於行。"晉侯乃還。

晉文公褒多貶少,齊桓公褒少貶多,這不是揚晉文抑齊桓又是什麼呢?

這種種事實都可以證明,《左傳》確有揚晉文抑齊桓的意圖。《左傳》爲什麼要這樣做呢?這肯定與它的作者有關。

《左傳》的作者不管是不是左丘明,其國籍一定是魯國①。齊襄公作亂時,小白出奔莒,公子糾出奔魯。在齊國王位的爭奪上,魯國無疑是站在公子糾這一邊的,所以莊公九年夏,魯公興師伐齊,欲將公子糾納入齊國。孰料事與願違,首先進入齊國的是小白,而不是公子糾。小白即位後,對魯國仍然耿耿於懷,當年就與魯師戰於乾時,把魯師打得大敗。第二年春天的長勺之戰,其實也是齊桓公對魯國的復仇之戰,祇不過這次的勝利者是魯國而非齊國。同年夏天,齊國又欲聯合宋師攻打魯國,後因宋師的失敗而未果:

> 夏六月,齊師、宋師次於郎。公子偃曰:"宋師不整,可敗也。宋敗,齊必還,請擊之。"公弗許。自雩門竊出,蒙皋比而先犯之。公從之。大敗宋師於乘丘。齊師乃還。(《莊公十年》)

可以説,魯國從一開始就與齊桓公結下了芥蒂,而身爲魯國人的《左傳》作者,對齊桓公自然也不會有太多的好感。況且齊國常常以大凌小,欺負身邊的鄰國魯國。《僖公二十七年》曰:

> 夏,齊孝公卒,有齊怨,不廢喪紀,禮也。

"有齊怨"説明魯對齊有怨恨的心理,儘管魯對齊孝公仍盡吊喪之

---

① 因爲《左傳》寫到魯國時用的是第一人稱。

禮。而魯國與晉國相距遙遠，雙方沒有什麼利害衝突，魯對晉不會有怨恨心理。在這種背景下，《左傳》揚晉文抑齊桓就不難理解了。

《左傳》之所以揚晉文抑齊桓，還與作者的思想觀念有很大關係。美籍華裔學者余英時說，春秋時代一方面"禮崩樂壞"，一方面又恰恰是"禮樂傳統發展到最成熟的階段"①。這在《左傳》中體現得很充分。《左傳》作者非常重視"禮"，《左傳》處處滲透著"禮"的精神。《隱公十一年》曰：

禮，經國家，定社稷，序民人，利後嗣者也。

《桓公二年》曰：

夫名以制義，義以出禮，禮以體政，政以正民。

《昭公二十六年》曰：

禮之可以為國也久矣，與天地并。君令臣共，父慈子孝，兄愛弟敬，夫和妻柔，姑慈婦聽，禮也。

"禮"是《左傳》作者評價人物、衡量是非的重要準繩，對齊桓公、晉文公也不例外。從《左傳》的記敘看，晉文公及其部下比較守"禮"，比較能以"禮"來約束自己。例如《僖公五年》載：

及難，（晉獻）公使寺人披伐蒲。重耳曰："君父之命不校。"乃徇曰："校者吾仇也。"逾垣而走。

不與君父對抗，"君父之命不校"，就是守"禮"。又如《僖公二十三年》，借楚子之口稱讚流亡中的晉公子重耳"廣而儉，文而有禮"。《僖公二十七年》說晉文公"於是乎大蒐以示之禮"。《僖公二十八年》晉文公稱讚自己的軍隊"少長有禮，其可用也"。而齊桓公似乎就不那麼守"禮"了，《莊公三十一年》就直言批評齊桓公獻戎捷是"非禮"的舉動。其實齊桓公就是以"非禮"的手段才得到王位的。

---

① 余英時.士與中國文化[M].上海：上海人民出版社，1987：89.

參考文獻

[清]阮元.十三經注疏[M].上海：上海古籍出版社,1997.
[漢]司馬遷.史記[M].北京：中華書局,1982.
童書業編.春秋史料集[M].北京：中華書局,2008.
童書業.春秋史(校訂本)[M].北京：中華書局,2006.
童書業.春秋左傳研究(校訂本)[M].北京：中華書局,2006.

《容齋隨筆》詞語考釋

湖南應用技術學院文化傳媒學院　凌　英

内容提要：《容齋隨筆》語料非常豐富，有從歷史上不同時期傳承下來的詞語，還有宋代産生的新詞，以及洪邁的臨時造詞。文章選取辭書未收的詞條進行考釋，以助於《容齋隨筆》的詞彙研究和相關辭書的編纂工作。

關鍵詞：容齋隨筆　漢語大詞典　未收詞條

《容齋隨筆》内容龐雜，涉及史學、文學、語言學、哲學、民俗學等方面。該書叙述語言以文言爲主，兼用方言、俗語，書中還有大量轉述或引用前人的語言，本文選取書中《漢語大詞典》未收詞條加以考釋，以促進該書的詞語研究和辭書的編纂工作。

本文選取中華書局 2005 年出版的孔凡禮點校本《容齋隨筆》爲研究對象，例句後標明出處，括號内是例句所屬文章篇名和頁碼。原文爲繁體豎排，人名、書名、朝代以直線或曲線表示，現改爲横排，標點符號改爲新式標點，人名、書名、朝代不劃線標注。

【陳裛】指物品因久置而潮濕的樣子。《容齋隨筆》中見 1 例：
李衛公在朱崖，表弟某侍郎遣人餉以衣物，公有書答謝之，曰："……十月末，伏枕七旬，藥物陳裛，又無醫人，委命信天，幸而自活。"(《李衛公帖》，229 頁)

"陳"指舊，《廣韻·真韻》："陳，故也。"東西放久了會舊。"裛"有濕潤義，《説文通訓定聲·臨部》："裛，假借爲浥。"《説文·水部》："浥，濕也。"晉陶潛《飲酒》詩之七："秋菊有佳色，裛露掇其英。"①

"陳裛"指藥物因久置而潮濕的樣子。多用於描繪藥物,應是專用來描述藥物的性狀、成色。初見於唐李德裕《與姚諫議邰書三首》:"自十月末得疢,伏枕七旬,屬纊者數四,藥物陳裛,又無醫人,委命信天,幸而自活。"宋唐慎微《證類本草》卷二五:"孟詵云:'小麥平服之,止渴,又作麵,有熱毒,多是陳裛之色,作粉,補中益氣,和五藏,調脉。'"

【輕紊】輕視擾亂。《容齋隨筆》中見1例:

唐中宗既流殺五王,再復武氏陵廟,右補闕權若訥上疏,以爲:"天地日月等字,皆則天能事,賊臣敬暉等輕紊前規……"(《權若訥馮澥》,232頁)

"輕"有輕視義,其本義指輕車,《說文·車部》:"輕,輕車也。"由此引申爲分量不大,與"重"相對,在人心中分量不大則指輕視。"紊"指亂,《說文·糸部》:"紊,亂也。"

"輕紊"指輕視擾亂。首見於唐代,如唐德宗《郜國大長公主別館安置敕》:"蜀州別駕蕭鼎、商州豐陽令韋恪、前彭州司馬李萬等謬居清貫,輕紊常倫,在其門庭,多行穢德。"明余懋學《陳五議以裨化理疏》:"固不宜輒以一己之聰明,而輕紊祖宗之成憲也。"清徐松《宋會要輯稿·職官》:"武顯郎、宣贊舍人狄瓛降授武略郎、宣贊舍人,勒停,坐嘗奉使輕紊典章故也。"

【開宥】赦免寬恕。《容齋隨筆》中見1例:

然考其行事,失於好殺,用法太嚴,羣臣職事小有不舉,往往寘之極刑,雖素有才幹聲名,無所開宥,此其所短也。(《周世宗》,259頁)

"開"本指張開,《說文》:"開,張也。"張開、打開可引申出釋放、免除義。如《尚書·多方》:"開釋無辜,亦克用勸。""宥"指寬

---

① 本文引例若無特別說明,則均出自《中國基本古籍庫》《四庫全書》語料庫,且都已核對紙本。

恕,《説文・宀部》:"宥,寬也。"

"開宥"指赦免寬恕。始見於南北朝,後代都有沿用。《宋書・孔季恭傳》:"謂宜適任民情,從其所樂,開宥逋亡,且令就業。"五代杜光庭《太上黄籙齋儀・懺悔》:"伏冀大慈開宥,道力垂光。"明夏言《恤刑録序》:"比如庖丁治牛,迎刃而解,橫罹罪罟,多所開宥,是足以仰承帝德,克當天心矣。"

現代漢語常用"寬宥","開宥"已經不用了,因爲"開"的釋放、免除義現在很少使用了。

【勘斷】審判。《容齋隨筆》中見1例:

薛居正《舊史》紀載翰林醫官馬道元進狀,訴壽州界被賊殺其子,獲正賊見在宿州,本州不爲勘斷。(《周世宗》,259頁)

"勘"有審問義,《增修互注禮部韻略》卷四:"勘,苦紺切,挍也,鞫囚也。"唐慧琳《一切經音義》卷八七:"張戩《考聲》云:'鞫,窮罪人也。'""鞫囚"指審問犯人,故"勘"可表審問。唐李德裕《請問薄仲榮賊中事宜狀》:"直對鎮州押衙軍將,仔細勘問,不要回避,必得事情。""斷"有判斷義,《周易・繫辭上》:"繫辭焉以斷其吉凶,是故謂之爻。"

"勘斷"指審判。初見於唐代,後代使用率很高。唐高宗《申理冤屈制》:"其在外州縣所有訴説冤滯文案,見未斷絶者,並令當處,速爲盡理勘斷,務使甘伏,勿使淹滯。"明范欽《嘉靖事例》:"雖節經奏訴,委官勘斷,終不明白。"清李雨堂《萬花樓演義》卷一二:"但他比不得別官,免不得嚴刑勘斷。"

【蕩恐】惶恐。《容齋隨筆》中見1例:

百僚蕩恐,皆曰龜策能言。(《漢武心術》,269頁)

"蕩"有摇盪義。《左傳・僖公三年》:"齊侯與蔡姬乘舟於囿,蕩公。"杜預注:"蕩,摇也。"内心摇蕩不安,引申指心悸義,南朝齊褚澄《褚氏遺書・本氣》:"心虚則氣入而爲蕩,肺虚則氣入而爲喘。"

"蕩恐"指惶恐。"蕩恐"一詞初見於《史記》,洪邁引其原文,後代罕用。清方苞《巡撫福建都察院右副都御史黄公墓志銘》："承大嵐山案後，浙東西郡縣皆蕩恐，而杭、湖二州連饑，民心摇摇。"

【慢倨】傲慢。《容齋隨筆》中見1例：

《新唐書·嚴武傳》云："房琯以故宰相爲巡内刺史，武慢倨不爲禮，最厚杜甫，然欲殺甫數矣，李白爲《蜀道難》者，爲房與杜危之也。"(《嚴武不殺杜甫》，284頁)

"倨"指傲慢、不遜，《説文·人部》："倨，不遜也。"《莊子·雜篇·漁父》："萬乘之主，千乘之君，見夫子未嘗不分庭伉禮，夫子猶有倨傲之容。"

"慢倨"指傲慢。初見於春秋戰國，如辛銒《文子·道德》："夫失道者，奢泰驕佚，慢倨矜傲，見餘自顯自明，執雄堅强，作難結怨，爲兵主，爲亂首。"晉李密《陳情表》："詔書切峻，責臣逋慢。"唐李周翰曰："前除洗馬時，以有表辭逋緩慢倨也。"明葉春及《魏將軍致仕歸長樂序》："欲得一當以報結髮，行間大小數十戰，萬無一於朝廷，性疏簡慢倨不宜世世。"

【協媚】迎合獻媚。《容齋隨筆》中見1例：

光之邪佞，鬼所唾也，奴事董賢，協媚王莽，爲漢蟊蝛，尚得爲賢也哉！(《王嘉薦孔光》，285頁)

"協"指共同，《説文·劦部》："協，衆之同和也。"刻意認同他人即爲迎合。

"協媚"指迎合獻媚。"協媚"連用並不多見，祇有宋代出現兩例。宋傅察《代鮑欽止祈雨青詞》："臣又初至，未能有以協媚於上下，而溝壑之憂近在旦夕。"

【戲誚】嘲笑、諷刺。《容齋隨筆》中見1例：

接伴副使祕書少監王補言及此，云北人戲誚之，曰："奉勅江南幹當公事回。"(《煬王煬帝》，291頁)

"戲""誚"均有嘲笑義，《説文·言部》："謔，戲也。"遼釋行均《龍龕手鑑》卷一："誚，才笑反。責也，呵也，嬈也，戲笑也。"唐段成式《酉陽雜俎・酒食》:"常懷鮐腹之誚,每懼鼇巖之譏。"

"戲誚"指嘲笑、諷刺,爲同義連文,表嘲笑、諷刺,初見於唐代,如元稹《酬翰林白學士代書一百韻》:"戲誚青雲驛,譏題皓髮祠。"清歐陽兆熊、金安《水窗春囈》卷下:"偶至蘇閱絶秀班,優者厭其村老,戲誚曰:'爾好觀,何不於家中演之。但日需風魚、火腿方下箸耳。'"

【綯索】①繩索。《容齋隨筆》中見 1 例:

言晝日往取茅歸,夜作綯索,以待時用也。(《女子夜績》,298 頁)

"綯""索"均爲繩索,《廣雅・釋器》:"綯,索也。"《説文》:"索,艸有莖葉,可作繩索。"《詩・豳風・七月》:"晝爾於茅,宵爾索綯。"

"綯索"指繩索。初見於唐代,如張仲素《河橋竹索賦》:"視綯索而久存,亦何比於一葦。"元袁桷《河船行》:"高桅不肯著船底,四面綯索相交加。"

【規救】勸諫糾正。《容齋隨筆》中見 1 例:

四人皆握娖自好,當優柔不斷之朝,無所規救。(《貢薛韋匡》,323 - 324 頁)

"規"有規勸義,《韓非子・十過》:"因令人請地於韓,韓康子欲勿與,段規諫曰:'不可不與也。'""救"有糾正義。《管子・明法解》:"匡主之過,救主之失,明理義以道其主,主無邪辟之行,蔽欺之患,此臣之所以爲功也。"

"規救"指勸諫糾正。始見於唐代,唐太宗《答魏徵手詔》:"夫爲人臣,當進思竭誠,退思補過,將順其美,規救其惡,所以爲治也。"《宋史・竇貞固傳》:"楊邠、史弘肇、王章樹黨恣橫,專權凌上,貞固但端莊自持,不能規救。"明朱睦㮮《聖典・燕翼》:"俟其

---

① "綯索"還有絞制繩索義。如馮雲鵬《掃紅亭吟稿》卷一一《姑惡》:"姑惡,姑惡,朝命樵汲晝耕作,又得旋磨又綯索,十指磨穿受凌虐。"

大失將至,然後規救之,有所弗及矣。"清陸心源《沈長卿傳》:"旋致顯位而阿諛順旨,偸合苟容,坐視姦邪之臣,開邊致釁,曾無一言規救人主。"

【梟戮】斬首。《容齋隨筆》中見1例:

紂旣死,何至梟戮俘馘,且用之以祭乎!(《汲冢周書》,382頁)

"梟"有斬首懸以示衆義,可泛指斬、殺。《三國志·武帝紀》:"幸而破紹,梟其二子。""戮"指殺,《說文·戈部》:"戮,殺也。"

"梟戮"指斬首,爲同義連文,初見於南北朝,如《宋書·天文志》:"征吳之役,三河、徐、兖之兵悉出,交戰於吳楚之地,吳丞相都督以下梟戮十數,偏裨行陣之徒,鹹斬萬計,皆其徵也。"《北史·煬三子》:"梟戮元凶,策勳飲至,四海交泰,稱朕意焉。"清徐賡陛《致陳荔秋星使》:"吾粤多盜,每年省會梟戮無慮二千人,而郡縣誅勦者,尚不在內。"

"梟戮"有同義詞"斬首""梟斬",《容齋隨筆》有此用例:

及昭帝時,大鴻臚田廣明平益州夷,斬首捕虜三萬,但賜爵關內侯。(《霍光賞功》,112頁)

上使使者衣繡衣,持節虎符,發兵以興擊,斬首大部或至萬餘級。(《漢二帝治盜》,140頁)

杭卒陳通爲逆,每獲一命官,亦即梟斬。(《盜賊怨官吏》,280頁)

【窘怖】困迫恐懼。《容齋隨筆》中見1例:

殊窘怖,上猶慰拊之,且詢其鄉里。(《李林甫秦檜》,401頁)

"窘"指困迫,《說文·穴部》:"窘,迫也。"《後漢書·第五倫傳》:"匡窘迫,遣刺客刺羽,羽覺其姦,乃收繫客,具得情狀。""怖"指恐懼、害怕,《說文·心部》:"悑,惶也。从心甫聲。怖,悑或从布聲。"

"窘怖"指困迫恐懼,多形容人困窘難堪害怕的樣子。最早出現於南北朝,如《魏書·神元平文諸帝子孫傳》:"渾窘怖,謂郁曰:

'今大行在殯……'"《北史·曲陽侯素延傳》:"文成崩,乙渾專權,郁從順德門入欲誅渾,渾窘怖,遂奉獻文臨朝。"清紀昀《攻堅》:"賊首賴黑木圖拉中箭死,賊黨益窘怖。"

【慙恐】愧疚害怕。《容齋隨筆》中見1例:

漢薛宣為左馮翊,池陽令舉廉吏獄掾王立,未及召,立妻受囚家錢,慙恐自殺。(《太守刺史贈吏民官》,453頁)

"慙"指羞愧,《說文·心部》:"慙,媿也。"《周易·繫辭下》:"或害之而悔且吝,故將叛者,其辭慙內虛,而求其說也。"

"慙恐"指愧疚害怕,初見於漢代。《漢書·薛宣朱博傳》:"宣責讓縣,縣案驗獄掾,迺其妻獨受繫者錢萬六千,受之再宿,獄掾實不知。掾慙恐自殺。"唐元稹《進詩狀》:"既無六義,皆出一時,詞旨繁蕪,倍增慙恐。"明陳元素《古今名將傳·宋种世衡》:"慕恩竊與侍姬戲語,世衡出掩之,慕恩慙恐請罪。"

【雜壓】紊亂。《容齋隨筆》中見3例:

又使班視宰相,而乾道職制雜壓,令副使反在同知院之下,尤為未然。(《樞密名稱更易》,482頁)

國家故事,修注官次補必知制誥,惟趙康靖公以歐陽公位在下,而欲先遷,司馬公以力辭,三人皆除待制,其雜壓先後可見云。(《待制知制誥》,654頁)

車駕出,常朝文臣自宰相至二史,武臣自宗王、使相至觀察使,以雜壓次序行焉。(《近世文物之殊》,877頁)

"雜"有紊亂義。《墨子·非攻下》:"日月不時,寒暑雜至。""壓"有積壓義,《說文·土部》:"壓,塞補也。"由堵塞義引申為積壓義。

"雜壓"指紊亂,多形容宋代官制混亂冗雜。初見於宋代。趙昇《朝野類要·稱謂》:"雜壓以官職混序進遷之列,以定品秩高下,序其列位也。"《宋史·陳桷傳》:"適編類徽宗御書成,詔藏敷文閣,桷以為:'舊制自龍圖至徽猷皆設學士、待制,雜壓著令,龍圖在朝請大夫之上,至徽猷在承議郎之上,每閣相去稍遠,議者疑其不倫……'"

【稽詳】詳細考察。《容齋隨筆》中見1例：

熙寧六年,司天中官正周琮言:"……望稽詳故事,崇建宮宇。"(《太一推算》,511-512頁)

"稽"有考核義,《廣雅·釋言》:"稽,考也。"《荀子·正名篇》:"無稽之言,不見之行;不聞之謀,君子慎之。"楊倞注:"無稽之言,言無考驗者也。""詳"指審查,《説文·言部》:"詳,審議也。"《資治通鑑·魏元帝景元元年》:"禍殆不測,宜見重詳。"胡三省注:"重,再也。詳,審也。"

"稽詳"指詳細考察。初見於南北朝,如《南齊書·魏虜傳》:"宏既經古洛,是歲下僞詔尚書思慎曰:'……仰惟聖母,睿識自天,業高曠古,將稽詳典範,日新皇度……'"唐元宗《答裴光庭詔》:"端拱多暇,留意典墳,以爲道者元妙之宗,德爲教化之本,講諷微旨,稽詳秘文,庶無爲而政成,不宰而物應。"明倪岳《正祀典疏》:"伏乞聖明,裁處緣係節,該奉欽依禮部會官稽詳明白來說事理,未敢擅便定奪,謹題請旨。"

【僭篡】僭越篡位。《容齋隨筆》中見1例：

《漢史》言其尚氣剛傲,矯時慢物,此蓋不知其鄙賤曹操,故陷身危機,所謂語言狂悖者,必誦斥其有僭篡之志耳。(《禰衡輕曹操》,545頁)

"僭"指超越身份,冒用在上者的職權行事。《説文·人部》:"僭,假也。""篡"本指劫奪,《爾雅·釋詁下》:"篡,取也。"後引申指奪取君位。

"僭篡"指僭越篡位。最早出現於唐代,如盧履冰《三請父在爲母服朞疏》:"原夫上元肇年,則天已潛秉政,將圖僭篡,預自崇光。"張爾岐《讀朱子通鑑綱目》:"或曰僭篡之君,既嘗南面據圖籍,臣億兆矣。"

【風颾】旋風;暴風。《容齋隨筆》中見1例：

……其舒爲淪漣,鼓爲濤波,激之爲風颾,怒之爲雷霆,蛟龍魚

鼇,噴薄出没,是水之奇變也。(《張吕二公文論》,833頁)

"颴"有暴風、旋風義。"颴"與"飆"同,《説文·風部》:"飆,扶摇風也。"漢賈誼《惜誓》:"臨中國之衆人兮,託回颴乎尚羊。"

"風颴"指旋風、暴風。初見於南北朝,如南朝梁庾信《周大將軍懷德公吴明徹墓志》:"公以明略佐時,雄圖贊務,鱗翼更張,風颴遂遠。"清蔡衍鎤《北門行》:"朝出北門去,風颴起揚塵。"

【揭表】揭發公布。《容齋隨筆》見1例:

所以揭表肅宗之罪,極矣。(《諸公論唐肅宗》,850頁)

"揭"本指高舉。《説文·手部》:"揭,高舉也。"將事物高舉使其顯露,"揭"就引申爲顯露、揭露義。《詩·大雅·蕩》:"人亦有言,顛沛之揭。"毛傳:"揭,見根貌。""表"本指外衣。《説文·衣部》:"表,上衣也。"將事情放在外面,讓大家都知道,故"表"有顯揚義。《禮記·檀弓下》:"君子表微。"鄭玄注:"表,猶明也。"

"揭表"指揭發公布。初見於春秋戰國,如《管子·君臣上》:"猶揭表而令之止也。"宋張商英《寧魂》:"今其葬也,内不瘱志,而外不揭表,次功之名,亦可以萬世矣。"明楊起元《知好録序》:"請而梓之,首師真像,繼師别言,而後揭表,此篇更不他及。"

【焦槁】乾枯;枯竭。《容齋隨筆》見2例:

失則蒸生熱,否生寒,結爲瘤贅,陷爲癰疽,奔則喘乏,竭則焦槁,發乎面,動乎形。(《孫馬兩公所言》,851頁)

川瀆竭涸,其焦槁。(《孫馬兩公所言》,851頁)

"焦"有乾枯、乾燥義。《墨子·非攻下》:"日月不時,寒暑雜至,五穀焦死。""槁"有枯槁、乾枯義。《荀子·勸學》:"木直中繩,輮以爲輪,其曲中規,雖有槁暴,不復挺者,輮使之然也。"楊倞注:"槁,枯。"

"焦槁"指乾枯、枯竭。初見於春秋戰國,如《黄帝内經·素問》:"上臨少陰少陽,火燔焫,冰泉涸,物焦槁。"宋晁公遡《中嵓祈雨道場》:"惟長於千夫百夫,若歲大旱,乃至於一日二日,靡神不宗,終焦槁之未濡。"《宋史·五行志》:"紹興五年五月,大燠四十餘日,草木焦槁,山石灼人,暍死者甚衆。"

"焦槁"有同義詞"焦枯",指乾枯。"枯"指枯槁。《說文·木部》:"枯,槀也。"《周易·大過》:"枯楊生稊,老夫得其女妻,无不利。""焦枯"初見於漢代,蔡邕《京兆樊惠渠頌》:"陽陵縣東,其地行隩,土氣辛螫,嘉穀不植,草萊焦枯,而涇水長流,溉其維首。"《容齋隨筆》中有1例:

地火者,蓋苗根及心,孽蟲生之,莖幹焦槁,如火烈烈,正古之所謂蟊賊也。(《風災霜旱》,915頁)

"焦槁"比"焦枯"出現得早,但在歷史文獻中"焦枯"的用例遠多於"焦槁",且現代漢語中祇見"焦枯","焦槁"消失了。主要是因爲"槁"在現代漢語中使用較少,其構詞較爲固定,如"枯槁""槁木"等,而"枯"則靈活許多,構詞豐富。故"焦枯"也能沿用至今。

【塘濼】池塘、湖泊。《容齋隨筆》中見1例:

瀛、莫二州之境,塘濼之上有禽二種。(《瀛莫間二禽》,855頁)

"塘"指水池。《廣雅·釋地》:"塘,池也。""濼"同"泊",指湖泊。《玉篇·水部》:"濼,陂濼也。"《正字通·水部》:"濼,俗作泊。"《資治通鑑·太宗貞觀十五年》:"會李世勣引唐兵至,塵埃漲天,大度設懼,將其衆自赤柯濼北走。"

"塘濼"指池塘、湖泊。初見於南北朝,如《水經注·滱水》:"自咸平中,何承矩興塘濼以限契丹戎馬之足,於是始引水歸北,而文安之瀆遂空。"宋范祖禹《乞罷河役狀》:"若其棄好背盟,何路不可入寇,豈塘濼所能捍禦,朝廷亦何嘗恃此以爲險固。"《宋史·河渠志》:"尚書省言:'大河東流,爲中國之要險,自大吳決後,由界河入海,不惟淤壞塘濼,兼濁水入界河向去淺澱……'"

【拘澁】拘泥生硬。《容齋隨筆》中見1例:

然字字執泥,又爲拘澁。(《江楓雨菊》,858頁)

"拘"有拘泥;死板義。《漢書·藝文志》:"及拘者爲之,則牽於禁忌,泥於小數,舍人事而任鬼神。""澁"有行文生硬之義,同

"澀",《玉篇·水部》:"澁,同澀。"唐杜荀鶴《題江山寺》:"爲詩多語澁,喜此得終篇。"

"拘澁"指拘泥生硬。初見於宋代,如黄震《黄氏日鈔·雜文》:"近世爲記者,僅述歲月工費,拘澁不成文理。"明丁自申《事賢堂記》:"於道誠隆,於體誠降,於節文誠拘澁。"

【附習】依附。《容齋隨筆》中見 1 例:

後閱《華陽集》,王珪撰《高瓊神道碑》云:"……又使士卒預識其威名,緩急臨戎,上下得以附習,此軍制之大要也……"(《三衙軍制》,865 頁)

"附"有歸附、依附義。《廣雅·釋詁四》:"附,依也。"《尚書·武成》:"天休震動,用附我大邑周。""習"有親近義。《韓非子·孤憤》:"凡當塗者之於人主也,希不信愛也,又且習故。"

"附習"指依附。其爲偏義復詞,初見於宋代,如王珪《華陽集》此語。清儲大文《存硯樓文集·原勢上》:"乃始調土兵、邊兵、狼兵、苗兵,設經略督理,撫治人地,兵將不相附習。"民國李楁《杭州府志·學校一》卷一四:"四方之士,咸附習焉。"

【鼓譟】喧嚷;起哄。《容齋隨筆》中見 1 例:

三年,婁宿孛堇自絳移屯蒲、解,諜知之,設伏於諸谷,鼓噪橫突,俘馘十八,婁宿僅以身免。(《李彥仙守陝》,897 頁)

"鼓"指敲擊。《詩·小雅·鼓鐘》:"鼓鐘欽欽,鼓瑟鼓琴。""譟"有動義。《廣雅·號韻》:"譟,動也。"《文子·九守》:"七月而成形,八月而動,九月而譟,十月而生。"

"鼓譟"指喧嚷;起哄。初見於南北朝,如《宋書·自序》:"便鼓譟而出,賊伏兵齊發,赤特軍果敗,弃軍奔北岸。"《冊府元龜·謀略》:"越爲左右勾卒,使夜或左或右,鼓譟而進。"清段汝霖《火攻苗寨》:"令爲前官兵,鼓譟踵其後,以助威勢。"

【翾羽】輕扇翅膀,指低飛,借指小鳥。《容齋隨筆》中見 1 例:

殆如飛龍搏鵬,騫翔扶搖於烟霄九萬里之外,不可搏詰,豈區區巢林翾羽者所能窺探其涯涘哉!(《東坡不隨人後》,912 頁)

"翾"指輕輕地飛。《說文·羽部》:"翾,小飛也。"《楚辭·九歌·東君》:"翾飛兮翠曾,展詩兮會舞。""羽"本指鳥翅上長而扁的毛。《說文·羽部》:"羽,鳥長毛也。"後引申指鳥的翅膀。《廣韻·遇韻》:"羽,鳥翅也。"《詩·邶風·綠衣》:"燕燕於飛,差池其羽。"

"翾羽"指輕扇翅膀,低空飛行。《容齋隨筆》中借指小鳥。初見於南朝梁劉孝威《望栖鳥》:"豈意翩翾羽,遂免更羸危。"唐歐陽詢《西林寺碑》:"法師運載羣品,舟梁大法,翾羽蠢族,咸知締向……"清劉維禎《燕》:"猶喜相逢舊相識,年年翾羽上君堂。"

【衰領】憔悴。《容齋隨筆》中見1例:

"我今四十六,衰領卧江城。"(《白蘇詩紀年歲》,918頁)

"衰"有衰老義。《論語·述而》:"甚矣吾衰也!久矣吾不復夢見周公。""領"指憔悴。《說文·頁部》:"領,顐領也。"漢桓寬《鹽鐵論·鹽鐵取下》:"妻子好合子孫保之不知老母之顐領、匹婦之悲恨也。"

"衰領"指憔悴。初見於唐,如白居易《題舊寫真圖》:"我今四十六,衰領在江城。"宋樓鑰《聚奎堂碑》:"諸臣衰領無庸,方期謝事,跂望斯堂,無由一拜……"清徐元文《遊惠山泉亭》:"我顏久衰領,世路方嶮艱。"

【懶傲】懈怠傲慢。《容齋隨筆》中見1例:

士大夫得交朋書問,有懶傲不肯即答者。(《畏人索報書》,931頁)

"懶"指懶惰、懈怠,《說文·女部》:"嬾,懈也,怠也。"段注:"俗作懶。"

"懶傲"指懈怠傲慢。其用例甚少,初見於漢代,嚴子陵《和懷古》:"子陵默有悟,懶傲兩非屑。"明熊廷弼《請處分以重封疆疏》:"向來文驕恣,而武貪懦,下懶傲,而上縱徇……"

【瞳曨】朦朧。《容齋隨筆》中見1例:

王禹玉云:"紫閣瞳曨隱曉霞,瑤墀九御薦菖華。"(《端午貼子

詞》,941頁)

"瞳"有懵懂無知義。《集韻·絳韻》:"瞳,未有知兒。"《後漢書·張衡傳》:"渾元初基,靈曜未紀,吉凶分僭,人用瞳矇。""矇"指模糊不清。宋陸遊《新寒小醉睡起日已高戲作》:"倦眼矇矓睡易成,華胥稅駕不多程。"

"瞳矓"指朦朧。初見於唐朝,如韓愈《謁衡嶽廟遂宿嶽寺題門樓詩》:"夜投佛寺上高閣,星月掩映雲瞳矓。"元顧瑛《題子昂畫楚江春曉》:"東方旭日出瞳矓,照見巴江曲似弓。"清曹貞吉《晨興》:"虛堂睡到日瞳矓,覓得清凉五月中。"

【崇熾】盛行。《容齋隨筆》中見1例:

皇朝景德,方脫契丹之擾,而明年祥符,神仙宮觀之役崇熾,海内虛耗。(《丙午丁未》,952頁)

"崇"有興盛義。《國語·楚語下》:"吾聞君子,唯獨居思念前世之崇替。""熾"有旺盛義。《說文·火部》:"熾,盛也。"《詩·小雅·菁菁者莪》:"獫狁孔熾,我是用急。"

"崇熾"指盛行。初見於《容齋隨筆》,後代用例較少,如明方孝孺《餘慶堂記》:"當時之煇赫崇熾者,今多不復存。"明唐錦《沈孺人唐氏墓志銘》:"時中丞府君門閥崇熾,家人頗奢逸。"

上文所釋詞語,有的來自洪邁的叙述語言,有的來自他的作品,還有的來自洪邁引用的前人作品,而《漢語大詞典》未加收錄,對這些詞語進行考釋,既有利於大型辭書的修訂,還能促進漢語詞彙的研究。

《賓退録》在語詞訓詁方面的價值

吉林財經大學新聞與傳播學院　朱春雨

内容提要：《賓退録》中有相當多的語詞訓詁材料，主要包括訓釋通語詞義，記載方言語詞，俗語溯源及記載語詞的俗稱和別稱等方面。這些材料對漢語史研究，特別是漢語詞彙學研究具有重要價值。

關鍵詞：賓退録　語詞訓詁　價值

《賓退録》中有相當多的語言研究的材料。作者趙與旹在文字、音韵、詞彙等方面有廣泛的研究和獨到的見解，這些寶貴的材料對漢語史研究具有重要價值。其中，語詞訓詁在《賓退録》中所占的比例尤其大（約爲全部語言研究材料的四分之三），在訓釋通語詞義，記載方言語詞，俗語溯源及記載語詞的俗稱和別稱等方面具有重要價值。

一　訓釋通語詞義

趙氏注重考釋詞義，釐清詞義的發展變化，對漢語詞彙學研究具有重要意義。

（1）"兒"作婦女自稱之詞

古樂府《木蘭詞》文字奇古，然其間有云："歸來見天子，天子坐明堂。策勛十二轉，賜物百千强。可汗問所欲，木蘭不願尚書郎。願馳明駝千里足，送兒還故鄉。"按：木蘭詐作男子，代父征行，逮歸家易服，火伴方知其爲女。當其見天子之時，尚稱男子，而

曰"送兒歸故鄉",何哉?兒者,婦人之稱也。(卷一)

趙與旹指出,"兒"可以作爲婦女自稱之詞。據鮑延毅考證,趙與旹是較早注意到"兒"有此種用法之人。其實"兒"的這種用法在唐宋時期並不少見,如唐鄭棨《開天傳信記》:"又有婦人投狀爭貓兒,狀云:若是兒貓,即是兒貓;若不是兒貓,即不是兒貓。"句中一、三句中的"兒"指貓的性別"雄"或"牡";二、四句中的"兒",便是這位婦女的自稱,相當於"我的"。《月令·廣義》:"歸來恐被兒夫怪,願賜金杯作證盟。"其中"兒夫"義爲"我的夫婿"。元代以後"兒"的這種用法才不多見。現在很多文學作品選對"送兒還故鄉"的"兒"都不加注釋,唯有朱東潤主編的《中國歷代文學作品選》注云:"兒,木蘭自稱。"似應注明爲婦女自稱之詞更好。[1]

(2)"十三月"是正月

《後漢·陳寵傳》云:"十三月,陽氣已至,天地已交,萬物皆出,蟄蟲始振。人以爲正,夏以爲春。"又《隋書·牛弘傳》云:"今十一月不以黃鐘爲宮,十三月不以太蔟爲宮,便是春木不王,夏土不相。"則知正月亦可稱十三月。魯氏自備但記陳寵一事云。(卷四)

"十三月"即正月。《詩·豳風·七月》"一之日觱發",唐孔穎達疏:"《春秋元命包》曰:'周人以十一月爲正,殷人以十二月爲正,夏人以十三月爲正。'"宋洪邁《容齋續筆·三易之名》:"夏以十三月爲正,……所謂十三月者,承十二月而言,即正月耳。"

(3)新詞"舅父"

《史記·齊世家》云:"齊王與舅父駟鈞,陰謀發兵。"索隱云:"舅父謂舅,猶姨稱姨母。"舅父二字甚新,人少用者。(卷八)

"舅父"指母之兄弟,即舅舅,可簡稱舅,如《爾雅》:"母之晜弟曰舅。"後來,妻之兄弟也可稱舅,如《戰國策·楚策四》:"李園不治國,王之舅也。"(李園妹爲楚考烈王后)這是一種從兒稱的使用

---

[1] 鮑延毅.説"兒"[J].學術研究,1984(5).

方法，也體現了這兩種親屬間存在的心理共性。因此稱母之兄弟時通常加上輩分和性別標誌"父"，使之與妻之兄弟區別，如上文所引《史記》。這種用法至少延續到20世紀30年代。① 現代漢語親屬稱謂詞更加嚴密、準確、通俗，舅一般均指母之兄弟，不會與妻之兄弟相混淆，故不再稱舅父，簡稱舅舅或舅，更加簡潔和口語化。

(4)"跪""坐"有別

古人之坐者，兩膝著地，因反其蹠而坐於其上，正如今之朝跪者；……皆因跪而益致其恭也。故《儀禮》曰"坐取爵"，曰"坐奠爵"，《禮記》曰"坐而遷之"，曰"一坐再至"，曰"武坐輊右軒左"，《老子》曰"坐進此道"之類，凡言坐者，皆謂跪也。……然《記》又云："授立不跪，授坐不立。"《莊子》又云："跪坐而進之。"則跪與坐又似有小異處。疑跪有危義，故兩膝著地，伸腰及股，而勢危者爲跪。兩膝著地，以尻著蹠，而稍安者爲坐也。又《詩》云"不遑啓居"，而《傳》以啓爲跪。《爾雅》以妥爲安，而《疏》以爲安定之坐。夫以啓對居，而訓啓爲跪，則居之爲坐可見。以妥爲安定之坐，則跪之爲危坐亦可知。蓋兩事相似，但一危一安，爲小不同耳。(卷七)

趙氏認爲，跪與坐渾言則同，析言有別。古人雙膝跪地，把臀部靠在脚後跟上叫"坐"。《說文·土部》："坐，止也。"《釋名·釋姿容》："坐，挫也，骨節挫詘也。"跪指兩膝著地，腰和股都伸直。《說文·足部》："跪，拜也。"段注："《手部》曰：'捧，首至手也。'按跪與拜二事，不當一之。疑當云所以拜也，後人不達此書所以字，往往刪之。"《釋名·釋姿容》："跪，危也，兩膝隱地，體危陧也。"古者謂跪爲坐，但是坐不能稱爲跪，《禮記·曲禮》："坐而遷之。"孔穎達疏："坐通名跪，跪名不通坐也。"段玉裁在注"居"字時指出："古人有坐、有跪、有蹲、有箕踞，跪與坐皆膝著於席，而跪聳其體，

---

① 馮漢驥著，徐志誠譯.中國親屬稱謂指南[M].上海：上海文藝出版社，1989：110.

坐下其脾。"

可見，古人"坐"似"跪"，二者渾言則同，有時跪可以稱爲坐，析言有別，坐有安義，跪有危義："跪有危義，故兩膝著地，伸腰及股，而勢危者爲跪。兩膝著地，以尻著蹠，而稍安者爲坐也。"

二 記載方言語詞

《賓退錄》中記載了一些方言語詞，這些內容對方言研究具有重要價值。

（1）外祖父母稱"家公""家母"

顏之推《家訓》云："昔侯霸之子孫，稱其祖父曰家公；陳思王稱其父曰家父，母爲家母；潘尼稱其祖曰家祖。古人之所行，今人之所笑也。今南北風俗，言其祖及二親，無云家者；田里猥人，方有此言。"之推北齊人，逮今幾七百年，稱家祖者復紛紛皆是，名家望族，亦所不免。家父之稱，俗輩多有之，但家公、家母之名少耳。山簡謂"年幾三十，不爲家公所知"，蓋指其父，非祖也。（卷四）

據趙氏考證，南北朝田里猥人稱呼雙親的"家公""家母"，宋代已很少見。

家父、家母，方言詞，指外祖父母，《顏氏家訓·風操》："河北士人，皆呼外祖父母爲家公家母，江南田里間亦言之。"①

家父、家母的這一意義現代漢語方言有所保留。西南官話中的湖北巴東方言，仍稱外祖母爲家母。② 家公的用法則更爲普遍，稱外祖父爲家公的方言區域不僅數量多，而且分布廣泛。如，江淮官話中的湖北廣濟、麻城、浠水，安徽安慶、巢縣、含山、和縣、無爲等地，西南官話中的四川成都、自貢、重慶，湖北武漢，陝西石泉，貴州沿河，雲南永善等地，吳語中的江蘇溧水，贛語中的安徽太湖，湘語中的湖南吉首等地，現在仍然保留著這一用法。不僅如此，家公

---

① 許寶華，（日）宮田一郎.漢語方言大詞典[Z].北京：中華書局，1999：5162.
② 同上：5152.

的意義在現代漢語方言中還有所發展、擴大：西南官話中的四川重慶、卭崍，閩語中的福建松溪城關等地，家公還可以指祖父；西南官話中的廣西宜山，贛語中的江西新余，粵語中的廣州廣東、陽江、恩平、順德、東莞、開平，閩語中的廣東海康等地，家公又可以指公公，即丈夫的父親。①

（2）魚類菜肴稱"魚菜"，鱂魚稱"白小"

《靖州圖經》載，其俗居喪不食酒肉鹽酪，而以魚爲蔬。今湖北多然，謂之魚菜，不特靖也。老杜《白小》詩云："白小群分命，天然二寸魚。細微沾水族，風俗當園蔬。"正指此。蓋老杜嘗往來荆楚，而此詩則嘉興魯氏定爲夔門所作，夔亦與湖北相鄰故也。注杜詩者皆不及此。《韻語陽秋》云："言白小與菜無异，豈復有厚味哉？"非其指矣。（卷二）

趙氏此條記載了"魚菜"和"白小"兩個方言詞。

"魚菜"，湖北等地方言，指魚類菜肴。《南齊書·海陵王昭文紀》："（帝）思食蒸魚菜，太官令答無錄公命，竟不與。"宋范成大《四時田園雜興》詩之二三："海雨江風浪作堆，時新魚菜逐春回。"

"白小"，西南官話，指鱂魚。《漢語方言大詞典》："白小，西南官話，四川雲陽，特指鱂魚，因其體形特長，故名。1934年《雲陽縣志》：'鱂曰白小。鱂音迢。又先了切，音小，故呼爲白小。陸遊詩："庭厨供白小。"'"②

"鱂魚"又稱"白鱀"。《詩·周頌·潛》："有鱣有鮪，鰷鱨鰋鯉。"鄭玄箋："鰷，白鱀也。"明李時珍《本草綱目·鱗三·鰷魚》："鰷生江湖中小魚也。長僅數寸，形狹而扁，狀如柳葉，鱗細而整，潔白可愛，性好羣游。"方言中之所以稱"白鱀"爲"白小"，是因爲這兩個詞語在語音上非常相近。《集韻》："小，私兆切。"《集韻》："鱀，先了切，音小。""鱀，魚名。或從了。"《雲陽縣志》："鱀曰白

---

① 許寶華，（日）宫田一郎.漢語方言大詞典[Z].北京：中華書局，1999：5152.
② 同上：1383.

小。鰷音迢。又先了切,音小,故呼爲白小。"

（3）數目衆多爲"無萬數"

諺謂物多爲無萬數,《漢書·成帝紀》語。（卷三）

俗語"無萬數"出自《漢書·成帝紀》："六月,有青蠅無萬數集未央宮殿中朝者坐。",形容數目衆多,多得不可數。

"無萬數"現代漢語方言仍有使用,多見於浙江寧波、鎮海、蕭山等地。清光緒五年《鎮海縣志》："諺謂物多爲無萬數,……吾四明諺語,至今稱多曰無萬數。"1935年《蕭山縣志稿》："多至不可數者曰無萬。"①

（4）不戴帽子叫"科頭"

俗謂不冠者曰科頭。科頭二字,出《史記·張儀傳》。注謂："不著兜鍪入敵。"（卷八）

"科頭"語出《史記·張儀傳》："秦帶甲百餘萬,車千乘,騎萬匹,虎賁之士跿跔科頭貫頤奮戟者,至不可勝計。"②,裴駰集解："科頭,謂不著兜鍪入敵。"③,指不戴帽子,光著頭。

"科"有"空"義,《周易·説卦》："其於木也,爲科,上槁。"孔穎達疏："科,空也。陰在內爲空。木既空中者,上必枯槁也。"④《廣雅·釋詁三》："科,空也。"⑤由此引申,"科"可以表示去掉外在的、附屬的、冗餘的東西,含有"除去""脱去""使……空""使……裸露"等意思。如《宋書·禮志五》："車無蓋者曰科車。""科頭"謂使頭空,裸露頭髻,不戴冠帽。⑥

"科頭"主要見於江淮官話中的湖北浠水方言和西南官話中的雲南昭通方言。《資治通鑑·獻帝建安元年》："布將河內郝萌

---

① 許寶華,（日）宮田一郎.漢語方言大詞典[Z].北京：中華書局,1999：561.
② 此例又見於《戰國策·韓策一》,宋代鮑彪注："科頭,不著兜鍪。"
③ 兜鍪指古代戰士戴的頭盔,秦漢以前稱冑,後叫兜鍪。
④ ［清］阮元.十三經注疏[M].北京：中華書局,1980：95.
⑤ ［清］王念孫.廣雅疏證[M].南京：江蘇古籍出版社,1984：98.
⑥ 陳敏.宋人筆記與漢語詞彙學[D].杭州：浙江大學,2007：151.

夜攻布,布科頭袒衣。"元胡三省注:"科頭,不冠露髻也。今江東人猶謂露髻爲科頭。"姜亮夫《昭通方言疏證·釋人》:"科頭,《通鑑·漢紀·獻帝》注:'今江東人猶謂露髻爲科頭。'露髻則不加冠也,故昭人以去冠爲科頭,聲轉爲光頭,聲衍則爲光光頭,光郎頭。"①

（5）身體不適曰"不快"

謂有疾曰不快,陳壽作《華陀傳》已然。（卷九）

"不快"語出《後漢書·華陀傳》:"體有不快,起作一禽之戲,怡而汗出。",指"不適、有病"。

"不快"爲方言詞,洪惠疇《明代以前之中國方言考略》:"秦漢時稱人之有病曰不快。"元關漢卿《拜月亭》第二折:"是你女婿不快哩。"現代吳語地區仍有這種用法,如江蘇吳江,上海寶山、松江、青浦,浙江杭州等地。1927年《吳江縣志》:"人有病曰不快。"②

（6）"索妻"指娶妻

俚俗謂娶妻爲索妻,亦有所本。《三國志·呂布傳》云:"袁術欲結布爲援,乃爲子索布女。"《關羽傳》云:"孫權遣使,爲子索羽女。"又《隋書·太子勇傳》載獨孤后曰:"爲伊索得元家女。"（卷九）

"索妻"指娶妻,方言詞。洪惠疇《明代以前之中國方言考略》:"秦漢時稱人娶妻爲索妻。"近代晉語也有這種用法,如山西話。清嘉慶十六年《山西通志》:"娶妻曰索妻。"③"索"在方言裏可以單獨表示"娶妻",④如文中所舉《三國志》和《隋書》中的例子,所以"索妻"也可以稱爲"索婦",如中原官話,山西永濟方言,1920年《虞向縣新志》:"娶妻曰索婦。"⑤

---

① 許寶華,（日）宮田一郎.漢語方言大詞典[Z].北京:中華書局,1999:4207.
② 同上:611.
③ 同上:4631.
④⑤ 同上:4630.

三 俗語溯源

關於俗語的定義和範圍，從古至今尚無一致的看法。近年來，有人將俗語劃分爲廣義和狹義兩種。"廣義的俗語稱作'熟語'，包括成語、典故、俗語、諺語、格言、慣用語、名言、警句、俚語等；把狹義的俗語仍叫作'俗語'，它與諺語、歇後語、慣用語、成語等並列，是一種獨立的語類。"[①]本文所涉及的俗語，指的是廣義上的俗語，即熟語，包括成語、諺語和慣用語等。《賓退錄》記載了大量的俗語，趙氏還對這些俗語的最早出處進行了考證，翔實可靠。

（1）得隴望蜀

岑彭引兵從光武破天水，……敕彭書曰："兩城若下，便可將兵南擊蜀虜。人苦不知足，既平隴，復望蜀。"世言"得隴望蜀"本此。又司馬懿爲曹操主簿，……操曰："人苦無足，既得隴右，復欲得蜀。"言竟不從。蓋用前語也。（卷二）

趙與峕首先指出"得隴望蜀"語出《東觀漢記·隗囂傳》："人苦不知足，既平隴，復望蜀。"，進一步說明曹操"人苦無足，既得隴右，復欲得蜀"，是化用自《東觀漢記》。

（2）軟槃

沈存中《筆談》載，石曼卿居蔡河下曲，鄰有豪家，曼卿訪之，延曼卿飲。羣妓十餘人，各執肴果樂器，一妓酌酒以進。酒罷樂作，羣妓執果肴者萃立其前，食罷則分列其左右。京師人謂之"軟槃"。余按：江南李氏宰相孫晟，每食不設几案，使衆妓各執一器，環立而侍，號"肉臺盤"。時人多效之。事見《五代史記·死事傳》及馬令《南唐書·義兒傳》。"軟槃"蓋始于此。（卷二）

據趙與峕考證，"軟槃"又名"肉臺盤"，最早見於《五代史記·死事傳》及馬令《南唐書·義兒傳》，指宴客不設几案，令妓手執以進。因人的身體相對於几案是軟的，故得名，反映了當時官居極品

---

① 徐宗才.俗語[M].北京：商務印書館，1999：9.

之人，窮奢極侈的生活狀況。

（3）分疏

世俗謂自辨解曰分疏。顏師古注《爰盎傳》"不以親爲解"曰："解者，若今言分疏。"又《北齊書·祖珽傳》："高元海奏珽不合作領軍，并與廣寧王交結。珽亦見，帝令引入，珽自分疏。"則北朝暨唐已有是言矣。（卷三）

"分疏"語出顏師古注《爰盎傳》，指自辯解。除趙與旹所舉《爰盎傳》和《祖珽傳》之外，"分疏"在其他文獻中亦多有用例。如：唐張鷟《遊仙窟》："娘子莫分疏。"《朱子語類·易二》："信也得，不信也得，無許多氣力分疏。"明陶宗儀《南村輟耕錄》："人之自辯白其事之是否者，俗曰分疏。"魯迅《墳·說鬍鬚》："然而接著就招了改革家的反感，這也是應該的。我于是又分疏，一回，兩回，以至許多回。"

（4）客土

漢成帝詔言："昌陵作治五年，客土疏惡，終不可成。"服虔注曰："取他處土以增高，爲客土。"乃知客土二字，其來甚古。《唐書·方伎·杜生傳》亦有"客土無氣"之語，蓋又近世云。（卷三）

"客土"語出《漢書·成帝紀》。"客土無氣"語出《唐書·方伎·杜生傳》："客土無氣，與地脉不連，譬身瘡痏補它肉，無益也。""客土"指外來的泥土，與本地地脉不連，沒有營養。

（5）絕倒

晉琅邪王澄，有高名，少所推服，每聞衛玠言，輒嘆息絕倒。時人語曰："衛玠談道，平子絕倒。"今流俗謂大笑爲"絕倒"，非也。（卷四）

"絕倒"語出《世說新語》卷下："王平子……少所推服，每聞衛玠言，輒嘆息絕倒。"劉孝標注曰："琅邪王平子，高氣不群，邁世獨傲，每聞玠之語議至於理會之間，要妙之際，輒絕倒於坐前，後三聞爲之三倒，時人遂曰，衛君談道，平子三倒。"趙與旹認爲流俗所傳"絕倒"爲"大笑"義有誤，此處的"絕倒"應指突然倒下。

晋代時,"絶倒"還是雜技的一種,《列子·説符》"又有蘭子又能燕戲者",晋張湛注:"如今之絶倒投狹者。"《南齊書·樂志》:"罷紫鹿、跂行、鼈食、笮鼠、齊王卷衣、絶倒、五案等伎。"蓋也是突然倒下一類的技能。

因"平子絶倒"這一故事的廣爲流傳,後"絶倒"引申有"折服""佩服之極"等意義,如唐戎昱《聽杜山人彈胡笳》詩:"杜陵先生證此道,沈家祝家皆絶倒。"《西湖佳話·葛嶺仙迹》:"滿座賓客見之,無不絶倒,遂傳播其仙家幻術之妙。"現代漢語亦有此種説法,如楊朔《我的改造》:"我能聽懂工人的每一句話,我爲他們的富有形象色彩的語言所絶倒。"

宋代以後,"絶倒"還有另一意義,即因大笑不能自持而前仰後合,如宋蘇軾《游博羅香積寺詩》:"詩成捧腹便絶倒,書生説食真膏肓。"清蒲松齡《聊齋志异·狐諧》:"(狐)曰:'龍王下詔求直諫,鼈也得言,龜也得言。'四座無不絶倒。"

趙與旹從"絶倒"這一詞的本義及較早用例出發,指出流行的用法有誤,這是應該肯定的。張永言把這種現象稱爲"民間詞源"或"俗詞源學",指解釋詞的内部形式時,所根據的不是科學的詞源學,而是錯誤的聯想,把一個詞跟另一個不相干的詞扯到一塊兒,結果是歪曲了這個詞原來的内部形式和語音。[①] 像七月流火、哀而不傷等詞就屬於這種情況,汪維輝也認爲:"漢語的歷史非常悠遠,一些口耳相傳的詞語在流傳過程中,……主觀的猜測這些詞的來源,並且將這些詞在意義上進行重新分析,導致以訛傳訛。"[②] 趙與旹雖然没有明確爲這種現象命名,但在南宋時期他就已經注意到了這一現象,這是十分可貴的,對我們今天的詞彙研究仍具有啓發意義。

---

① 張永言.詞彙學簡論[M].武漢:華中工學院出版社,1982:31-32.
② 汪維輝,顧軍.論詞的"誤解誤用義"[J].語言研究,2012(3).

（6）洗脚上船

俗諺"洗脚上船"語，見《三國志·吕蒙傳》注引《吴録》曰："孫權欲作濡須塢，諸將皆曰：'上岸擊賊，洗足上船，何用塢爲？'蒙曰：'兵有利鈍，戰無百勝。如有邂逅，敵步騎蹙人，不暇及水，其得入船乎？'權曰：'善。'遂作之。"（卷五）

"洗脚上船"原作"洗足上船"，語出《三國志·吕蒙傳》，指居於水濱，舟行極便。"脚"和"足"在歷時上存在著替换關係，這一過程頗爲複雜，但至遲到魏晉南北朝時，"脚"指稱人體及動物下肢的用法，就已經能够取代相應的文言詞"足"了。① 所以"洗脚上船"以俗諺的形式流傳下來，而很少説"洗足上船"。除《賓退録》外，語言通俗、多用白話的《古尊宿語録》也用到了這一俗語："古人鈎頭著餌，意在得魚。如今洗脚上船，能有幾個。"雖然"洗脚上船"在後世文獻中的用例很少，但是通過趙與峕和《古尊宿語録》的記載，我們能够瞭解，至少到宋代，這個俗諺在民間語言中還有著鮮活的生命力。

（7）不耐煩

不耐煩，《宋書》庾登之弟仲文傳有此語。（卷七）

"不耐煩"語出《宋書·庾炳之傳》："炳之爲人强急而不耐煩，賓客干訴非理者，忿詈形于辭色。"，指"厭煩，不能忍耐"。

"不耐煩"爲現代漢語常用詞。通過趙與峕的記載、考證可知，"不耐煩"一詞早在《宋書》時代就已經産生並有此種用法了。《漢語大詞典》該義項的首證爲元關漢卿《緋衣夢》，晚於《宋書》。

（8）籠燭

俗間謂籠燭爲照道，此二字出《儀禮》注。（卷九）

"籠燭"語出《儀禮》卷二："二乘執燭前馬。"鄭玄注："執燭前馬，使徒役持炬火居前照道。""籠燭"的目的是照亮道路，所以俗間直接稱籠燭爲"照道"。

---

① 汪維輝.東漢—隋常用詞演變研究[M].南京：南京大學出版社，2000：57.

四　記載俗稱和別稱

《賓退錄》記載了很多稱謂詞特別是職官類稱謂詞的俗稱和別稱,這些俗稱和別稱大多僅見於《賓退錄》中,這就爲漢語史以及職官史研究提供了寶貴的資料。

(1) 篚、倅

三司副使曰篚,通判曰倅。(卷一)

三司副使別稱篚,通判別稱倅。

"篚""倅"皆有副、附屬義,所以用來簡稱三司副使和通判。《左傳·昭公十一年》:"僖子使助薳氏之篚。"杜預注:"篚,副倅也。薳氏之女爲僖子副妾。"《逸周書·糴匡》:"君親巡方,卿參告糴,餘子倅運。"孔晁注:"倅,副也。"

(2) 中書、中書侍郎、丞郎

中書侍郎舊稱中書,今轉爲中書舍人之稱。近歲有以六部侍郎兼中書舍人者,遂直呼中書侍郎,尤非是。官制:前左右丞、六部侍郎,通謂之丞郎。(卷一)

中書舍人俗稱中書,六部侍郎兼中書舍人俗稱中書侍郎,前左右丞、六部侍郎通稱爲丞郎。

這一組俗稱,都是取官職全稱中有代表性的兩個字,屬於簡縮詞,既簡便又明確。

(3) 冷撰、熱撰

集賢殿修撰,舊多以館閣久次者爲之。有自常僚超授要仕,未至從官者,亦除修撰,時人遂有冷撰、熱撰之目。近世士夫,以集英爲熱撰,右文、秘閣爲冷撰,非也。右文即集賢,政和五年改。(卷二)

集英殿修撰俗稱熱撰,集賢殿修撰和秘閣修撰俗稱冷撰。

《夢溪筆談》卷二三:"舊日官爲中允者極少,唯老於幕官者,累資方至。故爲之者多潦倒之人。近歲州縣官進用者,多除中允,遂有冷中允、熱中允。又集賢殿修撰,舊多以館閣久次者爲之,近歲有自常官超授要任，未至從官者多除修撰。亦有冷撰，熱撰。時人謂'熱中允不博冷修撰'。"中允即太子中允，是太子東宮官署。過去除授太子中允這一官職的人極少，祇有久爲幕僚而不得提拔、積累了較高資歷的人才以這一官職安置，而這些人都是窮困潦倒不得志之人，這時稱"中允"爲"冷中允"。後來州縣官升職任用時多授予"中允"，這時就稱其爲"熱中允"。"冷"指不被人在意，"熱"指被人在意。後來"冷熱"這一說法又可以形容修撰這一官職。"冷修撰""熱修撰"分別指"冷撰""熱撰"，這一稱呼很好地概括了"修撰"這一官職在不同時期、不同部門的不同地位：集賢殿修撰，過去多授予久任官職而待次需要提拔之人（即"冷修撰"，俗稱"冷撰"），後多授予自常調官越級提拔擔任要職而又未達到侍從官資格的人（即"熱修撰"，俗稱"熱撰"）；"修撰"這一官職不僅在不同時期"冷熱"程度不同，後世大夫認爲這種差異還表現在不同部門間，集英殿修撰俗稱熱撰，集賢殿修撰和秘閣修撰俗稱冷撰。

形容某一門職業或專業是否有人在意、是否時興，我們現在常用到兩個詞："冷門"和"熱門"，這和"冷撰""熱撰"的用法類似。可見，"冷熱"比喻是否被人在意、是否時興的用法，至遲在宋代就產生了。

（4）夕郎

按《登科記》，大觀三年榜中毛安節者，蓋其父。然次年詔改宏詞爲詞學兼茂，終徽宗、欽宗兩朝，取詞科爲夕郎者，皆無毛姓，必陷虜後事也。（卷二）①

夕郎，給事中之別名。②

"夕郎"本是"黃門侍郎"的別稱，漢時，黃門郎可加官給事中，因亦稱給事中爲夕郎。漢應劭《漢官儀》卷上："黃門侍郎，每日

---

① 爲夕郎，本作"爲郎"，據宋本、存恕堂本及四庫本等改。
② 龔延明.宋代職官簡稱別名匯釋選[J].杭州大學學報，1987（3）.

暮,向青瑣門拜,謂之夕郎。"宋高承《事物紀原·三省綱轄·夕拜》:"漢給事中故事,每日暮時,入對青瑣門拜,故謂之夕拜,亦爲夕郎。"宋洪邁《容齋四筆·官稱別名》:"唐人好以它名標榜官稱,今漫疏于此,……給事郎爲夕郎、夕拜。"

(5) 大卿、大監、大著、大諫

世俗稱列寺卿曰大卿,諸監曰大監,所以別於少卿、監。……獨晋人謂著作郎爲大著作,《職官志》亦然。今稱著作郎曰大著,確有據依。(卷三)

諫議大夫稱大諫,始於近世,然於古有之。齊桓公使鮑叔牙爲大諫,見《管子》第二十篇。(卷九)

列寺卿俗稱大卿,諸監俗稱大監,秘書省著作郎別稱大著。諫議大夫簡稱大諫。

"大"在此處爲敬詞。《史記·樗里子甘茂列傳》:"大項橐生七歲爲孔子師。"司馬貞索隱:"尊其道德,故云'大項橐'。""大唐""大宋""大皇帝"等中的"大"都是敬詞。"大"的這種用法一直沿用至今,特別是在一些網絡語言中,非常流行"大+地名"的組合,如大上海、大成都等,都是這種用法。可見,網絡語言雖然是新生事物,但其中也有一些成分是可以追溯到古代語言中的,是對古代語言現象的一種凸顯和變形。

《賓退錄》中記載的這些俗稱和別稱在其他史書中很難看到,價值不容忽視。趙與旹對語言學的關注點,更多的是其"俗"的一面,比如名物詞的俗稱、別稱、方言、俗語、諺語等,而這些內容往往是別的學者忽視或不願關注的。趙氏能用如此多的篇幅,對這些內容進行精彩的分析和詳實的考證,實在難能可貴。

談"差點兒(没)VP"句式的缺位問題*
——兼論判别預設與斷言的方法

上海師範大學中文系 史佩信

内容提要：本文用標記理論解釋了"差點兒(没)VP"句式的缺位問題，指出"差點兒(没)VP"句式的預設是"没有(没)VP"，而未加特别説明的預設具有不言而喻的性質，通常是無標記事態，因此句式裏的"(没)VP"就必須是有標記的事態。"差點兒"不能與無標記事態搭配，這樣就形成了"缺位"。本文還論證了判别預設與斷言的方法問題。

關鍵詞：差點兒 預設 有標記 無標記 缺位

一 引 論

語言學大師所開創的研究課題往往具有經久不衰的魅力。半個多世紀前，朱德熙 1959 年在《中國語文》發表了《説"差一點"》一文，"這篇選題獨特、觀察細微的短文引起不小的反響，一直到現在仍是語法學界常談常新的話題。"[①]朱先生的觀點可歸納爲下表：

---

* 本文寫作得到黄衛星同志的幫助，謹表示衷心感謝。
① 江藍生.概念叠加與構式整合——肯定否定不對稱的解釋[J].中國語文，2008(6).

表 1　朱德熙觀點一覽

	肯定形式	否定形式
企望	A 差一點買著了＝沒買著	B 差一點沒買著＝買了
不企望	C 差一點打碎了＝沒打碎	D 差一點沒打碎＝沒打碎
中性	E 上個月我差一點去上海＝沒去	F 上個月我差一點沒去上海＝沒去

在朱先生所揭示的語言現象中，特別引人注目的是其中的 D 式（包括 F 式）：形式上它與 B 式一致，都是否定形式，然而在語義上它卻跟肯定形式 A、C、E 各式基本相同。也就是說，D 式（包括 F 式）中"這個'沒'實際是個羨餘的（redundant）成分"（朱德熙 1980），有沒有它意思區別並不大。那麼，這種不對稱的語言現象是怎麼形成的呢？這個問題引起了諸多語法研究者的興趣。

新世紀後，江藍生（2008）運用概念疊加與構式整合理論，成功解釋了 D 式（包括 F 式）是怎樣產生的問題。文章指出，句式的否定形式實際上分爲兩種類型：一類是原型句、常式，其結構層次是"差點兒+沒 VP"，朱先生的 B 式屬於這一類；另一類是疊合句、異構式，其結構層次是"差點兒沒+VP"，朱先生的 D 式（包括 F 式）屬於這一類。由於原型句在某種場合下存在缺位的現象，這就爲疊合句的出現騰出了空位。而疊合句則是通過概念疊加和構式整合而形成的，"相對於原型句來說，疊合式是一種同形異構式，這種異常的結構式必然帶來異常的語義（語義異指）——否定式與肯定式語義相同。這就是否定式'差點兒沒 VP'跟肯定式'差點兒 VP'不相對稱的原因所在。"①文章還用同一理論，對漢語中一系列肯定否定不對稱現象作了有說服力的解釋。

---

① 江藍生.概念疊加與構式整合——肯定否定不對稱的解釋[J].中國語文，2008(6).

針對漢語中這類肯定否定不對稱語言現象,概念叠加與構式整合理論,確實是目前爲止我們所看到的各種解釋中最新和最有說服力的一種理論。不過也正因爲它新,所以在具體應用過程中,可能在某些細節問題上還需要進一步加以補充和完善。這裏,我們準備就"差點兒沒 VP"叠合句形成過程中的一個問題,即缺位問題,談一點我們的看法。

二 "企望"説的局限

運用概念叠加與構式整合理論來解釋"差點兒沒 VP"叠合句的形成,必然要遇到這麼一些問題:什麼樣類型的否定形式是原型句?什麼樣類型的否定形式是叠合句?爲什麼在後一種類型中發生概念叠加而前一種類型中沒有發生?對這些問題,江先生解釋如下:當"差點兒"用於希望的事情時,肯定式和否定式都可以成立,其中否定形式是原型句,而用於不希望的事情時,祇有肯定式成立,否定式(即原型否定式)不成立,或曰缺位,這就爲叠加否定式的産生騰出了空位。至於爲什麼會有這種缺位,那是因爲受到交際原則和語言邏輯的制約,具體説,當 VP 爲不希望的事情時,從反向計算它離沒有發生有多少距離通常是沒有什麼實際意義的,例如一個人患了輕微感冒,再説"差點兒+沒感冒"(原型句)就毫無意義,缺位現象就是這樣産生的:

表2 缺位現象産生過程

	希望的事情(考上大學)	不希望的事情(摔倒/感冒)
差點兒+VP	否定(沒考上)	否定(沒摔倒/沒感冒)
差點兒+沒 VP	肯定(考上了)	(缺位)

而通過概念叠加和構式整合而形成的叠加否定形式("差點兒沒+VP")則填補了上述空缺出來的位置:

表3 叠加否定形式填補缺位

	希望的事情(考上大學)	不希望的事情(摔倒/感冒)
差點兒没+VP		否定(没摔倒/没感冒)

這裏,江先生特別强調指出,叠加否定式產生的前提條件是原型否定句出現了缺位現象。這一點確實很重要。不過江先生對這種缺位現象成因的解釋,則基本上還是遵循了朱德熙"企望"說的思路。應該說,"企望"說確實可以用來說明很大一部分"差點兒"句式,有相當的解釋力。① 不過也正如朱先生自己以及後續不少研究者所指出的,這種解釋還是有其一定的局限性:

第一,覆蓋面還不夠。誠如朱先生(1980)自己所說,把 VP 劃分爲說話人企望實現的和不企望的兩類,"這是把問題簡單化了。其實有些事情是中性的,就是說,在說話的人看來無所謂企望不企望。"②朱先生舉了一些中性的例子,這裏摘引兩句:

(1) 上個月我差一點没去上海。(没去)
(2) 畢業以後,我差一點没當數學老師。(没當)

---

① 下面是張玲(2008)統計的表格:

肯定形式		否 定 形 式			共 計
			原型式	叠加式	合 計	
A式	32 句	B式	28 句	7 句	35 句	67 句
C式	650 句	D式	2 句	112 句	114 句	74 句
E式	134 句	F式	5 句	30 句	35 句	169 句
總計	816 句				184 句	1 000 句

在總共 1 000 句"差點兒"句式中,"企望說"可以解釋其中的(A式32句+B式原型式 28 句+C式 650 句+D式叠加式 112 句=)822 句,占句子總數八成以上,所以朱先生的"企望"說深入人心也不是没有原因的。而"企望"說有比較高的説服力,是因爲它與標記理論有比較高的關聯度。

② 朱德熙.漢語句法中的歧義現象[J].中國語文,1980(2).

根據朱先生的解釋,這些句子應該屬於江先生所說的叠加否定式,①那麼這裏也應該存在原型否定式的缺位現象。問題是,爲什麼會有這種與"企望"無關的缺位現象的存在?"企望"説没有對此作出解釋。

第二,VP 爲希望的事情不一定没有叠加否定式。如:
(3) 小王平時成績不怎樣,不料這次高考發揮超常,差點兒没考上北大。(差點兒没+考上北大)
(4) 小王拿出彩票一對號碼,嗨,就差了一位數,差點兒没中500萬大獎。(差點兒没+中500萬大獎)

"考上北大""中500萬大獎"應該都是人們希望的事情,但這些句子卻是叠加否定式,去掉句中的"没",不改變基本意思。

第三,VP 爲不希望的事情也不一定就没有原型否定式。就以"摔跤"來説,我們不妨設想這樣一個場景:某個原先癱瘓的病人以頑强的意志練習走路,每天都要摔好幾跤。有一天我們聽到這樣一句話:"今天他好多了,差點兒没摔跤。"這顯然是原型否定式("差點兒+没摔跤")。

根據周一民(2003)觀察,北京話裏的"差點兒没 VP"句式,包括朱先生説的 B(企望)、D(不企望)、F(中性)各式,都有肯定否定兩種意義,即都有原型否定式與叠加否定式。他由此"得出結論:'企望'説並没有準確地解釋語言事實"。②

第四,值得注意的是,不僅否定形式有缺位,肯定形式(差點兒 VP)也同樣有缺位現象的存在。

沈家煊(1987)指出,我們可以説"火車差點兒出軌",卻不能説"火車差點兒快進站了"。③

日本學者渡邊麗玲(1994)觀察到,"差點兒 VP"中的"VP",

---

① 我們認爲,單就這類句子而言,根據預設的不同,可有兩種解釋,詳見後文。
② 周一民.北京話裏的"差點兒没 VP"句式[J].語言教學與研究,2003(6).
③ 沈家煊."差不多"和"差點兒"[J].中國語文,1987(6).

"在說話人的心目中必須是一個比較不一般的、非尋常的事件"①。她認爲下列句子有問題:

(5)？我今天差一點趕上了火車

(6)？早上我差一點帶了書包

董爲光(2001)也注意到,某些"差點兒"句式否定形式不能轉換爲肯定形式②:

(7) 差點兒沒按時吃藥。(＊差點兒按時吃藥)

(8) 差點兒到站沒下車。(＊差點兒到站下車了)

上述種種語言事實,都是"企望"說很難加以解釋的。

三　標記理論的解釋

"現代語言學方法論的重要原則之一是不要祇用反例來推翻現有的理論,而應用更全面的來取代不夠全面的理論。"③面對這些"企望"說難以解釋的種種語言事實,我們需要找到一種更全面更合適的理論。我們認爲,江藍生下述一段話富有啓發性:"不希望的事情、意外的事情没有發生(没VP)是事物的常態,屬於無標記信息,在通常的情况下,不會刺激人們的交際動機,没有必要去説。但由於不希望的事情是人們不喜歡、想要避免的,所以不希望的事情差一點兒發生,是不同尋常的事情,屬有標記信息,會刺激人們的交際欲望。"這裏,江先生已經把"企望"說與標記論作了關聯。我們的想法是,索性就暫且把所謂"企望"或者"希望"放在一邊,直接就用標記論來解釋。直白地說,我們認爲,"差點兒VP"中的"VP"必須是一個有標記的信息,句子才有語用上的價值,才能成立。不然,句子的合格性就是可疑的。

標記論最初用於語音學,後來擴展到語言學其他領域。根據

---

① 渡邊麗玲."差一點"句的邏輯關係和語義結構[J].語言教學與研究,1994(3).
② 董爲光.語言認知心理對"差點兒DJ"結構的影響[J].語言教學與研究,2001(3).
③ 石定栩.漢語的定中關係動-名複合詞[J].中國語文,2003(6).

談"差點兒(沒)VP"句式的缺位問題

標記理論的創始者之一雅柯布森(Jakobson)的看法,標記論還可用來説明社會中各種生活現象。① 認知語言學認爲,根據我們的日常生活中積累的經驗,我們大腦中對周圍的社會環境已經形成了各種認知圖式,或者説形成了理想化的認知模式。我們周圍所發生的事態如果符合大腦中的這種認知模式,這就是一種無標記事態,例如火車從車站出發,在鐵軌上行駛,最後駛入車站停車;一個人晚上睡覺,白天工作或學習,一天吃三頓飯,過馬路走橫道線,乘車到站下車,……這些都是無標記事態,或者説屬於事物的正常狀態;而火車發生追尾或出軌,一個人晚上不睡覺,白天上課時打瞌睡,該吃飯的時候不吃,過馬路不走橫道線,乘車到站沒下車,……這些都是有標記事態,或者説屬於事物的異常狀態。正常狀態或無標記事態,"是大多數的狀態,一般情形下的狀態"②,在人們的認知中屬默認態,是不言而喻的,没有多少信息量;異常狀態或有標記事態,則是人們意料之外的,信息量高,值得交流。而"差點兒VP"句式就要求其中的"VP"必須是有標記的事態(異態)。如果是無標記事態(常態),句子就不合法:

(9)火車差點兒追尾了/＊火車差點兒快到站了

(10)昨晚他差點兒没睡著/＊昨晚他差點兒睡著

(11)上課時他差點兒睡著/＊上課時他差點兒專心聽講

(12)中午他差點兒没吃午飯/＊中午他差點兒吃午飯

(13)過馬路他差點兒没走橫道線/＊過馬路他差點兒走橫道線

(14)他差點兒到站没下車/＊他差點兒到站下車了

就肯定形式"差點兒VP"而言,其中的VP必須是有標記事

---

① 雅柯布森曾指出,標記思想"不僅對語言學,而且對人種學和文化史將很重要"。他在評論馬雅柯夫斯基之死時指出,"對馬雅柯夫斯基而言,生活是一個標記範疇",而他的自殺反是是"無標記的、'輕鬆的'死亡"。見雅柯布森.雅柯布森文集[M].長沙:湖南教育出版社,2001:115,117.

② 沈家煊.不對稱和標記論[M].南昌:江西教育出版社,1999:327.

態,如果是無標記事態句子就不合格;對否定形式"差點兒沒VP"來說,原型句中"沒VP"必須是有標記事態(晚上沒睡著),如果是無標記事態(上課沒睡著)句子同樣不合格。在相同情況下,如果"VP"是有標記的,"沒VP"就是無標記的;反之亦然。所以根據"VP"是否表示有標記的事件,它與"差點兒"搭配就形成如下的格局:

表4 "VP"有無標記與"差點兒"搭配

	VP爲有標記	VP爲無標記
肯定形式:差點兒+VP	甲:上課時差點兒睡著	乙:＊昨晚差點兒睡著(缺位)
否定形式:差點兒+沒VP	丙:＊上課時差點兒+沒睡著(缺位)	丁:昨晚差點兒+沒睡著

這樣就回答了前述"企望"說難以解釋的第四個問題,即肯定形式爲什麼同樣存在缺位現象的問題。

有標記的事態,很多是壞事,是人們不希望的事態,如"跌跤""(火車)出軌"等,但也可能是好事,是人們意外的驚喜,如"中500萬大獎""(平時成績一般的學生)考上北大"等,同時也包括一些中性的事態,如例(1)的"去上海"(如果某人一般不外出),例(2)的"當數學老師"(如果他本來學的不是數學專業);反之,人們不希望的事或者說壞事,大部分是有標記事態,但也有一些人們並不希望的現象因爲經常發生,已經成爲人們大腦中的認知圖式,形成一種認知模式,大家就認爲這是一種正常現象,是無標記事態,例如原先癱瘓的病人康復過程中練習走路會摔跤,中國足球隊會輸給巴西隊,等等。這樣,標記理論就能對"差點兒"的各種用法,包括上述"企望"說難以解釋的種種現象,作出統一的說明:

第一,對說話人無所謂希望不希望的中性事態,人們一般也可以根據日常經驗分出無標記事態(常態)或有標記事態(异態)來。比如對一個通常足不出戶的人來說,"沒去上海"是無標記事態,所以他不會說"我差點兒+沒去上海"(去了),這就造成了原型否定句的缺位,爲疊合否定句"我差點兒沒+去上海"(沒去,即朱德熙先生所說的F式)的產生留出了空位。

第二,VP爲人們所希望的事,也可能出現疊合否定句,因爲這種VP也可能是有標記的异態(如"中500萬大獎"),而"沒VP"倒是無標記的常態,所以一般不說"差點兒+沒中500萬大獎"(注意:這是對絕大多數沒中獎的人而言,而對已經中獎的個別人來說,這裏發生了標記顛倒現象,這句話就可以說了。參見後例句(20)),這樣也就爲疊合否定句的產生騰出了空位。

第三,VP爲不希望的事情也不一定就沒有原型否定式。比如,作爲中國人來說當然不希望中國足球隊輸球,但至少目前來說,"中國足球隊輸給巴西隊"在人們認知圖式中肯定屬於無標記的常態,而"沒輸給巴西隊"倒是有標記的异態,所以說"中國足球隊差點兒+沒輸給巴西隊"(原型句,意思表示那次中國隊踢得不錯,輸得不多)可以成立。

沈家煊指出:"新的標記論要把一個範疇與另一個範疇聯繫起來,建立兩個範疇或多個範疇之間的'關聯模式'。……這種關聯模式又叫'標記顛倒'。"[1]"這種關聯標記模式不僅存在於語言中,也存在於我們所認識的世界中。"[2]確實,"去上海"是無標記的常態還是有標記的异態,這要看對誰而言:對一個平時足不出戶的人來說,"去上海"自然是有標記的异態,可以說"我差點兒去上海",也可說"我差點兒沒+去上海"(疊合句,即朱先生的E式),兩句的意思基本相同,都是"沒去",不會說"我差點兒+沒去上海"("沒去上海"是無標記的常態,原型否定句缺位);但如果某人是

---

[1] 沈家煊.不對稱和標記論[M].南昌:江西教育出版社,1999:26.
[2] 同上:332.

個經常去上海出差的采購員,那麼標記現象就發生了顛倒,他就不會說"我差點兒去上海"("去上海"是無標記的常態),卻可說"我差點兒+沒去上海"("沒去上海"是有標記的異態)。以下各組例句都可以看作這種標記顛倒現象:

(15) a. 今年冬天氣候反常,哈爾濱差點兒沒結冰。(差點兒+沒結冰;結冰了)

　　b. 今年冬天氣候反常,海南島差點兒沒結冰。(差點兒沒+結冰;沒結冰)

(16) a. 小王平時成績優異,這次高考失常,差點兒沒考上北大。(差點兒+沒考上北大;考上了)

　　b. 小王平時成績並不理想,這次高考超常發揮,差點兒沒考上北大。(差點兒沒+考上北大;沒考上)

(17) a. 昨晚我差點兒沒睡著。(差點兒+沒睡著;睡著了)

　　b. 昨晚上夜班我差點兒沒睡著。(差點兒沒+睡著;沒睡著)

(18) a. 小王師大數學系畢業後,差點兒沒當上數學老師。(差點兒+沒當上數學老師;當上了)

　　b. 小王師大中文系畢業後,差點兒沒當上數學老師。(差點兒沒+當上數學老師;沒當上)

(19) a. 中國乒乓球隊差點兒沒戰勝巴西隊。(差點兒+沒戰勝巴西隊;戰勝了)

　　b. 中國足球隊差點兒沒戰勝巴西隊。(差點兒沒+戰勝巴西隊;沒戰勝)

(20) a. 小王拿出彩票一對號碼,嗨,就差了一位數,差點兒沒中500萬大獎。(差點兒沒+中500萬大獎;沒中)

　　b. 小王差點兒沒中500萬大獎,幸好他妻子特意打電話過來叫他買了那張彩票。(差點兒+沒中500萬大獎;中了)

這就是說,判斷否定形式"差點兒沒VP"是原型句還是叠合句,通常主要是看其中"VP"是無標記的常態還是有標記的异態①:"VP"爲無標記的常態(="没 VP"爲有標記的异態),句式就是原型句(差點兒+没 VP);反之,句式就是叠合句(差點兒没+VP)。文煉(2010:112)指出:"理解任何一個句子,必須依靠頭腦裏儲存的知識。這些知識不僅僅是詞庫、語法等語言範圍的東西,而且包括生活中積累的經驗。"②以漢語爲母語的人理解"差點兒没 VP"一般不會産生什麽障礙,就是憑藉這種在日常生活經驗中積累起來的對常態异態的辨識。相反,如果缺少這種辨識,比如有人説"今年冬天氣候反常,郴州差點兒没結冰",因爲許多人並不知道冬天郴州平常是否結冰,那麽他們就難以明白這句話的意思是結冰了還是没有結冰。

四 "差點兒(没)VP"句式的預設

再進一步深入追究一下,爲什麽"差點兒"不能與無標記事件搭配,從而形成這種肯定形式或否定形式的缺位現象呢？這就要從"差點兒 VP"這個句式的預設談起。

我們認爲,"差點兒(没)VP"的預設是"没有(没)VP"。而所謂交際,通常就是説話人提供新的信息來改變聽話人認知狀態的過程。預設是説話人認爲自己與聽話人共有的認知狀態,是提供新信息的基礎。如果没有特别的提示,這種預設或者是身處的客觀環境在雙方認知中的反映,或者是雙方共有的對客觀世界的認知模式,通常應該是説話人所認爲的交際雙方的默認態,屬於無標記的事態。根據王躍平(2011:8)介紹,不少國外知名語言學家,"如福柯尼耶、菲爾墨、萊科夫等認爲,預設是發話人對某個或某些領域裏的經驗的統一的和理想化的理解,是由預設觸發語的理想化認知模式(ICM)激起的概念和知識所

---

① 這裏是指書面語,不考慮語音輕重的區別。
② 文煉.文煉胡附語言學論文集[M].北京:商務印書館,2010:112.

構成的一種認知語境"。① 王躍平(2011:330)自己說得更明確:"認知化了的常規關係是語用預設的最終來源。"②這裏所謂"理想化的理解"或"常規關係",從標記論角度說來,就是無標記性。就是說,預設通常是無標記的事態。比如"晚上睡著"是社會共識,具有無標記性,所以以此作爲預設的"昨晚差點兒+沒睡著"就合格,相反在毫無提示的情況下說"昨晚差點兒睡著"就令人驚奇(因爲這句話的預設是"晚上沒睡覺",與社會共識不同,因而是有標記的。人們首先就會針對這句話的預設提出問題:"你晚上爲什麽沒睡覺?")。既然在"差點兒(沒)VP"中,預設"沒有(沒)VP"應該是無標記的事態,那麽反過來,"差點兒(沒)VP"中的"(沒)VP"就應該是有標記的事態。這就是造成"差點兒+無標記事態"的缺位的原因。

用"預設"說來取代朱先生的"企望"說的解釋,可以用下列表格來表示:

表5 "預設"說

預設	肯定形式(差點兒VP)	否定形式(差點兒沒VP)
VP(昨晚睡著)	A * 昨晚差點兒睡著(缺位)	B 昨晚差點兒+沒睡著(原型式)
沒VP(上課沒睡著)	C 上課時差點兒睡著	D * 上課時差點兒+沒睡著(原型式缺位)
		D 上課時差點兒沒+睡著(叠加式補缺)

總結爲規律,有這麽兩條:

(一) 凡是說話人預設爲肯定的(VP),肯定形式缺位,否定形式表示肯定意義。

---

① 王躍平.漢語預設研究[M].北京:中國社會科學出版社,2011:8.
② 同上:330.

(二)凡是説話人預設是否定的(没VP),不管是肯定形式還是否定形式,意思都是否定的。

　　像例(19)中"中國乒乓球隊差點兒没戰勝巴西隊"和"中國足球隊差點兒没戰勝巴西隊"這兩句,爲什麽前者是原型式,後者是叠加式,"企望"説很難説清楚其中的緣由;而"預設"説則很容易説清楚這兩者的差别:無論是誰,都會依據現實情况,預設中國乒乓球隊戰勝巴西隊,而預設中國足球隊没戰勝巴西隊。上文例(15)至例(18)可以此類推。至於例(20),則還涉及預設的取消問題。由於日常生活中"中500萬大獎"的概率實在太低了,因此通常人們的預設(無標記事態)是"没中",故而(20a)是叠加否定式,而(20b)之所以最終被理解爲原型否定式,那是因爲後一分句"幸好他妻子特意打電話過來叫他買了那張彩票"已經表示實際結果是"他中獎了",從而導致了原先預設的被取消:當句子的預設與句子的含義或事實有衝突時,原先的預設即被取消,這正是現代語用學研究的成果之一[①]。就是説,聽話人原先按通常的預設爲"没中"的D型句(叠加式)理解,後來根據後半句的含義修正了預設,就按照B型句(原型句)來理解了。因此可再補充一條規律:

　　(三)當聽話人的預設與句子的含義或客觀事實發生矛盾時,聽話人原先的預設即被取消。[②]

五　鑒别預設的"藴涵否定測試法"

　　説"差點兒(没)VP"的預設是"没有(没)VP",這需要很好的論證,因爲這與沈家煊的説法不一致。沈先生(1987)引進了現代語言

[①] 張韌弦.形式語用學[M].上海:復旦大學出版社,2008:208.
[②] 周一民用"事實"説來解釋"差點兒没VP"句式的不同理解,在他所列舉的例句中,其實是有些説明"事實"的後續句取消了原先的預設所造成的不同理解。"事實"説無法解釋:如果没有説明"事實"的後續句,爲什麽"差點兒没跌一跤"這句話人們一般都理解爲"没跌跤"? 采用"預設"説,不僅可以解釋上述例句(包括周一民反駁"企望"説的例句),而且也有利於跟現代語用學的接軌。見周一民.北京話裏的"差點兒没VP"句式[J].語言教學與研究,2003(6).

學中"蘊含"(entailment,後改譯爲"衍推")、"含義"(implicature,後改爲"隱涵")和"預設"(presupposition)等概念和相關的合作原則,從一個嶄新的角度對"差不多"與"差點兒"在意義和用法上的異同作了分析和比較。① 沈先生認爲"'差不多'和'差點兒'的對立本質上是肯定和否定的對立"②,我們贊同這個總體結論。不過沈先生在具體分析"差點兒P"句式時,認爲"非P"(相當於"沒有VP")是"差點兒P"的衍推義,"近P"(下文用"接近VP")是"差點兒P"的預設義,我們的看法則有些不同。③ 我們認爲,儘管在"差不多VP"的映襯下,"差點兒VP"可能相對凸顯了"沒有VP"這一面,但是就"差點兒VP"本身而言,"沒有VP"衹是它的預設義,而"接近VP"則是斷言(assertion)。

我們這樣說的依據,首先是來自語言直覺,當我們聽到"小王差點兒遲到"這句話時,直覺告訴我們處於前景的命題(斷言或焦點)是"小王接近遲到",而"小王沒有遲到"衹是某種背景知識(預設)。有這樣直覺的不止是我們。渡邊麗玲(1994)就指出:"説話人爲什麼要使用'差一點'句子? 其實説話人要表達的不是實際結果實現了或沒有實現,而是要強調某事件極接近J(即接近VP——引者注)。"④江藍生(2008)也指出:"'没VP'是'差點兒VP'固有的意義,但不是表意重點,在句法平面没有得到表現。句子平面凸顯的是a'的意思(指"接近到達VP"——引者注),'差點兒'是焦點。"⑤當然,語言直覺不一定可靠,所以還需要加以嚴密的科學論證。

那麼,"差點兒VP"中的兩個語義成分"接近VP"和"没VP",究竟哪一個才是預設義呢? 要回答這個問題,就需要先找出

---

① 沈家煊."差不多"和"差點兒"[J].中國語文,1987(6).
② 沈家煊.不對稱和標記論[M].南昌:江西教育出版社,1999:89.
③ 這裏僅指"差點兒VP"句式而言,如果"差點兒"作謂語,則另當別論。
④ 渡邊麗玲."差一點"句的邏輯關係和語義結構[J].語言教學與研究,1994(3).
⑤ 江藍生.概念叠加與構式整合——肯定否定不對稱的解釋[J].中國語文,2008(6).

一種比較可靠的鑑別方法。"Frege 和 Strawson 認爲預設在否定句或否定陳述中仍然保持,這爲我們鑑別預設提供了一個初步的操作性測試。"①"否定使句子的蘊含改變而使預設保持不變。"②這就是所謂"否定測試法",我們不妨先拿來試一試:

(21) a. 小王差點兒遲到。

　　 b. 小王接近遲到。

　　 c. 小王沒有遲到。

(22) 小王不是差點兒遲到,他早到了。

(22)否定了(21b),保留了(21c),可見"沒有 VP"應該是"差點兒 VP"的預設義。

當然,也可能有人認爲(21a)還有另一種否定方法:

(23) 小王不是什麼差點兒遲到,而是整整遲到了兩個小時。

(23)不僅否定了(21b),連(21c)也一起否定掉了。換句話說,兩個語義成分一個也沒有保留,這就不能不使人感到困惑不解:否定測試法對鑑別預設義到底是否靈驗,是否管用?

仔細探究下來,原來這裏面與預設的性質還有關聯。的確,到目前爲止"預設遠不是一個定義明確的概念"③,這裏,我們采用沈家煊所提到的兩種有代表性的預設類型④:

甲: A 預設 B $\begin{cases} A \text{ 衍推 } B \\ \sim A \text{ 衍推 } B \end{cases}$

乙: A 預設 B $\begin{cases} A \text{ 衍推 } B \\ \sim A \text{ 在會話中隱涵 } B \end{cases}$

甲類是所謂語義預設的定義。我們借用形式語言學的數理邏

---

① Levinson, Stephen. Pragmatics, Chap. 4: Presupposition [M]. Cambridge: Cambridge University Press, 1983.轉引自沈家煊譯.語用學論題之一:預設[J].國外語言學,1986(1).

② 沈家煊."差不多"和"差點兒"[J].中國語文,1987(6).

③ 袁毓林.論否定句的焦點、預設和轄域歧義[M].中國語文,2000(2).

④ 沈家煊.不對稱和標記論[M].南昌:江西教育出版社,1999:68,70.

輯語言,來嘗試一下否定測試法對語義預設的測試(這裏我們采用外部否定或曰寬域否定"~(A∧B)"作爲否定句的邏輯形式,A表"接近VP",B表"没有VP",~表否定)。

甲類預設否定測試公式: ~(A∧B)∧(A→B)∧(~A→B)

根據邏輯上德摩根等值定律,"~(A∧B)"等於"~A∨~B",儘管可有三種情況符合它的要求(即(1)"~A∧B";(2)"A∧~B";(3)"~A∧~B"),不過第(2)種情況要被後面(A→B)所否定,第(3)種情況也要被後面的(~A→B)所否定,所以計算下來祇剩下第(1)種情況成立,即否定A("接近VP"),肯定B("没有VP"),這就是例句(22)所說的情況。這說明否定測試法對語義預設的鑒別是管用的。

再看乙類預設否定測試公式: ~(A∧B)∧(A→B)∧◇(~A→B) (◇表可能。因爲隱含義祇是可能存在。)

計算的結果,第(2)種情況(即"A∧~B")同樣被後面的(A→B)所否定,不過第(3)種情況(即"~A∧~B")被(~A→B)否定卻祇是一種可能,就是說它也有可能不被否定。因此最終計算結果就是(~A∧B)∨◇(~A∧~B),即比較不受限制的結果是"否定A('接近VP'),肯定B('没有VP')"(如例句(22)所說),但也可能是"既否定A,又否定B"(既否定"接近VP"又否定"没有VP",就祇能是"VP了",例句(23)就是如此)。這樣,當我們面臨兩個語義成分都被否定掉的情況時,到底確定哪一個是預設義呢?這就是否定測試法在乙類預設面前所遭遇的困窘。

不過也不是一點辦法都没有了,我們祇要把測試法改進一下,就可以擺脱這個困境。因爲第(2)種情況(即肯定A,否定B)是永遠不會出現的,於是結果祇存在這麼兩種情況:要麽祇否定A,要麽既否定A又否定B。我們就可以據此提出"藴涵否定測試法":否定預設B,藴涵否定斷言A;反之則不然。① 這樣當兩個語

---

① 這裏的"否定"包括"無意義"在内。

義成分不能確定哪個是預設哪個是斷言時,"蘊涵否定測試法"就告訴我們,能單獨被否定的是斷言,在被否定的同時另一個必然也一起被否定的則是預設。這個方法管不管用,不妨先拿其他例句來檢驗一下:

(24) a. 當今的法國國王很聰明。
　　 b. 當今法國有一個國王。(預設)
　　 c. 他很聰明。(斷言)
(25) 當今的法國國王不聰明。(否定斷言,不否定預設)
(26) 當今的法國國王不聰明,根本就沒有什麼當今法國國王。(既否定斷言,又否定預設)
(27) a. 小王的妻子病了。
　　 b. 小王有妻子。(預設)
　　 c. 她病了。(斷言)
(28) 小王的妻子沒病。(否定斷言,不否定預設)
(29) 小王的妻子沒病,小王根本就沒有妻子。(既否定斷言,又否定預設)

我們找不到祇否定預設卻不否定斷言的句子。可見對乙類預設的鑒別,"蘊涵否定測試法"還是管用的。

其實,不管在甲類預設中還是乙類預設中,"A斷言衍推B預設"即(A→B)的性質都是確定的,而(A→B)就可以推出(~B→~A),即否定預設則蘊涵否定斷言,就如郭銳(2006)所指出的那樣:"具有衍推關係的語句的肯定式和否定式衍推方向正好相反。"①郭銳稱之爲"衍推方向倒置規則",而上述"蘊涵否定測試法"也可以說是這一規則的一種具體應用。

現在我們就不妨采用"蘊涵否定測試法"來鑒別一下"差點兒VP"的預設:

(30) a. 小王差點兒遲到。

---

① 郭銳.衍推和否定[J].世界漢語教學,2006(2).

b. 小王接近遲到。

c. 小王沒有遲到。

(31) 小王不是差點兒遲到,他早到了。(否定(30b),肯定(30c))

(32) 小王不是什麽差點兒遲到,而是整整遲到了兩個小時。(既否定(30b),又否定(30c))

我們沒有找到祇否定(30c)而肯定(30b)的說法。就是說,"接近遲到"可以被單獨否定,而否定"沒有遲到"則蘊涵了否定"接近遲到"。根據"蘊涵否定測試法"(否定預設 B 蘊涵否定斷言 A;反之則不然)而得出的結論是:"接近遲到"是"差點兒遲到"的斷言(焦點);而"沒有遲到"則是"差點兒遲到"的預設。

六 結 論

我們把文章的觀點歸納如下:

(1) 用"企望"説解釋"差點兒(没)VP"句式,雖然能説明大部分句子,但是仍有不夠圓滿之處,特別是沒有能很好解釋"差點兒(没)VP"句式的缺位問題。

(2) 標記理論可以比較圓滿解釋"差點兒(没)VP"句式的缺位問題:因爲"差點兒"要求與有標記的異態搭配,如果"(没)VP"是無標記的常態,就不能與"差點兒"搭配成句,這樣就造成了"差點兒(没)VP"的缺位,爲叠加式的産生騰出了空位。

(3) 原型句"差點兒+(没)VP"之所以要求其中"(没)VP"是有標記的異態,是因爲"差點兒+(没)VP"的預設是"沒有(没)VP"。而預設"沒有(没)VP"通常是默認的無標記的事態,所以"(没)VP"就必須是有標記的。

(4) "否定測試法"可以鑒別甲類(語義)預設,"蘊涵否定測試法"可以進一步測試出乙類預設。

參考文獻

董爲光.語言認知心理對"差點兒DJ"結構的影響[J].語言教學與研究,2001(3).

郭銳.衍推和否定[J].世界漢語教學,2006(2).

江藍生.概念疊加與構式整合——肯定否定不對稱的解釋[J].中國語文,2008(6).

沈家煊."差不多"和"差點兒"[J].中國語文,1987(6).

沈家煊.不對稱和標記論[M].南昌:江西教育出版社,1999.

石定栩.漢語的定中關係動-名複合詞[J].中國語文,2003(6).

王躍平.漢語預設研究[M].北京:中國社會科學出版社,2011.

文煉.文煉胡附語言學論文集[C].北京:商務印書館,2010.

徐盛桓.常規關係與認知化[J].外國語,2002(1).

袁毓林.論否定句的焦點、預設和轄域歧義[J].中國語文,2000(2).

袁毓林."差點兒"和"差不多"的意義同異之辨[J].語言教學與研究,2011(6).

張玲.關於"差點兒(沒)VP"句式及相關句式的研究[D].上海:上海師範大學,2008.

張韌弦.形式語用學[M].上海:復旦大學出版社,2008.

周一民.北京話裏的"差點兒沒VP"句式[J].語言教學與研究,2003(6).

朱德熙.說"差一點"[J].中國語文,1959(9).

朱德熙.漢語句法中的歧義現象[J].中國語文,1980(2).

渡邊麗玲."差一點"句的邏輯關係和語義結構[J].語言教學與研究,1994(3).

雅柯布森.雅柯布森文集[M].長沙:湖南教育出版社,2001.

Levinson, Stephen. Pragmatics,Chap.4:Presupposition. Cambridge:Cambridge University Press, 1983.中譯文沈家煊譯.語用學論題之一:預設[J].國外語言學,1986(1).

《戰國策》中假設連詞"今"淺析

上海師範大學人文與傳播學院　余　穎

内容提要：本文對《戰國策》中出現700次的"今"進行了窮盡性的梳理和考察。主要對"今"用作時間名詞表示"現在"和用作假設連詞表示"如果"的用例進行了分析。對於這兩個容易在語義理解時產生歧義的義項，我們先從有標記的角度分別列舉了區分這兩個義項的典型形式；再從無標記的角度區分了這兩個義項的不同表達範圍和情況。最後討論了假設分句對表"現在"義的"今"的語義感染以及現代漢語中"現在"一詞在語言表達中的主觀化傾向。

關鍵詞：今　戰國策　假設連詞　語義感染　主觀化

一　"今"的詞義梳理及相關研究簡介

《戰國策》是一部記錄戰國縱橫家言行的史料集，詳細地記錄了當時縱橫家的言論和事蹟，內容涉及歷史、地理、社會、文化等諸多方面，記載了戰國時期縱橫遊說者流的策謀和言行，客觀地記錄了當時的一些重大歷史事件，是戰國歷史的生動寫照，同時也記錄了大量的口語對話，具有十分重要的語言學價值，是研究上古漢語發展的重要語言資料，在漢語詞彙研究方面具有重要的語料價值。

近三十年來，對《戰國策》進行專書研究，探尋先秦語言現象與規律的研究逐漸增多。相關研究主要集中在對某種語法現象的研究、對某一類詞的用法的探尋、對個別詞語用法的考察等各個方面。本文以貴州人民出版社出版的《戰國策全譯》爲底本,對其中出現700次的"今"進行了窮盡性的梳理和考察,歸納出書中"今"的幾種用法:"今"主要有五個義項,(一)"今"本義是"現在、如今"的意思,這個意思一直沿用至今,在現代漢語中仍然存在,並且成爲"今"的首要義項。(二)"今"用作假設連詞,表示"假使、如果"的意思。(三)"今"還可以用作代詞,如"今日""今世"等。(四)"今"表示"即將"的意思(王念孫《讀書雜志》)。(五)和"夫"等句首發語詞連用,組成"今夫",仍然起到發語詞的作用,用於引出下文。

在《戰國策》中,"今"用作代詞使用情況較單一,且標記明顯,主要形式有"今日""今時""今夕""今暮""今人""今者"等,共計31例;用作發語詞,與"夫"組成"今夫"的數量並不多,僅有4例,且標記明顯("夫今"有一例);"今"表示"即將"的意思,主要從語言環境中判斷詞義,數量也不多,僅有4例。用作時間名詞,表示"現在"義的"今"和用作假設連詞表示"假使、如果"義的"今",這兩者在語言形式上有時沒有明顯的區別,本文主要就"今"的這兩種義項的理解、區分和演變作出一些解釋。

在古代漢語中,"今"比較常見,在各種虛詞論著和典籍中,對"今"也作出了相關的解釋。但是學者們對"今"是否用作假設連詞的觀點卻並不統一。"今"字釋爲"假設連詞"的用法最早見於王引之《經傳釋詞》:"家大人曰:'今猶若也。'"①並舉例《禮記·曾子問》:"下殤,土周葬於園。遂與機而往,深邇故也。今墓遠,則具葬也,如之何?"隨後解釋作"今墓遠,若墓遠也"。《管子·法法篇》曰:"君不私國,臣不誣能,正民之經也。今以誣能之臣,事私國之君;而能濟功名者,古今無之。"隨後解釋爲:"今以,若以也。"②後來的許多學者接受了這種説法,比如裴學海《古書虛字集釋》、吳昌瑩《經詞衍釋》等論著中認爲"今"有假設連詞的用法。

---

① [清]王引之.經傳釋詞[M].長沙:嶽麓書社,1984:97.
② 同上:98.

楊樹達在《詞詮》的"今"字條,第四釋義中列出了"今"表示假設連詞的意思,但是其後的按語對此歸類表示懷疑和否定:"按此乃説一事竟,改説他端時用之。王氏訓爲'若',乃從上下文關係得之,疑'今'字仍是本義,非其本身有'若'字之義也。"他認爲表示假設關係的"若"這個含義是從上下文的關係中得出的,"今"字本身不具有"若"這個義項①。由於受《詞詮》中的這個觀點的影響,楊伯峻在《古代漢語虛詞》未爲"今"立字條,並且楊先生在與何樂士合著的《古漢語語法及其發展》中説:"時間副詞'今'在一定的語言環境中也可以起表示假設的作用,有'現在如果'之意。"②徐仁甫《廣釋詞》中也没有收録"今"字。中國社會科學院語言研究所古代漢語研究室編的《古代漢語虛詞詞典》也非常明確地承襲了楊樹達的觀點,認爲:"由於受語境的制約,這類用例有時含有假設意味。"③等等。

《詞詮》在釋義之後列舉了6句例句。其中《禮記·曾子問》和《管子·法法篇》的例句,就是王引之在《經傳釋詞》中所引的兩個例句。"君不私國,臣不誣能,正民之經也。今以誣能之臣,事私國之君;而能濟功名者,古今無之。"(《管子·法法篇》)在此句中,表示時間的概念是由"古今無之"中的"古今"來承擔的,表示"從古至今"的意思,因此,句中"今以"的"今"就不能解釋爲"現在"了。首先,這個句子所涉及的時間計量觀念不是停留在當下,而是要"從古至今"的歷時角度來看;其次,如果把"今以"的"今"解釋成"現在",那麼句中"古今無之"的意思又該怎麼來解釋呢?因此,這句話的理解衹能是"假使採用冒充賢能的方式來侍奉以私對國的君王,這樣做而可以成就功名的人,從古至今都是没有的"。在這裡,"今以"的"今"表示假設的意思。在這個句子中,"今"的

---

① 楊樹達.詞詮[M].北京:中華書局,1954.
② 楊伯峻,何樂士.古漢語語法及其發展(修訂本)[M].北京:語文出版社,2001.
③ 中國社會科學院語言研究所古代漢語研究室.古代漢語虛詞詞典[Z].北京:商務印書館,1999.

假設義並不是由上下文關係來獲得的,而且此句中另外出現了承載表示時間觀念的詞彙"古今",那麼此處的"今"就是用作假設連詞,表假設,所表示的假設意義也不是僅針對現在的。所以,楊樹達的按語和他所引的例句似乎有自相矛盾之嫌。

《韓非子·五蠹》中出現了這樣的句子:"然則今有美堯、舜、湯、武、禹之道於當今之世者,必爲新聖笑矣。"在句中由"當今之世"來表示當下的時間,那麼此句中的"今"就不是用作時間名詞了,而是用作假設連詞,表假設,可以翻譯爲"如果"。至此"今"作爲假設連詞已可以獨立使用,完成了演變的過程。《戰國策》中類似的例子有"今求柴葫、桔梗於沮澤,則累世不得一焉"(卷一〇《齊策三》"淳於髡一日而見七人于宣王")。《戰國策》中"今"作爲假設連詞使用的情況,有這樣明顯標記的用例並不多,大部分情況下,判斷時還是需要通過上下文語境,從邏輯意義的角度來判定的,用作假設連詞的情況在《戰國策》已經出現,共有118例,占總數的16.86%。

二 "今"用作時間名詞和假設連詞之間的區分

用作時間名詞表示"現在"義的"今"和用作假設連詞表示"假使、如果"義的"今",這兩者在語言形式上有時沒有明顯的區別,下面主要就"今"的這兩種義項的理解、區分和演變作出一些解釋。

首先對這兩種義項區分的標準如下:

(一)"今"用作時間名詞,表示"現在、如今"的意思

1. 在相關有標記的句子中,具體可以分成以下兩種情況

(1)"今"和"向(鄉)""昔(昔者)""前"等表示過去的詞互相對舉

例:

① 乃謂魏曰:"夫楚亦強大矣,天下無敵,乃且攻燕。"魏王曰:"鄉也,子云天下無敵;今也,子云乃且攻燕者,何也?"(卷一七《楚四》"虞卿謂春申君")

② 王曰："向也子曰'天下無道',今也子曰'乃且攻奄'者,何也?"(卷二六《韓一》"王曰向也子曰天下無道")

③ 昔者,文王之拘於牖里,而武王羈於玉門,卒斷紂之頭而縣于天白者,是武王之功也。今君不能與文信侯相伉以權,而責文信侯少禮,臣竊爲君不取也。(卷二〇《趙三》"希寫見建信君")

④ 魏使客將軍辛垣衍間入邯鄲,因平原君謂趙王曰:"秦所以急圍趙者,前與齊閔王爭强爲帝,已而復歸帝,以齊故。今齊閔王已益弱。"(卷二〇《趙三》"秦圍趙之邯鄲")

⑤ 昭王既息民繕兵,復欲伐趙。武安君曰:"不可。"王曰:"前年國虛民饑,君不量百姓之力,求益軍糧以滅趙。今寡人息民以養士,蓄積糧食,三軍之俸有倍於前,而曰'不可',其説何也?"(卷三三《中山》"昭王既息民繕兵")

類似的用例共有 14 例。

(2) "今"組成"當今(當今之時、當今之世)""至今(以至於今)""古今(自古及今)"等詞組,以及在句中出現"古今"對舉的情況。

例:

⑥ 及湯之時,諸侯三千。當今之世,南面稱寡者,乃二十四。(卷一一《齊四》"齊宣王見顔斶")

⑦ 宣王曰:"當今之薊無土,寡人何好?"(卷一一《齊四》"先生王鬥造門而欲見齊宣王")

⑧ 其國內實,其交外成。當今之時,趙未可伐也。(卷三三《中山》"昭王既息民繕兵")

⑨ 王曰:"古今不同俗,何古之法?"(卷一九《趙二》"武靈王平晝閒居")

⑩ 此率民而出於無用者,何爲至今不殺乎?(卷一一《齊四》"齊王使使者問趙威后")

⑪ 夫輕信楚、趙之兵,陵十仞之城,戴三十萬之衆,而志必舉之,臣以爲自天下之始分以至於今,未嘗有之也。(卷二四《魏三》

"秦敗魏於華走芒卯而圍大樑")

⑫ 故爲己者不待人,制今者不法古,子其釋之。(卷一九《趙二》"武靈王平晝閒居")

⑬ 諺曰:"以書爲禦者,不盡于馬之情。以古制今者,不達於事之變。"故循法之功,不足以高世;法古學,不足以制今。子其勿反也。(卷一九《趙二》"武靈王平晝閒居")

其中"當今"出現了4例;"至今"出現了11例;"古今"出現了5例;"古今"連用對舉的情況共6例。

(3)"今"和句尾語氣詞"矣"組合成"今……矣"結構,表示已經發生的事情。由於語氣詞"矣"表示完成,所以此處的"今"不表示假設。

例:

⑭ 臣今見王獨立於廟朝矣,且臣將恐後世之有秦國者,非王之子孫也。(卷五《秦三》"范雎至秦")

⑮ 今國已定,而社稷已安矣,何不使使者謝於楚王?(卷一三《齊六》"貂勃常惡田單")

"今……矣""今……已……矣"和"今且將……矣"等用法共出現22例。

2. 在無標記的句子中,主要從上下文的語境中判斷"今"的詞義,用作時間名詞,表示"現在、如今"的"今"主要表達下面兩種意思

(1)表示當時正在進行的事情或具有的狀態

例:

⑯ 今其民皆種麥,無他種矣。(卷一《東周》"東周欲爲稻")

⑰ 今秦地斷長續短,方數千里,名師數百萬,秦國號令賞罰,地形利害,天下莫如也。以此與天下,天下可兼而有也。(卷三《秦一》"張儀說秦王")

(2)表示某些不久前已經發生的事情,對現在產生了影響

例:

⑱ 今君聽讒臣之言,而離二主之郤,爲君惜之。(卷一八《趙

一》"知伯從韓魏兵以攻趙")

此句中的"惜之"是對已經發生的事情表示惋惜、可惜。可見此句中的"今"是"現在"的意思。

⑲ 樓緩曰:"王亦聞夫公甫文伯母乎？公甫文伯官于魯,病死。婦人爲之自殺于房中者二八。……其母曰:'孔子,賢人也,逐于魯,是人不隨。今死,而婦人爲死者十六人。'"(卷二〇《趙三》"秦攻趙於長平")

這類句子中"今"後所跟隨的事情已經發生了,現在提起是因爲這件事情對現在有影響。

(二)"今"用作假設連詞,表示"假使、如果"的意思

1. 在相關有標記的句子中,具體可以分成以下三種情況

(1)"今"之後出現正反兩方面的情況,這是對可能發生的兩種情況進行對比說明,是一種假設。

例:

⑳ 今君將施於大人,大人輕君；施於小人,小人無可以求,又費財焉。(卷一《東周》"杜赫欲重景翠於周")

㉑ 今不聽,是恨秦也；聽之,是恨天下也。(卷一一《齊策四》"蘇秦自燕之齊")

㉒ 夫存韓安魏而利天下,此亦王之大時已。……今不存韓,則二周必危,安陵必易。(卷二四《魏三》"魏將與秦攻韓")

(2)出現"今"和"若"的互文現象,那麼從互文見義的角度看來,兩者必同義或近義,此時,"今"表假設。如:今謂……則,若曰……,句中的"今謂"和"若曰"對舉,互文見義。

例:

㉓ 對曰:"今謂馬多力則有矣,若曰勝千鈞則不然者,何也？夫千鈞非馬之任也。"(卷一七《楚四》"虞卿謂春申君"》/卷二六《韓一》"王曰向也子曰天下無道")

㉔ 今謂楚强大則有矣,若曰趙魏鬥兵於燕,則豈楚之任也我？(卷一七《楚四》"虞卿謂春申君")

此時"今"和"若"同義,表示假設。

(3)句中具有明確表示時間概念的語詞,此時,句子的時間概念不是由"今"來承擔的,那麼在句中"今"可能表達假設義。

例:

㉕今求柴葫、桔梗於沮澤,則累世不得一焉。(卷一〇《齊三》"淳於髡一日而見七人於宣王")

此句中"柴葫、桔梗"都是生長在山上的藥材,"沮澤"的意思是"低濕的地方","累世"表示"歷代、接連幾代"的意思,整句話的理解是"如果在低濕的地方采集柴葫、桔梗(這些生長在山上的藥材),那麼世世代代都無法獲得一點"。句中表示時間概念的詞是"累世",那麼此句中的時間概念就是由"累世"等時間名詞來承擔的,此時句中的"今"不表示時間概念,是假設連詞,表示假設。因此句中的"今"就不能作"現在、如今"來理解了,應該理解爲表示假設的"如果"的意思;也表示"今"作爲假設連詞已可以獨立使用,完成了演變的過程。

2. 在無標記的句子中,主要從上下文的語境中判斷"今"的詞義,用作假設連詞,表示"假使、如果"的"今"主要表達以下兩種意思

(1)描述尚未發生的事情,對將來的一種假設

例:

㉖今媾,樓緩又不能必秦之不復攻也,雖割何益?來年復攻,又割其力之所不能取而媾也,此自盡之術也。不如無媾。(卷二〇《趙三》"秦攻趙於長平")

此例中的"媾"是講和的意思,句中"不如無媾"説明,在説話人對話的當時"媾"的這個動作並没有發生。所以此處的"今"不能理解爲"現在",應該理解爲"如果"。

㉗公叔將殺幾瑟。謂公叔曰:"太子之重公也,畏幾瑟也。今幾瑟死,太子無患,必輕共。韓大夫見王勞,冀太子之用事也,固欲事之。太子外無幾瑟之患,而内收諸大夫以自輔也,公必輕矣。不如無殺幾瑟,以恐太子,太子必終身重公矣。"(卷二七《韓二》

"公叔將殺幾瑟")

㉘ 公叔且殺幾瑟也,宋赫爲謂公叔曰:"幾瑟之能爲亂也,内得父兄,而外得秦、楚也。今公殺之,太子無患,必輕公。韓大夫知王之老而太子定,必陰事之。秦、楚若無韓,必陰事伯嬰。伯嬰亦幾瑟也。公不如勿殺……"(卷二七《韓二》"公叔且殺幾瑟")

例㉗㉘中,在"今"之前,有"將""且"表示將要的副詞,在"今"之後都有"不如無(勿)殺",很明顯,這兩例中的"今"都是表示假設的。

(2) 事情已經發生,假設的結果尚未發生

㉙ 秦攻魏將犀武軍於伊闕,進兵而攻周。爲周最謂李兑曰:"君不如禁秦之攻周。趙之上計,莫如令秦、魏復戰。今秦攻周而得之,則衆必多傷矣。"(卷二《西周》"秦攻魏將犀武軍與伊闕")

在"今秦攻周而得之"這一小句中,秦進兵攻周,是已經發生的事情了,"今"在此處是對其後的戰爭結果"得之"作出假設。

在《戰國策》中,"今"無論是用作時間名詞還是用作假設連詞,其有標記的情況都是屬於小部分情況,判別"今"的詞義,在很大程度上,還是依靠解讀文本意義來完成的。

三 "今"作假設連詞的演變過程以及"現在"的主觀化

(一) "今"用作假設連詞的演變過程

當"今"用於假設分句的句首,句中沒有明顯時間標記的時候,在句中"今"既可以表示"現在",又可以表示"假使",這就是一種兩可的情況。這也是"今"的詞義從"現在"演變出"假使"的中間過渡階段。這一類別的情況,在《戰國策》中有54例。一般可以翻譯爲"現在如果""要是現在"等。"今"處於提出假設的分句句首,來自語境中的假設義就被賦予到"今"身上,產生對於現在的假設。當句中另有表示時間的詞語出現,那麼句首的"今"就不表示時間,祇表示假設了,此時"今"作爲假設連詞完成了演變過程,可以擺脫"現在"的意思,獨立成爲假設連詞,表示"假使、如果"等。

和其他古籍一樣,《戰國策》中充當假設連詞的"今"常常會被誤釋爲"現在、如今"。由於《戰國策》可以説是遊説辭總集,幾乎所有縱橫家謀士的言行都在此書中了,所以其中的内容多爲面對面的遊説,即當面的對話。那麼在這樣的對話中,出現了"今",閲讀者常常會因爲這種對話形式而認爲所表示的就是現在,故而翻譯成"現在、如今"。其實,在遊説過程中的舉例,並不是説一定是現在所發生的事情,也可以是對情况的假設。

例:

㉚ 龐葱與太子質於邯鄲,謂魏王曰:"今一人言市有虎,王信之乎?"王曰:"否。""二人言市有虎,王信之乎?"王曰:"寡人疑之矣。""三人言市有虎,王信之乎?"王曰:"寡人信之矣。"(卷二三《魏二》"龐葱與太子質於邯鄲")

㉛ 墨子見楚王曰:"今有人於此,捨其文軒,鄰有弊輿而欲竊之;捨其錦繡,鄰有短褐而欲竊之;捨其梁肉,鄰有糟糠而欲竊之。此爲何若人也?"王曰:"必爲有竊疾矣。"(卷三二《宋衛》"公輸般爲楚設機")

此二例都是説客在遊説君王時,用生動的例子來譬喻,是假設舉例的情况,此處的"今"如果解釋、翻譯爲"現在",就無法體現出句中的假設關係。雖然這是遊説當下所作的譬喻,但是既然是假設舉例,那麼舉例的事件所發生的時間,就未必一定是當下,因此,此處例句中也不能機械地將"今"翻譯成"現在",而是要從假設的意味上去理解。

(二)"假使"和"現在"語義感染及主觀性

在現代漢語中,"現在"用作副詞時,表示"這個時候"的意思,即指説話的時候,並不都是指説話的當下,有時包括説話前後或長或短的一段時間,但是與"過去"和"將來"又是有區别的。而假設是表示對將來尚未發生的事情的假定以及對過去已經發生的事情作出反方向的假定,那麼就和"現在"所表示的時間範圍是有重合的。所以在古籍釋讀和翻譯的時候,人們往往也容易忽略了"今"

的假設義，而根據"今"在現代漢語中的意思，籠統地理解爲"現在"的意思。"假使"和"現在"所表示的時間範圍是有重合的，那麼在這個重合的時間點上，"假使"和"現在"產生了語義感染，同時也是"現在"的主觀化的過程。人們在用"現在"表述時，有時會指向不久的將來，用以表述尚未發生的事情，其中就會包含著"假使"的意義。比如，"現在你去，還來得及；現在不去，就錯過了一次機會"。句中"去"和"不去"都是尚未發生的動作行爲。此句增加"如果"二字，把句中蘊含著的假設意味表現出來，那麼句子可以變換成"現在如果你去，還來得及；現在如果你不去，就錯過了一次機會"。

（三）現代漢語中"今"表假使義的消失

在現代漢語中，"今"的意思就是"現在"，表示"假使、如果"的意思已經消失。這和詞彙整體從單音節向雙音節發展的規律有關係，在雙音節化的過程中，"今"作爲假設連詞也和其他的單音詞假設連詞一樣，逐漸消失。

四　結　語

在《戰國策》這部古籍中，"今"已經完成了假設分句對用於句首表示"現在"義的"今"的語義感染，獨立成爲了假設連詞，表示"假使"義，並且在語言表達中由於主觀化的影響，在某種情況下使得現代漢語中的"現在"也帶有"假使"的意思。

參考文獻

邊振華.古詞"今"譯釋[J].學語文，2009(5).

曹韵.主觀性與主觀化簡析[J].黑龍江教育學院學報，2013(4).

陳永生，林之豐."吾屬今爲之虜矣"解析[J].寧夏大學學報(人文社會科學版)，1983(3).

杜培坤.《莊暴見孟子》"今"字談[J].語文教學通訊，1985(3).

傅庭林."今"字誤譯例辨析[J].遼寧大學學報(哲學社會科學版)，1992(5).

柯鎮昌.近三十年《戰國策》研究述論[J].重慶科技學院學報,2010(18).
李萍萍,李振東.《戰國策》中"今"字用法初探[J].齊齊哈爾師範高等專科學校學報,2009(1).
劉瑾.近十年國內語言主觀性和主觀化研究的進展[J].貴州師範大學學報(社會科學版),2011(2).
劉敬林."'今'為發語詞"申說[J].甘肅高師學報,2002,7(4).
阮志良.淺說"今"作假設連詞問題[J].紹興師專學報(社會科學版),1981(4).
若石.關於"者""今"詞性的答疑[J].北京師範大學學報(社會科學版),1985(3).
沈家煊.不對稱和標記論[M].南昌:江西教育出版社,1999.
沈家煊.語言的"主觀性"和"主觀化"[J].外語教學與研究(外國語文雙月刊),2001(4).
宋桂奇."今"字釋義[J].語文教學通訊,1993(3).
孫淨麗.近年來國內"語言主觀性"的研究回顧[J].開封教育學院學報,2013(5).
王景國."今"字今譯淺析[J].河池師專學報(文科版),1992(3).
吳福祥.漢語主觀性與主觀化研究[M].北京:商務印書館,2011.
謝序華.古漢語虛詞"今"新釋[J].懷化學院學報,2006,25(10).
張森年."今京不度,非制也"新解[J].滁州師專學報,1999(3).
鄭紅楓."今"探[J].語文教學通訊,1985(6).
周祖亮."今"字注釋芻議[C]//中華中醫藥學會全國第十七屆醫古文學術研討會論文集,2008.
楊樹達.詞詮[M].北京:中華書局,1954.
王引之.經傳釋詞[M].長沙:嶽麓書社,1984.
裴學海.古書虛字集釋[M].北京:中華書局,1982.
吳昌瑩.經詞衍釋[M].北京:中華書局,1956.

後　　記

　　這是一本慶賀羅君惕先生《説文解字探原》出版的文集。

　　文集的内容大致可分兩部分：一部分是圍繞《説文解字探原》及其作者展開，其中包括作者的自傳和一些遺文，作者親屬和學生的紀念文章，出版社編輯對《説文解字探原》的發現和出版過程的記叙文章等等。這裏要補充的是，在爭取國家古籍整理出版專項資金資助的過程中，上海師範大學校友、現任北京大學中文系教授、博士生導師傅剛先生也出了大力，這是不能忘記的。另一部分則是科研文章，涉及語言學多方面内容，不過大部分文章還是與古文字相關。文章作者既有卓然已成一家的名家，也有初出茅廬的新手。其中不乏羅先生的弟子和再傳弟子。羅先生天上有知，定然會欣慰事業後繼有人。

　　文集的出版，還要感謝學校經費的資助以及經費爭取者上海師範大學原社科處處長、原人文與傳播學院院長、上海師範大學副校長陳恒教授，上海師範大學圖書館館長劉民鋼教授等，感謝上海師範大學人文與傳播學院副院長詹丹教授聯繫了出版社，另外特别還要感謝在古文字研究方面卓有成就的陳五雲、余穎等老師，没有他們的辛勤勞作，這本有著不少怪字、難字的文集是不可能與讀者見面的。

史佩信
二○一七年五月

圖書在版編目（CIP）數據

紀念羅君惕先生語言文字學術研討會論文集／史佩信主編. —上海：上海教育出版社，2018.9
ISBN 978-7-5444-7015-5

Ⅰ.①紀… Ⅱ.①史… Ⅲ.①漢語－語言學－文集②漢字－文字學－文集 Ⅳ.①H1-53

中國版本圖書館 CIP 數據核字（2018）第 193495 號

責任編輯　周典富
封面設計　鄭　藝

紀念羅君惕先生語言文字學術研討會論文集
史佩信 主編　余　穎 副主編

出版發行　上海教育出版社有限公司
官　　網　www.seph.com.cn
地　　址　上海永福路 123 號
郵　　編　200031
印　　刷　上海葉大印務發展有限公司
開　　本　889×1194　1/32　印張 11.25　插頁 3
字　　數　290 千字
版　　次　2018 年 9 月第 1 版
印　　次　2018 年 9 月第 1 次印刷
書　　號　ISBN 978-7-5444-7015-5/G·5775
定　　價　80.00 元

如發現質量問題，讀者可向本社調換　　電話：021-64377165